중국의 교양을 읽는다

중국의 교양을 읽는다

중국 대입 작문 시험을 통해 사회주의 중국의 생각을 읽는다

류지에 지음

박혜원 김주리 옮김

휴머니스트

중국 대입 작문 시험을 통해 중국 사회의 변화를 읽는다

중국에서 작문 시험이 갖는 의미

중국은 대학 입학시험 제도를 통해 9년 의무 교육을 마친 학생들 중에 일부를 선발하여 고등 교육을 받도록 하고 있다. 대학 입시 과목에 작문 시험이 포함된 것은 1951년의 일로 문화혁명 기간을 제외하면 한해도 거르지 않고 꾸준히 실행되고 있다.

중국의 인재 선발 제도는 시대에 따라 다른 양상을 띠어 왔다. 수·당조(隨唐朝) 전에는 주로 추천을 통해 재능과 인품을 갖춘 사람을 채용했으며, 수·당대에 이르러 과거 제도가 시행됨으로써 시험을 통해 인재를 선발하게 되었다. 과거에서 가장 중요한 부분은 작문으로 중국인들은 오래전부터 '문여기인(文如其人)'이라고 하여 그 사람의 글을 보면 그 사람의 언어 표현 능력뿐 아니라 사상과 품격까지도 알 수 있다고 생각했다. 실제로 글이란 한 사람의 인품, 학식, 인격이나 가치관, 문제 해결 태도 및 능력을 반영하고 있다는 점에서 작문 시험이 인재를 선발하는 중요한 경로로서 의미가 있다는 데에 많은 사람이 동의하고 있다.

신중국이 성립된 이후 실시한 대학 입시 제도는 고대로부터 계승해 온 '이문취사(以文取士)'의 전통에 현대적인 의미를 가미한 것으로 볼 수 있다. 과거 문제들이 주로 문인 학사들의 유교 경전에 대한 이해를 평가하기 위한 내용에 국한되었다면, 오늘날 대학 입시의 내용은 한층 더 풍부하고 현실화되었다고 할 수 있다.

중국의 시대적 특성을 보여 주는 대입 작문 문제

역대 출제된 작문 시험의 주제들은 그 시대를 반영하면서 지난 반세기 동안 많은 변화를 보였다. 큰 흐름을 보면 주제의 제약이 줄고, 자유로운 개성의 발휘가 가능해졌는데, 이는 최근 중국의 전인교육 및 인문학적 소양에 대한 강조와도 그 궤를 같이 한다. 신중국 설립 초기의 작문 시험 주제는 주로 강한 정치적 색채를 띠고 있었으며 혁명 정신을 중심으로 조국 및 특정 인물을 찬양하도록 요구하는 문제가 대부분이었다. 개혁 개방 이후로는 경제의 빠른 발전과 함께 배금주의나 개인주의, 환경오염, 문화적 충격이나 물질문명에의 경도와 같은 사회현상들이 문제로 부각되었다. 이에 따라 대학 입학시험에서도 청소년들로 하여금 이런 사회문제에 대해 진지하게 사고하고 적극적으로 행동할 것을 요구하는 문제들이 다수 출제되었다. 2000년대 들어서 중국 사회에서는 사람들의 교양 및 가치관과 관련된 출제 비중이 늘어나면서 당대 사회상을 좀 더 잘 반영하고 있다.

중국의 작문 시험에서 보려는 것은 단순히 학생들의 언어 표현 능력뿐 아니라 자연 및 사회, 인생에 대한 인식과 사유 능력이자 가치관으로, 이를 통해 학생들이 전반적으로 균형적인 소양을 갖고 있는지를 보려는 것이다. 최근 들어 많은 사람들이 기초 소양 교육의 중요성을 강조하고 있다. 기초 소양, 특히 인문학적 소양은 학생들로 하여금 인간의 존엄과 가치에 관심을 기울이고, 그것들을 지키려는 노력에 힘쓰게 한다. 건강한 정신과 육체를 바탕으로 건전한 생활을 영위하고 바른 가치관을 갖추도록, 중국의 청소년들에게 전 중국이 기대를 걸고 있다.

중국적 글쓰기의 특징

좋은 글을 쓰기 위해서는 우선 형식과 내용의 조화에 주의해야 한다. 소위 글의 '형식'이란 작문의 조직 구조, 논리 전개 그리고 나아가 언어 표현 방식 및 올바른 필체 등을 포함하고, '내용'적인 측면에서는 출제자 의도의 반영 여부 및 주제의 구현 등이 가장 중요하다.

한국어의 '삼천포로 빠진다.'와 비슷한 뜻이라고 할까, 중국 사람들은 종종 '포제(跑題)', 즉 '제(題)'를 '튀어 나간다(跑)'라는 뜻의 단어를 쓴다. 여기서 말하는 '제'는 문장의 주제 및 그에 상응하는 내용으로, 글을 일관성 있게 이끌고 나가야 함을 뜻한다. 중국에서는 전통적으로 '문이재도(文以載道 : 글로써 정치적 주장이나 사상을 전달함)', '언위심성(言爲心聲 : 말은 곧 마음의 소리)'이라 하여 작문의 의미를 사상 및 주제의 전달에 두어 왔다.

좋은 글을 쓰기 위해서는 평소에 소질을 개발하기 위해 노력해야 한다. 중국의 국어교사들은 학생들에게 다음과 같은 준비를 미리 해 둘 것을 요구한다. 첫째는 글의 '소재'로 생활 속에서 신선하고 생동감 있는 소재들을 미리 수집해두는 것이 좋고, 둘째는 '감성'인데, 독자의 마음을 움직일 수 있는 것은 언제나 진실한 감정이기 때문이다. 셋째는 '문화'로, 학생들로 하여금 많은 책, 특히 고전이나 경전 등을 읽게 함으로써 자유자재로 유명한 사람의 명언 등을 인용할 수 있도록 한다. 넷째는 '이론'으로, 철학적인 소양을 다져 놓을 것을 요구한다. 그리고 무엇보다도 중요한 것은 '훈련'이다. 문제를 정확하게 파악하고 주제를 효과적으로 표현하는 훈련, 단어 및 문구의 적확한 표현과 논리적이고 순조로운 전개, 그리고 이러한 것들을 기초로 보다 다채롭게 글을 장식하는 훈련이 필요하다. 덧붙여 글씨체를 가다듬기 위한 훈련도 매우 중요하다. 중국어는 문자, 즉 한자 자체의 예술적인 가치를 매우 중요하게 생각하는 언어로 균형 잡히고 정갈한 글씨체와 정확한 한자 사용이 매우 중요하다. 이 모든 것들이 대입 작문 시험에서 훌륭한 글을 쓰기 위한 조건이라고 할 수 있을 것이다.

중국을 읽는 또 하나의 눈

중국 사회는 빠르게 변화해 왔고, 이러한 시대의 흐름에 맞춰 사람들의 사상과 가치관도 변해 왔다. 대입 작문 시험의 내용도 이러한 사회상을 반영하면서 시기마다 각기 다른 시대적 관심사를 반영하고 있다. 따라서 어느 시기 중국 대입 작문 시험에서 어떤 문제가 출제되었는지를 보면 당시 중국 사회가 어떤 고민을 갖고 있었는지, 혹은 학생들의 글을 통해 당시 중국의 청소년들이 갖고 있던 공통적인 사회 인식이 어떤 것이었는지를 이해할 수 있다.

　이 책은 바로 이런 인식을 바탕으로 역대 중국 대입 작문 시험에 출제되었던 중국의 인문, 수양 및 정치, 경제, 사회 분야의 문제들을 추려 독자들에게 선보이고 있다. 이를 통해 중국의 시대별 사회상의 이해를 돕는 동시에 또 한편으로는 한국의 독자들, 혹은 대입 논술 시험을 준비하는 학생들이 스스로 같은 문제를 묻고 그에 대해 답해 볼 수 있는 좋은 기회가 될 것이다.

2007년 12월
류지에〔劉潔〕

차례

I

人文 인 문

---

1 물질이 고도로 발달한 사회에도 '효(孝)'의 정신은 필요한가?

2 중국 사회에서 '인정(人情)'은 존재 가치가 있는가?

중국의 대학 입시 작문 시험은 제한 사항이 계속 줄어들고 있으며 수험생이 자유롭게 표현할 수 있는 범위는 점차 넓어지고 있다. 이는 중국이 교육 체제를 개혁하면서 소양 교육을 강조하고 학생이라는 하나의 개체에 대한 인문주의적 관심과 배려를 쏟게 되면서 일어난 변화이다.

대학 입시 작문 주제에서 나타나는 인문 정신에 대한 변화 양상을 살펴보면, 50~60년대에는 주로 인물의 감정이나 이상에 관한 내용으로 국한되어 있었고, 동시에 이러한 주제와 내용은 당시의 시대적 특성과 연계되어 있어야 인정을 받을 수 있었다. 80~90년대가 되자 개인의 가치, 개인의 사물에 대한 견해, 개인의 선택 등으로 점차 다양하고 풍부한 주제들이 등장했고, 개인의 사회적 주체로써의 위상 및 개성은 존중되고 중시되었다. 21세기에 들어서도 대학 입시 작문에는 여전히 인간미가 물씬 풍겨, 자아와 사회와 인생에 대해 고민하는 주제들이 주류를 이루었고, 개성이 자유롭게 발휘될 수 있도록 독려하는 분위기가 지속되었다. 그리고 이 시기에는 깊이 있는 견해를 가진 사람만이 사회에서 인정을 받을 수 있는 분위기였기 때문에 대학 입시 작문의 출제 성향이 점차 개인이나 사회생활을 논하는 쪽으로 흘러갔다.

인문 정신과 인문주의

인류 문화 전통 중 '인문(人文)'은 일반적으로 인간과 자연, 인간과 사회에 대한 사유 과정 중 인간의 주체적 지위, 인간의 존재 가치 그리고 인간의 세속적 욕구에 대해 인정하고 존중하는 사상을 말한다. 그러나 서로 다른 사회적 배경을 가진 중국과 서양은 '인문' 사상에 대해서도 차이를 보이고 있다. 물론 '인간을 중심으로 한다.'는 기본 관점은 고수하고 있지만 여전히 좁힐 수 없는 의견상의 차이가 존재한다.

최근 몇 해 동안 학술계에서는 인문 정신에 관한 토론이 계속 진행되고 있는데, 종종 '인문 정신'과 '인문주의'를 혼용하는 경우가 발생하고는 한다. 물론 인문 정신과 인문주의가 모두 '인문'이라는 단어를 공유하고 있고, 두 단어 모두 영어의 'Humanism'으로 번역되지만, 중국 문화에서 말하는 '인문 정신'과 서양에서 말하는 '인문주의'는 동일한 개념이 아니다.

중국어에서 '인문'은 《주역(周易)》의 〈비괘(賁卦)〉에서 처음으로 등장한다. 그 본래의 의미는 천문(天文)에 비교되어 자연계의 법칙과 질서에 대응하는 인류의 법칙과 질서를 뜻하는 것이었다. '강(剛)과 유(柔)가 서로 뒤얽혀 있으니 이것이 천문이다. 문명으로서 각각의 분수에 머무르는 것이 인문이다. 천문을 관찰하여 시간의 변화를 살피고, 인문을 관찰하여 이로써 천하를 교화하고 풍속을 완성한다.'는 '인문'의 기본 의미가 담겨 있다. 또한 '하늘의 도리는 음(陰)과 양(陽)에 있고', '사람의 도리는 인(仁)과 의(義)에 있다.'고 한 《주역》〈설괘(說卦)〉의 '인문'은 사람으로서 지켜야 할 도리를 뜻한다. '인문'이라는 하나의 단어가 이렇게 여러 가지 의미를 내포하고 있는 것은 중국의 고대 사상가들이 인간과 동물 그리고 인류 세계와 자연 세계를 구별하는 본질에 대해 깊이 고민한 결과라고 하겠다. 인간은 이성이 있다거나 언어를 사용할 수 있어서 '인간'인 것이 아니라 어떤 비자연적인 법칙으로 자신의 행위를 규범할 줄 알기 때문에 '인간'으로 대접받는 것이다. 춘추전국 시대에 모든 사회생활 규범을 망라하는 개념으로 쓰였던 '예(禮)'가 바로 이 비자연적인 법칙에 해당한다. 《예기(禮記)》의 〈관의(冠義)〉편에 이르기를 '인간이 인간다운 까닭은 예의(禮義)라는 것이 있기 때문이다.'라고 했다. 그리고 《순자(荀子)》의 〈예론(禮論)〉에서는 '예라는 것은 사람이 따라야 할 도리 가운데 최상의 것이다.'라고 하며 예의를 따르는 것이 바로 인간이 지켜야 할 도리이자 사람됨의 기본이라고 했다. 《예기》의 〈곡예(曲藝)〉편에서는 '앵무새도 말을 할 수 있으나 날아다니는 새에 지나지 않고, 원숭이도 말을 할 수 있으나 금수에 지나지 않는다. 오늘날 사람들은 예가 없으니, 말은 한다 한들 금수와 무엇이 다르겠는가?'라고 했다. 이 말은 중국 문화에서 '인문'이라는 단어가 본래는 인간 세계와 자연 세계를 구별하는 법칙과 질서를 뜻하는 것임을 단적으로 보여 주고 있다.

'인문주의(人文主義)'는 인본주의(人本主義)라고도 불리는데, 15, 16세기 신흥 세력인 시민 계층(봉건제의 예속을 벗어나고, 자유롭게 개인의 이익을 추구하고자 했던 사람들)의 대표적 사상 또는 의식으로 알려지며 유럽 역사에 등장했다. 중세 유럽에서는 신학이 모든 의식을 지배했다. 신학은 종교적 이미지를 통해 사람들의 마음속에 봉건사상을 주입했는데, 이는 '인간은 어떻게 생활해야 하는가?'라는 신념으로 변형되어 사람들 마음속에 깊이 자리 잡았다. 이것이 바로 봉건제도의 핵심이자 신흥 시민 계층의 정신을 예속하고 있던 옥쇄였다. 신흥 시민 계층을 대표했던 사상가들은 사람들이 이러한 정신적 속박에서 벗어나 자신의 의지에 따라 자유로운 생활을 영위할 수 있도록 눈을 가리고 있는 신비주의를 걷어 내고 인간과 세상의 본질을 볼 것을 호소했다. 그들은 '인간'을 새롭게 발견하겠다고 선언하면서 인간과 인성이 가장 중요한 가치라고 주장했다. 또한 이와 같은 맥락에서 세속인의 생활을 내용으로 하는 '인문과학(고전 문화에 속하는 예술, 역사, 어법, 시가 등)'을 무기로 신학에 대항했고, 인문주의를 정신적 기치로 하는 반봉건적 문예부흥 운동(르네상스)을 전개했다.

인문주의가 그토록 숭상하는 '인간'이란 실제적으로는 구체적인 사회적 성질을 지닌 존재, 즉 '신흥 시민 계층의 개인'을 의미하는 말로써, 스위스의 역사학자 야콥 부르크하르트(Jacob Burckhardt)가 '개인주의는 인문주의 세계관의 기초이다.'라고 한 것처럼, 인문주의는 개인주의를 하나의 명백한 사상적 특질로 하고 있다. 근대에 들어서서 '인문주의'는 또 다른 의미를 갖게 된다. 즉, '과학주의'와 대립하는 개념으로 인류 사회를 연구하는 이론과 방법을 의미한다. 이는 인간의 가치를 강조했던 고전 인문주의 사상에서 확대된 개념으로써, 중국 고대에서 사용되었던 '인문'과 비슷한 의미를 지닌다.

중국과 서양에서 '인문'이라는 단어가 각각 어떤 뜻을 내포하고 있는지를 살펴보면, 중국 사회의 '인문 정신'을 더 쉽게 이해할 수 있다.

유교에서 말하는 '인문'에는 도덕적 교화의 의미가 담겨 있다. 물론 서양의 '인문주의'에도 윤리나 교화의 의미가 아주 없는 것은 아니지만, 전체적으로 보았을 때 인간의 가치와 욕구를 인정하는 세속적 생활 태도가 더욱 두드러지게 나타난다. 중국과 서양은 애초부터 사회적 배경이 상이(相異)했기 때문에 그들이 바라보는 인문 정신은 근본적으로 다르다. 표면적으로는 중국과 서양의 인문주의가 모두 '사람'이 중심임을 주장한다. 서양 인문주의자들은 중세 교회의 어리석음과 금욕을 강조하는 설교를 겨냥, 고전 수사학(修辭學)의 방법을 차용하여 고대 그리스와 로마 문화에 존재했던 '인문'이라는 요소와 기독교 신학의 '천지창조' 개념을 상세히 밝히면서, 사람의 고귀한 가치와 자유·평등을 높이 평가했다.

중국 유교의 인문 정신에서 보여지는 인간의 지위와 가치에 대한 평가 또한 서양의 그것과 비교했을 때 조금도 인색하지 않다. 역대 유교 사상가들이 인성에 관한 사상을 피력할 때에는 학파에 상관없이 거의 대부분이 '하늘과 땅의 성품 중에서 사람이 가장 귀하다〔天地之性人爲貴〕.'라는 글귀를 반복 인용하면서, 인간은 '만물의 영장'이고 '하늘·땅과 더불어 만물을 교화화는' 세상의 중심이라고 주장하며, 식욕이나 성욕과 같은 세속적 욕구에 대해서도 긍정적인 입장을 취했다.

그러나 중국과 서양은 인문 정신과 관련하여 추구하는 가치나 이론에서 본질적인 차이를 보인다. 서양의 인문주의는 '개인 본위(個

人本位)'에 입각하여 개인의 의지, 욕망 그리고 이익을 인간이 만물을 관찰하고 평가하는 척도로 삼았고, 이러한 생각을 바탕으로 중세의 신권이 개인의 존엄이나 평등에 대한 요구 그리고 세속적 욕망을 억눌렀음을 비판했다. 이와는 상반되게 유가의 인문 정신은 인간의 고귀한 존엄과 세속적 욕구를 긍정적으로 여기지만, '단체 본위(團體本位)'를 강조하는 사상적 경향은 오히려 개인의 존재와 존엄적 가치를 경시하는 결과를 낳았고, 개인의 사상이나 행위를 윤리 규범이라는 틀에 맞추려는 등 '인륜주의(人倫主義)'라는 이론적 기조를 형성했다.

단체의 이익과 윤리 의식의 강조

중국과 서양의 인문 정신은 사회와 역사의 발전 과정에 미친 사상적 효과에서도 많은 차이를 보이고 있다. 유가의 인문 정신은 개인의 가치와 존엄을 일단 '단체'의 이익이라는 틀에 넣고 가늠한다. 또한 이들은 윤리 의식을 중요시하고, '단체' 속에서 생존하고 발전해 나가야 할 개인의 책임을 강조한다. 이러한 영향을 받아서인지, 숭고한 뜻을 지닌 수많은 현인(賢人)들이 국가를 부흥시키고 민족을 위기에서 구하겠다는 명목 아래, 개인의 명예와 이익을 돌보지 않고 심지어는 자신을 희생하면서까지 인의(仁義)를 지켜 냈고, 이들이 남긴 정신적 유산은 아직까지도 소중히 전해 오고 있다. 그러나 이 '단체 본위'란 것은 본질적으로 '인간과 인간 사이의 종속 관계'에 대한 사상을 내포하고 있기 때문에 유가의 인문 정신은 필연적으로 '봉건적 신분 계급 질서'와 삼강오륜의 잣대로 인간의 욕망과 행위를 판단할 수밖에 없었고, 인간의 자주성과 독립성은 크게 억제되었다. 반면 서양의 인문주의는 교회의 신권과 계급 질서에 대항하여, 인간은 개성과 욕구의 분출을 통해서만 참된 가치를 추구할 수 있다고 주장했다. 이렇게 르네상스라는 근대사상 계몽운동의 분위기가 무르익어 가면서, 서양 사회는 솔선하여 전통 사회에 이별을 고하고 현대화의 길로 들어서게 된다. 그러나 또 한편으로 서양의 인문주의에서 보여지는 '물질에 대한 의존성을 기초로 한 인간의 독립성'은 마르크스가 지적했듯 인간의 '물화(reification)'와 '소외(alienation)'의 특징을 고스란히 반영하고 있으며, 필연적으로 적나라한 물신주의(物神主義)와 배금주의(拜金主義)를 양산했다. 이는 또한 현대 문명의 발전을 위해서라는 이유로 사람들에게 비이성적인 사상 체계를 주입하기도 했다.

르네상스 후기 셰익스피어의 명작 《아테네의 타이먼(Timon of Athens)》에는 황금에 대해 저주를 퍼붓는 장면이 등장한다. 서양 현대 문명이 성숙해질수록 이러한 저주는 점차 격렬한 비판으로 이어졌다. 19세기 영국의 저명한 학자 토머스 칼라일(Thomas Carlyle)은 《과거와 현재(Past and Present)》에서 전 사회가 '일종의 인간을 절망케 하는 신앙'에 빠진 것을 통탄했다. 그가 말하는 신앙이란 바로 이기주의, 실리주의 그리고 향락과 허영에 대한 숭상을 뜻한다. 서양 현대화의 폐단에 대한 반성을 기초로 하여 당대의 서양 지식계는 인간의 '물화'와 '소외'에 대한 비판을 취지로 과학적 인문주의, 종교적 인문주의, 존재주의적 인문주의 등 적지 않은 새로운 인문 사조들을 만들어 냈다. 이들은 서로 그 이치는 다르나 모두 인간 정신이 세속화·물질화되는 것에 반대하고, 인간이 금전이나 기계 그리고 욕망의 노예가 되어가는 것을 안타까워했다. 그리고 인간 본성에 내재된 도덕적 '가치 이성'을 외적인 공리만을 추구하려는 '도구적 이성'의 족쇄로부터 해방시켜 인간의 진정한 내재적 주체성을 새롭게 정립할 것을 호소했다. 그러나 과학적인 역사관의 부재로 인해 이 신흥 사조들 역시 진정으로 서양 사회의 폐단을 치료할 방법을 제시하지는 못했다.

중국 철학자들은 근 100여 년 동안 유가의 인문 정신에 의문을 제기해 왔지만, 그 반성의 의미는 사회가 큰 변화를 겪을 때마다 바뀌었다. 지난 세기의 '5.4 운동'과 80년대의 '신5.4 운동'이라 불리는 '문화열(文化熱)' 논쟁 가운데 중국의 지식인들은 인문 정신의 강상 윤리(綱常倫理)를 비판하면서 서양 인문주의가 전통적으로 강조해 왔던 '민주'와 '과학'의 중요성을 주장했다. 물론 이 두 가지가 가지는 계몽적 의의를 쉽게 부정할 수는 없지만, 허점이 존재하는 것도 사실이다. 바로 인문 정신에 대한 전면적인 역사적 분석이나 가치 판단이 취약했다는 점이다. 다른 한편으로, 서양의 '포스트모더니즘' 사조의 영향을 받아 '5.4 운동' 이후에 등장한 현대의 신유가 사상은 줄곧 유가 인문 정신 가운데 현대적 가치의 원천을 발굴하는 데 힘을 쏟아 유학(儒學)을 '부활' 혹은 '재건'하자고 주장하면서, 서양 현대 문명이 양산한 '물화'와 '소외' 현상의 폐단을 비판했다. 이는 인문 정신에 대한 논의를 또 다른 한 극단으로 몰고 갔다.

인문 정신과 인문주의의 상호 보완

실제로 중국과 서양의 인문 정신은 시대적·사상적 배경이나 사회 분위기상 분명한 차이를 보이고 있지만, 가치 판단의 유일한 척도로써 현실의 요구에 매우 적합했다는 점을 간과해서는 안 된다. 오늘날 중국의 현대화는 근대에 유행했던 '서양 열풍'을 단순히 반복하자는 것도 아니요, 당대 서양 철학자와 신유가에서 동경해 마지않았던 '포스트모더니즘'을 구축하겠다는 것도 아니다. 바로 물질문명과 정신문명을 건설함에 있어 더 높은 차원의 사회주의 현대화를 실현하겠다는 것이다. 이는 인간 본연의 소질과 역량 차원에서 봤을 때는 마르크스가 말했던 '개인이 총체적으로 발전하고 인간 공통의 사회 생산 능력이 그들 자신의 부로 전환될 수 있는 기초상에서 수립된 자유 개성'을 충분히 형성하겠다는 것을 의미한다. 또한 사회 형태에서 봤을 때 인간의 물질적·정신적 실천 역량이 모두 전면적으로 제고될 수 있는 사회를 건설하겠다는 것이다.

그러나 이 인류 역사상 전례가 없던 위대한 사회 시스템 건설 프로젝트는 불가피하게도 일련의 시련을 겪을 수밖에 없었다. 우선 중국의 현대화는 오늘날까지도 답보 상태에 있으면서 여전히 과거 전통문화의 부정적 영향을 고스란히 받고 있다. 유가 인문 정신이 내포하고 있는 범도덕적 가치 성향과 전제주의적 계급 관념이 현대적 시장경제와 민주적 법제의 건설, 과학 이념의 전파, 개인의 자주적 권리와 진취적 정신의 배양에 크게 위배된다는 것은 의심할 여지가 없다. 또한 중국의 현대화 과정 중에서 배금주의와 물신주의 풍토가 점점 고개를 들기 시작하면서 기존의 사회 도덕이 그 기준을 잃어 가기 시작했다. 반면 서양의 인문주의는 그 폐단에도 불구하고 사상적으로는 가치가 인정되기 때문에 비판적인 자세로 수용할 것은 수용해야 할 것이다. 결국 우리는 중국과 서양의 인문 정신을 살펴볼 때 어느 한쪽을 억눌러야 다른 한쪽이 살아난다는 생각에 얽매여서는 안 된다. 반대로 그 사상적 의미와 역사적 효과에 대한 과학적인 분석에서 출발하여, 중국 현대화의 실천을 목표로 이 두 사상을 유기적으로 상호 보완하고, 중국 사회주의 현대 문명을 건설하는 데 필요한 정신적 자원을 찾아야 할 것이다.

인류는 줄곧 끊임없이 연구하고 또 진보해 왔다. 그러나 시대의 변화에 따라 인성에 대한 존중, 진리와 생명의 의미를 추구함에 있어서는 매우 다른 모습을 보여 왔다. 중화 민족의 경우, '인본주의'에서 강조하는 인간에 대한 관심은 시대에 따라 그 정도가 달랐다. 실제로 중국은 서양과 달리 '인본주의' 안의 '인문 정신'에 대해 그다지 관심을 기울이지 않았다. 그러나 시대가 바뀌면서 이러한 상황에는 변화가 찾아왔다. 중국의 저명한 학자 저우궈핑〔周國平〕은 당대 '인문 정신'에는 세 가지 요소가 있다고 했다. 그 첫째는 인성(人性), 즉 인간에 대한 존중이다. 인간에 대한 존중, 인간의 존엄성을 강조하는 것은 넓은 의미에서 볼 때 '인도주의' 정신의 표현이다. 둘째는 이성(理性)이다. 진리에 대한 탐구 정신이라고도 할 수 있는 이것은 넓게는 과학 정신이다. 셋째는 초월성, 즉 생명의 의미에 대한 탐구 정신이다. 이것은 종교 정신이라고 해석할 수 있다.

중화 민족이 고대의 원시·노예·봉건사회를 거쳐 오면서 진정한 의미에서 '인간에 대한 관심'을 기울여 본 적이 있었는지는 확실하지 않다. 원시사회 사람들의 주요 관심사는 아마도 '어떻게 자연과 투쟁하여 살아남는가?'의 문제였을 것이다. 그리고 노예·봉건 계급 사회의 통치 계급은 훌륭한 행적을 보인 민중 혹은 지식인들에게 상을 내린다거나, 재주가 있다면 출신에 관계없이 등용하는 정책을 펼쳐 왔지만 이것들은 사실상 방법만 다를 뿐 통치자 자신의 권력 유지를 위한 것이었다.

근현대에 이르러 중국에는 국가와 민중을 위해 온 힘을 다해 헌신하는 민족 영웅과 민족 지식인이 등장했다. 그러나 인간에 대한 관심은 여전히 지식인들이나 민중이 깊이 고민하는 문제가 아니었다. 1949년 10월 1일 중화인민공화국이 수립되면서 사회주의 국가로 거듭난 당시의 중국에는 매우 복잡하고 다양한 계급 성분들이 병존하고 있었다. 중국 인민의 위대한 영도자 마오쩌둥〔毛澤東〕 주석은 당시 중국의 계급 상황에 대해 다음과 같이 말했다.

"제국주의 세력과 결탁한 일체의 군벌, 관료, 매국노, 대지주 계급 및 이들에게 종속된 일부 반동 지식계급은 우리의 적이고, 노동자 무산계급은 우리의 혁명을 이끄는 힘이다. 모든 무산계급, 소자산 계급은 우리가 가까이해야 할 친구이다. 동요가 심한 중산계급 가운데 우익은 우리의 적이 될 것이고, 좌익은 우리의 친구가 될 것이다. 우리는 항상 이들을 경계하여 그들이 우리의 혁명 전선에 혼란을 야기하는 일이 없도록 해야 한다."

이 말에서 알 수 있듯이, 당시 중국이 가장 중시했던 것은 신중국 건설과 계급투쟁이었다. 그리고 계급투쟁이 본격화되면서 중국에는 '10년 문화혁명'이 시작되었다. 이 대혁명은 중국의 문화, 경제 등 각 분야의 수준을 정체시키거나 심지어 퇴보시키기까지 했다. 계급투쟁이 확대되면서 사람들은 서로의 계급성이나 계급 차이에만 관심을 보일 뿐 인성이 무엇인가에 대해서는 신경조차 쓰지 않았다. 당시 중국의 인본 정신은 계급투쟁에 밀려 싹조차 피어나지 못했다.

70년대에 이르러 문화혁명이 종결되자 중국은 점차 모든 면에서 회복 및 발전 추세를 보이게 되었고, 70년대 말에 드디어 인간에 대한 관심을 주장하는 목소리가 들리기 시작했다. 이들은 인간에게는 계급성 외에도 보편적으로 인성이라는 것이 존재한다는 인식하에 인간과 인간 사이에는 반드시 계급을 초월한 인간적 관심과 배려가 있어야 하고 또한 이러한 관계에서만 개인의 가치를 충분히 실현할 수 있다고 주장했다. 물론 이때의 인문 사조는 인도주의(人道主義)를 제창하고 개인 가치의 실현을 위해 잘못된 것은 바로잡자는 취지에서, 인간과 인간 그리고 인간과 사회 차원에서 전개된 것이었다. 또한 중국 경제가 탄력을 얻어 가고 시장경제 체제가 자리를 잡아 감에 따라 인문 사조의 근본적 원칙이나 요구가 사람들에게 받아들여지기 시작했다. 심지어 90년대에 들어서는 중국에 보편적 인성의 존재와 개인 가치 실현의 합리성에 대해 의문을 제기하는 사람들이 거의 없다시피 하였으니, 더 이상 이 문제로는 논란이 일지 않았다.

조화로운 사회 건설로 물신주의 극복

그러나 시장경제가 본격화되면서 대중들의 물질 숭배 현상은 날이 갈수록 그 정도가 심해졌고, 물신주의 풍토가 사회 전반에 만연되면서 인간의 가치와 존엄은 또 한 번의 도전을 받게 되었다. 그리고 90년대 중반 중국 역사에서 두 번째로 인문 사조를 제창하는 목소리가 들리기 시작했다. 이 시기 인문 사조의 등장은 물신주의 공략을 그 주된 목적으로 했으며, 인간은 생산의 수단이 아니라 생산의 중심이자 목적이라는 인식하에 인간이 물질의 노예가 되는 것을 반대하고 인간에 대한 관심이 항상 우선해야 한다고 주장했다. 이 시기의 인문 사조는 전 국민적 반향을 불러일으켰던 처음의 것과는 달리 소수 지식인들 사이에서만 화제가 되었을 뿐 대다수 사람들은 여전히 물질에 탐닉하느라 자신의 가치와 존엄조차 돌볼 겨를이 없었다. 사실상 자연을 정복하고 고된 노역에 시달려 온 인류가 자신의 존엄을 지키기란 불가능한 것이었는지도 모른다. 모든 만물은 결국 나중에는 소멸해 버리기 마련이고 인간도 그 운명을 피할 수 없을 것이다. 인간은 전 우주를 포용하는 법을 깨달았을 때 비로소 진정으로 인간에게 관심을 가질 수 있다. 인간에 대한 관심과 세계에 대한 관심은 그 맥락을 같이하기 때문이다.

2005년 2월 19일, 후진타오〔胡錦濤〕 주석은 사회주의와 '조화로운 사회' 건설을 주제로 한 토론회에서 다음과 같이 말했다. "우리가 건설해야 할 사회주의와 조화로운 사회는 반드시 민주적으로 법치가 이루어지고, 평등하고 정의로우며 믿음과 우애가 넘치고, 활력으로 가득 차 있으며 안정적이고 질서 있는, 그리고 인간과 자연이 조화롭게 공존하는 그러한 사회가 되어야 할 것이다." 마치 경전의 한 구절과 같은 이 말은 중국 사회주의와 조화로운 사회 건설의 본질을 잘 설명해 주고 있다. 즉 인류에게 우수한 문화 전통을 계승시킨다는 전제하에 미래의 사회는 인간과 인간, 인간과 사회 그리고 인간과 자연 등 각종 관계들이 총체적으로 조화를 이루어 발전하는 사회가 되어야 한다는 것이다.

'조화로운 사회'란 인간이 중심이 되는 사회이다. 이 인간 중심이라는 개념은 인류 전통 사회의 사회 철학 사상이다. 중국 전통 사회의 '인본' 사상은 고대 정치 철학 발전사에 있어 중요한 부분을 차지하는 것으로, 주로 '군본론(君本論)'과 이에 대응하는 '민본론(民本論)' 간의 대립 가운데 자주 등장한다. 서양 전통의 인간 중심 사상은 주로 '인문 정신'이나 '인문주의'로 표현된다. 서양의 인간 중심 사상은 개인의 자유, 평등 그리고 독립을 실현할 것을 강조하는데 이것은 일종의 '인권'과 같은 개념으로 볼 수 있다. 바꿔 말하면 서양의 인문 정신은 인성에서 출발하여 인간의 독립성과 자유 의지를 강조함으로써 가치 이성과 인본(人本)의 성격이 더 짙게 드러나지만 중국 전통 사회의 '민본(民本)'은 단체 정신이나 전 사회 구성원의 인격 개조에만 관심을 기울일 뿐 정작 개인의 가치에 대한 의식은 부족했다. 이러한 상황에서 인간은 사회의 주체가 아니라 정치 사회적 도구로 취급되었고, 하나의 개체로서의 지위를 인정받지 못한 채 군중 속에서 자아와 인격을 상실하게 된 것이다.

따라서 중국은 사회주의와 조화로운 사회의 건설에 앞서 인간 중심의 조화로운 사회를 건설할 수 있도록 노력해야 하며, 인간의 생명과 가치를 존중하고 인간의 주체적 지위를 보장해야 한다. 또한 반드시 인간을 중심으로 사회의 정치, 경제 그리고 문화에 대한 전

방위적 개조 작업을 실시하여 인간의 가치와 존엄을 충분히 깨닫도록 해야 한다. 동시에 우리는 반드시 인간과 환경 간의 의존 관계 및 기타 생명체와의 공생 관계를 정확히 파악하고 인간과 타인, 인간과 사회 그리고 인간과 자연과의 조화를 강조하며, 타인 또는 기타 생명체의 권리와 '자연'의 객관적 지위를 존중할 수 있어야 한다. '인간 중심'은 조화로운 사회의 기본 정신으로, 인간의 주체적 지위를 인정함과 동시에 인간과 사회 그리고 자연과의 조화를 추구해야 한다. 또한 인류의 생존 환경을 개선함으로써 인문 정신과 자연 정신이 상호 간에 소통하고 융합될 수 있도록 해야 한다. 이렇게 심오한 뜻을 담고 있는 현대사회의 인문 정신은 사회주의와 조화로운 사회 건설의 본질적 특징을 대표하고 있다.

오늘날 사회에는 사람들이 죽기살기로 책만 파는 현상이 만연하고 있다. 심지어 어떤 학생들은 시험의 스트레스로 인해 자살하기까지 한다. 이는 학생들은 시험을 잘 보기 위해 공부하고 교사들은 학생들의 시험 성적을 올리기 위해 가르치는, 다소 정도가 심각한 사회 분위기를 반영하고 있다. 그리고 일은 전혀 하지 않고 책만 보는 세상물정 모르는 '책벌레'들의 양산이 개인이나 사회의 발전에 긍정적 영향을 끼치지 못할 것임은 자명한 일이다.

시험을 잘 보기 위해서 또는 좋은 직장을 잡기 위해서 공부를 하고 책을 읽는 현상을 현실적으로 이해하기 힘든 것은 아니다. 하지만 교사나 학생 모두 이러한 시험만을 위해 공부하는 현상이 가져오는 폐해를 잘 알고 있다. 이는 결국 학생들의 창조성과 개성을 말살한 채 통일되고 일률적인 인간을 길러낼 것이다. 한 미국 학자가 중국의 유치원을 둘러볼 기회가 있었는데 그 곳에서 그는 모든 아이들이 훌륭한 그림 솜씨를 가지고 있음을 발견하고 매우 놀랐다고 한다. 또 그는 아이들이 그린 그림이 모두 비슷한 내용을 담고 있음을 확인하고는 더욱 놀랄 수밖에 없었다고 한다. 나중에 그는 아이들이 그린 그림의 소재가 모두 유치원 벽에 걸려 있는 그림을 따라한 것이고 그 곳의 모든 아이들이 거의 '동일화'되었다는 사실을 알게 되었다. 만약 어렸을 때부터 모든 사람들이 같은 얼굴에 같은 두뇌에 같은 생각을 가지고 자라난다면 우리는 어떻게 풍부하고 다채로운 생활을 창조해 나갈 수 있겠는가?

1985년 중국 공산당은 교육 체제 개혁에 관해서 다음과 같이 지적했다. "교육은 반드시 현실에서 벗어나 일방적으로 진학률만을 좇는 편향적 현상을 극복하고 민족의 소양을 높여 인재를 많이 배출하되, 우수한 인재를 배출할 수 있도록 해야 한다." 또 〈중국 교육 개혁과 발전에 관한 강령〉에서는 '초·중등 교육기관은 시험을 위한 교육이 아니라 국민의 소양을 전면적으로 향상할 수 있는 교육을 제공할 수 있도록 방침을 전환해야 한다. 전 학생을 대상으로 사상 도덕, 문화 과학, 기술 기능, 신체적·정신적 자질을 전면적으로 제고할 수 있는, 그리고 학생들이 생동감 있고 활기차게 발전해 나갈 수 있는 교육을 실시해야 한다.'라고 지적했다. 이렇게 입시 위주, 성적 위주의 교육 풍토가 만연하던 사회에 '소양 교육'을 강조함으로써 국가는 학생 개개인의 발전을 중시하기 시작했고, 지덕체를 겸비한 학생을 배양하겠다는 교육계의 의지와 방침이 그 힘을 얻었다.

1

_____

물질이 고도로 발달한 사회에서도

'효(孝)'의 정신은 필요한가?

부모님은 나를 낳아 길러 주시고, 보듬어 주시고, 양육해 주시고, 돌봐 주시고, 감싸 주시며, 그 어떤 것도 싫어하거나 귀찮아하지 않고 언제나 나를 품에 안고 보살펴 주신다. 부모님의 은덕에 보답하고 싶지만, 그 은혜가 하늘처럼 광활하여 끝이 없구나!

—《시경》〈육아〉편

부자지간에는 골육의 정이 있어야 하고, 임금과 신하 사이에는 예의의 도가 있어야 하며, 부부지간에는 사랑이 있어야 하나 또 내외가 유별하고, 나이가 많고 적은 사람 사이에는 존비의 서열이 있어야 하며, 친구 사이에는 성실과 신의의 덕이 있어야 한다. 이것은 인간과 인간 사이에 발생하는 관계에 대한 도리이자 행위의 준칙이다.

—《맹자》〈등문공〉상편

백 가지 착한 일 중 으뜸은 '효'

중국과 중화 민족의 복잡성 때문에 중국인들의 감정과 인격을 한 마디로 표현하기 어려울 때가 많다. 그러나 중국인을 설명할 때, '효(孝)'라는 문화적 특징만큼은 절대 빼놓을 수 없다. 중국에는 '백 가지 착한 일 중 제일 먼저는 효행〔百善孝爲先〕'이라는 말이 있는데, 공자(孔子)는 일찍이 '효는 하늘의 떳떳한 것이고, 땅의 옳은 것이며, 백성의 행실이다.'라 하여, 자식된 자로서 부모에게 효를 다하는 것은 불변의 진리이고, 인간이라면 마땅히 실천해야 하는 것임을 당부하고 있다.

중국의 '효'의 기원은 아주 오래 전, 문명이 막 시작되었을 때로 거슬러 올라간다. 원(元)나라 곽거경(郭居敬)이 효자 24명의 이야기를 수집하여 펴낸《이십사효(二十四孝)》의 첫머리에는 원고 시대 제왕 순(舜)의 '하늘을 감동시킨 효'의 이야기가 나온다. 순의 부친 고수(瞽瞍)와 계모, 이복동생 상(象)은 여러 차례 그를 해하려 했으나, 순은 전혀 질시나 증오의 마음을 품지 않고 여전히 부친에게 공손했으며 동생에게도 자애로웠다. 또한 순의 자리에 오른 후에도 부친을 보러 갈 때는 언제나처럼 공경을 다했고, 심지어 제후에 봉하기까지 했다고 한다. 이 이야기는 중국 효도의 역사가 매우 오래 되었음을 말해 준다.

효도는 중화 민족의 전통 미덕이며, 사회가 진보하고 문명이 발달해도 절대 잃어버려서는 안 될 가치이다. 그러나 지금 중국의 현실은 조금 다르다. 개혁 개방이 그 세를 더해 가면서 중국 가정은 노인 공양의 기능이 점차 약해지고 있으며, 전통적 효도의 관념도 희박해지기 시작했다. 심지어 노인들을 무시하고 학대하는 사건들이 수시로 발생하고 있다. 까마귀들도 부모를 먹여 살리고, 양들도 어미가 꿇어앉아 젖을 먹인 은혜를 잊지 않는데, 현대의 사람들은 금전 지상주의나 배금주의 등 서양 사상의 영향을 받아 전통의 효 문화를 팽개쳐 버리고는 불효를 일삼고 있다. 이는 중국의 전통적인 효 문화가 사라지고 있다는 것을 보여 주는 것과 동시에 중국이 우수한 전통문화를 계승하지 못했음을 반영하고 있다.

부모를 잘 섬기는 일은 절대 사소한 일이 아니다. 만약 자신을 길러 준 부모를 공경하지 않는다면 어떻게 타인과 사회를 사랑할 수 있겠는가? 그래서 반드시 효를 널리 알리는 것을 사회주의 문명 건설의 기본 내용으로 삼아, 효도의 전통문화가 성장할 수 있도록 해야 한다. 오늘날 중국이 통치 이념으로 내걸고 있는 조화로운 사회 건설 역시 그 근원은 결국 모든 가정의 화합에서 찾을 수 있다. 또한 가정의 화합은 부모를 효로 대할 때 이루어진다. 가정은 사회의 분자이자 세포라고 할 수 있기에, 모든 가정이 화목해질 때 비로소 사회가 안정된다. 또 사회가 안정을 얻어야만 진정한 의미의 조화를 이룰 수 있다. 이렇듯 효 문화는 조화로운 사회를 건설하는 데 있어 지극히 중요한 의미를 지니고 있다.

사람이 나이가 들면 허리가 굽고 등이 휘어 손에 지팡이를 짚고 결국에는 늙어서 뼈만 앙상한 모습으로 남게 되는데 '孝'는 이러한 노(老)와 자(子)가 결합한 글자로서 늙은 어버이를 자식이 떠받들고 있는 형상이다. 《이아(爾雅)》〈석훈(釋訓)〉에서는 '효'를 '부모를 잘 모시는 것〔善事父母〕'이라 했고, 《설문해자(說文解字)》에서는

"부모를 잘 섬기고, 늙음을 따르고, 아들을 따르며, 아들이 늙은 부모를 잇는 것이다."라고 했다.

'효' 관념의 완성

효도가 내포하고 있는 의미와 효행에 대한 찬양은 조상에게 제를 지내는 종교적 의식에서 비롯되었고, 효에 대한 관념은 주(周)나라와 춘추(春秋) 시대에 형성되어 전국(戰國) 시대에 완성되었다. 상고 시대 사람들의 생활에는 종교와 신앙이 지극히 중요한 위치를 점하고 있었는데, 이들의 신앙 생활에는 조상에 대한 예의와 화복관(禍福觀) 등이 담겨 있다. 종법 사회(宗法社會)에서는 종족 혈연관계를 유대의 끈으로 혈통의 계승을 매우 중요하게 여겼기 때문에 선조를 종족 혹은 가족의 상징으로 세우고, 신으로까지 추앙했다.

종법 제도가 대를 이어감에 따라 조상을 존중하고 노인을 공경하는 효친(孝親)의 전통이 유학 체계 안에서 '존존(尊尊) 사상(자신보다 높은 위치에 있는 사람에게 존경을 표함)'으로 나타났다. 《예기》〈대전(大傳)〉편에서 '위로 조상을 대할 때는 항상 존경을 표하고, 아래로 자손을 다스릴 때는 친근함으로 대한다.'라 했고, 효도의 틀을 만드는 데 매우 중요한 역할을 담당한 공자는 '부모님이 살아 계시면 멀리 떠나지 아니하며, 떠나도 반드시 갈 곳을 알려야 한다.'고 했다. 부모님이 나이가 들면 자연스럽게 거동이 불편해지고 병이 들게 마련이므로 멀리 나가야 할 때도 장기간 머물러서는 안 되며, 마음속으로 항상 부모님이 집에서 어떻게 지내실까를 염려하여 자주 집에 돌아가 부모님을 뵈어야 한다는 것이다. 공자는 또한 부모님 생전에는 공경하고 봉양하며 돌아가신 후에는 예절에 따라 장례를 치르고 제사를 올려야 한다고 강조했다.

공자는 또한 가정에서의 효를 사회로 확장하면 사람들이 모두 나를 사랑하고, 내가 모든 사람을 사랑하는 이상 사회에 도달할 수 있을 것이라고 했다. 공자(유가)학에서는 효를 인(仁)의 근본으로 본다. 공자는 효를 일체의 위에 두고 부모에게 효도하고 윗사람에게 공손하게 대하는 것을 모든 사람이 꼭 갖추어야 할 기본적인 덕목이라고 했다.

공자 이후의 유학자들 역시 효의 중요성을 역설했다. 전체 도덕 가운데 인의(仁義)에 중점을 두고, 군주보다 백성을 무겁게 여기는 인정(仁政) 사상을 설파한 맹자(孟子)는 공자의 학설을 계승·발전시켜, 인의의 전제는 효와 공경에 있다고 했다. 《맹자》〈만장(萬章)〉편에서는 '효의 최고는 어버이를 높이는 것〔孝子之至, 莫大乎尊親〕'이라 하여 부모를 공경하는 것을 인간이 행할 수 있는 최고의 도덕으로 보았다. 또한 "나의 부모를 내가 공경하듯 남의 부모도 공경하라〔老吾老, 以及人之老〕."고 하여 부모에게 효를 행한 이후에는 타인을 널리 사랑할 것을 주장했다. 맹자는 상고 시대의 '오교(五敎)' 즉, 부자유친(父子有親), 군신유의(君臣有義), 부부유별(夫婦有別), 장유유서(長幼有序), 붕우유신(朋友有信)을 '오륜(五倫)'으로 고쳐 불렀다. 맹자는 사회에서 가장 중요한 것은 부자(父子)와 군신(君臣) 관계라 여기고 '어질면서 그 어버이를 버린 자는 아직 없고, 의로우면서 그 임금을 뒤로 한 자도 아직 없었다.'라 주장했다. 그리고 최종적으로는 인의(仁義)와 부모에 대한 효(孝), 군주에 대한 충성심을 배합하여 천하에 인인(仁仁)과 친친(親親)의 사상을 전파하고자 했다.

유일한 통치 이념으로 생명력을 얻은 한(漢)나라 이후, 유가 사상은 봉건시대의 전통을 고수하며 2천여 년을 이어져 왔다. 이에 따라 효 역시 중국 전통 윤리를 대표하는 개념으로, 또한 아랫사람이 윗사람을 대함에 있어 공경하며 순종해야 한다는 행위 준칙으로 자리 잡게 되었다. 일찍이 유가의 관념은 단순한 학설로 머무르지 않았고, 오히려 전통문화 깊숙이 뿌리를 박게 되면서 중국 문화의 모든 면에 영향력을 미치고 있다.

중국 사회는 가정을 기본 단위로 형성되었기 때문에 국가의 조화와 안정은 가정의 윤리적 관계의 조화와 안정을 바탕으로 한다. 그리고 여기서 효는 바로 가정 윤리의 근본적인 유대의 고리로써 자연스럽게 모든 관계의 집결점이 되었다. 그러나 이것이 점차 백성들을 우롱하는 통치 계급의 도구로 악용되면서 '효'의 원래 의미는 퇴색하고 말았다. 주(周)대에 형성된 '효'는 원래 조상을 공경하여 낳아 준 은혜에 보답하고, 자녀를 낳아 종족의 생명을 연속시키는 데 그 의미가 있었다. 그러나 공자에 이르러 그 종교적이고 철학적인 의미는 사라지고 '부모를 잘 모셔야 한다.'는 순전히 윤리적인 의미만 남게 되었다. 즉 종교 도덕이 가족 도덕으로 변질된 것이다. 또한 《효경》에서는 가족 내부의 관계를 반영하는 '효'라는 도덕 관념이 정치화되기까지 했다. 한(漢)대에 이르러 통치자들이 효의 정치화에 앞장서게 되면서 '한(漢)은 효로써 천하를 다스린다.'는 말이 등장하기도 했다. 이렇게 효는 봉건 도덕 체계로 흡수되어 가부

장적 봉건 전제 통치의 사상적 기초로 자리매김하기 시작했다.

'효' 문화의 발전

부모는 자녀를 낳아 기르고 자녀는 늙은 부모를 부양하는 것은 인간의 자연스러운 천성이자 도리일 것이다. 그러나 봉건사회 통치 계급이 효를 정치화하기 시작하면서 그 의미는 점차 왜곡되기 시작했다. 또한 효행을 거짓으로 위장하거나 이를 통해 관직이나 명예를 얻으려는 추악한 일들이 생겨나면서 효 문화의 내용 또한 크게 변질되고 말았다.

유가에서 말하는 가족 질서와 사회 질서는 기본적으로 '삼강(三綱)'과 '오륜(五倫)'이다. 신하는 군주에게, 자식은 부모에게, 아내는 남편에게 반드시 복종해야 하는데 이러한 관계는 무조건적인 것이며 이유나 근거가 있고 없고는 중요하지 않았다. 량수밍〔梁漱溟〕 선생은 《중국 문화 요지(中國文化要義)》에서 다음과 같이 설명했다. "윤리 관계란 사회에 존재하는 모든 사람들을 각각의 관계 속에 묶어 두고, 지위·서열을 나누어 서로를 대할 때 반드시 갖추어야 할 정(情)과 의(義)를 명확하게 지정해 줌으로써, 이들이 항상 자신의 본분에 따라 처신할 수 있도록 하는 것이다. 이는 곧 일종의 의무 관계를 나타내는 것으로, 한 개인은 자신을 위해 존재한다기보다 타인을 위해서 존재하는 것과 마찬가지이다."

이렇게 유가 문화의 핵심은 태어남과 동시에 자연스럽게 정해지는 나이의 순서와 남녀의 구분에 따라 모든 인간을 조직에 편입시키고 한평생 변하지 않는 책임과 의무를 부과하는 것에 있다. 개인의 권리가 아닌 명분으로 인간의 위치를 결정짓는 등급 구조는 중국 사회에서(역대 왕조의 변화를 제외하고) 2500년 간 변하지 않는 기본을 고수해 왔다. 그러나 이러한 문화는 중국인의 개성과 창조력을 몰살시키고 말았다. 최근 미국에 유학을 가 있는 학생들을 예로 들어 보자. 유가 문화의 영향을 받은 중국인들은 전공 학업 수준은 높을지 몰라도 미국, 인도, 유럽인들에 비해 개성이 부족하고 남의 말을 듣고 따르는 데 익숙해져 자신의 권리와 이익을 주장하지 못한다.

사회가 진보함에 따라 '효' 문화가 인성과 개인의 권리를 예속하고 있는 점이 점차 겉으로 드러나기 시작했다. 근대사회에 이르자 서양 문화의 유입은 중국인들의 사상과 경제생활에 영향을 끼치게 되었다. 특히 '5.4 운동'은 중국인들에게 자유, 민주 그리고 법치 사상을 깨우쳐 주었다. 루쉰은《이십사효》에 대해 '24개의 이야기들을 모두 읽고서야 효가 이처럼 어려운 일인가를 알게 되었다. 과거의 사람들이 행했던 황당하기 그지없는 효행을 접하고 보니 효자 노릇을 하려 해도 절망감만이 들 뿐이다.'라고 비난했다. 이 말을 통해 루쉰이 중국의 '효' 전통에 대해 얼마나 큰 반감을 품고 있었는지를 엿볼 수 있다. 과거로부터 지금까지 줄곧 강조되어 왔던 미덕에 숨겨져 있던 해악을 우수한 교육을 받은 지식인들은 분간해 낼 수 있으나, 대다수의 평민들은 오히려 이를 인생의 신조로 삼기까지 했으니, 루쉰은 분명 이 점을 통탄했을 것이다. 예를 들어《이십사효》의 〈곽거매아(郭巨埋兒)〉라는 제목의 이야기를 보자. 곽거(郭巨)라는 효자는 자신의 자식 때문에 행여 모친을 봉양하는 데 소홀해질까 염려하여 아이를 땅에 묻어 버렸다고 한다. 이 이야기는 그의 효심에 중점을 두고 있긴 하지만 어린 아이의 생명을 무시하고 참혹하게 해치기까지 한 것은 비정하다고 비난받을 만하다. 이렇게 '효'라는 것이 이론적으로는 극단화·전제화되고 현실적으로는 사람들의 우매화를 조장하게 되자, 중국 근대에 이르러 일부 지식인들은 봉건적 가족제도와 효도에 대해 의심을 품고 비판하기 시작했다. 그러나 당시에는 전통 세력이 워낙 강력했기 때문에 이들의 비판은 결국 허공을 맴돌다 사라지고 말았다. 물론 부모에게 효도하고 공경하는 것은 인간의 천성이자 미덕이므로 버려야 할 것은 효 그 자체가 아니라 효 문화 가운데 자리 잡고 있는 미신과 같은 고약한 찌꺼기들일 것이다.

문화혁명 시기에 이르러 '공자 비판〔批孔〕', '사구 타파〔破四舊 : 구습성, 구사상, 구관습, 구문화를 타파하자는 운동〕'와 같은 대중 운동이 전개되었다. 또 당시의 중국인들은 맹목적 '반우(反友)' 열기에 휩쓸려 마오쩌둥 주석의 사상을 수호한다는 명분하에 서로 비판과 투쟁을 벌였으며, 심지어 한 가족 안에서도 의견이 일치하지 않는다는 이유로 폭력을 행하기까지 했다. 당시에는 부부, 부자, 모녀, 형제자매 간에도 서로를 신뢰하지 못하고, 관점이 맞지 않으면 대의를 따른다며 가족의 죄상을 폭로하고 밀고하는 일이 비일비재했다. 가족 간의 정은 완전히 무너지고 오로지 계급성만이 존재할 뿐이었다. 이때 '효'의 관념 역시 '삼강오상(三綱五常)', 구사상, 구문화와 마찬가지로 취급되어 비난 받았고, 사람들이 추구하는 것은 '효도'가 아니라 마오쩌둥 주석에 대한 충성뿐이었다.

현대 중국의 '효' 사상 부재

개혁 개방이 진전되고 시장경제가 점차 제 모습을 갖추어 감에 따라 새로운 사회문제가 등장하고, 사회 풍조 역시 악화일로(惡化一路)를 달리며 모두를 근심하게 만들었다. 그 가운데 부모에 대한 불효 역시 나날이 심각해져 언론 매체나 인터넷상에서 자녀의 불효나 부모를 학대하는 사건을 쉽게 접할 수 있게 되었다.

샨시[山西] 성 융지[永濟] 시에 왕슈잉[王秀英]이라는 팔순의 할머니가 폐암 말기로 병원에 입원했다. 할머니에게는 7명의 자녀가 있었지만 어느 누구도 병원을 찾지 않았다고 한다. 이들은 모두 병원에서 2km 이내에 살고 있었고, 심지어 어떤 자식은 고작 몇 백 미터 거리에 살고 있었다. 결국 할머니는 아무도 돌보는 이 없이 쓸쓸히 세상을 떠나고 말았다. 융지 시 기율감독위원회는 당과 정부에 몸담고 있는 4명의 자녀에게 엄중 경고, 경고, 행정 경고 등의 처분을 내렸다. 이 사건은 사회에 뜨거운 반향을 불러일으켰고, 사회는 발전하고 있으나 가족 간의 관계는 오히려 소원해지기만 하여 효의 부재가 이미 심각한 사회문제가 되었음을 보여 주었다.

작금의 사회에서 사람들은 풍족한 생활을 누리고 있지만 효에 대한 의식은 날로 희박해지고 있다. 중국의 가정에서 자식은 '소황제(小皇帝)'라 불리며 온 가족의 관심 속에 자라나는 반면 노인들은 가족 내에서 제대로 된 지위를 누리지 못하고 있다. 효의 부재 현상은 특히 농촌에서 심각하게 드러나고 있다. 농촌에서 노인들은 가장 못 먹고 못 입는 존재이고, 대부분 작고 낡은 방에서 생활하며, 밭일을 하고 손자들을 돌보는 일까지 도맡고 있다.

중국 내에서 노인들에 대한 감정은 냉랭하기만 하다. 한 관련 조사 보고서에 따르면, 52%의 자녀들이 부모에 대해 별다른 감정을 느끼지 못하고 있다고 한다. 어떤 자녀들은 명절 때에도 부모를 아예 찾지 않거나, 방문한다 해도 부모 손에 용돈이나 조금 쥐어 주는 것이 고작이라고 한다. 평소에도 부모에게 안부 전화는커녕 어떻게 생활하는지 전혀 관심이 없다. 심지어 노인을 유기하거나 학대하고, 노인들의 결혼에 간섭하거나 재산을 탈취하는 사건도 곧잘 발생한다.

효도는 현대사회에서 점차 설 자리를 잃어 가고 있다. 전문가들은 이에 대해 다음과 같이 원인을 분석했다. 첫째, 가정 내에서 노인들의 권위가 흔들리고 있다. 전통 농업 사회에서는 생산을 하기 위해서 어른들의 경험을 반드시 전수 받아야 했기에 노인들은 사회에서 중요한 위치를 점하고 있었다. 그러나 사회가 산업화되고 과학 기술이 빠르게 발전함에 따라 노인들의 경험은 쓸모가 없어지고 말았다. 둘째, 가치관이 변화했다. 10년간의 문화혁명을 거치며 효도는 봉건적 잔재로 취급되어 전면 부정되었고, 시장경제가 발전함에 따라 극단적 이기주의가 팽배했다. 사람들은 이익만을 탐할 뿐 의(義)는 따르려 하지 않았다. 이렇게 도덕 의식은 쇠퇴하고 심지어 실용주의와 금전 지상주의가 각 가정 생활에 침투하게 되었다. 셋째, 가정과 사회에 구조적 변화가 발생했다. 현대사회에서는 직업 경쟁이 치열해짐에 따라 생존의 스트레스가 부담으로 작용하여 젊은이들은 노인들에게 신경을 쓰지 못하고 있다. 또 한편으로 요즘의 젊은이들은 결혼 후에 대부분 분가해 살기 때문에, 과거 대가족 시기처럼 노인들과 정서적으로 긴밀한 공감대를 형성할 수 없다. 넷째, 전통 미덕에 대한 교육이 소홀하다. 현재 초·중등학교의 효도 교육은 그 체계가 잘 갖추어져 있지 못하고, 대부분 독자로 태어나는 중국의 자녀들은 어려서부터 자아 중심적 성향을 보이며 부모가 주는 사랑을 당연한 것으로 생각한다. 따라서 부모의 은혜라는 개념도 잘 이해하지 못한다.

실제로 불효하는 자녀일수록 부모의 지나친 관심과 사랑을 받고 자란 경우가 많고, 효심이 깊은 자녀일수록 부모가 엄격하게 대했을 가능성이 크다. 부모의 지나친 보호 속에 자라난 아이들은 자신이 가정의 중심이며 부모는 자신이 원하는 것을 당연히 들어주는 존재일 뿐이라는 그릇된 생각을 가지게 되기 때문이다. 이러한 생각을 가지고 성인이 되면 가정을 이루고 직장이 생기게 된 후에도 부모에게 제멋대로 행동하고 부모의 은혜에 보답하고 공경하기는 커녕 부모의 재산을 갉아먹으려 할 공산이 크다. 이러한 현상은 왜 일어나는 것인가? 무릇 사람들은 나이가 들어갈수록 욕망의 크기도 점차 커지기 마련이다. 자신의 힘으로 만족을 얻지 못하게 되면 어려서부터 부모에게 의지하는 데 익숙해진 자녀들은 부모에게 더 많은 것을 요구할 것이다. 그러면 부모는 편안한 노년을 보내기는 커녕 늘그막에도 이미 다 커 버린 자식의 끝이 보이지 않는 욕심을 채워 주기 위해 고군분투해야 할지도 모른다. 그러다가 조금이라도 자식의 마음을 거스르게 되면 원망이나 폭력을 당하기도 한다. 즉, '습관은 천성이 되고, 지나친 사랑은 화를 부르'는 것이다.

또 하나의 중요한 원인은 현실 사회의 물질적 측면에서 찾아볼 수 있다. '효'라는 것은 결국 마음에서 생겨나는 것이기는 하지만 그 안에 숨어 있는 물질적 차원의 의미도 배제할 수 없다. 물질 수준이 낮은 상태에서는 가족 간의 정이나 '효' 역시 이익 교환의 성격을 띨 수밖에 없다.

가족의 변화와 부모 봉양 의무의 해체

오늘날 물질에 대한 소비 욕구와 정신적 수요를 만족시키는 것 외에, 미래 생활에 대한 두려움은 개인에게 있어 더욱 중요한 문제로 다가온다. 이는 물질 생활에 필요한 소득의 불확실성, 신체 건강의 불확실성, 미래 정신 생활이나 심리 상태의 불확실성 때문이다. 인류가 미래의 불확실성에 대비할 수 있는 방법에는 크게 두 가지가 있다. 그 하나는 발전에 기대는 것이다. 즉 물질적 생산력과 정신적 공급량을 늘림으로써 인류 전체의 생활수준을 끌어올리는 것이다. 또 하나는 개인 간의 경제적·정신적 교류를 통해 서로를 돕고 보호하며 자원을 효과적으로 공유하여 사회 전체의 위험 회피 능력을 상승시키는 것이다. 이렇게 되면 개인도 경제적으로 위축되고 정신적으로 억압 받는 시기를 잘 헤쳐 나갈 수 있을 것이다.

원시사회는 부락 공동체였으므로 개인의 공간이나 집단과 떨어진 가정은 허용되지 않았다. 이 당시의 사회는 생산 능력에 한계는 있었을지 모르지만 아마도 가장 이상적인 경제·사회 공동체였을 것이다. 원시 부락 공동체가 농업 사회로 전환되자 물질의 공급이 증대되면서 기아율이 하락하고 완전히 새로운 문화가 형성되게 되었다. 이것이 바로 '발전은 인간을 더 자유롭게 만든다.'는 이치이다.

이는 인성이 지향하는 바라고도 할 수 있겠다. 그러나 농업 사회에서는 상업, 특히 금융, 보험, 대출, 증권업 등은 발달하지 못했고, 상호 보완적 교역이 이루어질 시장 또한 성숙하지 않았다. 따라서 부락 공동체를 벗어난 농업 사회는 경제적·정신적 교역의 순조로운 진행을 보장할 새로운 대안이 필요하게 되었다.

이러한 때에 바로 가족, 종족이 새로운 경제·사회 공동체로서 역할을 담당하게 되었고, 가족 간의 정이나 혈연이 상호 교역의 순조로운 진행을 보장하는 자연적 기초가 되었다. 가정을 기초로 존재하는 사회에서 개인은 충분히 해방되지 못했으나, 이와 같은 시대에 '가정'이란 아마도 미래의 물질적·정신적 위험에 대비한 가장 믿을 만한 대안이 되었을 것이다. 어느 사회에서든지 가정에는 두 가지 주요한 기능이 있다. 그 하나는 경제적 상호 지원 기능이고 또 하나는 정신적 상호 교감의 사회적 기능이다. '가정'의 경제적·사회적 상호 지원 기능을 뒷받침하기 위해, 사회는 반드시 이에 어울리는 가정·가족 문화를 마련하여 내부적으로 복잡하게 얽혀 있는 일종의 금융 계약 관계가 순조롭게 실현될 수 있도록 지원해야 했다. 이는 아마도 유가(儒家) 및 기타 농업 사회에서 기원한 전통문화가 달성하고자 했던 목표일 것이며, 바로 2500년 전 유가 문화가 등장하게 된 배경이라 할 수 있다.

시장에서 보험, 대출, 주식, 펀드, 양로 연금 등의 금융 상품을 제공 받을 수 없다는 전제하에서, 가정을 이루어 자녀를 낳아 기르는 것은 미래의 물질적·정신적 위험을 계획적으로 회피할 수 있는 구체적 수단이다. 자식을 낳는다는 것은 부모들에게 있어 미래에 대한 투자이자 보험이다. 즉 이 말은 '효'는 자녀들이 이행해야 할 보이지 않는 '계약'이라는 것이다. '공자와 맹자가 설계한 효'와 '의무'를 핵심으로 하는 유가 문화는 이러한 보이지 않는 이익 거래의 불확실성을 낮추고 교역의 안전을 증대시키기 위한 것이다.

중국의 전통 사회가 '이익'을 추구하는 사회였다고 단정적으로 말할 수는 없지만 실제 가정 안에서도 이익은 가장 중요한 위치를 차지하고 있었다. 유가에서 말하는 '효'도 엄밀한 의미에서는 이익 교환을 위주로 한 가족 관계였는지도 모른다. 이 점은 오늘날의 중국 사회에서도 때때로 발견할 수 있다. 가정과 사회에서 일어나는 수많은 교류는 일종의 경제적 거래의 의미를 내포하고 있다. 예컨대 현대사회에서 선물을 한다는 것은 일반적으로 상징성을 띠는 가벼운 행위이나, 전통 사회에서는 매우 진지한 일이었으며, 선물의 크기 역시 중요한 의미를 지녔다. 선물을 주고받는다는 것은 '정(情)'을 표현하기 위한 것이기도 하지만 대다수의 경우 일종의 대출 거래와 같은 성격을 띤다. 그리고 이와 관련된 조사 결과에 따르면, 물질문명이 비교적 발달된 베이징[北京] 사람들 사이의 대출 거래와 선물 주고받기는 가장 적은 수치를 보였고, 반대로 경제가 낙후된 농촌 마을일수록 대출 거래와 선물 주고받기가 활발하게 이루어지고 있었다. 즉 전자는 이미 전통 사회를 벗어났으나 후자는 여전히 전통 사회에 머물러 있음을 알려 준다. 특히 농촌에서 대출 거래와 선물 교환이 주로 이루어지는 친인척 간의 경제 이익 관계는 매우 중요하며 가정과 가족은 여전히 상호 경제적 지원 관계의 중심으로 자리 잡고 있음을 알 수 있다.

소득이 비교적 높으면서 금융 보험 상품에 가입되어 있는 도시 사람은 노후에 대비하기 위해서가 아니라 마음으로 원하기 때문에 자식을 낳아 기른다. 이는 베이징이나 상하이 같은 도시 사람들의 경우, 생활의 수요를 만족시킬 만한 소득이 있고, 보험 상품이나 펀드 등을 활용하여 부부에게 닥칠 수 있는 미래의 경제적 위험에 대한 대비책을 마련할 여유가 있기 때문이다. 이렇게 원래 가정이 담당하고 있던 경제적 기능이 점차 금융시장으로 옮겨 가고, '효도'에 대한 책임감 역시 점차 '사랑'으로 대체되면서 도시 사회의 문화도 바뀌게 된 것이다. 이와는 반대로 농촌에서의 가족 관계는 경제적 교류가 우선시되고, '아이를 기르는 것'은 여전히 미래의 위험을 회피하기 위한 주요 수단으로 인식되고 있다. 즉 과거의 유교적 가치관이 현재까지 농촌을 지배하고 있는 것이다.

　오늘날 베이징, 상하이 같은 대도시와 농촌의 문화적 차이는 서양 사회의 현재와 과거에서도 마찬가지로 드러난다. 사실 서양 사회가 원래부터 개인을 중심으로 발전해 온 것은 아니었다. 다시 말하면 경제와 금융의 발전이 이들을 가정과 교회에 대한 경제적 의존 상태에서 해방시킨 것이다. 가정 안에서 유형·무형의 경제적 거래가 거의 완전하게 자취를 감춘 후 부모들은 퇴직 후에도 자신의 독립적 인격을 지키면서 자식의 지배를 받지 않게 되었고, 자녀들의 경우에도 더 이상 '효'에 대한 책임감으로 부담을 느낄 필요가 없어졌다.

　시대가 변하고 문명이 발전함에 따라 사회의 경제적 수준은 높아지고 사람들의 생각에도 점차 변화가 생겨났다. 그리고 중국의 전통적 윤리는 도전을 받게 되었다. 원시사회에서 출발하여 농업, 공업 그리고 서비스업에 이르기까지 인류의 문화는 언제나 생산력과 금융시장의 변화에 따라 진화했다. 그 전체적 방향은 개인 자유 공간의 최대화였고, 발전이라는 것은 곧 개인을 자유롭게 하는 것을 의미했다. 생산 능력이 매우 낮았던 시기에 인간은 어쩔 수 없이 부락 공동체를 받아들이면서 개인과 가정을 희생해야 했다. 그러나 일단 농업 사회로 진입하자 인간의 독립적 생존 능력은 조금이나마 개선의 여지를 얻게 되었고, 인간의 기본 생활 단위는 부락에서 종족이나 가족으로 축소되었으며, 그 후에 개인과 근접한 개념의 가정으로 다시 축소되었다. 공업 사회에 이르러서는 생산 능력이 인간의 의식주에 대한 수요를 넘어설 정도로 성장했고, 금융시장의 발전은 상호 지원적 경제 교역 기능을 가정으로부터 빼앗아 버렸다. 이렇게 가정에 경제적으로 묶여 있던 개인은 해방을 얻었고, 자신의 정신세계를 마음껏 추구할 수 있는 경계를 최대한으로 확보할 수 있게 되었다. 즉 경제의 발전과 금융시장이 개인을 해방시킨 것이다.

양로의 사회화

과거 농업 사회에 사람들은 주로 농업을 생업으로 삼았기에 효도라는 막중한 부담은 주로 노동력을 보유한 남자들의 몫으로 돌아갔고, 자식을 기르는 것은 가장 보편적이고 효과적인 노후 대책이었다. 반면 오늘날의 사회에서는 상공업의 발달과 인구 유동성의 증가로 자녀들이 시종일관 부모의 주위에 머물 수 없게 되었다. 부모와 자식 사이의 공간적 거리가 확대되고 심지어 외국에 나가는 경우도 생겨났다. 이러한 상황들은 부모에 대한 효행을 가로막는 장애물이 되기도 한다. 더욱 심각한 문제는 현대사회의 금전 지출 규모가 과거 여느 때보다 커졌다는 것이다. 과거에는 가볍게 해결할 수 있었던 주거 문제도 지금은 쉽게 넘을 수 없는 장벽이 되어 버렸고, 일반 가정의 소득은 주로 가정경제를 유지하는 데 쓰이기 때문에 저축할 수 있는 여력도 확실히 줄어들었다. 이러한 경제적 상황으로 인해 자녀들이 홀로 부모를 부양하기는 더욱 어려워졌고, 부모를 부양할 돈이 없거나 혹은 부모를 부양하기 위해 돈을 쓰는 것을 꺼려하는 현상이 비일비재하게 생겨났다. 하물며 가족 계획 정책으로 인해 외동딸, 외아들이 많아진 지금의 상황에서는 오죽하겠는가? 자식들이 부모의 부양에 대한 책임을 져야 한다고 할 때, 오늘날 한 쌍의 젊은 부부가 부양해야 하는 노인은 4~8명 정도가 된다. 이는 젊은 세대가 부담하기에는 실로 버거운 짐이다. 이러한 상황에서 사회 노인복지 시설은 또 하나의 선택이 될 수 있다.

그러나 중국은 현재까지도 사회 노인복지 시스템을 제대로 갖추고 있지 못하다. 양로 보험은 도시 노동자들의 경우에도 그 적용 범위에 한계가 있을 뿐 아니라, 중국 인구의 절대다수를 차지하고 있는 농민들에게 아무런 혜택도 주지 못하고 있다. 결국 농민의 70~80%는 여전히 땅을 일구며 근근이 생계를 유지하고 있는 실정이다. 게다가 중국의 낮은 임금수준으로 인해 자신의 생활조차 정상적으로 유지하기 힘든 자녀들이 부모를 부양하기를 기대하는 것은 어불성설이다. 이들이 더 이상 부모에게 기대거나 돈을 요구하지 않는 것만으로도 다행이라 해야 할 것이다. 게다가 자식을 하나만 낳자는 가족계획은 전체 인구에서 노인이 차지하는 비중을 더욱 확대시키고 있으며, 이로 인해 발생한 양로 문제는 이미 막중한 사회적 부담이 되어 버렸다. 또한 빠르게 발전하고 있는 경제는 낮은 임금수준에 기초한 것으로, 주거·교육·의료 문제를 해결하느라 이미 지갑이 비어 버린 서민들은 미래의 소득까지 앞당겨 지출해야 하는 상태에 처해 있다. 즉 양로와 소득 문제를 어떻게 해결하는가가 조화로운 사회 건설의 관건인 것이다.

그러나 농촌에서는 여전히 가정이 노인 부양의 역할을 전적으로 맡고 있기 때문에, 노년을 어떻게 보내는가는 자녀들의 효심에 달려 있다고 볼 수 있다. 그러나 요즘에는 농민들이 대거 도시로 빠져 나오면서 농촌에 결손가정이 점점 많아지고 있으며, 전통적 효도의 관념은 점점 설 자리를 잃어 가고 있다. 이는 농촌 노인들의 말년을 더욱 처량하게 만든다. 설사 노인들을 유기하고 학대하는 사건이 발생한다 해도 노인들은 법의 힘을 빌어 자신의 권익을 보호할 줄 모를 뿐더러 자식의 일이라면 무슨 수를 써서라도 이를 덮으려 든다. 또한 마을의 일을 살피는 말단 간부들도 일반적으로 '남의 가정의 일에는 나서기 힘들다.'라는 생각을 가지고 있어 농촌의 불효 현상을 바로잡기는 더욱 힘들다.

우리는 생활의 물질적 수준이 향상되고 사회 노인복지 제도가 더욱 개선되기를 바라고 있지만, 사회 노인복지 제도가 나아지면 자녀들이 늙은 부모를 부양할 책임이 아예 사라지는 것일까? 물론 그렇지는 않다. 인류의 생활은 물질로만 영위될 수 없으며, 정신적 수요 역시 무시해서는 안 된다. 사람이 나이가 들면 외로움이 더욱 커지고 이를 견디는 것도 더욱 힘들어진다. 즉 자녀에게 정신적으로 의지하고 기대할 수 있다는 사실은 노년 생활을 보내는 데 있어 가장 커다란 위안이 된다. 서양과 같이 개인주의가 판을 치는 사회에서도 자녀의 부모에 대한 관심과 애정은 여전히 중시되고 있다. 미국의 전 대통령 로널드 레이건(Ronald Wilson Reagan)이 알츠하이머 병으로 병원에 입원해 있을 때, 그 자녀들은 아버지의 병실을 자주 찾아가지 않았다는 이유로 미국 언론의 비난을 받은 적이 있다. 더구나 유구한 세월 동안 충효 문화를 이끌어 왔던 중국 사회에서는 더욱 강력하게 효도 문화를 확산하고, 그것이 중국 정신문명 건설의 중요한 부분을 차지할 수 있도록 힘써야 한다.

중국 문화의 핵심으로서의 '효'

중국은 '효'를 문화적 핵심으로 하는 사회이고, '효'는 중국인들의 행위와 정치적 방향을 규제하고 있다. '효'는 종교는 아니지만 종교와 비슷한 기능과 가치를 지니고 있고 심지어 종교를 넘어서 인생의 방향을 제시하는 중요한 핵심 사상으로 자리 잡았다. 즉 '효'는 시공을 초월한 감정이자 중국인 특유의 문화적 기제인 것이다. 중국에서 효도는 근원성과 종합성을 띠는 문화의 핵심 관념이자 가장 중요하게 여겨지는 문화 정신으로 중국 문화에서 가장 두드러지는 특색 가운데 하나이다. 그러나 전통적 효도 관념 속에는 민중성과 봉건성, 정화와 찌꺼기, 역사성과 계승성이라는 양면이 존재하고 있어 역사적으로도 긍정적·부정적 영향을 고루 미쳤음을 간과할 수 없다. 따라서 효 문화의 전승은 버릴 것은 버리고 취할 것은 취하는 비판적 입장에서 이루어져야 할 것이다.

현대사회에서 '효'는 더 이상 범효주의(泛孝主義)로써의 지위를 누리지 못하고, 가정 윤리로써의 기능만을 수행하고 있다. 오늘날 새롭게 등장한 신효도(新孝道)는 인격적 평등, 의무와 상호 이익의 병행이라는 성격을 띰과 동시에 감정과 자율성을 중시하는 특징을 지닌다. 이러한 효는 부모와 자식 간의 관계를 돈독하게 하고, 사회와 가정이 노인 문제를 해결하여 노인을 존중하는 사회적 분위기를 형성하고, 나아가 '나이에 상관없이 모두가 행복을 누릴 수 있는 사회'를 건설하는 데에 매우 긍정적인 작용을 한다. 또한 이로부터 파생되는 의미 가운데 긍정적이고 합리적인 부분을 취하여 발전시킬 수 있다면, 이는 애국주의를 고취시키며 민족의 응집력을 강화하여 중화 민족을 진흥시키는 데 매우 중요한 가치를 지니게 될 것이다. 효의 확산과 실천은 현대인의 도덕적 자질을 제고시키는 출발점이 된다. 효는 현대인의 인간관계를 조화롭게 만드는 가치의 연원이고, 화목한 사회 기풍을 조성하고 사회의 안정을 유지하기 위한 정신적 조치 가운데 하나이다. 개인에게 '효'의 정신이 없으면 안 되듯이, 중국 사회에도 '효'의 문화가 없어서는 안 된다. 현대인이라면 반드시 중국의 '효' 문화의 정수를 계승해야 하며, 나아가 이것이 현대적 가치를 가질 수 있도록 노력해야 한다.

중국인들의 마음속에 자리하고 있는 최고의 문화는 원고 시대로부터 기원한 윤리적 '도의'라 할 수 있다. 이는 서양인들이 최고의 문화라 자부하는, 고대 그리스에서 시작된 미(美)에 대한 '정서'나

기독교적 '믿음'과 '사랑'과는 다르다. 이 두 문화는 모두 물질을 넘어선 정신적 가치이지만 이들 사이에는 커다란 차이점이 존재한다. '도의'는 당연하고 지식적이며 이성적인 것이고, '정서'는 자연적이고 맹목적이며 이성을 초월한 것이다. 도의적 행위란 왜 이렇게 해야 하는가를 알아야 하는 것으로 상당 부분 후천적으로 습득한 지식에서 비롯된다. 반면 정서적 행위란 왜 그러한가를 물을 필요 없이 단지 원하기 때문에 하는 것으로 주로 선천적인 본능에서 우러나오는 것이다. 물론 도의도 원래는 감정에서 비롯되었기 때문에 천성에 역행하는 도의란 자연히 도의라 할 수 없다. 그러나 이것을 윤리라는 범주에 올려놓게 되면, 도의는 순수하게 감정적인 충동에 의한 것이 아니라 지식과 이성적인 충동에 의한 것이 된다. 충, 효, 예절과 같은 행위들도 정서적·윤리적 측면에서 구별할 수 있다. 정서적 충, 효, 예절은 자기 반성적이고 자연적이며 순수한 것이다. 반면 윤리적 충, 효, 예절은 겉으로 드러내기 위한 것으로 자연적이지 않은 허위이다. 물론 지식이나 이성적 충동도 가볍게 볼 수는 없지만 정서적 충동은 더 중요하게 취급되어야 한다.

'효'와 '인'의 회복

중국인은 조화를 이루는 심오한 정신적 인격을 갖추고 있는데, 이러한 인격은 풍부한 정서적 체험에서 비롯된 것이다. 우선 중국인은 온정 속에서 선량함을 느낀다. 중국 전통문화 속에서 느껴지는 풍부한 정서는 일상생활에서 먼저 드러난다. 일상생활에서 쌓은 정감으로 인해 온후한 인격이 형성되는 것이다. 유가에서 말하는 인(仁)은 구체적으로는 인자애인(仁者愛人 : 어진 사람은 남을 사랑한다)을 뜻한다. 인이 강조하는 것은 인간과 인간 사이의 정신적 소통이나 교류 같은 것이다. 무감각, 무신경, 무감정은 바로 인이 뜻하는 바와 상반된다. 인을 통해 유가에서 특별히 강조하고자 하는 것은 일종의 근원적인 정서, 즉 '효'이다. 근원적 정서로써의 효는 책임을 뜻하는 것이 아니라 자연적이고 직관적인 정서, 막을 수 없는 감정의 분출이다. 이렇게 너무나 자연스럽고 막아 낼 수 없는 정서가 형성되면, 보답하고자 하는 마음이 생기게 될 것이다. 많은 사람들이 마음속 한 켠에 효심을 품고 있지만, 이들은 보통 그것을 느끼지 못한다. 그러다가 어느 날 부모가 늙어 가고 있다는 사실을 깨닫고서야 진정으로 효심이 발동하게 되는 것이다. 그리고 부끄러움, 후회, 양심의 가책, 괴로움, 자신과 부모에 대한 동정이 담긴 눈물을 하염없이 흘리게 된다.

'효'의 정서가 인의 정서에 이르게 되면 이제는 '애타심(愛他心)'을 형성하는 단계에 도달하게 된다. 이러한 정서의 이동으로 인해 중국인들의 가치는 부모에 대한 효와 공경을 넘어서 인간과 인간 사이의 배려나 국가와 민족에 대한 정서로 확대되고 표현되는 것이다.

중국의 신화 중에는 반고(盤古)의 천지개벽과 관련된 이야기가 있다. 이것은 풍부한 감정적 호소력을 가진 이야기로 중국인들의 정서적 체험의 원형이라 할 수 있다.

혼돈 상태의 커다란 달걀과 같았던 원시 암흑 속에서, 반고는 홀로 1만 8000년을 살았다. 그러다가 그는 암흑을 향해 거대한 도끼를 휘둘러 하늘과 땅을 갈랐고, 하늘과 땅 사이에 서서 이 둘이 서로 맞붙지 않게 했다. 그 후 하늘은 매일 한 장(丈 : 약 3m)씩 높아지고 땅은 매일 한 장씩 두터워지니 다시 1만 8000년이 지나서야 천지개벽의 임무를 완성할 수 있었다. 이에 안도한 반고가 땅에 쓰러져 숨을 거두었는데, 그의 왼쪽 눈은 태양으로, 오른쪽 눈은 달로 변했다. 흘러내린 피는 대지의 강물이 되었고, 살과 뼈는 기름진 땅으로 변했다. 피부와 털은 자라 초목이 되었고, 땀은 방울방울 흘러 비와 이슬이 되었다. 반백의 수염과 머리털은 반짝반짝 빛나는 별이 되었고, 온기가 남아 있는 숨결은 바람과 구름이 되었다. 그리고 3만 6000년 동안 말 한마디 하지 못했던 목소리는 엄한 아버지를 상징하는 천둥소리가 되어 세상의 자손들을 수호했다. 혼돈과 암흑 속의 반고는 고독하고 쓸쓸한 자아에 불과했지만, 혼돈을 깨고 나온 반고는 마치 바쁘게 일하지만 정이 많은 우리네 아버지와 같다.

반고의 천지개벽 이야기는 하나의 전설에 불과하지만 중국인의 오래된 신념 하나를 내포하고 있다. 즉 인간과 천지만물은 같은 운명을 타고나 같은 것을 느끼며, 우주만물은 모래 한 알, 나무 한 그루까지 모두 그 뒤에는 정신적 생명의 존재가 자리 잡고 있다는 것이다. 이러한 감정의 원형이 있기에 중국인의 정서적 체험은 서양의 그것과 커다란 차이를 보인다. 서양에서 숭상하는 일체의 가치는 결국 원래의 실체로 또 개인으로 귀결된다. 이런 식으로 극단화가 진행되면 인간은 결국 원자 단위로 분해되고, 내부에 갇혀 버린 존재로 전락한다. 그러나 중국 문화의 핵심 가치는 확장성을 띠고 있다. 즉 맹자가 말한 무한히 뻗어나갈 수 있는 인(仁)의 마음이 그와 같다. 남이 굶주리면 자기가 굶주리게 한 것과 같이 생각하고,

남이 물에 빠지면 자기로 인해 물에 빠진 것처럼 생각한다. 모든 인류는 나의 동포이며 만물은 나와 함께 한다는 생각은 인간에 대해 깊이 배려하고 가엾이 여기는 마음에서 비롯된다. 인의 정서가 확장되면 인간의 정서적 체험은 폐쇄적인 자기애를 넘어서게 되고, 진실된 마음이 무한히 확대되면서 그 의지와 기세는 힘과 광채로 가득하게 된다. 또한 모든 이치가 완전히 하나가 되어 구별이 없어지면 개인의 존재는 더 큰 존재와 하나로 이어지고 조화를 이루게 된다. 그리고 물질의 흐름에 따라 마음도 함께 움직이게 되니 마지막으로는 물아일체(物我一體)의 경지에 오르게 된다. 이렇게 되면 개인의 정서에는 초월적 색채가 더해지면서, 나 자신에서 타인과 만물로, 가정에서 나라와 세상으로 정서적 체험의 범위가 확대된다. 가정과 국가의 통일, 물아일체, 인도(人道)와 천도(天道)의 합일과 같은 끝을 알 수 없는 초월적 체험은 중국인들의 심오한 정신적 인격 세계를 형성한다.

그리하여 중국이 자고이래(自古以來) 개인의 신념으로 강조해 왔던 '수신제가 치국평천하(修身齊家治國平天下)'의 사상은 중국인들에게 큰 영향을 미쳤고, 여기에 풍부한 정서적 체험이 더해지면서 중국인들은 영웅적 기질을 갖게 되었다. 어떤 사람들은 유가의 '유(儒)'를 유약함으로 해석하기도 하는데 이는 크게 잘못된 생각이다. 중국 문화에서 정서적 체험은 힘과 광채에 무게를 두어, 남성적 강건함이 넘치는 영웅호걸의 기개를 강조한다. 반고는 천지를 개벽하기 위해 자신의 모든 것을 세상에 봉헌했다. 이 정서적 원형은 중국인들의 정서적 체험에 비장함을 더해 준다. 두터운 문화적 기반으로부터 뿜어져 나오는 호연정기(浩然正氣), 생사와 승패를 초월한 영웅적 기개, 경계를 넘나드는 생명적 체험 등, 그 깊이를 알 수 없는 정서적 체험은 여기에서 비롯된 것이다. 중국 고전들에는 아득한 옛날부터 혈기 왕성한 영웅적 기질이 넘쳐났던 중국 고대의 문화가 담겨 있다. '하늘의 운행은 굳건하니, 군자는 이를 본받아 쉼없이 스스로를 강하게 하는 데 힘써야 한다〔天行健 君子以自强不息〕.', '맡은 책임은 무겁고 갈 길은 멀지만, 육 척의 어린 임금을 맡아 도울 만하고, 백 리의 명을 위임할 만하다〔任重而道遠 可以托七尺之孤 可以寄百里之命〕.'는 표현들은 강건하고 굳센 인격에 대한 기대를 표현하고 있다. 《맹자》에서는 '부귀에도 마음이 흐트러지지 않고, 가난에도 흔들리지 않으며, 위엄과 폭력에도 굴복하지 않는다〔富貴不能淫 貧賤不能移 威武不能屈〕.', '염려하면 살고, 마음을 놓으면 죽는다〔生于憂患 死于安樂〕.'는 정신으로 무장한 대장부의 인격을 높이 평가하고 있다. 문화·정신적 자질을 중시하는 중국인들은 성패로 영웅을 평가하지 않는다. 형가(荊軻)가 비록 진시황을 암살하지 못했고, 항우(項羽)는 결국 오강(烏江)에서 스스로 목을 베어 자결했으나, 그 용맹과 기개는 오랫동안 사람들 사이에 회자되고 있다. 영웅적 기질이 있는 민족은 생명력이 있는 민족이다. 영웅적 기질이 있는 생명은 곧 기백과 광채가 있는 생명이다.

정서적인 면이 부족한 사람에게는 부모를 사랑하고, 고향을 사랑하고, 국가를 사랑하고, 인류를 사랑하라는 윤리적 지식을 아무리 가르쳐 봤자, 이를 행동으로 옮기도록 하기에는 역부족이다. 량수밍은 '모두는 깨달아야 한다. 인간의 행동은 지식에서 나오는 것이 아니라 욕망과 정서가 시키는 것이다. 문제만을 지적하는 것만으로는 안 된다. 반드시 본인이 문제가 있다는 것을 깨달아야 한다. 문제를 지적하는 것은 지식이라는 면에 치우친 생각이고, 그것이 진짜 나의 문제라고 느끼는 것은 정서적인 면에 관련된 것이다.'라고 했다.

정서와 욕망은 물질적인 충동이기도 하지만 물질을 초월한 무언가에 대한 충동이기도 하다. 이 두 가지는 나눠서 생각할 수 없으며 또한 비교하여 옳고 그름을 가릴 수도 없다. 욕망과 정서의 바닥에는 물질적 충동이라는 것이 깔려 있다. 즉 물질적 충동은 가장 낮은 단계의 충동이자 인류 보편의 천성(선천적 본능으로 이 자체에는 선악의 구분이 없음)이며 동서양의 차이도 없다. 동양(특히 중국의 경우)과 서양의 문화적 차이는 저층에 깔려 있는 욕망과 정서가 얼마나 왕성한가로 나뉘는 것이 아니다. 다만 물질 초월적 욕망과 정감이 한쪽은 윤리적 도의에 치우쳐 있고, 한쪽은 미적·종교적 정서에 치우쳐 있다는 점에서 두 문화가 엇갈리기 시작하는 것이다.

중국 문화의 기저에 미적·종교적 정서가 결여되어 있다는 것은 부정할 수 없는 사실이다. 윤리적 도의에도 정서적인 면이 사라졌을 뿐 아니라, 정서를 표현해야 할 문학작품도 대부분 정서적인 면이 배제되고 윤리적·물질적 색채를 띠고 있다. 중국인들이 역사의 부침 속에서 때때로 잘못된 길에 빠져들었던 것의 이면에는 바로 이런 속사정이 숨어 있는지도 모른다. 정서적인 면이 배제된 윤리적 도의는 형식에 불과할 뿐이고, 정서가 동반되지 않는 지식은 단편적일 수밖에 없다. 이는 선천적인 것이 아니라 후천적인 것이며,

주인이라기보다는 과객에 가깝다. 전통문화의 정수를 돌이켜 생각해 보면, 우리는 '효'와 '인'의 정서를 다시금 회복하고, 열렬하고 깊이 있는 정서와 숭고하고 위대한 인격을 반드시 되찾아야 할 필요를 느끼게 된다. 정서는 우리의 다리이고 지식은 우리의 눈이다. 이 중에 어느 하나도 빠져서는 안 된다.

기출문제 둘러보기 _____

1957년 : '나의 어머니'에 대해 서술하시오.

_____

주제분석

   인물에 대해 묘사하거나 서술하는 형식은 대학 입시에서 그다지 많이
출제되지는 않았다. 그 가운데 1957년의 '나의 어머니'는 전적으로 인물
에 대한 묘사를 요구하는 것으로 특히 주목을 끈다.

   인물에 대한 묘사는 외모나 언행, 행적 등 여러 방면에서 서술할 수 있
다. 그러나 어떤 인물에 대해 이야기할 때 중국인들이 가장 중요하게 생각
하는 것은 그 사람의 품행이나 인격이다. 여기서는 1957년의 작문 시험에
등장한 '나의 어머니'라는 주제를 가지고 설명하겠다.

   글의 사상·내용에 대해 먼저 설명하자면, 일단 '나의 어머니'는 난해한
주제는 아니다. 이러한 주제의 작문에서는 자신의 어머니에 대해 묘사를
하되 무엇을 쓸 것인가, 어떤 정보를 전달할 것인가를 결정하는 것이 중요
하다. 자신의 언어를 통해 '나의 어머니'는 과연 어떤 사람인가를 독자에
게 이해시켜야 한다. 서술의 중점은 '나의 어머니'의 특징에 있다. 그렇다
면 어떤 점에 주목해야 타인과는 다른 이 인물만의 특징이 선명하게 드러
날 수 있을까? 외모, 언행, 성격, 인품 가운데 그 어느 것을 묘사해도 무방
하지만 그 중에서도 인품 즉, 인물의 정신적 측면이 주로 다뤄져야 할 것
이다. 이것은 중국인들이 가장 눈여겨 보는 부분이기도 한다. 한 사람을
평가할 때에 가장 중요한 것은 심적 아름다움이다. 심적 아름다움이란 품
행의 고상함, 어떤 사람이나 일을 대하는 데 있어서의 '인애(仁愛)' 정신,

즉 타인에 대한 관심과 배려, 업무를 진행할 때의 진지함이나 책임감 등으로 설명될 수 있다.

그렇다면 한 사람의 품행은 어떻게 표현될 수 있을까? 이는 바로 그 사람의 말 한마디, 행동 하나하나에서 드러난다. '나의 어머니'의 언행을 묘사함으로써 어머니의 정신적 인품의 위대함을 알리는 것이 주제의 목적에 가장 부합되는 것이다. 때문에 구체적 사건을 들어 어머니의 선량함이나 타인을 대할 때의 배려, 업무에 대한 책임감을 표현하는 것이 중요하다.

어머니에 대한 느낌(감정)을 표현하는 것도 괜찮은 방법이다. 감정은 인류의 영원한 주제이지만 대학 입시 작문 시험에 등장할 경우, 평소와는 다른 색채를 띠게 된다. 신중국 건립 초기에는 감정도 '정치적 색채'를 드러내야만 했다. 이 때 개인은 시대적 요구에 따라 인민과 조국의 사업을 위해 봉사하고 공헌해야 했고, 이것이 바로 가장 아름다운 인품으로 여겨졌다.

글의 사상과 내용을 정하고 나면 소재의 묘사에 착수할 수 있다. 그러나 일반적으로 인물에 대한 묘사는 대부분 서술의 형식으로 쓰여진다. 여기서는 구체적인 사건이나 언행을 통해 어머니의 인품을 묘사해야 하기 때문에 일단은 구체적인 사건에 중점을 두어야 한다. 구체적 사건을 묘사하기 위해서는 시간, 장소, 인물의 외적 형상, 인물의 언어, 행동 등을 구체적으로 그려 내야 하고, 이 모든 것들은 또한 인물의 인품을 묘사하기 위한 것이어야 한다.

결론적으로, 이러한 주제를 접했을 때는 구체적 사건의 묘사를 위주로 서술문을 작성하되, 인물에 대한 글이므로 인물의 내면적 세계를 반드시 잘 드러내야 한다.

나의 어머니

　오후가 되자, 눈이 더욱 많이 내렸다. 나는 병원에서 나와 돌아가는 길에 어머니께 드릴 약을 손에 받아 들고, 마음속으로는 병으로 몸져 누워 계신 어머니를 걱정하며 발걸음을 재촉했다.

　집으로 돌아와 보니 어머니의 모습이 보이지 않았다. 난로에 놓인 주전자에서는 때때로 흰 수증기가 뿜어져 나왔고, 탁자 위에는 아직 다 비워지지 않은 밥그릇이 놓여 있었다.

　"어머닌 어디 가신 거지?"

　걱정으로 답답해하고 있는 와중에 마침 이웃의 룽〔龍〕 아주머니께서

　"네 어머니가 좀전에 점심을 드시는데 라디오에서 한파 때문에 오늘밤 기온이 영하 10도까지 떨어진다는 뉴스를 듣더니만 수저를 내려놓고, 옥상에 올라가 수도관을 싸둬야겠다며 사다리까지 지고 황급히 가시더라."

라고 알려 주셨다.

　"네? 옥상에 올라가셨다고요?"

　나는 내 귀를 믿을 수가 없었다. 그렇다. 옥상에 올라가는 것은 그리 만만한 일이 아니었다. 우리 3라인에는 옥상으로 뚫려 있는 입구가 없어서 사다리를 지고 1라인까지 가야 하고, 게다가 거기서도 여섯 층을 사다리를 타고 올라가야 한다.

　'눈바람이 이렇게 세게 부는데 병까지 난 어머니께서……'

　나는 서둘러 문을 나섰다.

　눈발이 미친 듯이 큰 소리를 내며 흩날리고 있었다. 추위에 몸이 떨렸지만 이를 악물고 어머니의 발자국을 따라 1라인의 옥상 입구로 달려갔

다. 간신히 옥상으로 기어 올라갔더니, 어머니는 거센 바람을 맞으며 쌓인 눈을 밟고 물탱크 앞에 서 계셨다. 어머니의 푸른색 작업복에는 이미 눈발이 두텁게 쌓여 있었고, 바람에 날려 흩어진 짧은 머리카락들은 옅은 주름이 보일 듯 말 듯한 이마를 덮고 있었고, 눈이 녹은 것인지 땀인지 모를 물이 창백한 두 뺨을 따라 흐르고 있었다.

나는 조용히 다가가 조금은 원망 섞인 목소리로 말했다.

"엄마, 뭐 하러 혼자 여기까지 올라오셨어요? 지금 편찮으시잖아요!"

어머니께서는 동문서답하듯 말씀하셨다.

"얘야, 마침 잘 왔구나. 수도관에 씌운 가마니 좀 꼭 잡고 있으렴."

그렇게 말씀하시면서 어머니는 장갑 낀 손으로 가슴을 두어 번 누르더니 천천히 몸을 앞으로 숙여 가마니를 들어 올리고는 또 힘들게 몸을 펴서 가마니로 수도꼭지를 감쌌다. 그리고 주변을 철사로 칭칭 감아 꽁꽁 싸매고선 다시 옷 주머니에서 펜치를 꺼내 철사를 더 조일 수 없을 만큼 꼭 조였다. 그러고 나서야 어머니께서는 멈춰 서서 큰 숨을 내쉬고는 손 가는 대로 목에 두른 수건을 내려 이마의 물방울을 훔치셨다.

나는 묵묵히 어머니를 도왔지만, 마음이 견딜 수 없이 괴로워지면서 눈가가 젖어 들었다. 어머니가 내쉰 그 숨결이 마치 내 영혼을 흔들고 있는 것만 같았다.

집으로 돌아가는 길에 쌓인 눈 사이로 걸음을 옮기는 어머니의 모습을 가만히 바라보고 있자니 많은 생각이 들었다. 어머니께선 우리 숙소의 거주자 대표로 휴식 시간만 생겼다 하면 이집 저집을 바쁘게 돌아다니셨다. 누구네 수도관이 고장났다거나 화장실이 막혔다거나 하는 일이 생기면 어머니께서는 발벗고 나서서 문제를 해결하셨다. 매달 수도세나 전기세, 집세 고지서가 청구되면 어머니께서는 1층에서 6층까지 집집을 돌며 수금하러 다니셨다. 동네 주민들은 모두 어머니를 열성적인 사람이라 칭찬했고, 나도 이런 어머니가 늘 뿌듯했다.

　이런 저런 생각을 하다 보니 어느새 집 앞에 도착한 것도 깨닫지 못했다. 고개를 들어 바라보니 문 앞에 걸려 있는 선명한 붉은 색의 '우수 거주자 대표' 표창장이 그렇게 눈부실 수가 없었다.

— 헤이룽쟝성 응시생

2

_____

중국 사회에서 '인정(人情)'은

존재 가치가 있는가?

군자는 남들과 조화롭게 어울리되 자신의 뚜렷한 주관이 있고, 소인은
쉽게 남의 의견에 따르지만 오히려 남과 평화롭게 어울리지 못한다.

— 《논어》〈자로〉편

군자의 사귐은 담백하기가 물과 같고, 소인의 사귐은 달기가 술과 같다.
군자는 담담하지만 가까이 지낼 수 있고, 소인은 달콤하지만 쉽게 의를
저버린다.

— 《장자》〈산목〉편

유리한 시기와 기후는 유리한 지세만 못하고, 유리한 지세도 인간이 한
마음 한뜻으로 협력하는 것을 당해 내지 못한다.

— 《맹자》〈공손추〉하편

중국 사회의 실질적 생활 이념, 인정

　중국 사회 안에는 세속 생활에서 점차 누적되고 단련되면서 형성된 세속화된 문화 개념, 예컨대 인정, 관계, 체면, 인연, 운명 같은 것들이 존재한다. 이러한 개념들은 그 자체가 일정한 문화적 의미를 내포하고 있는데 사회의 물질 문화, 제도 문화 그리고 관념 문화를 반영하고, 이와 동시에 행위를 규제하는 예속적·지배적 역할을 띠기도 한다. 이러한 개념들 자체가 내포하고 있는 의미와 역할은 중국 사회에서 당연한 것으로 받아들여지고 있다.

　인정(人情)이라는 하나의 단어 속에는 세 종류의 의미가 담겨 있다. 첫째, 인정은 곧 소위 기쁨, 분노, 비애, 두려움, 사랑, 악의와 같은 인간의 감정을 말한다. 이는 인간이 태어나면서부터 자연스럽게 가지게 되는 일종의 심리적 상태를 의미한다. 둘째, 인정은 인간과 인간 사이에 사회적 상호 작용이나 교류가 진행될 때 상대방과 교환하게 되는 자원이라고 볼 수 있다. 여기에서 자원이란 돈이나 선물 등 인간의 의식주에 필요한 일체의 물품 같은 것일 수도 있고, 기회·도움·편리·지원·승낙·양보 등과 같이 비물질적인 것일 수도 있다. 이 둘이 인간의 상호 교류 활동 중에 지니게 되는 가치는 객관적으로 측정하기 어려운 경우가 많다. 셋째, 인정은 인간과 인간이 서로 교류하고 어울리며 살아가는 데 있어 마땅히 지켜야 할 규범과 준칙이다. 즉 인간과 인간이 더불어 살아가는 도(道)이다. 흔히 말하는 '사리에 밝다〔通情達理〕.', '인정·세태에 밝다〔人情練達〕.'와 같은 표현들은 사람과 사람이 서로 어울리며 살아가는 데 마땅히 지켜야 할 규범이나 준칙을 잘 숙지하고 있으며, 이에 따라 사람과 사물을 대하는 처세에 능하고, 인간관계를 잘 파악하고 있음을 의미한다.

이와 같이 인정이라는 단어가 내포하고 있는 세 가지 큰 의미 가운데, 둘째와 셋째에 설명된 자원과 규범이라는 개념은 사회적 교류 행위에 관한 연구와 긴밀한 관계를 가지고 있다. 그리고 소위 말하는 인정이란 통상적으로 이 두 가지의 의미를 지칭하는 것이기도 하다. 자원이건 아니면 행위 규범이건 간에, 양자는 실질적으로는 혼융일체(渾融一體)로써 중국인의 사회적 교류 활동의 내용과 형식의 두 가지 측면을 구성하고 있다. 자원은 교류 활동의 내용이자 실제 몸으로 느낄 수 있는 것이고, 규범은 교류 중 자원의 상호 교환을 위해 지켜야 하는 형식, 법칙, 질서 등을 말한다. 즉, 인정은 중국 사회에서 일종의 생활 이념으로써의 역할을 실질적으로 수행하고 있다. 다시 말해서 인정은 원리적·관념적 내용을 담고 있으나 실제 생활과도 긴밀하게 연결되어 있으면서 인간의 사회적 교류를 관장하고 있는 것이다.

중국인은 인정을 추구하는 민족

인정은 중국 사회에서 쉽게 느낄 수 있고, 일상적 사회 활동에서 쉽게 찾을 수 있기도 하다. 고대로부터 지금에 이르기까지 많은 사람들이 중국인은 인정을 추구하고 또 중시하는 민족이라 여기고 있다. 중국인들이 인정에 관해 이야기할 때, 인정을 표현하는 '정(情)'은 통상적으로 '이(理)'와 함께 쓰인다. 예컨대 '사리에 밝다〔通情達理〕.' '경우에 맞다〔合情合理〕.' '잘못이 있으면 온정으로 참고 이치에 비추어 용서한다〔情恕理譴〕.' '인정이나 이치로도 용납할 수 없다〔情理不容〕.' 등과 같은 것들이다. 이렇게 인간이 사회를 살아가는 데 필요한 규범이나 준칙으로 인정(人情)과 사리(事理)가 있지만 중국인들은 항상 정(情)을 이(理)의 앞에 두어, 사리보다는 인정을 더 중시하는 경향을 보인다. 이(理)의 경우, 사리에 밝지 않다거나 도리를 중시하지 않는다는 등의 표현에서 알 수 있듯이 인지(認知) 또는 행위상의 자주적 선택으로 인식하거나 중시하고 있는가를 중요하게 여긴다. 반면 정(情)의 경우, 인정에 가깝다거나 인정이 통하지 않는다는 등의 표현으로 사용되고 있는데, 그 뜻을 미루어 짐작할 때, 인정에는 선택의 문제가 존재하지 않는다.

이렇게 인정이라는 것은 사회적 상호 작용이나 교류 과정에 적용되는 일종의 처세의 행위 규범으로써, 중국 사회에서는 그 어떤 개념보다 우선시되고 있다.

일종의 생활 이념으로써의 인정은 중국인들의 사회생활에서 매우 중요한 역할을 담당하고 있다. 즉 인정은 사람들이 주변 사람들과 상호 교류하고 또 그 관계를 수립하려고 할 때 이를 판단하고 결정하는 중요한 근거와 기준이 된다. 그러나 인정이 담고 있는 내용이나 표현 형식을 보면, 인정에 대한 객관적인 측정이나 평가가 매우 어렵다는 것을 알 수 있다. 인간이 사회생활 속에서 타인과 교류하고 관계를 수립하는 데 영향을 미치고 또 제약하는 법(法), 이(理), 이(利)와 같은 규범들과 비교해 보았을 때, 인정을 측정하고 평가하는 데 있어 공(公)과 사(私), 시시비비(是是非是非)나 이해득실(利害得失)의 문제는 존재하지 않는다. 단지 불확정성과 모호성만이 선명하게 드러날 뿐이다. 즉 인정은 사람에 따라 다르고, 사건의 상황에 따라 다르며, 시간과 장소에 따라서도 달라진다. 이 때문에 사람 사이의 상호 교류에 있어서 인정을 주고받는 사회적 행위들은 극히 복잡하고 미묘한 것으로 비춰지게 되었다. 이러한 특징 때문에 때로는 사람들 사이의 상호 활동이나 교류에 있어 인정은 강력한 '올가미'로 작용하기도 한다. 보답을 바라고 은혜를 베풀어서는 안 된다는 말처럼, 인정을 베푸는 쪽은 상대방의 보답을 기대할 수 없고 또 기대해서도 안 된다. 그러나 인정이라는 것은 정해진 양이 있는 것이 아니기 때문에, 한 번 인정을 베풀었기 때문에 두 번 세 번 계속되어야 하는 것은 아닌가 근심하게 된다. 또 인정으로 얻은 빚은 청산하기 어려운 것이어서 인정으로 어떤 도움을 받은 경우, 한번 받은 도움으로 평생 무엇인가를 보답해야 할 것 같은 부담감을 느끼게 된다. 이렇게 인정을 베푼 사람도 인정을 받은 사람도 모두 올가미에서 헤어나지 못하게 된다. 따라서 고대 선인들은 후세인들에게 남의 덕이나 은혜를 쉽게 받아들이지 말 것을 훈계하며 당부했다. 인정의 '올가미' 작용과 같은 특징이 바로 중국인들의 인간관계를 복잡하고 긴장되게 만드는 중요한 원인 가운데 하나이다.

인간과 인간 사이의 도리

인정은 중국의 전통적 사상 이념을 논하는 저서에서 쉽게 찾아볼 수 있는 개념은 아니다. 유가, 법가, 묵가, 도가 혹은 기타 잡다한 제자잡가(諸子雜家) 등에서도 인정은 직접적으로 언급된 바가 없다. 《사운(社運)》에서는 '소위 인정은 희(喜), 노(怒), 애(哀), 구(懼), 애(哀), 악(惡), 욕(慾)을 지칭하는 것으로, 이 일곱 가지는 학문으로 논할 수 없다.'고 했다. 여기서 말하는 인정이란 인간의 정서와 욕망을 지칭하는 것으로 자원이나 규범적 의미에서의 인정과는 거리가 멀다. 그러나 전통적 사상 이념을 논한 저서와는 달리 기쁨과 슬픔, 이별과 만남 등 다양한 인간사를 묘사한 소설(小說)이나 강한 포부를 서정적으로 표현한 시(詩)나 사(詞)와 같은 문학작품에서는 인정이라는 개념을 쉽게 찾아볼 수 있다. 이렇게 인정은 재능과 덕을 승화시키거나 수련하여 과거 현인들이 얻고자 했던 것도 아니었고, 학자들이 이치를 깨닫기 위해 골몰하는 사상적 범주에 포함되는 개념도 아니었다. 즉 인정이란 세속의 평범한 사람들이 평범한 생활 속에서 얻을 수 있었던 하나하나의 느낌이나 경험들이 쌓여서 형성된 세속 생활의 직접적 산물로 실천성과 보편성을 강하게 띠고 있다. 그래서 어떤 학자는 인정을 '통속화된 유행 관념'이라고 표현하기도 했다.

통속화든 세속화든 인정이라는 개념 뒤에는 결국 그 발생과 존재를 야기한 문화적 근원이 존재한다. 인정이라는 개념 자체가 내포하고 있는 의미를 살펴보면, 결국 이것은 인간과 인간이 서로 어울리며 살아가는 도(道), 즉 인간이 현실의 세속 생활 속에서 어떻게 타인과 교류하고 상호 작용하며 발전 관계를 수립하는가에 대한 도리(道理)를 가리킨다. 또한 이는 인간과 사건 또는 인간과 사물 간의 상호 연계가 아닌, 바로 인간과 인간 사이의 상호 연계라는 점에 착안한 개념이다. 인정이 내포하고 있는 이러한 의미는 바로 인정과 관념 문화를 이어 주는 실마리가 된다. 또한 인정의 문화적 의의가 생겨날 수 있었던 연원도 여기에서 찾을 수 있다.

중국의 전통적 관념 문화 가운데 인간과 인간 사이의 관계를 강조하고 중시했던 사상이나 학설을 꼽으라면, 당연히 유가 학설을 먼저 이야기할 것이다. 유가 학설은 인간과 인간 사이의 관계를 그 사상의 기점으로 하는데, 이러한 인간과 인간 사이의 관계는 혈연 즉 혈통을 기반으로 수립된 관계를 근거로 한다. 이렇게 자연적 혈연관계를 기반으로 확립되고 형성된 사회관계는 곧 인간과 인간 사이의 윤리적 관계이고, 사회와 국가는 곧 가정과 국가가 일체를 이루는 윤리 사회 또는 윤리 국가가 된다. 이를 두고 학자 웨이쩡통〔韋政通〕은 다음과 같이 이야기했다. "가정은 윤리 관념이 적용되는 주요 장소로, 가정을 기초로 발전·형성된 윤리 사상은 제도화의 과정을 거쳐 사회의 정신적 지주로 자리매김했다." 즉 일종의 사회 이론으로써의 유가 학설은 윤리를 그 본위로 하고, 그 핵심적 사상 관념, 이론 원리 그리고 법칙은 모두 인간과 인간 사이의 자연적 혈연관계를 기반으로 한 것이다.

유가 학설에서 '인륜(人倫)'은 사상적 기본이 되는 척도이자 단위이다. 유가는 이에 근거하여 인간과 국가 사회, 인간과 인간 그리고 인간과 법(法), 이(理), 정(情), 이(利)의 관계에 대한 사상적 주장과 이론적 틀을 형성했다. 그런데 인정은 바로 이 인륜이라는 관념과 일맥상통한다. 즉 인정은 인륜의 세속화된 산물인 것이다. 양자 간의 차이는 단지 유가에서 말하는 인륜이란 인간 사이의 혈연관계를 그 기초로 하고 있고, 세간에서 말하는 인정이란 혈연관계의 기초에서 한 단계 더 나아가 형성된 지연, 학연 등의 정(情)에 얽힌 관계를 그 기초로 한다는 것뿐이다. 인륜은 사회의 사람들을 특수화·도덕화·등급화하고, 인정은 생활 속의 사람들을 보편화·세속화·서열화한다. 즉 인간을 등급으로 분류하여 대우한다는 것이 아니라, 인간의 선후 순서로 차례를 매겨 그에 따른 대우를 한다는 것을 뜻한다. 이지(理智)와 정감(情感)을 사유(思惟)의 저울 양 끝에 놓았을 때, 혈연·가족 관계를 중시하는 중국인들의 저울은 언제나 정감 쪽으로 기울어질 것이다. 중국인들은 어떤 문제에 대해 생각할 때 정리(情理)를 따진다. 일단 혈연이나 이와 비슷한 관계로 얽혀 있는 대상을 대하게 되면, 법으로는 용서하기 어려운 일도 정으로 용서할 수 있게 된다. 이 때 정리(情理)에서 정(情)은 이(理)를 앞선다. 즉 인정에 치우치게 된다는 말이다.

우리는 이상의 설명에서 인정이 가지고 있는 또 다른 중요한 특성 하나를 발견할 수 있다. 바로 인정의 관계 취향적 특성이다. 사람들이 바로 인정을 기초 또는 근거로 하여 상호 교류하고 작용하며 또 관계를 수립하기 때문이다. 량수밍은 이에 대해 다음과 같이 지적했다. "중국의 윤리는 개인과 개인 상호 간의 관계만을 본다. 중점은 어느 한쪽에만 고정적으로 놓여 있는 것이 아니라, 서로 간에 교환되는데, 사실 관계라는 것 자체 위에 놓여 있다."

현실 사회에서 살아가는 인간은 언제나 그 주변에 있는 사람들과 일정한 연계를 유지하고, 또 일정한 관계를 수립한다. 그리고 이러한 연계나 관계라는 단어 앞에는 보통 정치적, 법률적, 경제적, 도덕·윤리적, 사회적이라는 수식어가 붙는다. 그러나 그 본질에 있어서 이러한 연계나 관계라는 것은 결국 사람들의 물질 생산 활동과 그 과정 중에 결정되는 것이다. 다시 말하면, 생존 유지를 위한 생산 활동을 위해 수립하는 생산관계가 사회에서 더불어 생활하기 위해 형성하게 되는 사회관계를 결정짓는다는 것이다.

혈연관계와 범가족주의가 낳은 인정

중국 사회의 전통적, 그리고 주도적 물질 생산 방식은 농업이었다. 사람들은 자신이 태어난 땅에서 단순히 체력에 의지해 밭을 갈고 식용 작물을 심어 생존을 유지하는 데 가장 기본이 되는 물질 생활재를 얻었다. 이러한 생산 활동의 성패는 토지, 강우, 기후 등 자연 생태 환경에도 달려 있지만, 도구, 종자, 경작 방식 등 일정한 수준의 생산수단과 기술에 의해서도 좌우된다. 그러나 여기서 가장 중요한 것은 생산을 진행하는 사람들 서로 간의 조합과 군집이다. 자연 생태 환경에 대한 순응이나 개조, 혹은 생산 도구와 방식에 대한 개량이나 갱신, 이 모두는 개체 생산자가 단독으로 완성할 수 있거나 개체의 체력, 능력, 지혜만으로 이루어 낼 수 있는 것이 아니다. 즉 여기에는 반드시 지속적이고 안정적인 개인 간의 조합과 군집이 존재해야 한다. 인류 사회가 아직 현대적 모습을 갖추고 있지 못했을 때, 사람들이 지속적이고 안정적인 조합과 군집을 형성하고, 견고한 연계 혹은 관계를 수립하는 데 유일하고 또 따를 만한 근거가 되는 것은 바로 혈연·혈맥이었다. 그리고 이에 기반하여 형성된 인간 조합과 군집이 바로 가정이었으며, 이에 근거하여 수립된 인간과 인간과의 관계는 혈친 관계였다.

이렇게 가정은 인류가 생산을 진행하고 또 유지하는 데에 가장 기본이 되는 단위이며, 가정을 중심으로 수립된 혈친 관계는 인간이 후천적 사회생활 중에 형성하는 가장 원초적인 관계인 것이다. 인류가 끊임없이 번성하고, 농업 생산 규모가 점차 확대됨에 따라, 혈연을 기반으로 형성된 가정은 또 일정한 혈연적 연계를 유지하고 있는 각 가정 간의 조합과 군집으로 확장되었고, 종족이라는 것이 생겨났다. 인간 간의 혈연관계에 그 뿌리를 둔 사회 형태 속에서 가정은 안정적인 생산 단위이자 유일하게 믿고 기댈 수 있는, 또 그 안에서 보호를 얻을 수 있는 사회 조직이었다. 그래서 가정이나 가족의 조화가 가장 중요하게 여겨진 것은 당연한 일이고, 이로 인해 가정을 최우선으로 하는 가족주의(familism) 관념이 형성되었다. 가족 간의 정이나 봉헌을 강조하는 가족주의의 영향으로 인간 간의 교류와 관계 수립에서 혈연상의 유대 고리가 있는가, 같은 조상을 가지고 있는가가 기본적인 근거가 되었다.

생산 활동의 수준과 규모가 발전·확대되고, 또 이것이 가정과 가족의 힘이 미칠 수 있는 범위를 넘어서자, 자연스럽게 가족 사회 조직 간에 새로운 조합과 군집이 생겨났고, 인간 사이의 관계도 이에 맞게 새롭게 정립되어야 했다. 중국에서는 이러한 사회의 변화·변형 과정이 농업 위주의 생산 형태를 유지하고 또 계속 발전시킨다는 전제 아래, 혈연을 유대로 형성되었던 가족 사회 조직이 가족 외의 기타 사회 단체와 조직으로 확장되었다. 또 가족 내의 구조 형태, 관계 도식 및 행위 준칙도 가족 외의 사회 단체와 조직과 유사한 형태로 나타났다. 이는 곧 사회의 가족화, 가정과 국가의 일체화를 가져왔다. 이러한 과정을 가족화(familization)라 하고, 현실 생활 속에서 인간이 타인과 교류하고 관계를 수립하는 데에 기본이 되는 준칙, 규범 및 이에 상응하는 관념 그리고 심리적 태도를 범가족주의(panfamilism)라고 한다. 또 이 과정은 원래 혈연관계로 맺어지지 않았던 인간과 인간, 인간과 사회 간의 관계에 혈연관계의 속성을 부여했고, 혈연관계에서 확장된 지연(地緣), 업연(業緣) 그리고 학연(學緣)을 만들어 냈다. 이러한 범가족주의적 관념에서는 인간과 인간 간의 교류와 관계 수립의 근거는 더 이상 같은 핏줄을 타고났는가의 여부가 아니었다. 이제는 그들 사이의 사회적 배경이나 신분이 유사한가, 또는 비슷한 부류인가를 더 따지게 되었고, 인정이나 서로에게 이익이 되는가의 여부가 더 중요시되었다.

중국은 현재까지도 여전히 농업 대국의 형태를 갖추고 있다. 농업 생산은 줄곧 물질적 부를 창출하는 주요 생산 활동이었고, 농업 생산 활동에 종사하는 인구도 언제나 대다수를 차지하고 있다. 이렇게 안정적이고 지속적인 생산 형태가 존재하면, 기타의 생산 활동은 주도적 위치를 점하는 생산 형태의 보충적 역할 또는 정도를 조절하는 작용만을 담당할 수밖에 없다. 즉 결코 이를 대체하거나 교체하지 못한다는 말이다. 또 이로 인해 사람들 사이에는 자연스럽게 일종의 가정화된 사회 또는 범혈연적 인간관계가 형성된다. 중국 역사상 봉건사회가 수천 년 동안 지속적인 안정과 발전을 꾀할 수 있었던 것은 그 기저에 이러한 사회의 가족화라는 배경이 자리 잡고 있었기 때문이다.

생산의 발전과 사회 규모의 확대로 인해 가정이 사회로 나아갔을 때, 기타 형식의 생산 활동(예를 들어 수공업, 상업과 같은)의 지속적인 노력으로 농업 생산을 대체하고 인간의 생존에 가장 기본적인 수요를 만족할 수 있게 되거나, 혹은 가족이 사회로 통합된 후 외부로부터 강력한 개조와 변혁의 기운을 맞이하게 되면, 이들 사회의 기본 형태 및 그 형성 과정은 서로 다른 양상을 보이게 된다. 전자는 가족이 사회에 의해 대체되었다고 표현하며, 일종의 완전히 새로운 원리, 법칙에 근거해 수립되는 사회와 국가를 등장시키게 된다. 서양 국가들이 바로 이 경우에 해당한다. 후자는 가정이 사회에 의해 동질화되었다고 표현한다. 가정 내부의 구성원들의 관계 및 가족의 형성은 이전과 달리 상호 간의 혈연관계가 아닌 사회 조직 안에서의 예속 관계에 근거한다. 즉 가족이 사회화되면, 가족의 겉모습은 그대로 유지되지만 그 안에 내포되어 있는 것들은 완전히 변화하게 된다.

 이상에서 알 수 있듯이, 중국 사회에는 사람들 사이의 교류와 관계 수립은 선천적으로 결정된 혈연관계에 의한 것이 아니라 지연, 업연, 학연 등의 사회적 관계에서 결정된다. 혈연관계의 친밀도 혹은 거리는 이들 사이의 혈연과 또 그로 인해 발생하는 혈육의 정이 얼마나 깊은가에 따라 결정된다면, 지연·업연·학연 관계의 경우에는 사회 배경이나 신분 혹은 그로 인해 발생하는 인정에 의해 결정된다. 인정은 실제로 중국인들이 타인과 교류하고 관계를 맺을 때에 따르게 되는 기본적 행위 규범이자 준칙이다. 즉 이를 통해 사람들은 누구와 어떤 방식으로 교류할 것인가, 또는 어떤 관계를 수립하고 유지할 것인가를 결정한다.

현대 사회와 인간관계

사람들이 생활하면서 주변의 사람들과 교류하고 관계를 맺을 때 따르게 되는 행위 규범은 대상이나 관계의 정도로 인해 달라질 수 있다. 혈연관계를 맺고 있는 가족이나 친척과 교류할 때에 사람들은 보통 쌍방의 혈연관계에 근거해 '친정(親情 : 혈육의 정)의 법칙'에 따라 무작정 주기만 하려는 '봉헌(奉獻) 행위'를 보이곤 한다. 반면 조금의 혈연관계도 성립되지 않는 외부인과 교류할 때에는 개인의 필요나 이해득실에 따라 '공평(公平)의 법칙'을 적용하여 일종의 '교환(交換) 행위'를 보인다. 이 두 가지 법칙은 사회에서 타인과 교류할 때에 따르게 되는 가장 기본적인 법칙이다.

그러나 현실의 사회는 조금 더 복잡하다. 모든 사회는 발전 과정도 다르고, 전통이나 문화적 배경에서도 큰 차이가 존재한다. 서로 다른 사회 환경에서 생활한 사람들은 타인과 교류하고 또 관계를 수립하는 데 있어 상술한 두 가지 기본 법칙의 실제 적용에는 큰 차이를 보인다. 서양 사회에서는 상대방과 교류할 때에 대부분 개인의 수요를 만족시킬 수 있는지의 이해득실을 가늠하여 공평의 법칙을 따른 일종의 교환 행위가 이루어진다. 또 이러한 공평의 법칙과 교환 행위는 혈연관계를 가진 친척이나 가족과의 교류 활동에도 적용된다. 그러나 중국 사회의 경우 사회의 변천과 발전 과정 중 가족화의 과정을 거쳤기 때문에 사회 내부에 범가족주의적 문화 관념이 보편적으로 깔려 있다. 따라서 사람들과 교류하고 관계를 수립할 때에 자연스럽게 인정의 법칙을 따라 서로 돕고 이익을 주는 '호혜호리(互惠互利)'의 행위가 나타나게 된다. 이 인정의 법칙과 호혜호리의 행위는 원래 '친정의 법칙'과 '봉헌 행위'에서 변형된 것인데, 혈연관계가 없는 사람들의 교류 활동에도 적용됨에 따라, 쌍방 교환의 성질을 띠게 된다. 그러나 여기서 말하는 쌍방 간의 교환은 공평의 법칙하에 발생하는 교환 행위와는 또 다르다. 즉 이는 쌍방의 이해득실이나 수요의 만족도를 비교하고 또 이러한 교환이 과연 공평한가를 따져 이루어지는 것이 아니라, 거래 쌍방 간의 인정이 얼마나 두터운가에 따라 이루어지는 것이다. 따라서 이렇게 인정의 법칙에 근거하여 표현되는 정감의 요소와 교환의 성질을 모두 갖추고 있는 '호혜호리의 행위'는 사회성을 띤 교환 행위라 불리기도 한다. 그리고 인정이 이러한 행위에 실제 적용되는 것은 바로 정감과 교환의 성질이 상호 결합된 특성에서 비롯된 것이다. 우리는 이로부터 인간이 사회성을 띤 교류 활동을 진행하는 가운데 인정이 실제 어떻게 적용되고 운용되는가에 대한 구체적 법칙들을 발견할 수 있다.

첫째, 특수무한(特殊無限)의 법칙이다. 즉 교류 대상을 결정하고 관계를 유지하고 수립하는 것은 특정 범위 내에서만 진행되는데, 이 특정 범위라 하는 것은 상당히 큰 탄성을 가진다는 것을 의미한다. 간단히 말해, 인정 관계에 있는 사람들끼리만 교류하고 또 관계를 유지하는 것이 가능하지만, 이러한 인정 관계는 또 인위적으로 변화 발전할 수 있다는 것이다.

둘째, 대등호왕(對等互往)의 법칙이다. 쌍방 간에 발생하는 교류와 상호 작용은 반드시 대등해야 한다는 뜻이다. 흔히 말하는 '오는 것이 있으면 가는 것이 있어야 한다〔有來有往〕.', '있는 것과 없는 것을 서로 융통한다[互通有無].'란 바로 이런 의미이다. 한 개인이 주변 사람들과 교류하는 데 있어 서로 정을 주고받으며 자주 왕래하게 되면 처음에는 생소할지 몰라도 곧 익숙해질 것이고, 이런 상황이 계속되면 깊은 정이 생기고 결국 오래 지속되는 안정적 인간관계를 형성하게 된다는 것이다.

셋째, 호리호혜(互利互惠)의 법칙이다. 교류와 상호 작용 과정에서 쌍방은 반드시 서로 이익과 도움을 주고받고 베풀고 또 보답할 줄 알며, 누가 덜 주고 덜 받았는가로 다투지 말고, 작은 것도 챙겨 줄 줄 알아야 한다는 것이다. 쌍방 간에 교환되는 이익의 가치가 동일한가를 따지게 되면, 교류는 공리성(功利性)을 띠는 경제적 거래로 변질되며, 시장에서 물건을 구매하는 것과 마찬가지의 교환 활동이 되어 버리기 때문이다.

상술한 세 가지 인정의 운용 법칙은 중국 사회에서 오랜 세월에 걸쳐 일반화된 일종의 처세의 규범으로 여겨진다. 그리고 이를 얼마나 잘 운용하는가로 그 사람의 실제 생활과 인간관계에 대처하는 사회적 능력을 판단하기도 한다. 그러나 개인의 인정에 대한 운용 능력과 숙련 여부는 주로 생활 속 경험들이 쌓여 결정되는 것이지, 어떤 정해진 법칙에 따라 배양되는 것은 아니다. 게다가 인정은 본래 사람마다 사건마다 다르고, 시간과 장소에 따라서도 달라진다. 따라서 인정은 일종의 처세적 행위 규범이고, 인정을 베풀고 또 이에 보답하는 것은 그 형식상 자원의 전용(轉用)과 상호 교환으로 표현된다. 하지만 이것은 비교적 자유롭게 운용할 수 있는 것이기에 그 운용의 법칙과 척도 또한 융통성 있게 받아들일 수 있다. 이것이 바로 인정을 제도화된 규범이 아닌, 일종의 세속화된 규범으로 보는 중요한 이유이다.

중용과 조화를 중시하는 인정

우리는 인정을 통한 교류가 중국 사회에서 지니고 있는 실제적 존재 가치를 이해하지만, 또 다른 차원에서도 인정을 살펴보아야 한다. '인정'이나 '인정 관계'는 일정한 문화적 배경을 가지고 있으며, 중화 민족의 가족·혈연을 중시하는 사유 방식과 관련이 있다.

우리가 앞서 언급했던 혈연 문화가 중국인들의 사유 방식에 미쳤던 영향은 무척 중요하다. 정치상의 등급 제도와 사회 생활 중의 종족 제도의 결합이 빚어낸 '친친(親親)', '존존(尊尊)', '귀천유차(貴賤有差)', '장유유서(長幼有序)' 등 일련의 행위 규범들은 개인의 언행을 제약했다. 그리고 개인은 사회 생활에서 어떤 독립적인 권리도, 지위도, 인격도, 심지어 의지도 가질 수 없었다. 이러한 환경 속에서 유일하게 할 수 있는 것은 이미 정해진 규율을 따르는 것이다. 즉 윗사람의 의지를 내 의지로, 윗사람의 옳고 그름의 판단 기준을 나의 옳고 그름의 판단 기준으로 하는 것이다. 이렇게 되면 윗사람이 한 말은 설사 그것이 옳지 않더라도 반드시 옳은 것으로 보아야 한다. 여기서 윗사람이 한 말에는 설득력 따위는 필요하지 않다. 이렇게 되면 자신의 관점은 그저 진술하기만 하면 되는 것이고, 논박을 통해 관점을 확립할 필요가 없다. 증명이나 추론은 더 말할 필요가 없다.

혈연관계를 기본으로 하는 사회 환경 속에서, 인간관계 유지의 관건은 화목에 있다. 그래서 공자는 "예를 실제로 행하는 데 있어 사람과 사람 사이의 조화가 가장 중요하다〔禮之用 和爲貴〕.'고 했다. 그렇다면 어떻게 하는 것이 조화를 이루는 것인가? 이를 위해서는 서로 간의 겸양이 필요하다. 또 겸양을 위해서는 우선 소위 '극기(克己)'라 불리는 자아의 억제 과정이 필요하다. 이를 위해서는 처세에 있어 극단을 달리지 않아야 하고, 반드시 절충하고 조화를 이루어야 한다. 조화를 이루기 위해서 가장 중요한 것은 논쟁하지 않는 것이다. 이렇게 되면 무엇이 옳고 그른지를 따질 필요도 없고, 원인이 무엇인지를 끝까지 따질 필요도 없다. 중용주의적 입장에서 문제를 대하고 처리하는 중국인들의 사유 방식과 태도는 바로 이렇게 형성된 것이다. 그러나 이러한 사유 방식과 태도 때문에 사람들은 적극적으로 사물을 탐구하려 들지 않고, 일을 처리할 때에도 깊이 따지려 들지 않는다. 결국 중국인들은 사물을 대할 때에 단지 그런 줄만 알고 그렇게 된 까닭은 모르는 경우가 많다. 심지어 옳고 그름을 판단할 때에도 이도저도 아닌 불확실한 태도를 취하기 십상이다.

이와 반대로 서양인들의 사유 방식은 중국인들과는 또 다른 생태 환경과 문화적 배경에서 형성된 것으로, 그 근원은 고대 그리스로 거슬러 올라간다. 그리스는 발칸 반도의 남단에 위치해 있는데, 마치 쐐기가 지중해에 박혀 있는 것처럼 생겼다. 지중해 연안은 기후가 온화하고 일조량이 충분하기 때문에 식량 생산량도 많고 품종 또한 비교적 다양하다. 이 밖에 쇠고기, 양고기와 해산 자원 또한 풍부하다. 그래서 그리스 인들의 경우 의식에 있어서는 비교적 소박하지만 가난에 대한 걱정이 없었다. 이들에게 바다는 제2의 고향이나 마찬가지였다. 바다는 이들의 시야를 넓혀 주었을 뿐 아니라, 자유를 추구하고 낙관적이며 본능에 충실한 국민성 형성에 영향을 주었다. 이들에게 원시적 혈연관계나 선천적 위계 질서는 존재하지 않았다. 즉, 사람과 사람은 평등한 관계로 여겨졌기 때문에 개인은 독립적인 사회적 지위와 충분한 개인의 권리를 누릴 수 있었고, 이로 인해 개인을 중심으로 하는 시민 문화가 형성되었다. 이러한 문화의 실질은, 옌푸[嚴復]의 말을 빌리자면, "자유가 '본체'이고, 민주는 '작용'에 불과하다[自由爲體 民主爲用]."라고 할 수 있다.

처세에 있어 '중용'을 추구하고 '조화'를 숭상하는 사유적 특징은 '인정' 관계를 가중시키는 효과를 불러일으켰다. 중국인들은 '중용'의 도를 따르고 '조화'를 숭상한다. 인정을 중시하는 것은 바로 조화로운 인간관계를 추구하기 위함이다. 이는 '조화'를 숭상하는 가운데 화목과 화합을 추구하는 것과 일치한다.

베이징 대학의 페이샤오퉁[費孝通] 교수는 처세에 관한 중국인의 사유 방식을 다음과 같이 네 구절로 정리했다. "각자의 장점과 아름다움을 더욱 아름답게 하고, 이를 발전시켜 남의 아름다움도 아름답게 하며, 더 나아가 모든 아름다움도 아름답게 하며, 천하대동의 경지로 나아간다[各美其美 美人之美 美美與共 天下大同]." 이 말은 중국인들이 처세 방면에 있어 어떻게 사고하는지를 잘 표현해 주고 있다. 중국인들은 모두가 조화를 이루어 대동 사회를 실현할 것을 희망한다.

중국식의 인정관은 개인에게 타인과 화목한 관계를 수립하고 유지할 것을 요구하고 있다. 중국인들은 이미 오래전부터 타인과의 관계에서 충돌이 발생하는 것을 꺼려 왔고, 언제나 충돌이 있으면 서로의 감정이 상할 것이라 여겨 왔다. 이는 국민성 깊은 곳에 내재되어 있는 '인정'이라는 잠재 의식과 깊은 관련이 있다.

조화를 추구하고 충돌을 피하기 위해 중국인들은 종종 자신의 행위가 타인에게 부정적 인상을 주지는 않을까 걱정하며 자신이 어떻게 행동해야 하는가를 결정한다. 그러나 다른 사람을 지나치게 배려하는 행동은 오히려 부정적 결과를 야기할 수 있다. 충돌을 피하려는 마음이 오히려 심각한 충돌을 유발할 수 있는 것이다. 이것이 사람들이 흔히 말하는 '좋은 마음으로 시작했지만 오히려 일을 망쳐놓는' 경우이다.

누군가가 아는 사람에게 돈을 빌렸다가 갚는 것을 깜박했다고 가정해 보자. 돈을 빌려 준 사람은 말을 꺼내기도 뭐하고 돈은 돌려받아야겠기에 자면서도 이리저리 뒤척이며 어떻게 돈을 돌려받을까를 고민한다. 그는 만약에 돈을 갚으라고 요구하면 상대방이 어떻게 나올까를 걱정한다. 자신에 대한 평가가 안 좋아질까 두려운 것이다. 이런 상황에서 대부분의 중국 사람들은 완곡한 방법을 취해 돈을 돌려받으려고 한다. 상대방이 자신에게 빌린 돈으로 옷을 샀다는 얘기가 들리면, 슬쩍 가서 산 옷들이 어땠냐고 물어 보기도 한다. 물론 이 질문에는 옷을 살 정도로 형편이 넉넉해졌으니, 어서 돈을 갚으라는 의미가 깔려 있을 것이다. 그런데도 상대방은 산 옷들이 맘에 든다고 대답은 하면서도 돈을 빌렸던 일은 당최 기억해 내지 못한다. 그러면 다른 이를 찾아가 상대방이 돈을 빌렸던 일을 기억해 내도록 말을 전해 달라고 부탁할 수도 있다.

이렇게 인정을 중시하는 교류 양식은 교류의 질에도 영향을 준다. 인정을 그다지 중시하지 않으면 번거로움을 한층 줄일 수 있을 것이다. 인정을 중시하게 되면, 이런 상황에서 사람들은 되도록 완곡하게 말을 전달하려 할 것이고, 상대방은 수고스럽게도 또 그 숨은 의미를 파악해 내야 한다. 이렇게 되면 때때로 오해가 발생하여 양쪽 모두의 감정이 상하기도 한다.

중국인들은 선물을 주고받는 것을 중요하게 생각하고, 또 보답은 원래 받은 것보다 더 많이 해야 한다고 여긴다. 만약 누군가가 큰 선물을 주었다거나 또는 어려운 일을 도와 주었다고 가정해 보자. 이때 상대방은 매우 고마움을 느끼면서도 마음속으로는 반드시 그에게 보답을 해야 한다고 생각할 것이다. 이를 위해 열심히 일을 하거나 공부를 한다면, 이는 인정을 중시하는 심리가 긍정적 효과를 불러일으킨 것이라 할 수 있다. 그러나 만약 보답을 해야 한다는 것이 막중한 심리적인 부담으로 다가오고 심지어 이것 때문에 범죄를 저지르는 지경에 이르게 되면, 이는 인정을 중시하는 심리가 그 사람의 발전에 장애가 되어 버렸음을 의미한다.

인정의 양면성과 부작용

종종 인정은 법 질서에 반하는 경우도 있다. 법률의 집행에 있어 인정은 절대 논해서는 안 된다. 혈연적 윤리 관계에 의해 유지되는 국가는 법과 계약을 중시하는 사회적 전통이 결여되어 있게 마련이다. 때문에 이런 사회에서는 사람들도 법보다는 인정에 치우친 판단을 하게 된다. 죄를 벌하는 과정에 법과 계약을 옹호하는 사회적 분위기가 뒷받침되지 않으면, 인정 앞에 그 의의를 크게 상실하고 말 것이다. 또한 중국인들은 '인정을 중시하고 체면을 차리는 것'을 관계 유지의 행위 준칙으로 삼고 있다. 이것은 나름대로의 장점이 있지만, 사람들은 이로 인해 자신의 이익을 따지게 되고, 또 왜곡된 평가를 하게 된다. 실질적으로 평가하고자 하는 것은 '사람이 됐는가'의 여부이겠지만, 이것이 왜곡되면 '나의 기분을 상하게 하지 않는가'의 여부만으로 평가하게 된다. 이러한 평가는 '남의 기분을 상하게 하지 않을 것', '원칙이 없이 뭐든지 좋다고 하는 사람'이 될 것을 요구하는 처세적 분위기를 조장했다. 인간은 필연적으로 사회적 분위기와 여론의 영향을 받게 되는데, 원래는 의지가 굳고 과단성 있는 사람도 인정을 중시하는 환경에 처하게 되면 사람들의 평가를 의식해 그저 남들이 하자는 대로 따르는 순종적 태도를 보이게 된다. 게다가 이런 사회 상황에서 엄정한 법 집행마저 이루어지지 않는다면, 심하게는 범죄를 비호하고 공금을 횡령하는 등의 부패를 양성하게 될 수도 있다.

또 한편으로 이러한 처세적 분위기는 '성공하기 위해서는 인맥을 잘 관리해야 한다.'는 착각을 불러일으키기 쉽다. 중국 사람들은 흔히 '아는 사람이 있으면 일 처리가 쉬워진다.'라는 말을 입버릇처럼 하곤 한다. 인맥을 찾지 못하면 일을 처리하지 못하는 경우가 많아지면서 일종의 악습이 형성된 것이다. 원래 개인의 능력으로 충분히 처리할 수 있는 일도 온갖 방법을 동원해 우선은 인정에 기대려 하는 등 사회 곳곳에 의존 사상이 조장되면서 사회의 활력이 떨어지게 되었다. 또한 사회의 배금주의 풍토가 어느 틈엔가 권력을 이용해 이익을 꾀하는 사람들에게 빌미를 제공함으로써 각종 부패를 야기했다.

이와 동시에 가난한 사람은 더욱 가난해지고 부유한 사람은 더욱 부유해지는 이른바 '마태 효과(Matthew effect)'가 나타나기 시작했다. 즉 돈이 있는 사람은 인맥의 힘을 빌어 일을 쉽게 처리하고 모든 문제를 관계에 의존해 바로 해결하지만 상대적으로 세력이 약한 대다수의 군중들은 인맥이 좁아 작은 일을 처리하는 데도 많은 어려움을 겪는 것이다. 심지어 개선이 절실한 문제도 좀처럼 해결을 보지 못하는 통에 사람들의 원성은 높아져 가기만 한다. 하지만 군중들은 어려움이 있어도 울분을 참으며 감히 입을 열지 못하고 있다. 특히 도시에서 멀리 떨어진 농촌 지역의 경우에는 그 정도가 더욱 심하다. 이렇게 권력이 국민의 이익을 진정으로 실현시키지 못하는 현상이 장기적으로 지속되면, 사회는 공평을 상실하고 정당은 신임을 잃게 될 것이며, 심지어는 집권 위기가 초래될 수도 있다.

어떤 이들은 인정의 도리를 이해하는 자야말로 관직을 맡기에 적합한 인재라고 말한다. 그 옳고 그름을 따지기 전에, 몇몇 출세한 사람들의 사례만 살펴봐도 돌아가는 이치를 알 수 있다. 어떤 사람은 재능도 덕도 갖추지 못했지만 차근차근 출세의 길을 밟아 가는가 하면, 어떤 사람은 맡은 바 직책을 다하는데도 승진을 앞에 두고 여러 번의 고배를 마시기도 한다. 이러한 악습을 뿌리부터 다스리지 못하면, 풀뿌리 민주정치의 발전을 저해하게 될 뿐만 아니라 당의 기풍을 바로잡는 데도 불리하게 작용할 수 있다. 더욱 곤란한 것은 지식과 인재를 중시하는 사회적 기풍을 형성하는 데도 악영향을 미친다는 점이다.

이상에서 말했듯 중국은 전형적인 인정 사회로 민주화와 법치화의 분위기, 규범화된 사회 의식, 정확한 평가·심사 체계가 결여되어 있고, 사회의 감독·통제 기능에는 개선이 필요하다. 정치체제 개혁을 위해 더 많은 사람들의 주의를 환기시켜 이 사회의 악습관을 바로잡을 필요가 있다. 더 나아가 각 항목의 업무를 지속적으로 전개하여 이를 규범화할 필요가 있다. 또한 제도적 차원에서는 다음 네 가지 방면에서 더욱 체계적이고 구체적인 계획을 진행해야 한다.

첫째, 입법 절차를 강화하여 법치화 건설을 추진해야 한다. 오늘날 일련의 제도가 아직 완벽하게 갖추어져 있지 않고 법률에 여전히 허점이 존재한다는 점은 중국의 법제 건설에 큰 걸림돌로 작용하고 있다. 따라서 중국의 입법은 반드시 현실에 입각하여 거시적 차원의 법안을 제정함과 동시에 더 나아가 지속적으로 세부적인 규칙과 제도를 완비해야 한다. 법률의 강제성과 관용을 적절히 조절하여, 법 집행에 있어 인위적이거나 임의적 현상으로 인해 인정적 요소가 개입하는 것을 철저히 막아야 한다.

둘째, 규범 의식을 강화하여 사회 감독 체계를 건설해야 한다. 전 사회에 다각적이고 입체적인 사회 감독·통제 체계를 구축하고, 특히 법 집행 과정에 대한 감독을 강화하는 공개 공시 제도를 추진하여 법의 투명성을 제고해야 한다.

셋째, 공직자의 소명 의식을 일깨워 정부의 행위를 규범화함으로써 법 집행 문화를 깨끗하게 유지해야 한다. 사회 인재들에 대한 평가 체계를 규범화하여 지식과 인재를 존중하는 문화를 형성하고, 공정하고 직접적인 인재 선발이 이루어질 수 있도록 제도를 마련해야 한다. 또 이렇게 선발된 능력과 과단성을 겸비한 실무형 인재가 심리적으로 인정에 의해 좌우되지 않고 효율적인 법 집행 문화를 건설할 수 있도록 선진형 교육을 강화해야 한다.

넷째, 장기적이고 효율적인 기제를 도입하여 법 집행 업무의 정상화를 실현하고, 또 이를 점차 습관화함으로써 개혁이 형식에 그치지 않도록 해야 한다. 즉 사회 각 구성원들의 참여 기회를 마련하고 장기적이고 효율적인 관리 상태가 유지될 수 있도록 해야 한다.

결론적으로 볼 때, 법 집행 과정에 인정이 개입되는 문제를 전 사회가 이성적으로 대처해야만 집행 과정 중에 혹시 나타날지 모를 부당한 판단을 막을 수 있다.

인정 관념의 재정립

그렇다면 인정을 중시하는 것은 과연 좋은 일인가? 이를 한마디로 답하기는 어렵지만, 인정에는 긍정적인 면과 부정적인 면이 동시에 존재하고 있음을 잊어서는 안 된다. 인정의 가장 큰 특징은 사람에 따라 다르게 표현된다는 점이다. 즉 가족이나 친지, 친구, 동향 사람, 직장 동료나 이웃 등 인정의 범위 안에 있는 사람들은 너그럽게 대하지만, 일단 이 인정의 범위 밖에 있는 사람들에 대해서는 그렇지 못한 경우가 많다. 이는 본래 인성의 자연스러운 발로라 할 것이다. 하지만 현실의 문제는 이것이 너무 지나치다는 점이다.

수많은 사람들이 인정에 좌지우지되어 법규나 도덕적 양심을 한

켠에 몰아 두고 나 몰라라 하고 있다. 이들의 눈에 사회란 인정권 안에 있는 것이고, 이 인정권을 잘 관리하려고 하루 종일 애쓰고 있다. 이렇게 자신의 인정권만 바라보게 되면, 필연적으로 이 인정권 밖의 세상은 소홀하게 된다. 이 안에 가득한 조화의 분위기는 사실 썩은 물이나 마찬가지이고, 이를 벗어난 사람들에 대한 냉담한 태도는 인간관계에 공포스런 분위기를 조성한다.

왜 사람들은 이 썩은 물을 어쩌지 못해 안달일까? 그 첫째 이유는 인정에 객관적으로 결함이 존재하기 때문이다. 인정이 오고 가는 중에 사람들은 서로 돕고 서로 이익을 나누며 무언가를 지불해야 하지만 결국에는 그 보답을 얻는다. 그러나 절대다수의 사람들은 자신이 지불한 것은 확대·과장하고 남으로부터 받은 것은 깎아내리기 일쑤다. 예컨대 갑과 을 사이에 서로 오고 가는 것이 있으면, 제3자가 객관적으로 보기에는 별반 차이점을 느끼지 못함에도 불구하고 각자 상대방에게 더 많은 것을 주었다고 생각한다. 갑은 자신이 7만큼을 을에게 내주고 3만큼을 받았으니 을이 자신에게 인정을 빚졌다고 생각한다. 그런데 을 역시 갑에게 같은 생각을 가지고 있다는 것이다. 둘은 표면적으로는 겸손한 듯 보이겠지만 속으로는 서로 제대로 된 보답을 받지 못했다고 서운함을 느낄 것이고, 이것이 오래되면 둘 사이에는 반목이 생기게 된다.

둘째 이유는 올바름이 사악함을 압도하지 못한다는 것이다. 인정권 안의 화기애애한 분위기를 유지하기 위해 옳고 그름을 가리지 못하는 경우가 종종 발생하여, 공적인 일을 객관적으로 처리되지 못하게 된다. 이렇게 사회적 기풍이 흐려지면 정상적인 사회 질서가 유지되기 힘들고, 이것이 사회적 병폐로 이어져 국가와 사회에 커다란 손실을 입힐 수도 있다.

셋째 이유는 부패 행위가 아주 자연스럽게 행해지고 있다는 점이다. 식사 대접이나 선물을 주고받는 것이 일상적으로 이루어지고 있는 인정권 안에서는 이를 편안하게 받아들이지 못하는 태도가 자칫 불경하게 비춰질 수 있다. 선물을 거절하는 행위가 상대방에 대한 일종의 도발 행위이자 심하게는 멸시나 절교의 의미를 가지기도 한다. 그래서 일반 사람들은 쉽게 타인의 성의를 거절하지 못한다. 물론 이 인정권 안에 모두 평범한 사람들만 있다면 문제는 그다지 심각하지 않을 것이다. 그러나 그 안에 권력이나 경제력을 지닌 사람들이 존재한다면 이야기는 달라진다. 뇌물 수수는 이미 사회의 보편적인 현상이 되어 버렸고, 청렴결백한 자는 설 자리를 잃었다. 이는 중국에서 부패 행위가 사라지지 않는 중요한 원인 중의 하나이다.

과도하게 인정권 안만 바라보고 살아왔던 사람들은 인정권 밖에 펼쳐진 광활한 세상에서는 갈 곳을 잃고 방황하게 된다. 이들은 사람을 존중하거나 이해하지 못하고 낯선 사람을 믿지 못하는 경향이 있기 때문에, '내가 다른 사람을 개로 대하면 그는 나를 사람으로 대할 것이고, 내가 다른 사람을 사람으로 대하면 그는 나를 개로 대한다.'는 비정상적 사고를 가지고 된다. 즉 다른 사람을 존중해 주면 상대방은 나를 만만하게 볼 것이고 이러한 구도에서는 상대를 도와줘도 오히려 모욕이 돌아오게 될 것이며, 반면 상대에게 강하게 나가면 오히려 상대방은 내 배후에 세력이 있다 여기고 나를 대단한 사람이라 생각하며 개처럼 꼬리를 흔들게 될 것이라는 것이다. 인간과 인간 사이에 최소한의 신의마저 결여된 채 허위의 가면을 쓰고 있기에 거짓을 일삼고, 냉담하며 신용을 중시하지 않는다.

사회가 발전함에 따라 중국인들도 전통적 인정 관념에 대해 다시한 번 깊이 반성해 보아야 할 것이다. 그 정수를 걸러 내고 찌꺼기는 버리는 것이 우리가 취해야 할 바른 태도이다.

기출문제 둘러보기

2003년 : 아래의 글을 읽고 주제에 따라 작문하시오.

송나라에 한 부자가 살았는데, 하루는 큰 비가 내려, 집을 둘러싸고 있던 담장이 무너지고 말았다. 그의 아들이 말했다.
"어서 고치지 않으면 도둑이 들어와 물건을 훔쳐 갈지도 몰라요."
이웃의 노인 역시 같은 말을 했다. 저녁에 부자의 집에는 정말 도둑이 들어 많은 물건을 훔쳐가 버렸다. 부자는 자신의 아들은 매우 총명하다 여기면서도 같은 말을 한 이웃의 노인은 도둑이 아닐까 의심했다.

이상은《한비자(韓非子)》에 실려 있는 이야기이다. 우리는 지금까지도 현실 생활 중에 이와 같은 사례를 흔히 발견할 수 있다. 그러나 이와는 다른 혹은 완전히 상반되는 상황 역시 흔히 접할 수 있다. 우리가 사물을 인식하고 또 문제를 처리할 때, 감정상의 거리와 사물에 대한 인지의 옳고 그름 그리고 그 깊이에는 어떤 관계가 있는가? '감정상의 거리와 사물에 대한 인지와의 관계'를 주제로 한 편의 글을 작성하라.

주제분석

2003년의 작문 주제에는 어느 정도 난이도가 있었다. 그 목적은 학생들로 하여금 사회와 인생에 대해 깊이 생각해 보는 글을 쓰게 하는 데 있고, 그 중점은 학생들의 문제 분석 능력과 언어 활용 능력을 측정하는 데 있다. 이러한 주제는 어느 정도 깊이가 있어, 일정 수준의 사고·판단 능력이 요구된다. 또 이 주제에는 작문 내용과 범위의 한계가 명확히 규정되어 있어 작문에 임할 때 주제를 이탈하는 경우는 드물 것으로 예상된다. 그러나 학생들의 경우 생활이 비교적 단조롭기 때문에 실제 생활에서 겪었던 일 가운데 작문의 소재로 활용할 것을 찾기란 쉽지 않을 것이고 따라서 막상 글을 쓰려면 막막함을 느낄 수도 있다.

우선 작문에 앞서 어떻게 관점을 세워야 하는지를 알아보자. 우선적으로 '감정의 거리'를 결정하는 요소들에 대해 산발적으로 생각나는 것들을 정리해 볼 필요가 있다. 예를 들면 혈연관계, 이익 관계(금전, 직위 등), 취미·기호, 입장·지위(자신 또는 타인에 대한) 등은 모두 감정상의 친근함과 소원함에 영향을 주는 요소들이다. 또 이것들은 사물에 대한 정확한 판단에도 영향을 미쳐 사물에 대해 인지할 때 객관성이나 공정성으로부터 멀어지게 할 수도 있다. 이와 비슷한 현상이 발생하지 않도록 하기 위해서는 법률이나 법규를 통해 관련 행위를 규범화하여 감정상의 오류들을 바로잡아야 한다. 물론 '감정이 인간의 인지에 미치는' 긍정적 효과를 발견하여, 이러한 '감정'을 통하여 생활을 더욱 아름답게 할 수 있다는 각도에서 관점을 수립하면 더욱 참신한 글을 작성할 수 있을 것이다.

무제

커튼을 젖히면 태양 빛은 오직 한 가지 색깔.
하지만 당신이 좋아하든, 좋아하지 않든,
그것은 빨, 주, 노, 초, 파, 남, 보 일곱 색.

당연히 감정 그 자체는 무죄.
하지만 그것은 선글라스처럼,
온 세상을
기쁨 아니면 슬픔으로 물들이고,
사물의 모든 모습들을 왜곡해서
당신에게 보여 준다.
하여 무지한 당신은 손가락을 내밀어
"이건 밉고 저건 예쁘다."고 말한다.

절대로 이성과 지혜를 쉬게 하지 말라.
감정이 안개와 같다면,
그 안개가 진리의 피안을 가리지 않도록 조심하라.
감정이 달빛과 같다면,
당신은 알아야 한다.
그 빛은 태양 빛을 흉내 내지 못함을.

감정이 늘 속이기만 한다는 것이 아니라,

그것에는 항상 진실하지 않은 일면이 있다는 것을 말하는 것일 뿐.

항상 두 눈을 비벼

이성과 지혜가 당신 곁을 떠나지 않도록 하라.

커튼을 젖히면

암초가 선명히 보이지 않는가.

그렇다면,

돛을 세워라.

바람이 불면 닿는 곳이 바로 목적지이니.

— 샨씨성 응시생

Ⅱ

修養 수양

중국은 개혁 개방이 시작된 이래 20여 년 동안 사회주의 시장경제가 급속히 발전함에 따라 사회적으로도 중대한 변화를 겪었다. 특히 경제구조, 사회구조, 사회계층과 사회적 규범에 있어 큰 변화를 겪었으며, 사람들의 세계관과 인생관, 도덕 가치관에도 상당한 변화가 일어났다. 개혁 개방으로 막대한 성과를 거두었으나 반면에 적잖은 문제가 발생했다. 특히 물질 만능주의와 배금주의가 팽배하여 개개인의 가치관에 큰 영향을 미쳤다. 사리사욕을 위해 윤리 및 가치를 저버리는 사회현상이 빈번하게 나타나고 전통적인 미덕과 사회 공중도덕은 약화되었다. 이런 사회적 문제를 해결하기 위해서 중국 정부는 경제 건설에 역량을 쏟는 동시에, 중국 국민의 정신적 자질을 계발하는 데에도 많은 노력을 기울이고 있다. 도덕교육은 오늘날 사회주의 중국에 사는 학생들이라면 반드시 받아야 하는 교육으로 그 중요성이 끊임없이 강조되고 있으며, 지혜와 덕성, 건강한 신체와 아름다움이 균형 잡힌 교육이야말로 모든 교육기관의 최종 목표이다. 이와 같은 맥락으로 대학 입시 문제 중에는 개인의 품성 및 공중 도덕, 윤리의 중요성을 강조하는 문제가 빈번하게 출제되고 있다.

수신과 양성, 수양

　몸과 행실을 다스린다는 뜻의 '수신(修身)'과 천성을 기른다는 뜻의 '양성(養性)'이 모여서 만들어진 '수양(修養)'이라는 단어는 원래 늘 반성하고 스스로를 새롭게 하며 품행을 닦고 도덕을 함양하는 것을 의미한다. 하지만 중국에서는 마르크스의 영향으로 '수양'이라는 단어가 끊임없는 자기 교육 및 자아 개조 등의 새로운 뜻을 갖게 되었다. 넓은 의미의 '수양'은 정치, 도덕, 학문과 예술 등여러 분야에서 오랜 노력을 통해 실력을 기르고 단련함으로써 일정수준의 능력 혹은 사상과 소양에 도달하는 것을 말한다. 한편 좁은의미의 '수양'은 정치적 태도, 사상과 의식, 도덕 수준을 말할 때 쓰인다. 본질적으로 수양은 '성격'과 다르지 않은 것으로 결국에는 도덕적 정서로 귀결된다.

　중국의 전통문화는 개인의 수양을 매우 중시하고 강조해 왔다. '개인적 수양'에는 사상과 도덕, 문화, 예의와 언행 등 무수히 많은내용이 포함된다. 그러나 개인의 도덕 수양은 격심한 변화를 겪으면서도 중국의 전통문화의 일부로서 끊이지 않고 계승되어 왔다. 그리고 오늘날에도 여전히 청소년 교육에 있어서 도덕적 수양은 가장 핵심이라고 할 수 있다.

　중국의 전통문화 사상이라고 할 수 있는 유불선(儒佛仙)을 통해서도 이러한 개인 수양의 정신은 확인된다. 유교의 경전인《예기(禮記)》에서는 '덕을 천하에 밝히려는 선인은 먼저 자신의 나라를 다스리고, 나라를 다스리려는 자는 먼저 자신의 가정을 바르게 하고, 가정을 바르게 하려는 자는 먼저 자신의 몸을 닦고, 몸을 닦으려는 자는 먼저 자신의 마음을 바르게 해야 한다.'고 했으며, 《대학(大學)》에서는 '그 마음을 바르게 한 후에야 몸을 닦을 수 있고, 몸을 닦은 후에야 가정이 바르게 되며, 가정이 바르게 된 후에야 국가를 다스릴 수 있고, 국가를 다스린 후에야 천하를 태평하게 할 수 있다.'고 했다.

이는 유교 지식인들이 중요시하는 개인적 인격 완성이 우선되어야 가정과 국가, 그리고 천하의 질서를 세울 수 있다는 유교 최고의 이상적 경지이다. 물론 이러한 이상적 경지의 구체적 실현은 매우 어려운 것이기 때문에 유교에서는 '깨우침을 얻지 못할 때에는 그 몸을 정결히 하고 품덕을 수양하는 데 힘쓰며, 깨우침을 얻었거든 천하에 나가 그 뜻을 펼치라[窮則獨善其身 達則兼善天下].'고 강조하고 있다. '정심(正心)·수신(修身)·제가(齊家)·치국(治國)·평천하(平天下)'라는 이상과 깨우침을 얻기 위해 수양에 온 힘을 쏟는 적극적인 태도야말로 수천 년 동안 막대한 영향력을 행사해 온 유교적 전통이다.

유교는 '수신'을 그 중심에 둔 도덕 철학으로, 도덕을 바로 세우고 인격을 수양함으로써 인간으로서의 존엄을 획득하고 이러한 깨우침을 자신을 둘러싼 다른 사람과 사물로까지 확대시켜 나가는 것을 그 핵심으로 삼는다.

공자(孔子)에 이어 맹자는 '수신'에 대해서 보다 더 명확하고 직접적으로 표현했다. 맹자는 인성(人性)은 본래 선(善)하다는 성선론(性善論)을 주장했는데, 이 성선론을 통해 수신을 궁극적으로 증명했다. 다시 말해 수신이 가능한 것은 감정과 의지, 지성과 각오와 같은 인간 고유의 본성들 때문이다. 맹자는 모든 사람이 갖고 있는 인간의 본성(동정과 공감, 수치심, 의롭고 의롭지 않은 것을 구분하는 마음)에 직접적으로 호소함으로써 인의예지(仁義禮智)의 덕목을 함양할 수 있다고 보았다.

순자(荀子)도 '수신'을 통해 인간이 처한 상황을 개선할 수 있으며, 사회의 질서 유지를 위해 도덕교육이 절대적으로 필요하다고 역설했다. 그러나 그는 인간이 본성에만 의지해서 스스로 탁월한 경지에 이를 수 있다는 데에는 동의하지 않았으며, 법률의 강제력과 예악(穢惡)의 교화, 통치자의 권위와 스승의 가르침 및 건전한 풍속 등이 사회를 화목하게 만드는 데에 필요한 요소라고 주장했다. 순자는 인류가 진화한다는 주장에 동의하면서 특히 인간의 사회성을 강조했다. 그는 모든 존재는 삶의 힘을 갖는다고 믿었다. 식물은 생명을, 동물은 의식을 갖고 있으며 사람은 이러한 흐름을 따라 '의(義)'를 발현한다고 여겼다. '의'는 생존과 발전을 위해 필요한 것을 파악하고 인류의 사회구조를 설계하는 지혜이다. 그리고 '수신'은 인류 사회를 안정화하고 단결시키는 핵심 가치가 된다. 인간은 무궁한 욕망을 갖고 있으나 욕망을 만족시켜 줄 재화가 유한한 세상에 살고 있다. 한편 그 욕망이 만족되지 못하면 사회질서는 유지되기 어렵다. 이는 외부의 강제력을 동원함으로써 당장에는 해결될 수 있으나 길게 보았을 때 가장 필요한 것은 역시 도덕적 수양이다. 인간에게는 자발적으로 식욕과 성욕, 그리고 공격적 본성을 잠재우고 사회와 궤를 같이할 만한 능력이 없다. 그러나 영혼의 인식 능력을 통해 적어도 옳고 그름을 판별하고 선택할 만한 지혜는 갖추고 있다.

한마디로 유가에서의 '수신'은 자아가 맺은 정치, 사회, 문화적 차원의 여러 관계에서 중요한 위치를 차지하는 개념이다. 개인적으로는 복잡한 경험과 지혜의 단련 과정에 관련된 문제이고, 인류 전체로 볼 때에는 가정과 사회의 질서를 유지하고 나아가 세계의 화합을 유지하는 기초가 되는 것이다.

유교에서는 '수신'의 사회적·정치적 의미에 주목하고 있다. 그리고 젊은 세대에게 행동의 준거를 제공하는 윤리학에서부터 진정한 미감을 배양하기 위한 미학의 방법론, 존재의 궁극을 파악하려는 형이상학과 치우침이 없이 체득하려는 인식론까지 중국인의 정신 생활 전반에 걸쳐 강조되고 있다. 이러한 '수신'에 대한 강조로 인해 중국의 사상가들은 이론을 실천으로 옮기고, 심미의 판단을 경험에 적용하며, 형이상학은 지혜로, 인식은 의사 소통으로 전환시키는 경향을 보인다. 그리스에 '사고를 거치지 않은 생활은 가치가 없다.'는 격언이 있다면, 중국에는 '수양을 거치지 않은 사람은 사람이 아니다.'라는 말이 있다. 배움을 통해 인간이 되는 것은 끝이 없는 자기 수양의 길에 들어섰다는 뜻이다. 이렇게 볼 때 중국 철학은 추상적 이론이나 합리적 사유라기보다는 정신적인 단련에 가깝다. 그리고 정신적인 단련으로서의 중국 철학은 지혜를 추구하고 사랑하는 마음의 결과물이 아닐까?

중국 전통 사상 중 도교 역시 '수양'을 중시한다. 장자(莊子)는 사람들이 일상생활 속에서 도(道)를 실현하고, 이런 생활적 경험으로 도를 이해하는 것이 가장 효과적인 방법이라고 했다. 그리고 모든 종류의 이기심을 버리고 '큰 지혜〔大知〕'와 '미덕(美德)'의 경지에 들어야만 도에 도달할 수 있다고 했다. 장자는 득도한 사람은 현세를 초월하고 일체의 물질과 속세를 떠날 수 있다고 했다. 유교가 그 정치적 관심, 사회적 참여 및 문화적 예민함 때문에 수신을 보편적 가치로 삼았다면, 도교는 정치적, 사회적, 문화적 무관심 속에서 수신을 이 세상을 초탈하기 위한 가치로 보았다. 그러나 보다 심층적으로 들여다 보면 유교와 도교 모두 비슷한 문제에 주목하고 있음을 알 수 있다. 그것은 바로 어떻게 하면 인간은 본래의 마음과 그 평화를 유지하면서 나날이 악화되는 세태의 변화에 대응할 것인지, 그리고 어떻게 하면 주위와 동화되면서 동시에 그 본성을 잃지 않을 것인지의 문제이다.

이런 핵심적 문제에 대한 고전적인 답변은 《중용(中庸)》에서 찾아볼 수 있다. 《중용》에 이르기를 희로애락(喜怒哀樂)이 나타나기 전을 '중(中)'이라 하고, 나타나되 모든 것이 조화를 이루고 있는 상태를 '화(和)'라고 한다. '중'은 천하의 큰 근본이요, '화'는 천하의 도에 다달음이다. '중'과 '화'에 이르게 되면 천지가 제 위치를 잡음이요, 만물이 자라게 된다고 했다.

이 구절에 표현된 천인관(天人觀)이야말로 유교와 도교를 모두 포괄하는 것이다. 〈역전(易傳)〉의 형이상학에서 비롯된 것으로 보이는 이 표현은 '수신'의 기준은 바로 우주의 위대한 질서로 인류는 이를 통해 천지와 상생한다는 것이다. 이것은 바로 우리의 개인적인 행위와 일상의 실천에 깊은 우주의 질서가 담겨 있다는 것이다.

중국의 전통문화 중에 불교의 지위와 영향 역시 무시할 수 없다.

인도 불교의 유입은 중국의 수신 철학의 내용과 의미를 풍부하게 했다. 불교가 중국의 수신 철학에 가장 크게 기여한 바는 바로 마음의 훈련이다. 초기 불교 사상에서는 입정(入定)을 통해 징심(澄心)에 도달할 수 있으며, 징심(澄心)에서 비롯된 통견(洞見)을 통해서만 모든 것을 꿰뚫어 보고 조화를 이룰 수 있다고 했다. 얼핏 도교의 무위와 비슷하게 들릴 수도 있으나, 불교는 도교와는 구분되는 정신 훈련 방법을 소개함으로써 중국 수신 철학의 기초가 되었다. 즉 불교에서는 마음에 집착이 있으면 구속되고, 이로부터 생로병사(生老病死)의 고통이 생긴다고 하여 '집착을 버리는 것'을 중시했다. 그리고 이를 위해서 끊임없이 명상하고 지혜를 닦도록 했다. 명상을 통해 얻을 수 있는 심오한 생각들이야말로 사상의 섬광이다. 사람의 본성이야말로 지혜의 원천이지만, 명상을 실천함으로써 영혼을 깨끗이 하고 인간의 본성을 발현할 수 있다. 불교의 수신 철학은 일상생활에서 의지할 수 있고 실천할 수 있는 기초 사상이라는 점에서 강력한 힘을 갖는다. 불교 사상가들의 엄격한 고행과 부단한 수행, 명상과 지혜의 연마는 중국 철학에서 수신의 정신적 면모를 한층 발전시켰다.

개인적 수양에 대한 강조는 중국 전통문화의 두드러진 특징이다. 이는 인간과 자아, 인간과 인간의 관계, 인간과 사회의 조화를 다루는 인문학 전반에 걸쳐 확인할 수 있다. 또한 근·현대에 이르러서도 개인적 수양의 문제는 여전히 중요시되고 있어 철학뿐 아니라 교육 및 개인들의 현실 생활에서도 큰 비중을 차지하고 있다.

예를 들어 중국 근대의 신유교주의자들은 수신 철학을 상당히 중시했다. 특히 수신을 통해서 인성이 완성될 수 있다고 믿은 그들은 어떻게 하면 배움을 통해 성현의 경지에 이를 것인가를 고민했다. 그들은 성현은 인(仁)의 인격적 체현이며 수신의 결과라고 믿었다. 상식적으로 생각할 때 인간으로서 무욕(無慾)의 경지에 도달하는 것은 불가능할지 모르지만, 정신적으로 욕망을 초월하는 것은 여전히 가능하다고 믿었다. 그리고 그 초월의 경험이 비록 짧긴 하지만 분명 가능하기 때문에 성현의 경지가 결코 비현실적인 것만은 아니고, 성현을 본받는 것이 일상생활에서 대중들을 이끄는 원칙으로서 작용할 수 있다는 점을 그들은 강조했다.

유불선 사상에서 인간은 수신을 이룰 수 있는 인성을 갖추고 있다고 본다. 즉 형이상학적인 성현의 인격이든, 도이든, 아니면 불성(佛性)이든 그것은 이미 인성이 갖추고 있는 성품으로 우리는 모두 잠재적인 성현이자 진인(眞人)이고 부처라는 것이다. 물론 우리가 성현의 인격, 도, 불성을 충분히 실현한다는 것은 불가능하겠지만 언제나 완성을 위해 남겨진 여지는 있게 마련이다. 그런 상태에 도달하기 위해 노력하려는 성향이 우리의 본성에, 우리 안에 이미 내재되어 있기 때문이다.

또한 인의예지와 같은 도덕적 가치는 적당히 감정적인 측면에 호소하고 있다. 예를 들어 인(仁)이란 동정하는 마음, 의(義)는 악한 것을 부끄러워하는 마음, 예(禮)는 공경하는 마음, 그리고 지(智)는 시비를 가리는 마음이다. 이렇게 인성을 바탕으로 가치와 감정을 종합함으로써 유교 사상은 중국의 수신 관념이 일상생활을 기초로 널리 실천될 수 있게 했다.

지·의·정과 진선미의 통일, 덕성

근대에 들어서도 개인의 수양에 대한 관심은 여전하다. 그 중 평지[憑契]는 《지혜설삼편(智慧說三篇)》에서 '수양'에 대해 흥미로운 언급을 했다. 실용적으로 '덕행'을 중심으로 하는 윤리학을 제창한 그에게 '수신'의 전통은 많은 단초를 제공했다. 중국 근대 가치관 혁명의 집결이라고 볼 수 있는 그의 '덕성 이론'은 당대 중국 윤리학의 발전에 새로운 기점을 제공했다.

그는 인간의 본성은 덕행으로 발전할 수 있는 잠재적 가능성을 가지고 있다고 여겼다. 따라서 스스로 수양함으로써 인간의 천성(天性)은 덕성(德性)으로 발전하고, 덕성 또한 천성으로 통일되는 그런 통일의 과정을 거치게 된다. 이로써 지(知)·의(義)·정(情)이 내재화되고 진선미(眞善美)의 가치가 인격으로 체현되는 것이다. 그렇다면 '덕행'이란 어떤 의미인가? 그는 '어질면서 지혜롭다[仁且智].'와 '어진 사람은 반드시 용감하다[仁者必有勇].'라는 공자의 말을 되짚으며 '덕행'을 위해서는 진심과 성의, 인자함, 사랑과 같은 부드러운 감정뿐 아니라 독립적이고 결연한 의지와 냉철한 이성 또한 필요로 한다고 지적했다. 맹자가 강조한 사단(四端)과 '충실한 것이 아름다운 것이다[充實之謂美].'라는 가르침, 순자의 '완전하지 못하고 순수하지 못한 것은 아름답다고 하기 부족하다[不全不粹不足以爲美].'라는 말처럼 덕성이란 반드시 지·의·정이 모두 발전하고 진선미의 가치가 통일을 이루어야 한다.

기존의 전통 철학은 배움을 통해 성현의 경지, 즉 이상적 인격에 도달할 수 있다고 이야기한다. 그러나 구체적으로 어떻게 배워서 도달할 것인지에 대해서는 이성과 의지, 배움과 갈고 닦음, 그리고 지식과 실천의 관계에 대한 답변만을 제시하여 다양한 해석의 여지를 두었다. 맹자로부터 송나라의 명리학이 대표하는 정통 유가에서는 '복성설(復性說)'을 주장하며 인륜 관계의 교육과 개인 수양을 통해 타고난 선한 성품으로 돌아갈 것을 주장한다. 한편 순자에서부터 명청 시대 왕부지 등 비정통 유가와 근대 철학에서는 주체들의 실천과 역사적 환경, 그리고 인간 형성의 작용을 보다 중시하여 '습(習)이 형성되면 성(性)이 형성된다.'는 성성설(成性說)을 주창했다. 이상적인 인격과 그것을 배양하는 방법에 대한 평지의 이와 같은 통찰은 유물론적 변증법의 영향을 받은 것이며 이성과 의지, 배움과 연마, 성선설과 성악설, 지식과 실천의 관계에서 변증법적 통합을 시도하여, 전통 철학에 대한 계승과 초월의 시도가 엿보인다.

동시에 평지는 내재적 덕성의 외재적 표현으로서 도덕적 행위는 반드시 자각(自覺)과 자원(自願)의 원칙이 통일되고, 이성과 의지가 통일되어야 한다고 지적했다. 이를 만족할 때에만 도덕 행위는 내재적인 가치를 갖는 진정한 자유 행위로서의 '덕행'의 의미를 갖는다. 덕성에 입각한 이상적 인격에 대한 이해와 그 배양 방법이든 도덕 행위가 반드시 지켜야 할 기본 원칙이든 본질적으로는 모두 이상을 현실적으로 구체화하려는 시도로 보인다. 평지의 눈에 이상을 현실로 이전시키는 활동이야말로 가치를 창조하는 것으로 여겨졌던 것이다.

사회주의와 수신

한편 중국의 사상계에도 집단적 원칙과 개성의 충돌을 둘러싼 논쟁이 있어 왔다. 정통 유학파는 집단을 강조하며 개성의 해방을 경시하여 결과적으로는 전체주의 및 권위주의 가치관으로 이어지는 성향을 보였다. 그러나 근대에 들어 가치관의 혁명을 거치면서 많은 이들이 기존의 집단주의에 반기를 들기 시작했다. 자기애와 자아의 각성은 그물을 뚫고 터져 나와 개성의 해방과 개인적 자유를 주장했다. 한편 같은 시기 반제국 반봉건의 민족 민주혁명을 통해 대동 사상이 부활되었다. 이러한 시대적 모색의 흔적이 가장 잘 나타나 있는 것은 리따지엔〔李大釗〕, 루쉰〔魯迅〕 등 초기 마르크스주의자들이 내걸었던 이상과 목표들로, 그들은 그 안에서 인도주의와 사회주의, 개성의 해방과 대동 단결 사상의 조화 등을 시도했다. 그러나 이러한 시도는 아쉽게도 이론적 성과로 이어지지는 못했다. 한편 1930년대에 이르러서는 많은 마르크스주의자들이 본질주의적 오류를 범했는데, 인간의 본질을 사회적 관계의 총합으로서만 파악하고 구체적인 역사적 환경 속에서 이해하지 못한 것이다. 즉 계급적 관점이 절대화되어 인성도 계급성으로 귀결되고 개성의 발전도 무시되었다. 개인들 간의 공생이라는 개념은 금기시되었고 집단만이 일방적으로 강조되었다. 보편화된 본질이 개인적 존재를 억압했고, 그 본질들은 추상화되어 구체성을 상실했다. 전체주의와 권위주의, 독단의 폐해는 문화혁명 기간에 극대화되었다. 그 혼란에 대한 적당한 평가가 이루어지지 못한 채 문화혁명이 종료되자 최근 중국 사회는 또 다른 극단으로 치닫고 있어서 '수신'의 전통이 과거 어느 때보다도 필요한 시점이다.

중국 역사를 통틀어 모든 시기에 항상 '수신'을 제창해 온 사실에서, '수신'이 중국 철학을 대표하고 있음을 알 수 있다. 심지어 중국의 마르크스주의 저작에서도 '수신'을 정치 의식 형태를 구성하는 중요한 부분으로 여기고 있다. 류샤오치〔劉少奇〕는《공산당원의 수양에 대하여》에서 '일개 유치했던 애송이 혁명가가 성숙하고 노련하게 혁명의 규칙을 운용할 수 있는 혁명가가 되기 위해서는 길고 긴 단련과 수양의 과정, 오랜 개조의 과정을 거쳐야 한다.'고 이야기했다. 류샤오치는 공자를 예로 들면서 그가 일생에 걸쳐 자기 수양에 힘썼으며 스스로를 완성하기 위해 부단히 애썼음을 설명했다. 또한 맹자를 인용하여 역사상 큰 임무를 맡았던 사람은 어김없이 고통스러운 수양과 단련의 시기를 겪었음을 이야기했다. 이에 덧붙여 '공산당원은 세계를 개조하는 역사상 전례 없는 임무를 떠안고 있는 사람으로 혁명 투쟁 중에 단련과 자기 수양에 힘써야 한다.'고 말함으로써 공산당원들에게 자기 수양에 힘쓸 것을 요구하고 있다. 이는 비단 개인의 수양에 대한 관심을 넘어서서, 수양을 정치 의식의 표현으로 보고 있음을 알 수 있다.

현대 사회에서 당원의 자기 수양, 인민 군중의 자기 수양은 이미 이론적 문제를 넘어서는 실천의 문제이다. 특히 도덕에 대한 강조는 오늘날 중국 사회의 가치관을 구성하는 중요한 내용이다. 오늘날 중국은 '조화로운 사회' 건설을 기치로 내걸고 있으며 이를 실현하기 위한 사상과 도덕적 기초, 그리고 문화에 큰 관심을 기울이고 있다. 중국 공산당은 '여덟 가지 영광과 여덟 가지 수치'라는 이름으로 대표되는 사회주의 영욕관을 수립하여 사회적 기풍을 바로잡고 법치와 덕치를 조화시키려는 노력을 지속하고 있다.

수신은 중국 인문학의 주요한 특징으로, 고대와 근대, 현대를 통틀어 개인의 수양, 특히 도덕적 수양은 매우 중요하다. 수신 철학은 오늘날 복잡한 현대 사회에서 보다 더 중요한 의미를 갖는다. 시장 기능을 조절하고 민주주의 제도의 활력을 유지하며 개인의 존엄성을 보장하는 현대 사회의 모든 과제들이 개개인들의 수양과 덕성에 따라 해결될 수 있다. 사회 구성원들이 이기적으로 경제적 이익만을 추구하며 호전성이 커져 갈수록, 공정한 마음, 정의감, 문명, 성의, 신용, 그리고 전체를 위하는 정신이 어느 때보다 중요해지고 있다.

중국 사회는

윤리의 재건이 필요한가?

정으로 인도하고 형벌로 처벌하면 백성들은 빠져 나가려고만 하면서 부끄러운 줄을 모르지만, 덕으로 인도하고 예로 통제하면 부끄러워할 줄도 알고 감화도 있게 된다.

—《논어》〈위정〉편

성인은 언제나 자기의 마음을 갖지 않고 백성의 마음을 자기 마음으로 삼는다. 착한 사람을 착하게 대하고 착하지 못한 사람을 또한 착하게 대하니 세상이 선해진다. 미더운 사람에게 믿음으로 대하고, 미덥지 않은 사람에게도 믿음으로 대하니 세상이 신뢰로 가득 찬다.

—《도덕경》

인류 보편의 기본적 행위 규범, 도덕

'도덕(道德)'의 사전적 의미는 일종의 사회 의식이자 사람들이 공동으로 인식하고 있는 규칙 규범으로 법률적 강제성을 띠지 않고 생활 속에서 사람들이 자발적으로 준수하는 일종의 행위 기준이다. 서양 사회의 경우 종교적 신앙이 도덕적 규범으로 사람들의 행위를 규제했다면, 중국에서는 유교적 사상에서 도덕적 규범이 형성되었다.

도덕은 개인은 물론 사회의 발전에도 중요한 의미를 갖는다. 개인의 성장이란 측면에서 도덕은 한 개체가 완전하게 발전할 수 있는 중요한 수단이다. 도덕은 인간적 존재의 이중성, 즉 자연적 속성과 사회적 속성에서 기원한다. 마르크스는 '인간의 본질은 그가 지닌 추상성이 아니라 현실성, 즉 그가 사회적 관계의 총체라는 데에 있다.'고 했다. 우선 개체로서 모든 사람은 자신의 생존을 지속하고 발전시키려는 욕구를 갖는다. 그래서 개인은 자신의 이익을 만족시키기 위해 사회와 여러 가지 방식으로 관계를 맺는다. 다음으로 사람은 어떤 단체 및 사회에 속한 존재로서 사회 공동의 생존과 번영을 추구한다. 개인은 필연적으로 타인 및 사회와 일정한 관계를 맺게 된다. 또 개인은 사회생활 중에 도덕적 책임감을 스스로 느껴 도덕적 자각이 형성되고 자아 완성을 실현한다. 이런 천부의 도덕적 감정을 사회의 영역으로 확대하여 타인에게까지 미치게 함으로써 도덕은 인류 사회의 가장 보편적이고 기본적인 행위 규범으로 자리잡게 되었으며, 인류는 예식을 갖춘 문명을 이루었다.

도덕은 또한 사회 경제발전을 제약하는 중요한 요소 중의 하나이다. 인간의 경제활동은 사람들의 수요와 행위 방식, 그리고 도덕적 수준과 필연적인 관계를 갖는다. 사람은 도덕적 존재인 동시에 경제활동의 주체이다. 따라서 개인들의 감정적 선호와 가치관은 생산 과정에 참여한 구성원들의 관계에 영향을 미치고, 구성원들의 능동성과 사회 생산의 효율에도 직접적인 영향을 미치는 것이다. 경제주체의 도덕적 건전성이 바탕이 되어야 사회 구성원들의 노동은 적극성과 창조성을 띠게 되어 사회 경제발전을 촉진할 수 있다. 개인의 자기 완성과 인간관계의 조화뿐 아니라 사회의 경제적 발전에도 도덕은 중요한 작용을 한다.

오늘날 중국 사회에서 도덕의 몰락은 심각한 수준에 이른 것으로 여겨진다. 시장경제의 도입으로 중국 사회는 조직의 형태, 이해관계 및 분배 방식 등이 나날이 다원화되고 있으며, 이에 하루가 다르게 유입되는 서양식 가치관의 영향으로 관념과 가치관 또한 나날이 변화하고 있다. 특히 시장경제의 '교환의 법칙'이 사회, 정치, 생활 및 도덕의 영역으로 확산됨에 따라 배금주의, 불신, 사리사욕을 위해서라면 공익의 희생도 서슴지 않는 부작용이 나타나고 있다. 정치적 부패, 위조품의 횡행, 매매춘, 마약, 도박, 폭력 조직, 도굴, 각종 지능적 범죄가 횡행하는 등 윤리 의식이 약화되고 있다. 이에 중국 공산당과 정부는 시급하게 국민들의 도덕 의식을 강화하고 사회주의 시장경제에 상응하는 도덕 체계를 정비하여 사회적 기풍을 바로잡으려 하고 있다.

고대 중국 사회의 전통적 역사관은 시대에 따라 변화해 왔지만, 그 가운데에도 유교적 도덕 체계는 중국 봉건사회의 주류 도덕관으로서 확고한 입지를 유지해 왔다. 백가쟁명으로 대표되는 선진(先

秦) 시대에 중국 사회에는 여러 가지 도덕적 방향성이 공존하고 있었다. 이런 방향성은 크게 네 가지 유형으로 나뉘는데, 첫째는 천명(天命)을 기초로 하고 인의(仁義)를 핵심으로 하는 유교의 종교적인 도덕관이며, 둘째는 '천지(天地)', '명귀(明鬼)'의 개념을 중시하는 묵가의 실용주의 도덕관, 셋째는 도교를 위시로 자연을 숭상하는 자연주의 도덕관, 넷째는 법제화를 강조하는 법가의 비도덕주의 경향이다.

이상 네 가지 학파는 그 후 역사적 운명을 달리했다. 묵가의 실용주의 사상은 불평등한 전제 사회 속에서 그 자취를 감추었고, 도교의 자연주의도 '작은 국가, 국민'이라는 사회 역사적 조건이 만족되지 못함에 따라 소수 문인들 특히 세상에 낙담한 문인들의 정신적 안식처 정도로 축소되었다. 법가의 주장 역시 지나치게 극단적이어서 어떤 사회에서도 그와 같이 도덕을 방기하고 온전히 법률적 수단에만 의존할 수는 없을 것이다. 일부 학자들은 중국 전제 사회의 통치 원칙을 '밖으로는 유교를 표방하면서 실질적으로는 법가를 선택하고 있다.'고 지적하고 있다. 그러나 이는 어찌 보면 법가를 신봉하기 위해서는 적어도 겉으로는 유가를 표방해야 했다는 뜻이기도 하다. 비록 유가도 선진 시대 이래로 큰 변화들을 겪었으나 여전히 중국 사회 문화 전통의 주체로서 역사를 통해 이어져 내려오고 있다.

정치의 도덕화와 인륜 도덕관

중국 고대 농업 사회는 자급 자족적 경제체제로 가정을 경제의 기본 단위로 삼았다. 따라서 고대 중국의 도덕 역시 가정과 가족 윤리를 기초로 하고 있다. 사회 조직으로서의 국가는 '가정'을 기본으로 한 인륜 관계의 확대된 형태로 간주되고, '인(仁)' 사상을 핵심으로 하는 윤리 도덕관 역시 개인적 도덕인 동시에 사회적 윤리로서 중시된다. 따라서 사회와 개인, 정치적 권위와 개인의 복속은 윤리와 도덕을 통해 연결되며, 수직적 위계와 규범의 개념도 일상의 윤리 속에 침투하게 된다. 도덕교육은 가정과 가족을 본위로 하는 '인륜'에 대한 강조에서 시작하여 '윗사람은 존귀하고 아랫사람은 비천하다〔上尊下卑〕.' 식의 국가 및 사회 조직의 종법 제도에 대한 강조로 이어진다. 따라서 고대 중국의 '가국일체(家國一體)'를 강조하는 도덕교육은 당시의 정치제도와 밀접히 관련되어 국가 및 정치 영역의 '윤리화'와 가정 윤리의 '정치화'가 동시에 이루어졌다.

이러한 정치의 도덕화는 중국 고대사회의 통치에 중요한 영향을 미쳤고, 도덕교육은 일종의 강제성을 띠고 실행되었다. 인간관계의 조화를 통해 사리(私利)의 추구가 공익(公益)을 훼손하지 않도록 하려는 시도로서, 유교의 '인륜' 도덕관은 어느 정도 긍정적 의미를 지니고 있다. 그러나 이와 동시에 우리는 이러한 도덕관이 독립된 주체로서 스스로의 존엄성을 자각하거나 개성을 추구하려는 개인적, 인격적 욕구를 억제해 왔다는 사실은 인정해야 한다. 일부 학자들은 이런 윤리관의 영향으로 중국인들이 일종의 '노예 기질'을 갖게 되었다고 지적하면서 유교를 비판하기도 했다.

노예사회에서 봉건사회를 거쳐 자본주의 맹아 단계에 놓여 있던 근대 중국은 사회 형태가 변함에 따라 도덕 관념 역시 변화하게 되었다. 19세기에 들어서면서 중국 사회는 수많은 고난과 곡절을 겪어 왔다. 아편 전쟁, 태평천국 운동, 연합국의 중국 침략, 5.4 운동, 신민주주의 혁명, 항일 전쟁, 해방 전쟁, 대약진, 문화혁명, 개혁 개방 등 굵직한 사건들을 겪으면서 이 시기 중국은 발전하고 있었다.

근대 동서 문명의 충돌 속에서 서양은 압도적인 우세를 점하면서 중국 민족들을 능멸하고 상처 입혔다. '5.4 운동'으로 대표되는 신문화 운동들은 유교 도덕을 중심으로 한 전통적 의미 체계를 격렬하게 비난하고, 이를 극복함으로써 중국을 멸망의 위기로부터 구하고자 했다.

중화인민공화국 개국 이래 계획경제가 전통적 자연경제를 대체하고, 이와 동시에 새로운 도덕적 규범을 모색하기 시작했다. 중국 공산당은 마르크스주의를 중국적 맥락에서의 '실천'으로 연계시키려는 적극적 노력과 더불어 전통문화에 대한 반성, 그리고 더욱 중요하게는 사회주의 도덕을 건설하기 위한 노력을 시작했다. 중국 혁명을 성공으로 이끈 역사적 경험을 바탕으로 공산주의 도덕의 본질을 탐색하고, 혁명적 집단주의와 인도주의, 그리고 전통문화의 유산에 대한 비판적 계승 등 일련의 중요한 문제들을 다루었다. 이 과정에서 진부하고 낙후된 봉건적 도덕 사상을 폐기하고 공적인 가치가 사적인 가치에 우선하고, 집단의 이익을 모든 것의 최우선으로 삼는, 사회주의·집단주의·공산주의를 핵심으로 하는 도덕관을 수립함으로써 마르크스주의의 윤리관을 보다 풍부하게 했다.

계획경제 체제에서 중국은 '대공무사(大公無私)'의 국가 윤리와 국가·정치·경제가 일체화된 정치 윤리 체계를 수립했다. 이에 따르면 '국가'는 공적(公的) 가치의 총체로서 경제·윤리 등을 망라하는 모든 영역의 주체이다. 그리고 도덕적 주체로서 개인의 존재는 부정되고 개인의 헌신과 희생만이 끝없이 강조되었다. 이러한 '대공무사'의 도덕관은 개개인의 삶이 사회주의 건설이라는 큰 흐름에 완전히 녹아들어 있었던 당시 사회상을 반영한다. 당시 개인의 생각과 언행은 모두 '국가'와 '사회', '집단'과 '공산당', 혹은 '인민'을 이롭게 하기 위한 것일 뿐이었다. 오늘날까지 이어져 오고 있는 이러한 이상주의적 도덕관은 비록 공식적으로 심각한 비판을 받지는 않지만 사회·경제적 변화 속에서 사람들은 이에 회의를 품고 방치하기에 이르렀다.

1980년대 사회주의 시장경제가 완성됨에 따라 '평등'이나 '성실', '공평', '준법'과 같은 가치관이 확산되었으며, 도덕적 주체로서 개인의 의식도 고취되었다. 시장경제는 문화적으로 개인들의 주관과 능동성이 발휘될 수 있는 계기를 제공했으며, 경제적으로는 일종의 자원 분배 방식을 변화시킴으로써 개인과 사회의 이익을 극대화했다. 또한 시장경제는 도덕적 주체로서 개인의 의미에 주목하고 개인들의 가치와 존엄을 중시했다. 개인적 이익을 긍정하고 보장하는 가운데 사람들의 독립성이 존중되기 시작했으며, 이런 변화 속에서 개인들은 전통적인 훈계와 교화를 거부하고 능동적으로 도덕적 자아를 형성하기 시작했다. 그러나 문제는 시장경제의 동력은 이익의 추구이지 '덕(德)'의 추구가 아니라는 것이다. 따라서 시장경제의 이익 추구와 경쟁의 잔혹함이 사람들에게 사상적·도덕적 혼란을 초래했다. 개성은 해방되었지만 금전과 물질에 대한 숭배라는 새로운 문제가 출현한 것이다.

오늘날 중국의 도덕 문제

중국의 전통적 도덕 체계는 5.4 운동 이후 심각한 해체를 겪어 왔
다. 특히 건국 이후 60~70년대 사람들에게 치유하기 힘든 정신적
외상과 극심한 파괴를 동반했던 문화혁명은 중국의 전통적 도덕 체
계를 거의 완벽하게 파괴했다. 따라서 오늘날 중국인들에게 이러한
전통적 가치관이 미치는 영향 및 구속력은 거의 찾아보기 힘든 정
도이다. 한편 중화인민공화국 건국 이후 중국인들의 새로운 보편적
가치관으로 부상한 마르크스주의는 개혁 개방을 맞으면서 물질적
기반을 잃게 되었다. 사람들이 갖고 있었던 마르크스주의에 대한
확신이 훼손됨에 따라 사회적 가치는 회의와 신앙의 부재라는 위기
를 겪게 되었고, 순식간에 저급한 취향과 물질지상주의, 배금주의,
규범 상실이라는 폐해가 사회적으로 확산되었다.

현대 중국인들은 전통적 가치와 새로운 가치가 격돌하는 바로 그
한가운데에, 새로운 생활의 유혹과 익숙한 심리적 금기 사이에서
난감해하고 있다. 도덕의 재건은 이미 학계의 관심에만 머물지 않
는다. 민간에서는 불교나 도교 등의 전통적 종교에 귀의하여 신앙
을 심리적 의지로 삼으려는 자발적 움직임이 일어났으며, 심지어
사회 일각에서는 사교(邪敎)를 일으켜 민중들을 현혹하는 세력이
들끓기도 한다.

150년 전과 비교할 때 중국인들의 생활 방식의 변화는 단지 외적
인 표현 형태에 국한된 것이 아니며, 생활의 '내용' 자체에도 본질

적인 변화가 일어났다. 중국의 전통 사회는 가족의 개념을 중심에 두고 개인적 윤리와 국가·정치적 윤리 체계가 서로 결합되어 일반인들의 심리를 지배하고 있었다. 한편 오늘날 자본주의 시장경제 사회에서 물질적 재화는 급격히 팽창했으나, 이에 상응하는 정신적 재화는 극도로 빈곤해졌고 의식 생활은 고도로 평면화되었다. 이런 사회 속에서 물질과 정신은 모두 불가피하게 상품화를 겪게 되었으며, 모든 행위는 '소비'로 귀결되었다. 많은 현대 중국인들은 사회생활의 모든 가치를 소비에 두게 되었고, '소비'는 생활의 중심이자 목적처럼 여겨지고, 생존의 의미조차 '소비'라는 일종의 물질적 개념으로 추상화되었다. 많은 이들이 우려하고 있음에도 불구하고 사람들은 개인의 소비 생활을 위해 도덕적 경계를 넘나들고 심지어 다른 사람들에게 피해를 입히기도 한다. 중국 사회에서 도덕의 재건이라는 문제는 이미 눈썹에 붙은 불처럼 심각하고 긴급한 수준에 이르러 있다.

도덕의 재건은 공언(空言)으로 이루어지는 것이 아니다. 중국 사회에서 도덕의 재건을 고민할 때 다음 세 가지를 참고할 수 있을 것이다. 첫째는 유교의 도덕 가치관을 핵심으로 한 전통 정신 체계이고, 둘째는 마르크스주의를 핵심으로 한 중국 특색의 의미 체계이고, 셋째는 서양의 분석적인 현대 철학과 인문학적 윤리 체계이다. 세 가지 체계 모두 각각 부족하고 부적합한 요소들이 있으므로 그 이점들을 조합하여 가장 이상적인 핵심 사상을 마련해야 할 것이다.

오늘날 사회의 보편적인 도덕 원칙은 공리주의에 가까우며 전통적 유가 사상은 일부 엘리트들에게서만 찾아볼 수 있다. 현실에 대해 냉철함을 유지하되 전통적 도덕 가치에 지나치게 의존하는 것 또한 극복해야 할 과제이다. 시장경제가 완전히 구현되지 못한 상태에서, 아직도 생존을 위해 투쟁해야 하는 사람들은 물질과 싸워 승리할 수가 없다. 그리고 전통적 도덕이 강조하는 '인애(仁愛)'는 무력하기 때문에 여기에만 의지하여 도덕을 다시 세우려는 노력은 좌절될 수밖에 없다.

중국 사회에서 마르크스주의는 여전히 중요한 의미를 지니며 공적 영역에서 발언권을 갖는다. 이는 비교적 체계적으로 변증법과 유물론 등 서양 철학의 정수를 계승했으며, 오랜 시간 조율을 통해 중국적 특수성을 반영한 중국의 마르크스주의로 다시 태어났다. 그러나 마르크스주의는 체계적인 도덕관이 부재하고, 현실 사회에서의 물질적 기반을 상실함에 따라 '(마르크스주의를) 신봉하는 자는 가난하고, 믿지 않는 자는 부유해지는' 현상이 나타나는 문제점을 가지고 있다. 이러한 의미 체계를 기초로 한 도덕의 재건은 현실적이지도 않고 그 필요성도 의문시된다.

또한 서양의 분석적인 현대 철학과 인문학적 윤리 체계는 훌륭하지만 중국의 일반 민중들이 받아들이기에 난해하다는 문제가 있다. 결론적으로 도덕의 재건이란 전통적 도덕을 창조적으로 계승하여 중국적인 도덕과 윤리의 기초로 삼고, 동시에 마르크스주의와 서양의 인문 이론 체계를 비판적으로 흡수하여 현대 물질문명과 서로 조화되는 윤리 체계를 세우는 작업이 필요하다. 이를 위해 부단히 전통으로부터 자원을 모색하고 현실로부터 추출된 이상을 실천으로 옮긴다면 윤리적인 마음 상태와 신념 그리고 미감(美感)으로 내면화될 것이다. 이런 새로운 도덕 체계를 세우는 일은 절대 한두 명의 지도자와 학자의 손으로 완성되는 것이 아니며 국가와 사회구성원의 모든 역량을 쏟아 부어야 비로소 가능한 일일 것이다.

전통적 도덕관념은 문화혁명 중에 철저히 파괴되어 오늘날 복원하기에는 많은 어려움이 예상된다. 그러나 상대적으로 일반 대중들 사이에 깊이 인지되고 있다는 점에서 명확한 우위를 점하고 있다. 일찍이 중국 민족은 유교 사상을 바탕으로 유구한 도덕적 전통을 형성해 왔다. 공자의 '살신성인(殺身成仁)', 맹자의 '사생취의(捨生取義)'처럼 공자와 맹자는 인을 이루고 의를 취하는 것을 인생의 최고 경지로 생각했고, 도덕의 실천이야말로 이상을 실현하는 근본적 방법이라고 여겼다. 유교의 도덕 체계 중에는 인애, 충성, 정의, 성실, 관용, 양보, 염치, 지혜, 청렴, 절제 등 인간관계에서 발생하는 갈등을 조정하는 규범이 많은 편이며, 이 모든 것들은 시대를 초월하여 중요한 가치이다. 중국인들이 한편으로 거부하면서 계승해 온 유의미한 도덕적 전통은 주요 지식인들이 신봉하는 유교적 전통이다. 천명(天命) 의식과 이상주의의 색채가 짙은 유교적 전통은 '스스로 끊임없이 굳건하게 만들고, 덕을 쌓아서 만물을 이끌어 나가라〔自强不息. 厚德載物〕.'는 지침을 실천함으로써 인간을 신의 경지로 끌어 올리려고 했다. 그러나 이런 도덕적 이상은 일반 대중들이 깨닫거나 다가가기 힘든 것이다. 어찌보면 이런 이상주의는 사회를 이끄는 일부 지식인들이 계승해 온 정신적 유산일 뿐이다. 하지만 이런 정신적 유산은 민족적 영혼에 빛을 비추는, 언젠가는 거세게 타오를 불꽃임은 분명하다.

그 외에도 아직 개발도상국 수준에 머물러 있는 중국적 현실을 고려할 때, 중국은 앞으로도 오랜 시간 실용주의에 입각한 도덕의 건설에 힘써야 한다. 즉, 개개인의 정당한 이익 추구는 장려하고 부당한 이익 추구는 규제하는 사회적 규범 체계를 마련해야 한다. 정당한 물질적 이익을 추구할 기본적 권리를 존중하며 제도 및 법률적 수단을 통해 부적절한 이익 추구 행위는 적절히 제어해야 한다. 이런 단계에서 '도덕의 법제화' 및 '도덕의 제도화'라는 실용주의적인 접근이 매우 중요하다.

한편 서양 사회의 종교적 윤리 체계를 귀감으로 삼아, 물질의 무게에 짓눌린 사람에게 종교적인 해탈의 경험이 필요할 수도 있음을 인정해야 한다. 단순한 물질적 이익 추구에 염증을 느낀 개개인에게는 물질을 초월한 종교적 위안, 초자연적 신비가 더 설득력이 있을 수 있다. 따라서 종교적 도덕의 보조 작용 역시 무시할 수 없는 것이다.

중국에서 도덕의 재건은 중요한 과제이고 이를 위해 가야 할 길도 멀다. 오늘날 중국 사회에서 도덕의 재건을 위해서는 유교적 도덕 전통을 지속적으로 계승함과 동시에 실용주의적으로 도덕을 법제화하고, 종교적 도덕의 영향력도 인정해야 한다. 그리고 어떤 이론보다도 실천이 가장 중요하다는 것은 말할 필요도 없다. 실천을 통해서만 중국적 현실에 부합하는 새로운 도덕적 가치 체계를 건립할 수 있으며, 역시 실천을 통해서만 재건된 도덕 체계를 공고하게 만들 수 있을 것이다.

기출문제 둘러보기

1997년 : 아래 세 가지 소재에 대해 각각 제시되는 문제에 따라 작문을 완성하시오.

소재1 신 군은 매일 다리가 불편한 친구를 등에 업고 1km도 넘는 거리에 있는 학교를 오가고 있다. 초등학교 5학년 때부터 고등학교 1학년까지 벌써 6년이 되어 간다.

소재2 한 잡지에서 실시한 '동급생으로서 가장 칭찬할 만한 자질은 무엇인가?' 라는 주제의 설문 조사에서 '남을 돕는 마음'이 1위를 차지했다.

소재3 청소년들을 대상으로 설문 조사를 실시한 결과 '만약 길을 가다 어려운 일에 처한 사람을 보면 어떻게 할 것인가?'라는 질문에 대해 적지 않은 학생들이 '조용히 비켜 지나간다.'라고 답했다.

소재 1의 신 군이 친구를 업고 등교하는 장면을 묘사하시오. 또 소재 2와 3을 결합하여 입장을 정리한 후 현실과 연계하여 논설문을 작성하시오.

주제분석

도덕 및 윤리에 관한 문제는 빈번하게 출제되는 주제이다. 먼저 짧은 소재를 주고 이에 대해 자신의 견해를 밝히게 하는 유형으로 이런 문제는

126

우선 주어진 글을 세심히 읽고 그 안에 반영된 주제에 대해 분석해야 한다. 이 문제에서 제시된 세 개의 소재, 즉 다리가 불편한 동급생을 업고 등교하는 학생이라든지, '남을 돕는 마음'을 동급생으로서 칭찬할 만한 최고의 자질로 여긴다거나, 어려운 상황에 처한 사람을 외면하는 청소년들의 태도를 개탄하는 각종 설문 조사 결과는 모두 '남을 돕는 마음'이라는 하나의 주제와 연결되어 있다. 예로부터 중국에는 남을 돕는 것을 기쁨으로 삼은 사람과 사건에 대한 많은 고사가 전해져 온다. 이것은 현대 중국인들이 반드시 계승해야 하는 전통적 미덕이다. 작문 주제로 출제한 의도는 오늘날 청소년들에게 남을 돕는 자세야말로 사회가 조화롭게 발전하기 위한 필수 요소라는 것을 깨우치게 하고, 이것의 실천을 위해 청소년이 자율적인 도덕적 주체로서 자아를 인식하고 도덕적인 소양을 갈고 닦을 것을 당부하기 위한 것이다.

구체적인 작문에 있어 학생들은 '남을 돕는 것을 기쁨으로 삼는다[助人爲樂].'는 명제에 동조하는 입장을 취해야 하며 이를 논점으로 삼아야 한다. 이를 위해 주어진 명제를 긍정하고 그 실천을 강조하거나, 혹은 남을 돕는 미덕이 사라진 현실에 대해 문제를 제기할 수 있을 것이다. 물론 두 가지 방법을 모두 결합하여 남을 돕는 미덕의 가치나 의의를 부각시킬 수도 있을 것이다. 그리고 더욱 중요한 것은 주제를 현실과 결합시키는 것이다. 일반적으로 사회·경제·정치가 안정적으로 발전하는 시기에는 사회의 도덕적 환경도 상대적으로 안정을 이루고 사람들의 도덕관념 및 윤리 수준도 상대적으로 높다. 그러나 90년대 중반 중국은 계획경제에서 시장경제로의 전환기에 놓여 있었으며, 시장의 메커니즘이 사람들의 이기적 욕구를 자극했다. 개개인의 물질적 욕구가 극대화되고 경제적 이해관계가 얽혀 있는 가운데, 새로운 사회보장 체계가 건설되지 못한 중국 사회는 높은 범죄율과 치안의 악화 등 많은 사회문제들이 발생하여 개인들의 도덕

관념과 자각에 영향을 미치게 되었다. 개인들의 도덕 의식이 약해지고 심각한 패륜적 사건이 일어나 사회 구성원들과 여론의 관심을 모으기도 했다. 이런 상황에서 용기를 내어 의(義)를 실천하는 사람은 점점 찾아보기 힘들어졌고, 불의를 보고도 수수방관하는 것이 자연스럽게 여겨지게 되었다. 논술문을 작성할 때에는 논제를 뒷받침할 만한 유력한 근거를 현실 속에서 찾아 실례로 듦으로써 설득력을 높여야 한다.

도덕은 찬란해야 한다

'남을 돕는 것을 즐거움으로 삼으라.'는 어구는 우리들에게 매우 익숙한 덕목이다. 그 덕목이 어느 잡지에서 실시한 '동급생으로서 가장 칭찬할 만한 자질은 무엇인가?'라는 주제의 설문 조사에서 1위를 차지했다는 사실도 매우 자연스럽다. 남을 돕는 데 자신의 수고로움을 아끼지 않은 레이펑[雷鋒]이라는 인물의 이야기가 지난 30년간 중국인들에게 널리 회자되고 칭송되고 있는 것을 보아도 그렇고, 비록 몸은 불구이나 강한 의지를 가졌던 치우윈[秋雲]이 일평생 써 내려간 봉사의 노래는 많은 사람들에게 삶의 의지를 심어 주었다. 또한 십수 년간 남을 위해 봉사하고 남을 돕는 즐거움을 여러 사람에게 알렸던 쒀후[徐虎]의 사례는 칸트의 '이 세상에 나의 영혼을 흔드는 것은 딱 두 가지, 내 머리 위에 빛나는 저 별들과 내 안의 숭고한 도덕률뿐이다.'라는 말이 떠오르게 한다.

그러나 또 다른 설문 조사에서는 '만약 길을 가다 어려운 일에 처한 사람을 보면 어떻게 할 것인가?'라는 질문에 대해 적지 않은 학생들이 '조용히 비켜 지나간다.'라고 답했다고 한다. 물론 그렇게 조용히 비켜 지나가는 사람은 순간의 수고로움은 피해 갈 수 있을 것이다. 최근 항저우[杭州]의 아름다운 시후호[西湖] 부근에서 사람들의 마음을 아프게 하는 비극이 일어났다고 한다. 물에 빠진 어린 아이가 생사의 소용돌이 속에서 발버둥치고 있는데도 호숫가에 둘러선 수백 명의 사람 중 어느 누구도 물에 들어가 아이를 구하려고 하지 않았던 것이다. 심지어 어떤 사람은 '100위안을 주면 내가 구하겠소.'라는 말을 외치기까지 했다. 얼마나 슬프고 끔찍한 이야기인가! 손만 내밀면 한 생명을 살릴 수 있었을 것인데, 지나치는 그

걸음을 멈추었으면 오늘날 우리 사회의 도덕의 부재가 이 지경에 이르지 않았을 터인데 말이다.

오늘날 우리는 자아와 이기의 굴레에서 벗어나 금전과 명예의 울타리를 뛰어넘어야 한다. 보신주의를 규탄하고 도덕이 몰락한 기현상으로부터 벗어나야만 우리 사회에 남을 도우려는 따뜻한 마음이 봄처럼 찾아와 도덕이 그 꽃을 피우게 될 것이다.

오늘날 우리는 현실에 두 다리를 내딛고 5000년을 이어 온 도덕의 정수를 창조적으로 계승해야 한다. 그래야만 다른 사람의 무거운 짐을 기꺼이 나누어 질 수 있는 사람들로 가득 찬 내일을 맞이할 수 있을 것이다.

— 쓰촨성 응시생

2

개인의 수양에 있어서

바른 습관은

얼마나 중요한가?

나는 날마다 세 가지로 자신을 돌아보니, 남에게 일을 꾀하매 진실되지 아니하였는가, 벗과의 사귐에 믿음을 저버리지 아니하였는가, 익히지 아니한 것을 전하였는가.

— 《논어》

누구의 감시도 없고 혼자 있을 때, 좋지 못한 일을 저지를 수 있는 상황에서도 제대로 자기의 일을 하고 마음을 다스리는 것을 '신독(愼獨)'이라고 한다.

— 류샤오치

아이들에게 좋은 습관은 그 운명을 주재한다. 좋은 습관은 아이로 하여금 성공의 길로 들어서게 하고, 부유한 평생과 삶의 격을 결정해 준다.

— 쑨윈샤오

습관의 힘

'습관'의 사전적 의미는 '장기간에 걸쳐 양성되어 단기에 고치기 어려운 행위, 경향 혹은 사회적 풍습'이다. 습관은 인간의 행위를 연구하는 많은 학자들이 오랫동안 관심을 가져온 분야로 간단히 말해 일종의 안정적인 행위의 특징을 말한다.

사유 방식, 생활, 학습, 언어, 행위, 노동, 예절, 도덕 등에서 드러나는 개인의 습관은 한 사람의 소양을 드러내며 그가 세상을 살아가는 방식에 영향을 미친다. 또한 습관은 우리의 선택과 외부적 환경으로부터 영향을 받는 정도를 결정하며, 나아가 우리의 인생, 그리고 타인과 사회를 바라보는 관점에도 영향을 미친다. 습관의 형식에는 여러 가지가 있는데, '무조건적 반사'를 가장 기본적인 습관이라고 할 수 있다. 그보다 상위 단계의 습관으로는 언어와 동작의 습관을 들 수 있다. 일반적으로 우리가 '습관'이라고 부르는 것도 이러한 것들이다. 일부 학자들은 남녀 간에도 습관의 차이가 있다고 주장한다. 예를 들어 남자들은 집에 도착하기 전에 미리 호주머니에서 열쇠를 꺼내는 한편, 여자들은 문 앞에 도달한 다음에 가방에서 열쇠를 꺼낸다는 것이다.

습관의 최상위 형식은 사고방식으로, 이것은 이성과 철학의 영향을 크게 받는다. 예를 들어 마르크스는 모든 문제를 두 가지의 대립된 모순으로 인식하는 경향이 있으며, 아인슈타인은 가장 간단한 사실에서 시작하여 엄밀한 추론을 통해 가장 심오한 결론에 도달한다.

습관의 힘은 실로 거대한 것으로 성공의 필수불가결한 요소이며, 가치를 따질 수 없이 귀중한 인생의 재화이자 자본이다. 좋은 습관을 기르는 것은 한 사람의 인생에 무한한 이익을 가져다 주며, 평범한 삶에서 특별한 삶으로 넘어가는 데에 가장 중요한 관건이 된다. 그렇다면 무엇이 좋은 습관인가? 그것은 오랜 시간을 두고 끈기 있게 다듬어 가는 품성이며, 개인의 부족한 부분을 채워 주고 성격을 갈고닦아 주는 무언가이다. 좋은 습관을 가지면 목표에 도달하는 방법론을 쉽게 배울 수 있으며 인생의 성공을 얻을 수 있을 것이다.

개인의 습관은 국가와 사회에도 적지 않은 영향을 미친다. 개인은 사회를 구성하는 기본 요소로서 개인의 습관은 사회적 분위기와 도덕, 그리고 사회적 가치 평가 기준에 영향을 미치는 것이다.

습관은 또한 성격을 결정한다. 심리학자들은 성격을 다섯 가지로 구분한다. 즉 개방성(Openness), 성실성(Conscientiousness), 외향성(Extroversion), 친화(Agreeableness), 정서 안정성(Neuroticism)으로 그 첫 글자들을 따서 'OCEAN'이라고 부르는데, 이 다섯 가지를 살펴보면 사람의 습관과 깊이 관련되어 있음을 발견하게 된다. 따라서 좋은 습관을 기른다면 건강하지 않은 성격을 건강한 성격으로 개선할 수 있을 것이다.

그 외에도 습관은 도덕과 상호 보조적인 역할을 한다. 사실 사람의 성격, 도덕, 품성, 습관은 아주 밀접하게 관련되어 있다. 좋은 습관은 바람직한 품격과 도덕성으로 이어지고, 고귀한 도덕성은 또 개인으로 하여금 좋은 습관을 갖도록 구속하는 역할을 한다. 사실 습관은 단순한 동작의 반복이 아니라 자동적 반응이다. 도덕의 지배를 받는 습관이 어떻게 도덕적 의미를 갖느냐고 반문할 수도 있겠지만, 만약 도덕과 습관이 무관하다면 사람들은 보다 쉽게 부도덕한 행위를 저지를 것이다. 한편 도덕은 한 사회의 기본 규범으로 한 사회를 구성하는 개인의 행위에 영향을 준다. 따라서 도덕을 개인의 품성으로 내면화하는 과정에서 습관은 중요한 기능을 한다.

좋은 습관이 인생의 성패를 가른다

앞의 설명에서 알 수 있듯이 습관은 한 사람의 행위를 지배하고 나아가 인격과 품성을 결정한다. 이 점에서 습관의 중요성은 일반적인 수준을 뛰어넘는다. 따라서 좋은 습관을 기르는 것은 자연스럽게 개인의 인격 수양에 선결 조건이 된다.

1978년, 75명의 노벨상 수상자들이 파리에 모여 파티를 했다. 누군가가 그 중 한 명에게 물었다. "당신은 어느 대학, 어느 실험실에서 가장 중요한 것을 배웠습니까?" 그 백발 노학자의 대답은 다음과 같았다. "유치원입니다." 그 사람은 다시 물었다. "아니 유치원에서 무엇을 배우셨기에요?" 학자는 다음과 같이 대답했다. "자신의 물건을 친구들에게 나누어 주는 것, 자기 물건이 아니면 건드리지 않는 것, 물건을 제자리에 가지런히 두는 것, 식사 전에 손을 씻는 것, 식사 후에 휴식을 취하는 것, 잘못을 저지르면 사과를 하는 것, 배움에 있어서 많이 사고하는 것, 대자연을 자세히 관찰하는 것. 기본적으로 이런 것들을 배웠습니다." 이 학자의 대답은 많은 교육학자들의 보편적인 주장과 일치한다. 사람들이 살아가는 데에 갖추어야 할 보편적인 자질을 생각할 때, 그들에게 평생을 두고 가장 중요한 것들은 유치원에서 모두 배우게 되는 것이다.

영국의 철학자이자 현대 실험 과학의 시조이며 과학적 귀납법을 정립한 베이컨의 일생도 마찬가지였다. 그는 일찍이 습관의 중요성에 대해 논하면서 "습관이야말로 고집스럽고 거대한 힘이다. 습관은 사람의 일생을 주재하는 힘이기 때문에 유년기에 좋은 습관을 기르는 것이 중요하다."고 했다.

좋은 습관의 형성은 개인의 활동과 일생에 모두 중요한 영향을 미친다. 예를 들어 좋은 학습 습관의 형성은 청소년기에 막대한 영향을 미친다. 공부하는 학생들에게 습관은 학습 시간을 확보해 주는 중요한 수단이다. 많은 이들이 학창 시절 놀고 싶은 마음 때문에 공부 시간을 빼앗기고, 또 자신의 의지가 약함을 자책한 경험이 있을 것이다. 규칙적이고 바람직한 학습 습관을 가진 학생은 습관에 의해 많은 시간을 학습에 할애하고 또 그것으로부터 즐거움을 찾으려는 경향을 보인다.

또 한편으로 습관은 청소년으로 하여금 반드시 해야 할 일을 한다든지 혹은 규칙적인 생활을 유지하게 돕는다. 전 영국 수상 대처는 습관에 대해 '가끔은 업무가 극도로 바빠 음식을 소화시킬 시간도 없을 지경이다. 그러나 그런 속에서도 생활을 유지하는 비결은 사실 90%의 생활이 이미 습관으로 자리 잡았기 때문이다. 이를 닦거나 세수를 하는 데 무슨 생각이 필요한가? 그것은 모두 습관이다.'라고 이야기했다. 대처가 말하는 '생각이 필요 없는 것들'이 바로 이런 습관이 잠재 의식과 결합한 형태이다.

독생 자녀 세대의 습관 문제

세계 최대 인구 보유국으로서 중국은 70년대 말 역사에 영향을 미칠 두 번의 중대한 사건을 겪었다. 바로 개혁 개방과 인구 억제책의 시행이다. 20여 년이 지난 오늘 중국의 개혁 개방은 중국 사회의 면모를 크게 바꾸어 놓았고, 인구 억제책은 중국 인구의 증가를 완화시켰다. 바로 이런 배경 속에서 중국에는 형제자매가 없는 독생 자녀(獨生子女)로 구성된 신인류(新人類)가 등장했다.

이런 환경 속에서 습관과 학문이나 직업적 성공 사이의 관계는 다시 한 번 강조된다. 좋은 습관을 통한 도덕적 소양이 결핍된 채 학문적·직업적 성공만을 거둔 사람들이 전체 사회에 좋지 못한 영향을 끼치는 사례가 속속 등장했기 때문이다. 중국 청소년 연구 센터는 '도시 독생 자녀들의 인격 발전과 교육'이라는 연구를 통해 일부 성적이 우수한 학생들이 대학에 입학한 후, 혹은 모든 사람들이 선망하는 직장에 들어간 이후에 예상치 못한 문제들을 겪는 사례가 많다는 것을 발견했다. 예를 들어 단체 생활에 있어 지켜야 할 기본적인 예의가 없다거나, 전체적인 분위기는 고려하지 않고 제멋대로 행동하거나, 기본적인 공중 도덕을 몰라서 인간관계에 있어 많은 문제들을 겪고 있었다. 심지어 경쟁에서 이기기 위해서는 수단과 방법을 가리지 않아도 된다고 생각하는 경우도 적지 않았다. 이런 건강하지 못한 정신 상태는 어려서부터 좋은 습관을 기르지 못했기 때문이다.

그 외에도 여러 연구 결과를 통해 독생 자녀들이 실제로 많은 결점을 가지고 있다는 사실이 밝혀졌다. 작게는 음식이나 옷 투정에서부터 낭비가 심하고 어른에 대한 존경심이 없고 이기적이며 생활 능력이 떨어지는 등의 문제를 가지고 있었다. 특히 형제자매가 있는 다른 청소년에 비해 근면성이 크게 떨어지는 것으로 나타났다.

습관은 선한 본성으로 돌아가는 비결

오늘날의 학자들뿐 아니라 고대의 학자들도 습관의 중요성을 강조해 왔다. '습관'에 대해 별도로 논의한 것은 없으나 도덕적 수양에 대해 서술한 문헌을 통해 고대 이래로 중국에서는 건전한 개인 습관을 반복적인 실천 도덕적 수양의 기본이라고 생각해 왔음을 알 수 있다.

중국의 고대로부터 전해 오는 교육용 노래인 '삼자경(三字經)'의 첫 구절은 다음과 같다. '인간의 본성은 선량하고 좋은 것이다. 이런 본성은 서로 가깝고 보편적인 것인 반면, 습관과 환경의 다름이 각종 행위의 차이를 일으키고 선함으로부터 멀어지게 한다.' 이러한 성선설의 기초 위에서 중국의 유교는 백성을 다스리는 주요한 수단으로 도덕교육을 강조했다. 이는 사람들의 본성은 선하고 악한 습관은 후에 감염된 것이기 때문에 사회를 다스릴 때에는 반드시 도덕교육을 통해 악한 습관을 버리게 하고 선천적인 선한 본성으로 돌아가게 해야 한다는 것이다. 즉 선한 본성으로 돌아가게 하는 가장 중요한 비결이 '습관'에 있다는 것이다.

무엇이 '습관'인가? 한자에서 '습(習)'이라는 글자는 깃털이라는 뜻의 '우(羽)'와 하얗다는 뜻의 '백(白)'이라는 글자가 합쳐져서 이루어졌다. 이에 대해 《논어(論語)》에서는 다음과 같이 말하고 있다.

'익힌다(習)'는 것은 무엇인가? 그것은 새가 날개짓을 반복하는 것과 같다. 배우는 것(學)에 그치지 않는 것, 새가 날개짓을 반복하는 것처럼 반복해서 익히는 것이다.' '習(익히다)'과 '學(배우다)'의 행위 방식은 고대 언어에서 명백하게 구분되는 개념이다. '學(배우다)'은 주희에 따르면 '배운다는 것은 말하는 대로 따라하는 것이다 (學之爲言效也)'. 다시 말해 '배운다'는 것은 새로운 사물에 대한 첫 번째 감지이며 모방과 수용이다. 예를 들어 음식을 먹을 때 '학(學)'은 처음 음식을 맛보는 행위를, '습(習)'은 두 번 세 번 먹으면서 그 맛을 각인하는 행위를 뜻하는 것이다.

그 밖에 개인적 수양의 방법 중에도 이런 개인적 습관과 불가분의 관계에 있는 것이 있다. 고대인들의 눈에는 인생이란 곧 수양의 과정이었을 것이다. 그들은 인생의 수양에 있어 '자성(自省)', '극기(克己)', '충서(忠恕)', '신독(愼獨)', '중용(中庸)', '역행(力行)' 등의 덕목을 강조했다.

'자성'은 돌이켜 성찰함을 뜻한다. 유교에서는 '하루에 세 번 자신을 성찰하라(一日三省吾身).'고 했다. 자신을 성찰하는 사람은 스스로의 결함이나 오류를 발견할 수 있고 반성을 통해 발전할 수 있다. 이러한 반성은 매일매일 이루어져야 하며, 이것이 반복적으로 실천되면서 일종의 습관이 길러지는 것이다.

그 외에도 '극기'는 자신의 욕정과 충동을 극복한다는 뜻이며 '충서'는 내면의 체험으로부터 다른 사람의 감정을 미루어 판단한다는 것으로 다른 사람을 배려한다는 뜻이다. '신독'은 유교에서 개인의 깊숙한 내면의 의식과 감정을 통제하고 자율적으로 관리하는 일종의 수양 방식이고, '중용'은 인간관계에서 적당한 정도를 지키는 태도를 말한다. 마지막으로 '역행'은 사람들로 하여금 모든 것을 부단히 실천할 것을 강조한다. 시행착오를 거듭하는 가운데 사람은 진보하고, 개선되며 지혜를 얻을 수 있기 때문이다.

여기서 주의해야 할 덕목 중에 하나가 바로 '신독'이다. 신독은 공자의 후학들이 자성과 극기를 기초로 더 높은 경지에 도달하기 위한 수양 방식이었다. 신독은 다른 사람이 보지 않는 곳에서도 스스로를 엄격히 다스리고, 주위 사람들도 눈치채지 못한 사욕과 나쁜 마음에 대해서도 스스로 경각심을 갖고, 자기 자신을 예절로 속박하는 것을 뜻한다. 신독은 극기보다 높은 고도의 자각성을 요구하는 덕목으로, 오늘날 심리학의 관점에서 보면 잠재의식 속의 악한 요소까지 스스로 단속하고 경각심을 불러일으킴으로써 선한 품성을 지니려는 태도를 뜻한다.

습관은 개인과 사회의 상호 작용의 결과

고대로부터 시작된 이런 개인적 수양의 중요성과 구체적 방법에 대한 고민은 근대로 들어서면서도 계속되었다. 중국의 저명한 학자인 량수밍〔梁漱溟〕은 습관이 개인과 사회에 미치는 영향을 강조하며, 습관이 개인의 성정과 기질, 사회의 예속, 제도 등과 밀접한 관계를 갖는다며 다음과 같이 말했다. "사람의 마음과 인생을 이해하려면 그 사람의 성정과 기질, 습관과 사회적인 예속(禮俗)과 제도로부터 접근해야 한다. 인류의 생명은 성정과 기질과 같은 개인적 면모와 예속과 제도와 같은 사회적 면모의 합성으로 이루어진다.

그리고 습관은 바로 그 중간에서 개인과 사회의 중개적 역할을 한다." 또한 량슈밍은 습관을 개인과 사회 사이의 상호 작용의 결과로 이해했다. 그는 습관은 개인이 후천적으로 학습하고 사회의 검증을 받아들인 결과이지만, 습관의 생성과 개조는 개인과 사회 간의 상호 작용의 결과라고 했다. 량슈밍은 습관이 형성되기 전에는 개인적 사회적으로 의도적인 노력이 필요하므로 그 효과가 저조할 수 있지만, 일단 생활에 익숙해지면 별도의 노력을 기울일 필요 없이 효율적으로 좋은 성과를 거둘 수 있다고 했다. 그는 나아가 지적하기를 "창조나 발명, 발견은 정신적 작용의 성과이지만 습관은 신체적인 실천과 반복을 기반으로 한다. 습관은 몸과 마음 사이를 반복하여 순환하는 가운데 생성된다."고 했다. 즉, 습관은 개인적 생활과 사회적 교류 속에서 생성되고 실현된다는 것이다.

습관은 직접적으로 개인의 생활과 도덕적 수양 및 운명에 영향을 미치는 중요한 생활 요소이다. 바로 그렇기 때문에 오늘날 중국에서는 청소년의 윤리 교육에서 바람직한 습관의 형성을 중요한 내용으로 강조하는 것이다.

습관 바꾸기의 어려움

어떤 사람들은 습관을 바꾸기가 아주 어렵다고 토로한다. 습관은 왜 이렇게 바꾸기 어려운 것일까? 그것은 바로 습관이 사람들의 잠재의식에 깊숙이 뿌리박고 있기 때문이다. 의식의 활동이란 우리가 경각심을 갖고 있는 상태, 깨어있고 준비된 상태에서만 잠재의식을 이길 수 있다. 한 심리학자는 습관을 변화시키는 데에는 21일이라는 시간이 필요하다고 했다. 물방울 하나하나가 옷을 젖게 하듯 굳어진 생활 습관을 변화시키기 위해서는 잠재의식까지 변화시키려는 각오와 시간, 노력이 필요할 것이다.

오늘날 중국 청소년의 개인적 습관에는 많은 문제가 있다. 이러한 문제를 해결하기 위해서는 사회적 차원에서 많은 노력이 필요하다. 우선, 습관의 중요성을 인식시켜야 한다. 청소년의 개인적 습관은 그들의 운명에 중요한 영향을 미친다. 바로 앞에서 말했던 것처럼 습관은 성격을 형성하며, 성격은 운명을 결정한다.

심리학에서 일반적으로 정의하는 성격이란 생활 속에서 형성되고 현실 속에서 안정된 어떤 상태, 그리고 습관화된 행위 방식을 뜻한다. 모든 사람의 성격은 점진적 과정을 통해 형성되며, 오로지 선천적이거나 급하게 형성되는 성격이란 있을 수 없다. 때문에 우리는 좋은 습관을 위해 큰 그림을 염두에 두고 작은 실천부터 시작해야 한다. 행위를 통해 습관이 형성되고, 습관을 통해 성격이 굳어지기 때문이다. 일상적인 조그만 습관들을 무시하면서 좋은 성격을 갖고자 하는 것은 공중에 누각을 세우려는 것이다. 즉, 개인적 성공은 양호한 성격과 습관을 떠나서 생각할 수 없다.

바람직한 행위와 습관은 바람직한 성격과 품성을 만들고, 불량한 습관과 행위는 불량한 성격과 품성으로 이어진다. 그리고 이런 행위와 습관의 차이는 사람의 미래와 발전에도 반영된다. 이런 의미로 보아 성격이 운명을 결정한다는 말은 이치에 맞는다고 할 수 있다. 미래를 위한 중요한 재산인 좋은 습관은 한 걸음부터 시작되고, 바로 이 순간에 시작되는 것이다. 좋은 습관과 행위는 좋은 성격으로 이어져, 우리가 무슨 일을 하든지 꼭 필요한 평생의 재산이 될 것이다.

성격의 형성 과정에 대해서는 의견이 분분하다. 혹자는 선천적 요인에 주목하고, 혹자는 생활 환경, 종교와 신앙, 가정, 경제 조건 및 교육과 같은 후천적 요인에 주목한다.

중국인들이 즐겨하는 말 중에 '강산은 쉽게 변해도, 본성은 쉽게 바뀌지 않는다.'는 말이 있다. 성격을 바꿀 수 없는 것은 바로 성격에는 사람들의 사유 습관과 생활 습관 등 여러 가지 요소가 함께 뒤섞여 있기 때문이다. 어떤 행위는 좋지 못하다는 것을 알면서도 고치기가 힘들다. 그것은 바로 그 행위가 생활에 너무 깊숙이 뿌리박고 있기 때문이다. 나쁜 성격을 바꾸기 위해서는 나쁜 습관부터 바꾸려는 결심이 필요하다. 일부 아동학자들은 중요한 습관 및 경향, 태도의 대부분이 6세 이전에 형성된다고 주장한다. 다시 말하면 6세 이전이야말로 올바른 인격을 만들기에 가장 중요한 시기이며, 이 시기의 좋은 교육은 모범적인 사회 구성원을 길러 내는 데 필수적인 조건이라는 것이다. 하지만 마찬가지로 이 시기에 좋은 교육을 받지 못하면 사회적 문제로 이어질 수도 있다.

한 사람의 습관은 무의식적인 관찰과 세세한 암시와 경험에서 시작된다. 습관은 행위의 점(點)과 점을 얽은 거미줄과 같으며 실천을 통해 누적되고 성숙한다. 그리고 이에 상상과 정서가 결합되면서 이 거미줄은 쇠사슬처럼 견고하고 깨기 어려운 것이 된다. 습관이 거미줄에서 쇠사슬로 변화하면 매일의 생활을 통제하게 되는 것이다.

그러므로 청소년들이 도덕적으로 인격 수양에 힘쓰게 하고 좋은 습관을 기르도록 장려해야 한다. 인격 수양을 통해 개개인은 자신의 의식과 사상에 건설적인 변화를 가져올 수 있고 목표를 달성할 수 있게 된다. 인격 수양은 자신에 대한 투자이며 자신과의 투쟁이기도 하다. 만약 인격 수양을 평생 지속하려는 의지가 없는 사람은 아무리 성공의 자질을 갖추었다고 해도 결코 성공에 다다를 수 없다.

세계적으로 성공을 거둔 수많은 사람들 중에 많은 이들이 인격적으로도 위대한 면모를 보인다는 것은 의심할 여지가 없다. 그들은 인격을 닦기 위해 노력했고, 자신에게 닥친 도전과 고난을 헤쳐나가며 강건해지는 과정을 거쳤다. 성공을 거둔 사람들은 결코 중도에 포기하지 않았으며, 항상 스스로를 격려하고 채찍질하면서 반복하여 실천함으로써 성공을 거두었다. 인격 수양을 통해 양호한 습관과 성격을 형성하고 결과적으로는 아름다운 인생을 사는 것은 우리가 지향하는 바일 것이다.

중국 고대 선현들이 강조했던 자성, 극기, 신독, 역행과 같은 인격 수양의 방법들은 오늘날 우리 세대에게도 의미 있는 덕목들이다. 그러나 이러한 개인적인 노력 외에도 바람직한 습관과 행위를 형성하기 위해서는 외부적인 규제도 어느 정도 필요하다. 학교 및 교육 기관의 역할이 중요하고 공익을 강조하는 광고도 개인들의 좋은 습관을 기르는 데에 분명히 기여하는 바가 크다.

개개인이 좋은 습관과 인격을 형성하기 위한 노력은 가정에서부터 학교, 그리고 사회 전반적으로 이루어져야 하고, 이를 바탕으로 건강한 사회와 국가의 기풍이 성립될 것이다.

기출문제 둘러보기

1988년 : '습관'이라는 제목으로 작문하시오.

주제분석

우선 이 문제는 학생들로 하여금 습관이란 무엇이며 어떻게 습관을 인식할 것인지, 그 중요성에 대해 깨닫게 하려는 출제 의도를 갖고 있다. 사람이라면 세상을 살면서 많은 일을 하고, 쉴새없이 몸을 움직여야 한다. 이런 인간의 활동은 목적적 행위와 습관적 행위로 구성되어 있으며, 습관적 행위는 막대한 중요성을 갖는다. 따라서 청소년들에게 바람직한 학습 및 생활 습관을 갖도록 촉구하는 것이 이 글을 출제한 큰 뜻일 것이다.

작문에 있어 주의할 점은 좋은 습관의 이점과 나쁜 습관의 폐단을 나누어 각각 분명히 설명해 주는 것이 좋다. 이러한 대비의 형식은 글을 설득력 있게 만들고 관점을 명확히 표현하게 해 준다.

만약 산문의 형식을 취한다면 다음과 같은 점을 분명히 해야 한다. 즉 글이 유려하고 아름다워야 하며, 자신의 생각을 명확히 드러낸 다음 실제의 사례를 통해 증명하는 것이 좋다. 다시 한 번 이야기하지만 산문의 경우 그 언어가 서정적이고 아름다우면서도 호소력이 있어야 한다.

습관의 고백

　내 이름은 '습관'입니다. 나는 참 시원시원합니다. 무슨 일을 왜 해야 하는지, 이렇게 하면 어떤 결과가 나올지 별다른 생각이 없습니다. 그저 때때로 일어나 움직일 뿐입니다. 하지만 같은 노래라도 연주자에 따라 다른 곡조가 나오듯, 저도 사람에 따라 다른 모습으로 나타나지요. 나는 부지런하고 근면한 사람의 꿈이 이루어지는 것을 돕습니다. 이른 아침, 나는 부지런한 학생을 일찍 깨워, 학교에 가는 버스 안에서 책을 읽게 합니다. 그리고 가수 지망생을 깨워 새벽 안개 속에 노래를 부르도록 하구요, 늙은 농부를 깨워 삽을 들고 논두렁을 걷게 하기도 하고, 몸이 약한 사람을 깨워 운동을 시키기도 합니다. 그런 학생들이 대학에 입학할 때, 무대 위에서 관객들의 환호성 속에 노래를 부를 때, 풍년을 기뻐하는 농민과 병마와 싸워 이긴 이들의 모습을 볼 때 저는 기쁩니다. 당신들과 같은 인생의 승리자 곁에서 평생을 함께 하고 싶은 것이지요.

　물론 저도 가끔 나쁜 짓을 합니다. 예를 들어 나는 게으름뱅이를 해가 중천에 뜨도록 잠에서 깨어나지 못하게 하고, 중요한 시간에 멍하니 공상에 빠지게 한다든지, 쉽게 미신을 믿게 한다든지, 뭐 그런 짓입니다. 하지만 게으름을 핀 것을 자책하거나 무언가를 깨달아 미신으로부터 벗어나려고 할 때, 저도 그 고통을 함께 합니다. 그들로 하여금 바른 길로 들어서도록 저도 분골쇄신하고자 합니다.

　누구에게나 장점과 결점이 있게 마련이겠지요. 바로 저처럼 말입니다. 결점을 고치는 것은 개인과 사회를 이롭게 합니다. 바로 저의 '장점'처럼, 즉 좋은 습관이라면 계속해서 지켜 나가고, 저의 '단점'인 나쁜 습관이라면 노력해서 극복해야 하지요.

물방울이 모여 냇물을 이루고, 모래가 쌓여 탑을 쌓는다지요. 작은 습관이 모여 큰 힘을 이룹니다. 마찬가지로 나쁜 습관이 모이면 한 편의 먹구름과 같은 존재로 하늘을 뒤덮겠지요.

좋은 습관은 당신을 따라 평생 분투할 것이고, 나쁜 습관은 당신을 목표로부터 멀어지도록 할 것입니다.

— 산둥성 응시생

3

개인의 자질 중에

가장 중요한 것은

심리적 자질인가?

무릇 수신이란 그 마음을 바르게 하는 데에 있다고 했다. 마음속에 분노와 공포가 있으면 그 마음을 단정히 할 수 없고, 마음에 기쁨과 근심이 있어도 마음이 단정할 수 없다. 분노와 공포, 기쁨과 걱정이 생기면 눈으로 보고 귀로 듣고 입으로 먹어도, 보지 못하고 듣지 못하며 그 맛을 알 수 없으니 수신의 기본은 자신의 마음과 생각을 단정히 하는 데에 있다.

— 《대학》

마음의 도야, 마음의 수양과 단련은 아름다움을 발견하고 경험하기 위해 준비하는 것이다.

— 쩡바이화

가난뱅이와 부자의 차이는 상황을 대하는 마음가짐의 차이이다.

— 왕루

개인의 자질과 심리적 자질

　타인을 통제할 수는 없지만, 자신을 통제할 수는 있다. 내일을 예측할 수는 없지만, 오늘을 다잡을 수는 있다. 모든 일이 순조로울 수는 없지만, 모든 일에 마음이 편할 수는 있다. 현실은 바꿀 수 없지만, 현실을 대하는 태도는 바꿀 수 있다. 과거는 바꿀 수 없지만, 현재는 바꿀 수 있다. 생명의 길이를 연장할 수는 없지만, 생명의 깊이는 결정할 수 있다. 날씨를 좌우할 수는 없지만, 마음 상태는 바꿀 수 있다. 외모를 선택할 수는 없지만, 웃는 얼굴을 할 수는 있다.

　심리적 자질은 한 사람의 성격과 품성, 심리적 능력, 건강 상태와 심리 상태가 불러일으키는 각종 행동의 수준과 특질의 종합적인 표현이다. 이런 요소들이 서로 연계되고 서로에게 원인이나 조건으로 작용함으로써 심리적 자질의 내적 구조를 형성하는 것이다. 심리적 자질은 인격의 핵심이며, 모든 다른 자질들의 기초이다. 심리적 자질의 중요성은 나날이 강조되고 있으며, 중국의 각급 교육 기관들도 심리적 자질을 기르는 것을 목표로 하는 심리 교육을 실시하고 있다.

　철학을 비롯하여 교육학과 심리학 등 여러 학문들은 인격의 형성 과정에 대한 많은 연구를 해 왔다. 연구 초기에는 유전 결정론이나 교육 무용론, 혹은 환경 결정론이나 교육 만능론이 제기되었으나, 20세기에 들어서는 이러한 단일 요소 결정론보다는 여러 요소들의 복합적 작용론이 설득력을 얻고 있다. 최근에는 비교적 많은 사람들이 인격의 형성은 유전적·내적 요소들을 기초로 환경적·외적 요소들이 조건으로 작용함으로써 이루어진다고 믿고 있다. 심리적 자질 혹은 심성은 이러한 인격 형성 과정에서 매우 중요한 부분을 이루고 있다.

심리학 이론 체계 속에서 자질이란 개성, 인격 등의 범주와 관련되어 있다. 개성이란 사람의 고유한 행위 및 사유 방식을 결정짓는 심리적 활동의 체계이며, 인격은 개인의 심리적 특징을 개괄하는, 사람들 사이에서 안정적으로 드러나는 행위의 차별성을 뜻한다.

성공의 가장 중요한 열쇠는 지식이나 재능 혹은 기술이라기보다는 심리적 자질이며, 얼마나 수양을 통해 강인한 심성을 갖추었는가이다. 예를 들어 운동 경기에서 겨루는 것은 단순히 체력이나 기술이 아니라 종합적 실력의 총체로, 이는 곧 선수가 인생을 걸쳐 굳은 의지와 부단한 단련을 통해 축적한 심리적 수양의 결과물이다. 만약 이런 심리적 수양이 부족하다면, 즉, 각고의 노력과 자기 수양을 거친 사람만이 누릴 수 있는 안정적인 심성이 부족하다면 기술이 아무리 뛰어나다고 해도 열세에 놓일 수밖에 없다.

심리적 자질은 사람이 선천적으로 타고난 생물학적 기초 위에서 개인과 외부 환경의 상호 작용으로 형성된 안정적인 심리적 특징이다. 이는 한 사람의 지적 능력이나 정서적 안정성, 의지의 강약이나 사회 활동과 환경 적응 능력 등을 결정짓는다.

미국의 심리학자인 틸만(Tilman)은 몇 십 년에 걸쳐 1528명의 응시자를 대상으로 실시한 조사에서 800명의 남성 응시자 중에 상위 20%와 하위 20%에 속하는 집단을 비교했다. 그 결과 두 집단에 속한 사람들의 가장 중요한 차이는 지적 능력보다는 인격 및 품성의 차이라는 것을 발견했다. 높은 점수를 얻은 사람들의 심리적 특징은 진취적이고 자신감이 있으며, 끈기가 있는 편이었다. 즉, 인격의 발전 정도가 지적 능력 자체보다도 중요하다는 것이다. 심리적 자질, 즉 건강한 심성을 갖춘 사람은 다른 모든 부분에서도 우수한 특성을 갖는다.

도덕성이란 개인이 일정한 도덕 규범에 의거하여 행동할 때에 안정적으로 나타나는 일종의 심리적 특징들로 도덕 인식, 도덕 감정, 도덕 의지와 도덕 행위의 네 가지 성분으로 이루어져 있다. 이들은 도덕적 자질을 구성하는 네 개의 하위 시스템으로서 상호 종합적으로 연결되어 한 개인의 도덕성을 구성한다. 중국의 심리학자들은 1987년 60여 명의 비행 청소년들을 대상으로 심리적 자질에 대해 조사를 실시한 결과, 그들의 심리 상태가 매우 건강하지 못하다는 사실을 발견했다. 많은 응답자들이 왜곡되고 황당한 인생관, 과장되고 불안정한 성격과 정서, 속물적이고 소극적인 취미나 취향, 의지 결핍과 맹목적 행위 등의 현상을 보였다. 이를 통해서도 심리적 자질이 도덕성에 미치는 영향력을 미루어 짐작할 수 있다.

심리적 자질은 또한 과학 및 문화와 같은 지적 교양과도 밀접한 관계를 갖는다. 건강한 정서와 감정은 감각, 기억, 사유 및 상상 능력을 도움으로써 학습 및 지식을 운용하는 능력을 향상시킨다. 그 외에도 학습 의지에 긍정적으로 작용한다. 실제로 지적 능력이 별 차이가 없는 가운데 한 사람의 굳은 의지력이 우수한 성과를 거두는 상황을 종종 볼 수 있다. 또 가끔은 지적 능력이 비교적 떨어지더라도, 의지력을 통해 지적 능력이 훨씬 우수한 사람을 앞지르는 사람도 볼 수 있다. 소식(蘇軾)은 '자고로 큰일을 세우려는 자는 세상을 초월하는 능력만 있어서는 아니되고, 꺾이지 않는 굳은 의지를 갖추어야만 한다.'고 했다. 이처럼 자존, 자강, 낙관, 진취성과 같은 바람직한 성격들은 학생들의 학습 및 지식 활용을 도와 지적 능력을 기르도록 돕는다. 다시 말해서 심리적 자질과 지적 교양은 직접적이고 밀접한 관계에 있으며, 심리적 자질이 지적 교양에 큰 영향을 미침을 알 수 있다.

심리적 자질은 또한 신체적 역량과도 관련되어 있다. 의학자들은 심리적 자질과 신체 사이에 밀접한 관계가 있다고 지적한다. 천식이나 고혈압, 피부 알레르기 및 위궤양과 같은 많은 질병들은 심리적 요인과 관련되어 있다. 적극적인 삶의 태도는 건강에도 유리하게 작용한다. 심리적 자질은 신체적 건강에 직접적 영향을 미칠 뿐 아니라 잠재 능력의 발휘에도 큰 영향을 미친다.

다시 말해 심리적 자질은 도덕성, 지적 교양 및 신체적 역량과도 밀접히 연관되어 있고, 인격을 구성하는 다른 요소들에도 막대한 영향을 미치고 있음을 알 수 있다.

심리적 자질 교육의 중요성

개인의 심리적 자질은 생리적, 사회 문화적 자질들과 연관되어 있다. 사람의 생리적 자질은 선천적·유전적인 것이지만 풍부한 잠재력과 발전 가능성을 가지고 있어서 교육을 통해 충분히 계발할 수 있다. 심리적 자질은 학생들이 사회 문화적 자극들을 받아들이는 데에 기초로 작용하고, 도덕이나 지식을 수용하고 축적하는 데에도 필요하다.

1990년대 중국 사회에서는 청소년들의 자질 및 능력 부족이 사회문제로 부각되어 여론의 초점이 되었다. 각종 신문에서는 독생자녀 청소년들의 문제점, 즉 생활력 결핍 및 의지 박약 등의 문제를 보도했고, 일본 등 다른 나라 청소년들과 비교 분석하는 등 중국 청소년들의 자질 문제가 사회적 이슈로 떠올랐다. 사회 심리학에서 말하는 '좌절-침범' 이론에 따르면, 청소년들은 좌절을 겪으면 그에 대한 반응을 하게 마련이다. 이에 적확하게 대응하는 사람은 비통한 감정을 역량으로 승화시켜 장애와 고난을 극복하고 기대 이상의 성공을 성취할 것이다. 그러나 반대로 의지가 약하거나 인격적 장애가 있는 사람은 의기소침해지고 자포자기하는 심정으로 더 심각한 문제로 빠지게 된다는 것이다. 특히 후자의 경우에는 타인과 사회에 악영향을 미치는 공격적 행위를 보여 반사회적인 문화가 형성된다. 이러한 반사회적 행위는 소극적 하위문화이지만, 그로부터 발생한 관념은 사회와 그 사회 구성원의 정신적 건강을 위협한다.

상하이(上海)의 정신위생연구소에서 3천여 명의 취학 연령 어린이들을 대상으로 한 표본 조사에서 심리적으로 문제가 있다고 판단되는 학생이 20%에 달했고, 학부모들이 자랑스럽게 여기는 명문학교의 학생들도 역시 근심스러운 상태로 판명되었다. 또 다른 조사에 따르면 상하이의 명문 중고등학교에 다니는 학생들 중에 심리적으로 건강하지 못한 학생들은 25%에 달했다. 최근 대학에서는 학습 및 생활, 감정적 좌절이나 원만하지 못한 인간관계, 고립, 우울 등의 문제로 불면증이나 편두통, 심지어 인격 장애나 자살에까지 이르는 학생들의 수가 급격히 늘어나고 있다.

'열등생'으로 하여금 그 태도 및 심리적 자질을 개선하도록 하는 것이야말로 교육에서 가장 어려운 문제이다. 많은 연구 결과에서 드러나듯이 대부분의 '열등생'이란 지적 능력의 문제보다는 교우관계 및 생활에서의 적응 능력이 부족한 경우가 많다. 그런 부적응은 한편 학습 동기 부족, 의지 박약, 문제 회피 등의 이상 성격으로 이어져 지적 잠재 능력의 발전을 가로막고 있다.

학생들의 심리적 자질에 영향을 미친 요소들은 매우 다양하며, 그 상호 작용 또한 복잡하기 짝이 없다. 그 중에서도 최근의 입시 위주 교육 풍토를 지적하지 않을 수 없다. 이런 교육제도에서는 학생들의 성적만을 과도하게 강조하고 심리적 교육을 소홀히 할 수밖에 없다.

입시 위주의 교육 사상과 제도는 학생들의 자질을 단편적이고 기형적으로 발전시켰다. 단편적인 지식 전달과 기계적인 기능 훈련 등 지식 교육 활동이 입시 목적으로 행해지고 있으며 학생들의 감성이나 사회성의 발전은 외면당하고 있다. 입시 위주의 교육에서 진정한 의미의 도덕관이나 심미관은 배제되고, 심리 교육은 더 말할 필요도 없다. 지식 교육 역시 입시에서 요구하는 점수를 얻기 위한 지식 전달에만 국한되어 추상적이고 논리적인 사유 능력은 배양할 수 없다. 즉, 직관적이고 감성적인, 지적이고 예술적인 측면은 무시됨으로써 개인적·사회적으로 필요한 다양하고 현실적인 교육은 무시되고 학생들의 잠재 능력 개발도 억제된다. 이런 환경 속에서 아직 미성숙한 학생들은 심적 충격과 좌절, 무기력한 상황에 놓이게 된다. 취약한 심적 수용 능력이 일단 한번 붕괴되면, 심각한 문제로 이어져 학습과 생활에 영향을 미치고 심한 경우 심리적 장애로 이어지기도 한다.

이런 상황에서 심리 교육의 강화는 중국 교육이 풀어야 할 시급한 과제이며, 입시 위주 교육에서 심리적 자질 위주의 교육으로 그 전환이 절실히 요구된다.

교화와 인성 교육을 중시한 중국 고대의 교육

중국 교육사를 돌이켜 볼 때 심리적 자질은 교육의 가장 중요한 부분을 차지해 왔음을 알 수 있다. 고대 중국에는 '교화(敎化)'가 교육의 중심이었다. 이는 '큰 교육'이라는 뜻으로 사회교육, 학교교육과 가정교육뿐만 아니라 전 사회적으로 교육에 영향을 미치는 정치 제도 및 사회 문화적 풍습 등을 모두 포괄하는 개념이다. 교화는 명확한 목적성을 지닌다. '화(化)'란 곧 감화(感化)로 사회적으로 바람직한 기풍 및 습속, 즉 유교에서 말하는 입국(立國)의 근본을 수립하는 것이다. 좁은 의미의 교화는 곧 지방에서 사회적 선전이나 교육 활동을 행하는 것으로, 다시 말해 선행을 제창하고 장려하여 표창하거나 악행을 처벌하고 개선하는 등의 행동을 뜻한다. 때문에 당시의 교육 기관은 인재 양성의 임무를 수행하는 동시에 교화의 책임을 다해야 했다.

진에서 한대에 이르기까지 봉건 통치자들은 백가를 물리치고 오직 유학만을 드높인다는 '독존유술(獨尊儒術)'을 교육 정책의 기본 방침으로 정했고, 이는 중국 봉건 왕조 교육의 기초가 되었다. 한대 이후로는 이러한 정책 기조가 한층 구체화되었으며, 수당대에 이르러서는 유교를 중심으로 불교와 도교를 수용했던 것처럼 부분적 조정을 거치기도 했다.

남송에 이르자 주희(朱熹)는《대학(大學)》에 교육의 강령과 조목들을 구체화하여 '대학 삼강령(三綱領)'이라고 칭했다. 이는 명명덕(明明德), 신민(新民), 지어지선(止於至善)으로 유교에서 자기를 수양하고 남을 다스리는 이상적 목표를 반영하고 있다. 또한 그 강령에 대한 실천 조목을 격물(格物), 치지(致知), 성의(誠意), 정심(正心), 수신(修身), 제가(齊家), 치국(治國), 평천하(平天下)의 여덟 단계로 분류하여 제시하고 있다. 격물, 치지, 성의, 정심, 수신은 자기 수양의 기본 원칙이며, 제가, 치국, 평천하는 수신의 덕목을 가정과 국가, 전 세계로 확대 발전시키는 과정이다.

많은 고대 경전에 담긴 교육 사상은 유교 사상의 학습을 그 주류로 삼고 있어, 그 안에 비록 '심리적 자질'이라는 구체적 단어가 언급되지 않았더라도 그 실질적 의미는 일맥상통하고 있음을 알 수 있다.

예를 들어 많은 이들이 알고 있는 '타고난 본성은 서로 비슷하나 습관은 서로 차이가 많다[性相近也 習相遠也].'라는 말은 유가의 창시자인 공자가 제창한 인성론의 관점을 반영하고 있다. 사람의 타고난 본성은 큰 차이가 없지만, 후천적인 습관은 어떤 상황에 길들여지느냐에 따라 크게 달라질 수 있다는 것이다. 이는 한편으로는 인성이란 불변의 것이 아니라 환경 및 교육의 영향에 따라 변화하는 것이므로 반드시 인성 교육을 중시해야 한다는 뜻이기도 하다. 여기서 말하는 인성 교육이란 곧 오늘날 사람들이 강조하는 심리 교육 및 심리적 자질 교육을 뜻한다.

이러한 유교의 인성론은 중국 고대 교육의 이론적 기초를 이루고 있으며, 중국의 고대 사상가 및 교육가들에게 심리적 자질 교육의 목적은 인성의 배양과 발전이었다. 이를 위해 중국 고대 사상가들은 이론적인 강조에 그치지 않고 심리적 자질을 기르고 단련할 구체적인 학습과 수양의 방법을 제시했다. 한 예로 순자는 일찍이 '허일이정(虛壹而靜)'을 주장했다. 여기서 '허(虛)'는 곧 허심(虛心)으로 기존의 지식과 견해로 인해 새로운 지식이나 인식을 방해 받는 일이 없어야 한다는 뜻이며, '일(壹)'은 마음을 집중하여야 한다는 뜻이다. 그리고 '정(靜)'은 마음이 고요해지는 상태로 다른 잡념이나 감정적 충동으로 정상적이고 이성적인 사유 활동이 방해 받지 않는 상태를 뜻한다. 다시 말해 마음을 비우고 정신을 집중해야만 맑은 정신에 이를 수 있고, 이로부터 학습이 시작된다는 의미이다.

구국과 구인을 추구한 중국 근대의 심리 교육

중국 근대 교육은 '구국(救國)'을 주된 축으로 하면서도 개인의 자질, 특히 심리적 자질의 교육을 강조했다. 아편전쟁 이후 서양 열강들이 중국 문화를 침략하고 선교사들이 교회를 중심으로 학교 교육을 실시함에 따라 중국의 근대 교육은 시작되었다. 그러나 이 시기 중국은 여전히 전통 교육의 틀 안에 머물러 있었고 몇몇 선각적 인사들만이 중국이 처한 위기에 대한 인식을 바탕으로 서양 교육의 중요성 및 교육 개혁의 필요성을 외쳤다. 갑오년 중일전쟁 이후에 교육 개혁이 전면적으로 전개되어 전통적 교육 기관인 서원(書院)

의 개혁과 함께 중체서용(中體西用 : 중국의 유교 문화를 바탕으로 하되, 서양의 과학과 기술을 도입하여 부국강병을 꾀하자는 논지) 사상을 실행하는 남양공학(南洋公學), 북경 사범대학(京師大學堂) 등 보통 학교가 창립되었다. 신해혁명 시기에는 중국 근대사에서 중요한 의미를 갖는 교육 개혁이 실시되면서 중국에도 유산계급 교육제도가 확립되고 비로소 중국 교육사에 한 획을 그었다. 이 시기 유산계급 혁명파들은 각종 교육 활동을 전개하고, 교육을 통해 혁명 사상을 선전하면서 민주혁명의 주역들을 길러 내었던 것이다. 임시 정부가 성립되고 문화 교육 영역에서 유산계급의 교육 개혁이 본격화됨으로써 2000여 년을 이어온 봉건주의 교육 제도가 그 막을 내리고 유산계급의 민주공화적 교육 제도가 그 뿌리를 내리게 되었다.

근대의 교육학자들의 주장 중에는 오늘날까지 중요한 의미를 지니는 것들이 많다. 왕구어웨이〔王國維〕는 심리적 자질 교육은 덕성 교육〔德育〕, 지혜 교육〔智育〕, 심미 교육〔美育〕과 체육 교육〔體育〕을 아우른다고 주장했다. 왕구어웨이는 량치차오(梁啓超)와는 달리 '구국'이라는 정치적 목표를 교육의 출발점으로 삼기보다는 '구인(救人)'을 교육의 목적으로 삼았다. 그는 개체의 발전이라는 각도에서 교육의 본질을 이해한 것이다. 그리고 앞에서 말한 세 가지 교육을 각각 진(眞), 선(善), 미(美)의 세 가지 가치와 연결시켜 교육의 이론적 기초를 확립했다.

동시에 근대 학자인 차이위엔페이〔蔡元培〕 역시 중국 근대 교육사의 중요한 인물로서, 그는 칸트의 철학과 그 교육 사상을 중국 교육 개혁과 발전의 기초로 계승 발전시켰다. 차이위엔페이는 교육을 군국민 교육, 실리주의 교육, 공민 도덕교육, 세계관 교육, 미감 교육의 다섯 가지로 분석하고 이 모든 교육을 병행해야 한다고 주장했다. 그는 '군국민주의는 의지를 기르고, 실리주의는 지식 축적을 돕는다. 도덕교육은 의지와 정서에 작용하며, 미감 교육은 정서를 함양하는 데에, 세계관 교육은 의지와 지식, 그리고 정서가 종합되어야 이루어진다고 했다. 다섯 가지 측면에서의 교육이 서로 연계되어야 조화롭고 완전한 전체로서의 개체가 길러진다는 것이다. 또한 그 외에도 차이위엔페이는 교육학의 관점에서 군국민주의, 세계관, 미감 교육은 교육의 형식주의를, 실리주의는 실질주의를 구성하며, 공민 도덕교육은 이 두 가지를 모두 아우른다고 했다. 따라서 그는 이 다섯 가지 교육을 병행함에 있어서 반드시 그 상호 연관성과 영향에 대해 정확히 인식하고 있어야 한다고 지적하면서 궁극적으로는 지식과 의지, 정서 및 진선미의 심리적 자질을 모두 갖춘 '완전한 인격'을 교육의 목표로 삼았다. 차이위엔페이는 그 중에서도 공민 도덕교육이 가장 중요한 의미를 갖는다고 보았다. 결국 그는 교육의 의미가 시대의 조류에 순응하여 공화 국민의 건전한 인격을 기르는 데 있다고 본 것이다. 이러한 교육 지침은 한편으로는 교육을 통한 인재 교육, 사회 개조 및 국가 건설이라는 교육의 '구국' 기능을 인정하고 '공화 국민'의 육성을 교육의 기본 목표로 생각하는 가운데, 다른 한편으로는 개체 인격의 조화로운 발전을 통해 완전한 사람을 기르려는 '구인'의 목표를 동시에 추구한 것이다. 그는 '건전한 인격'이란 곧 숭고한 품성과 개인 수양, 그리고 고상한 정서와 건강한 심리적 자질을 갖춘 '완전한 사람'으로 이러한 완전한 사람만이 진정으로 공화국 국민이 될 수 있다고 생각했다. 차이위엔페이의 교육의 취지 및 목적은 그의 철학관과 교육관, 윤리관과 사회 정치에 대한 그의 시각이 종합적으로 반영된 것으로 시대가 필요로 하는 이상적인 인격에 대해 그가 머리 속으로 빚어낸 결과물이다. 그 중에 형이상학적 가치관과 형이하학적 방법론, 즉 교육의 목표와 수단을 통해 '공화 국민'과 '완전한 인격'은 한층 높은 차원에서 통일됨으로써 중국 신교육의 목표가 근대적 국민에서 현대적 공민으로 전환 발전되고 있음을 보여 준다.

신중국 성립 이후의 심리 교육

신중국 건립 이후 '전인교육'은 모든 교육의 기본적인 지도 방침으로 떠올랐으며, 자질 교육 역시 초·중·고등 교육 기관의 기본적 임무가 되었다.

마르크스는 교육이란 지식 교육과 육체적 단련, 그리고 기술 교육 등을 결합한 형태여야 한다고 주장했는데, 그에 따르면 '미래의 교육이란 모든 일정 연령에 도달한 아동에게 생산 노동과 지식 및 체육 교육을 통합적으로 실시함으로써 사회적 생산력을 제고하고 인간을 전면적으로 발전시키는 방법을 제공'하는 방법이었다. 한편 엥겔스는 '교육은 젊은 사람들이 전체적인 생산 시스템에 빨리 익숙해지도록 하여, 사회적 필요나 자신의 선호에 따라 다른 생산 부문으로 돌아갈 수 있게 돕는 것이다. 따라서 교육이란 곧 현대 사회의 분업 및 단편성의 강조로부터 개개인이 벗어날 수 있게 하는 방법이다.'고 했다.

교육의 목적 및 의미에 대한 마르크스와 엥겔스의 견해를 바탕으로 구소련과 중국의 교육학자들은 '전인교육'을 육체노동과 지적 노동이 서로 결합된 형태로 이해하고 받아들임으로써 피교육자들에게 많은 종류의 생산적 기능을 전수하는 데에 교육의 중점을 두었다. 이러한 이해는 실제로 사회주의 경제적 기초를 마련해야 했던 중국의 당시 객관적 요구에 부응하는 것이었다. 그러나 한편 이것은 기존의 교육 이론의 관점에서 보면 전인교육을 단순히 체력과 지력의 결합, 생산 기능의 연마 정도로만 생각하고 광범위한 사회적 관계와 지식 외적인 심리적 영역에서의 인간의 발전은 간과한 것으로 보여진다. 따라서 이를 통해서는 물질적 생산 능력은 발휘될지언정, 인간 본질의 완전하고 진정한 발현은 실현할 수 없다. 게다가 이런 관점은 마르크스가 제창한 전인격적 발전을 위한 수단을 지나치게 강조함으로써 수단을 목표와 혼동하여 전인격적 교육이 지나치게 단순화되고 단편적으로 실시되는 모순을 가져왔다.

　　'자질'이라는 단어는 원래 생리학 및 심리학에서는 선천적으로 타고나는 생물학적 특징을 나타내는 말이었다. 그러나 80년대 중반 자질 교육이 중시되면서, 많은 학자들은 이 자질을 선천적·유전적으로 타고나는 자연적 속성에 후천적으로 획득하는 사회적 속성이 더해진 개념으로 받아들이게 되었다. 즉 종의 특성 및 사회 관계가 개체의 심신 조직에 침전된, 천부적 조건과 환경적 영향의 기초 위에 형성된 안정적인 특성 및 행위 수준인 것이다. 이러한 정의는 학교 교육에 자질 교육에 대한 이론적 기초를 제공했으며 오늘날 교육 부문 종사자들이 의견의 일치를 보이는 것이다.

'자질'은 마르크스가 말한 '주체 능력'이라는 개념과 상당히 일치한다. '주체 능력'이란 마르크스주의가 인간의 전인적 발전을 중요한 목표로 삼는다는 것을 나타내는 개념으로, 이런 '주체 능력'이 충분히 발휘될 때에 피교육자의 자질 향상도 이루어진다는 점에서 두 단어는 일맥상통한다. 따라서 자질 교육은 마르크스주의의 이상과 교육의 최고 이상을 실현하는 기본적인 공정이라고 볼 수 있다.

개체적 인간은 생리적, 사회적, 그리고 심리적인 세 가지 하위 시스템이 유기적으로 조합된 전체 시스템이다. 모든 하위 시스템들은 특정한 자질과 연결되며 그 자질들을 교육함으로써 개개인의 전체적 자질이 완성된다.

심리 교육이란 심리적 자질을 대상으로 한다. 심리라는 것은 하나의 독립된 체계로, 그 특수한 법칙성으로 인해 결국 심리 교육이라는 특수한 수단을 통해서만 영향을 미칠 수 있고, 기타 도덕교육이나 지식 교육으로 완성될 수 없는 부분이 많이 있다. 따라서 앞서 언급한 차이위엔페이의 '다섯 가지 교육' 외에도 상대적으로 독립된 '심리'라는 분야에 대해 교육을 실시함으로써만 '전인교육'이 가능해지는 것이다.

즉, 자질 교육이란 전인교육의 중요한 수단이므로 오늘날 교육 종사자들은 널리 그 중요성을 깨닫고 자질 교육에 학교 교육의 초점을 집중시킴으로써 새로운 세대의 전체적 자질을 제고해야 한다.

80년대 중반 중국 교육계에서 '자질 교육'이라는 중요한 과제가 제시된 이래, 20여 년 동안 중국 공산당과 정부는 국민들의 자질 향상의 중요성에 대해 반복하여 강조하면서 경제 건설과 사회 발전

	관련 자질	자질 교육 방안
사회적 시스템	도덕성, 지적 교양, 심미관, 노동 기능 및 자질	도덕교육, 지식 교육, 예술 교육, 노동 교육
심리적 시스템	심리적 자질	심리 교육
생리적 시스템	육체적 자질	체육

전략의 중점을 '과학적 진보와 국민 자질의 향상'에 두고 있다. 국민 자질의 제고란 사실 교육을 떠나서는 생각할 수 없고, 진부하고 시대에 뒤떨어진 교육으로는 국민들의 자질을 개선할 수 없다. 따라서 국가의 부강이나 국민들의 부의 창출에 기여하게 될 교육 사업을 심화 발전시키려는 노력은 필연적이다. 자질 교육은 현재의 입시 위주 교육과 구별되는 교육의 사상과 이념을 제시함으로써 개혁 개방의 시대에 중국 교육계의 훌륭한 이론적·실천적 성과를 가져다 줄 것이다.

행복한 인간을 길러 내는 전인적 심리 교육

〈중국 교육 개혁과 발전 강요〉는 중고등학교의 교육 체제를 현행 입시 위주에서 국민적 자질 향상을 목표로 한 전인교육으로 그 초점을 전환할 것을 강조하고 있다. 중국 국무원 부총리인 리란칭[李嵐淸]은 최근 '반드시 현행 입시 위주 교육의 단편성을 배제하고, 학생들로 하여금 온전한 인격체로서 배움과 노동을 지향하고 생활과 자기 관리 능력을 기르게 하며, 아름다움을 구별하는 능력을 갖춤으로써 학생들이 지덕체(智德體)를 조화롭게 갖추도록 해야 한다.'고 함으로써 전통적인 '도구적' 교육관을 부정하고, 국민들의 생활수준과 가치를 중시하고 전인교육의 필요성을 강조했다.

심리적 자질을 배양하고 강화시키는 것은 다음과 같은 의미에서 매우 중요하다.

첫째, 심리적 자질은 학생들이 주체적으로 스스로를 발전시키기 위한 전제조건이다. 심리적 자질 교육은 학생들에게 지덕체의 모든 방면에서 주체적으로 성장하도록 요구하고, 학생들의 자각성과 적극성을 강조한다. 이러한 주체적 발전은 스스로를 격려하는 정신을 통해 형성될 수 있다. 한 예로 상상력과 사유 능력이 뛰어난 학생은 자신의 창의력과 연구 능력을 바탕으로 스스로를 격려하며 끊임없이 탐구하고 생각을 진전시킬 수 있다. 따라서 이러한 심리적인 주체성을 길러 주는 것은 학생들이 적극적으로 스스로를 발전시켜 나가기 위한 전제조건인 것이다.

둘째, 심리 교육은 그것이 교육 개혁의 중요한 부분이라는 점에서 의미를 갖는다. 일률적으로 학생들의 머리에 지식을 쑤셔 넣는 과거의 교육 방식은 바뀌어야 한다. 학생들은 객체에서 주체로 새롭게 자리매김되어야 하며, 기존의 수동적인 태도는 버리고 적극적이고 주동적인 학습 방법을 취해야 한다. 교사들 역시 생각의 전환을 통해 학생들을 학습의 주체로 간주하고 학생들이 주동적으로 능력을 발휘할 수 있도록 도와주어야 한다. 이러한 변화를 위해서 우선 학생 스스로가 바람직한 태도 및 심리적 자질을 갖추도록 노력해야 한다. 예를 들어 바람직한 상상력, 사유 능력 및 주의력이 없다면 교사들의 지도는 효과를 거두기 어려울 것이다. 또한 일정 정도의 인식과 이해, 분석 능력이 없다면 교사들의 노력도 소용이 없다. 따라서 학생들의 내적 동기를 유발하여 스스로 심리적 자질을 강화하고 올바른 학습 습관을 갖도록 해야 할 것이다.

셋째, 바람직한 심리적 자질은 학생들의 덕성 교육을 위해 필요하다. 현재 중국 사회에서는 적지 않은 어린 학생들이 심리적 장애를 겪고 있다. 예를 들어 등교 거부 및 학습 장애, 지나친 걱정이나 잦은 짜증, 열등 의식이나 혹은 지나치게 조숙해지는 현상은 많은 경우 냉정하고 정확한 태도로 사회 현상을 받아들이는 능력이 결핍된 데에서 비롯된다. 이는 매우 심각한 문제로 아동들의 심리적인 문제를 예방하고 치료하기 위해 적극적인 조치가 취해져야 할 것이다. 단순한 사상 교육을 벗어나 학생들의 심리적인 자질과 도덕적 품성을 기르기 위한 노력이 동시에 이루어져야 할 것이다.

마지막으로 심리적 자질을 배양하는 것은 미래 사회에서 환영 받는 인재를 기르기 위함이다. 청소년들은 첨단 기술과 무한 경쟁을 특징으로 하는 미래 시대를 이끌 주역들이다. 이들에게는 첨단 기술을 주도하기 위한 고도의 지적 능력, 효율적 처리를 위한 속도감과 적응력, 그리고 무한 경쟁을 이겨 낼 만한 강인한 정신력 등이 필요하다. 이런 시대적 요구에 부응하기 위해서라도 오늘날 청소년들은 강하고 건강한 심리적 자질 및 태도를 반드시 갖춰야 한다.

한편 학생들의 심리적 자질을 기르는 데에는 다양한 방법이 있다. 첫째는 각급 학교의 교육 과정에 이를 녹아 들게 하는 방법이다. 교실에서 행하는 가르침은 단순한 지식의 전수뿐 아니라 흥미 및 동기, 태도, 의지 등을 배양하고 사회 심리적 품성, 즉 정서나 교우 관계, 상황 적응 등의 능력을 길러 줄 것이다.

둘째는 부드러운 학교 문화 등 심리적 환경을 조성하는 방법이다. 환경은 사상이나 도덕적 품성을 기르는 중요한 열쇠가 되고, 심리적 자질을 기르는 데에 기여할 것이다. 심리적 환경은 학교의 외관이나 시설 등을 가꿈으로써 학생들의 심리에 영향을 미치는 정적인 환경 조성과 학풍이나 학급의 분위기의 동적인 환경 조성으로 나눌 수 있다. 바람직한 학교 문화 및 심리적 환경은 정적이고 동적인 요소들이 모두 결합된, 전체적으로 조화롭고 진취적인 분위기를 조성함으로써 학생들로 하여금 긍정적인 심리적 자질을 갖게 할 것이다.

셋째는 전문적으로 심리 교육 과정을 개설하는 방법이다. 심리 교육은 학생들의 심리적 자질을 개선시키는 가장 직접적인 방법이다. 전문적인 지도자의 도움을 받으면서 학생들은 서로 토론, 발표, 공연, 게임 및 교외 시설 방문 등의 형식으로 여러 활동을 진행하게 되고, 스스로의 심리 상태를 이해함으로써 본인의 심리적 자질을 개선시킬 수 있을 것이다.

마지막으로 심리 상담실 및 의견함 등을 개설하는 방법이다. 그 목적은 심리적 문제를 겪고 있는 학생들이 문제를 해결하고 다시 건강한 정신 상태를 되찾게 하기 위해서이다. 최근 고등 교육 기관에서 많이 실시되고 있는 이 방법은 점차 그 효과를 보이고 있어 주목된다.

다시 말해 심리적 자질 교육은 인격을 구성하는 중요한 부분을 개선하는 데에 큰 역할을 한다. 그러한 심리 교육은 교실뿐만 아니라 각종 단체 활동이나 심리 전문가와의 상담 등 다양한 방법을 통해 효과적으로 전개할 수 있다. 잠재 능력을 개발하고 학습, 생활, 인간관계를 개선하기 위해 학교와 사회, 가정에서 입체적인 심리 교육을 단계적으로 실시할 수도 있을 것이다. 무엇보다 심리적 자질의 배양이 중요한 것은 이것이 개인의 인격 발전뿐 아니라 그 사람의 인생, 타인과의 관계, 그리고 나아가 사회와의 관계에도 큰 영향을 미치기 때문이다. 따라서 우리는 반드시 개인의 심리적 자질을 기르고 강화함으로써 훌륭한 인격을 갖추고, 행복한 인생과 인간관계 그리고 적극적인 사회 생활을 영위해야 할 것이다.

1988년 : 제시된 글을 읽고 제시된 두 개의 제목 중에 당신의 상황에 적합한 것을 하나 골라, 실례를 바탕으로 자신의 심리적 수용 능력에 대한 글을 쓰시오.
   1. 강인함 – 내가 추구하는 인격
   2. 약함에 대항하기

   '오늘날 중고등학생의 심리적 수용 능력의 개인차가 점차 확대되고 있다. 달걀 껍질처럼 취약한 사람이 있는가 하면, 바위처럼 단단한 사람도 있다. 당신은 어떠한가?'

주제분석

   1988년 출제된 작문 주제는 오늘날 중고등학생들의 심리적 수용 능력의 개인차가 극심하다는 인식하에 이런 약하거나 강인한 두 종류의 인간들이 각각 어떤 행위를 보이며, 어떻게 다른 결과를 가져오는지를 실례를 들어 서술하라고 말하고 있다. 그리고 마지막에 '그렇다면 당신은 어떠한가.'라고 질문을 던짐으로써 스스로 자신의 심리적 수용 능력에 대해 뒤돌아보고 평가하도록 하는 문제이다.
   이 문제는 실제로 자신의 취약함을 발견하고 이를 극복하는 내용을 요구하고 있으며, 이를 통해 청소년들로 하여금 자신의 취약한 심리 상태를 돌아보고, 그것이 어떻게 영혼의 건강을 해칠 수 있는지, 또 성공적인 인생을 살기 위해 강인하고 건강한 심적 태도가 얼마나 필요한 것인지를 깨닫게 하려는 데에 그 출제 의도가 있다. 어떤 의미로 보면 취약한 심적 상태는 성공의 가장 큰 적이며 청소년들이 반드시 싸워서 이겨야 하는 대상이다. 따라서 청소년들은 반드시 자신의 약한 마음을 극복하고 어려움을 당해서도 좌절하거나 용기를 잃어서는 안 된다. 그리고 승리를 얻어도 자만하지 않으며 패배에도 흔들리지 않는 마음 자세와 의지를 추구하기 위해 필요한 것이 바로 건강한 심리적 기제이며 이것이 성공적인 인생과 사회 생활의 열쇠임을 알아야 한다.

웃음으로 인생을 대하다

인생이란 무엇인가? 울퉁불퉁 가시로 뒤덮인 '고난'의 길인가, 무궁무진한 번뇌로 덮힌 '슬픔'인가, 앞이 어지러울 정도로 나를 가격하는 '실패'인가, 아니면 수단과 목적을 가리지 않는 '이기'인가? 아니다. 인생은 생명 중에 피어난 한 송이 찬란한 꽃이라고 나는 생각한다.

언제나 순풍에 돛단 듯 순조로울 수 없는 것, 돌부리에 걸려 넘어지지 않을 수 없는 것이 인생이다. 그러나 실패가 지나간 후에 우리에게 필요한 것은 무엇일까? 무궁무진한 번뇌와 낙담, 상심과 절망인가? 아니다. 우리에게 필요한 것은 웃음, 마음속 깊은 곳에서 우러나오는 미소, 나를 격려하고 채찍질해 주면서 끝없이 희망을 찾아 앞으로 나가게 해 주는 그런 웃음이다.

나는 어려서부터 몸이 허약하여 체육 시간을 두려워했고, 고등학교 입시에서도 내 체육 점수는 30점 만점에 23점에 불과했다. 고등학교 3학년, 대학 입시 체력장을 앞두고 나는 고민에 빠졌다. 선생님들도 별로 미덥지 못해하는 눈치였고, 집안에서도 마찬가지였다. 하지만 나는 속으로 스스로를 격려하고 다른 사람이 할 수 있는 일이라면 나도 할 수 있을 거라고 자신을 다잡았다. 그러고는 매일 새벽같이 일어나 1500m를 뛰기 시작했다. 그리고 저녁에 집에 와서는 각종 공던지기나 철봉 등을 연습하였다. 밤에 침대에 누우면 몸이 녹아내릴 것 같았다. 그런 노력에도 불구하고 내 체육 점수는 별로 개선될 기미를 보이지 않았다. 매번 체육 시험에서 불합격을 맞으면서, 매번 낙심하고 실망했다. 그러나 나는 스스로에게 '계속해서 노력하면 언젠가는 효과가 나타날 것이다. 아직 실패라고 생각하지

172

말자.'라고 일렀다. 그리고 그 결과 실제로 대학 입시 체력장에서 나는 좋은 성적을 거두었고, 특히 장거리 달리기에서는 내 기대를 훌쩍 뛰어넘는 점수을 얻었다. 실망하거나 좌절하지 않고 노력한 결과였다.

일찍이 발자크가 말했다. '고난은 천재에게는 디딤돌과 같은 것이며, 능력 있는 자에게는 금은보화와 같은 것이지만, 약자에게는 천 길 낭떠러지 같은 것이다.' 우리가 만약 스스로의 생활에서 강자가 된다면, 스스로를 격려하고 좌절하지 않으며 낙천적인 태도를 유지한다면, 그렇게 웃음으로 인생을 대한다면, 인생의 성공은 언젠가 우리에게 주어질 것이다.

Ⅲ

社會 사 회

시대적 분위기 때문인지 사회문제와 관련한 대학입시 주제는 8,90년대에 주로 등장했다. 문화혁명이 종결된 후 중국은 정치, 경제, 문화 등 각 방면에서 잇따라 회복 추세를 보이며 발전의 기틀을 다져갔다. 그러나 전사회적 분위기로 보았을 때, 한편으로는 '대약진(大躍進)'에 대한 믿음이 상실되면서 신권적 정치에 대한 배신감이 팽배해 있었고, 또 한편으로는 중국이 잃어버린 것과 부족한 것이 무엇인가에 대해 깊게 반성하는 분위기가 조성되고 있었다. 이렇게 문화혁명의 영향은 무엇이었는가, 정치가 사람들의 생활에 어떤 영향을 주는가 그리고 어떻게 양호한 사회적 분위기와 환경을 재건해 내는가의 문제가 점차 사람들의 관심과 주목을 끌었다. 변화하는 사회 계층의 문제, 다원화된 사회 현상에 대한 분석, 개인과 사회의 관계에 대한 주제들이 떠올랐다.

사회와 국가

중국 사료의 기재에 따르면 원고시대(遠古時代) 사람들은 토신 (土神)을 '사(社)', 곡식의 신을 '직(稷)'이라 부르며 숭배했다. 당 시 사람들은 사와 직에 제사를 드리기 위해 흙으로 제단을 쌓고 그 위에 흙에서 자라는 나무를 심어 '사직단(社稷壇)'을 만들었다. 큰 일이 있을 때마다 사람들이 이곳에 모여 대책을 논의했으니, 이런 사직단에서의 집회 및 모임을 가리켜 '사회(社會)'라 불렀으며, 오 늘날 사회라는 단어의 어원도 이것에서 비롯되었다.

원고시대 중국 각지의 우두머리들은 각자 자신이 다스리는 지역 에 국가를 세우고, 국가마다 자신의 사직단을 쌓고 제사를 드리는 의식을 가졌다. 나라의 안위는 사직의 존망과 관련되어 있기에 훗 날 '사직(社稷)'이란 단어가 국가를 뜻하게 되었다.

국가와 사회는 밀접하게 연결되어 있다. 중국은 약 960만 km²의 면적에 13억에 달하는 인구와 56개 민족이 살고 있는 사회주의 국 가이다. 중국 사회를 이해하기 위해서는 중국의 정치체제는 물론이 고 중국의 역사와 걸어온 길을 이해해야 한다. 중국은 수천 년의 전 통 문화를 보유한 다원일체(多元一體)의 사회로, 대동(大同)의 이 상을 실현하기 위해 무수한 투쟁과 혁명을 경험했다. 또한 중국은 농업 대국으로 근대에 이르러 현대적 공업화 사회로 진입했으나, 불균형한 정치·경제 발전으로 인해 수많은 문제를 안고 있다. 중국 정부 역시 이런 문제를 해결하기 위해 현재 사회 각 부문의 개혁에 박차를 가하고 있다.

한족 중심의 농업국가에서 공업국가로

역사를 뒤돌아볼 때, 중국은 농업을 위주로 한 다원일체 사회였음을 알 수 있다. 이런 다원일체의 국면에는 언제나 다양성을 응집시키는 핵심적 역량이 존재했다. 문명에 서광이 비치던, 신석기에서 청동기시대로 넘어가던 시기, 황허[黃河] 중류에는 화샤[華夏]민족이 형성되었다. 하(夏)·상(商)·주(周) 3대를 거쳐 동방과 서양에서 새로운 세력들이 흡수되어 춘추전국시대에 이르러 융합되었으며, 진대(秦代)에 이르러 황허와 양쯔[揚子] 강 양대 유역의 평원지대가 통일되었다. 진(秦)의 뒤를 이은 한대(漢代)에 이르러 다원화된 기초 위에 한족(漢族)이 형성되었다. '한족'이라는 명칭은 훗날 남북조(南北朝) 시기에 이르러 유행하기 시작했다.

한족은 2000여 년 동안 사방으로 확대되어 수많은 민족들을 융합함으로써 오늘날 11억 4735만 명(2005년 11월 현재)에 이름으로써 중국 인구의 90.56%를 차지하고 있다. 기타 55개 소수민족의 숫자는 1억 2333만 명 정도로 전체 인구의 9.44%를 차지한다. 한족들은 주로 농업 지역, 특히 서부 지방을 제외한 모든 경작지에 살고 있으며, 소수민족 지구의 교통 요지나 상업 거점에도 거주하고 있다. 이렇게 소수민족 지역에 거주하는 한족들은 점선으로 연결되어 동부 지역은 조밀하고 서부 지역은 성긴 한족들의 네트워크를 형성하고 있다. 이 네트워크야말로 중국이 다원일체화를 유지하는 골격이라고 할 수 있다.

중국 면적의 절반 이상을 차지하는 소수민족 거주 지역은 주로 고원, 산지 및 초원에 분포되어 있으며, 많은 수의 소수민족이 목축업에 종사하고 있어 한족들이 농업에 주로 종사하는 것과 대조된다. 중국의 5대 목지는 모두 소수민족 지역으로 목축업에 종사하는 사람 역시 모두 소수민족들이다. 오늘날 중국 내에는 '소수민족 거주 지역'이 지정되어 있으나, 한족의 주거가 제한되어 있는 것은 아니며, 심지어 일부 소수민족 거주 지역에서는 한족이 수적으로 우세하다. 여러 민족들이 혼거(混居)하는 가운데 한족들이 현지 소수민족에 흡수되는 경우도 있지만, 주로 소수민족 지역에 사는 한족들끼리 결집하여 민족적 단결을 이루고 있다.

역사적으로 진대 이후 중국은 통일국가를 이루었던 기간이 3분의 2, 분열 상태에 놓여 있던 기간이 3분의 1을 차지한다. 그러나 민족이라는 관점에서 보면 한족은 이 모든 시기에 꾸준한 증가세를 보여, 몇 개의 국가로 분열되어 있던 시기에도 민족 간의 혼거와 융합을 통해 새로운 혈액을 계속 수혈 받음으로써 확장되어 왔다. 한족을 결집시킨 주된 요인으로는 농업경제를 꼽을 수 있다. 많은 유목 민족들이 평원으로 나와 토지를 경작하고 농업사회를 형성한 후에는, 주동적으로 한족에 융화되는 경향을 보였다. 현재 소수민족들이 거주하는 지역은 초원·골짜기·사막 지역·벽지로, 영농이 어려운 지역이 대부분이다. 실제로 영농이 가능한 지역은 거의 한족들이 차지하고 있고, 심지어 농업에 적당하지 않은 초원 등지도 개간을 통해 농지화함으로써 농업·목축업 간에 적잖은 갈등과 민족적 대립의 문제를 가져왔다. 농업이야말로 한족을 강하게 만든 중요한 조건이었으며, 한족은 농업을 통해서 두 다리를 진흙 속에 굳건히 박고 서 있음을 발견하게 된다. 그러나 시대의 변화와 공업화의 도

래와 더불어 한족은 이제 진흙으로부터 두 다리를 빼기 위해 안간
힘을 다하고 있다.

오늘날 중국은 공업화에 진입한 개발도상국이다. 한때 자급자족
에 의존하고 스스로 세계의 중심이라 주장했으나, 급변하는 세계화
의 흐름에 나라의 문을 열고 변화를 꾀하고 있다. 이런 과정에서 중
국 사회는 사상과 생활 방식에 있어 커다란 충격과 변화의 소용돌
이에 직면해 있다.

대동 사회의 추구

중국은 기원전 21세기 하 왕조를 건립한 이래 계속해서 노예제
사회에 속해 있었다. 기원전 221년 진 왕조의 성립으로 중국은 봉
건사회에 진입했으며, 이는 청대(淸代)까지 지속되었다. 한(漢)·당
(唐)의 눈부신 시대를 거쳐 한때는 세계에서 가장 번영한 나라로 부
상하기도 했으나 청 말기에 쇠락하여 19세기 중반 외세의 침략으로
수모와 굴욕을 당하게 되었다. 중국인들은 이러한 국면을 타개하고
독립과 과거의 영광을 회복하고자 부단히 투쟁했고, 수많은 내란과
외전 끝에 1949년 독립된 사회주의 국가를 설립했다.

물론 주지하듯이 중국은 일정 수준 자본 축적을 거쳐 자본주의가
발전한 다음 자연스럽게 사회주의가 실현된 것이 아니었다. 경제적
토대가 상부구조를 결정한다는 고전적 마르크스 이론에서 벗어나
국가 기구나 이데올로기 등을 포함하는 상부구조가 경제적 토대를
결정한 경우였다. 이는 중국인들의 이상향인 유교적 '대동 사회(大
同社會)'의 관념에 기초한 것이었다. 대동 사회의 이상은 마르크스

가 이야기하는 공산주의의 청사진과 유사한 부분이 많다. 영광스러운 역사를 지닌 염황자손(炎黃子孫)으로서 중국인들은 근대의 굴욕적인 경험에서 벗어나 독립국가를 건립하고 서양 국가들을 추월하며 궁극적으로 대동 사회를 실현하기 위해 투쟁했던 것이다. 언제나 '대동'과 '추월' 그리고 '대약진'의 관념이 중국인들의 정신세계를 압도해 왔다. 지난 100년간의 혁명, 신중국이 겪은 각종 문제 그리고 지난 20년간의 개혁, 이 모든 것이 이러한 관념들과 밀접하게 관련되어 있다.

《예기(禮記)》〈예운(禮運)〉편에 따르면, '큰 도가 행해지니 세상이 공명정대하다. 어질고 유능한 사람을 골라 관직에 나아가게 하였으며, 신뢰를 다지고 화목을 누렸다. 사람들이 제 부모만을 부모로 여기지 않으며, 제 자식만을 자식으로 여기지 않는다. 노인들로 하여금 편안하게 일생을 마치도록 하며, 힘있는 자는 적절한 일거리를 갖게 하고, 아이들은 잘 자랄 수 있게 한다. 홀아비나 과부, 고아와 독신, 늙고 병든 자도 모두 잘살 수 있게 한다. 남자는 직분이 있고, 여자는 빠짐없이 시집갈 자리가 있다. 재물이 헛되게 땅에 버려지는 것은 싫어하지만 사사로이 감추지 않고, 힘이 몸에서 나오지 않는 것을 싫어하지만 자기만을 위하지 않는다. 그런 까닭에 간사한 꾀는 일어날 틈이 없고, 절도·난동·폭도도 일어나지 않아 모든 문을 열어 놓으니, 이를 가르켜 '대동'이라 말한다.'고 했다.

많은 사람들은 유교적 대동을 공산주의적 유토피아와 연결지었고, 이런 연관은 군중들에게 상당한 선동력과 호소력을 가졌다. 중국 역사상 일어났던 농민 봉기는 하나같이 평등 분배와 대동 사회 실현을 강조했다. 매번 변혁의 시기마다 지식인에서 민초들까지 대동을 정치적 이상으로 삼지 않는 이가 없었다.

14년간의 투쟁으로 3000여 만 명의 인명을 앗아간 태평천국 운동의 정신적 지도자인 홍슈취안[洪秀全]도 일찍이 대동 사회를 추구하여 '귀천의 차이를 철폐하고 빈부 격차를 없앤다[等貴賤 均貧富].', '토지를 균등 배분하고 양식을 거두어 들이지 않는다[均田免糧].'는 구호들을 내걸었다. 그는 농민 봉기를 통해 대동 사회를 건설하고자 했고, 그의 이런 공상은 수천만 농민을 일으켜 투쟁하게 했으니, 이야말로 '대동 세계'가 지닌 비이성적, 열광적 호소력을 가장 극명하게 보여 주는 사례라 하겠다.

그 외에도 청 말 개혁의 지도자였던 캉유웨이[康有爲] 역시 대동 사회의 이상을 갖고 사회를 변혁시키려 했다. 그는 저서 《대동서(大同書)》에서 '다른 나라도 없고, 제왕도 없고, 사람들은 친하고 평등하다. 천하에 공명정대함이 넘친다[無邦國, 無帝王, 人人相親, 人人平等, 天下爲公].'라고 하며 태평 사회를 건설할 것을 주장했다. 이런 태평 사회는 전 지구적 범위의 '대동'을 실현하고, 고도로 발달된 물질문명과 생산적 기초를 갖고 있으며, 인권이 보장되고 남녀가 평등한 성세(盛世)로 당시의 시대적 특징들을 드러내고 있다.

국부(國父)인 쑨원[孫文] 역시 서양 자본주의보다는 유교의 대동 이상으로의 복귀 및 발전을 도모했다. 쑨원의 민생주의는 '천하위공(天下爲公 : 세상은 모두를 위한 것)'의 정신을 투쟁의 목표로 삼았는데, '미래에 새로운 국가를 세우게 되면, 모든 국민들의 의식주행(衣食住行)의 필요가 충족되고, 국가는 민중의 행복을 위해 경영

될 것이다. 그날이 오면 어린아이들은 배우고, 힘있는 자들은 일하며, 노인들은 봉양 받는, 공자가 이상으로 삼았던 대동 사회가 실현되고 장엄하고 화려한 중화민국이 건설되어 서양 국가들의 위에 우뚝 설 것이다.'라는 사고방식은 대약진의 이상과도 흡사하다.

중국에서 마르크스주의를 가장 먼저 도입한 리따지엔[李大釗]는 동시대의 어떤 사람보다도 세계를 보는 시각이 고원(高遠)했다. 그는 유교에 대해 분명한 반대의 입장을 취했으나, 이상 사회의 추구에 있어서는 그의 목표 역시 '대동'이었다. 전 인류적 관점에서 '대동'을 추구했던 리다자오는 기존의 사회가 종적인 질서를 바탕으로, 힘으로 거느리는 조직이었다면 앞으로 요구되는 사회상은 횡적으로 개편된, 계급이 타파되고 평등하게 연합하는 조직, 즉 정서적으로 결합된 조직이라고 생각했다. 그는 노동자·농민·부녀자들은 자신들의 연합 조직을 구성해야 하며, 이 연합들은 궁극적으로는 '세계적 대연합'으로 발전해야 한다고 보았다. 이런 횡적 연계를 통해 '대동'이 실현되는 것이다.

위에서 알 수 있듯이 '대동 세계'에 대한 추구는 중국인들의 의식 깊은 곳에 자리 잡은 일종의 국민적 집착에 가깝다. 이는 애초에는 유교에서 제시한 이상향적 세계였으나 현실적·논리적 기초가 없는 가운데 일종의 공상으로 자리 잡았다. 따라서 대동 세계라는 공상은 대중들을 비이성적으로 몰아가는 경향이 있는데, 대약진 운동의 탄생도 이런 관점에서 이해할 수 있다.

이상은 아름답지만 현실은 잔혹했다. 대약진과 문화혁명이라는 10년간의 동란은 중국인들을 공상에서 깨어나게 했다. 대동 사회의 비현실성과 문화혁명 시기에 이루어진 공맹(孔孟 : 공자와 맹자) 사상에 대한 비판은 중국인들의 전통 문화와 도덕관념을 크게 훼손했다. 그리고 문화혁명이 끝난 후에는 개혁 개방의 경제 전환기에 쏟아져 들어온 새로운 사물과 현상들로 인해 중국인들은 사상적 혼란을 겪어야 했다.

개혁 개방과 공동체의 붕괴

개혁 개방에 대해 가장 보편적인 평가는 사회주의 계획경제에서 사회주의 시장경제로의 전환이다. 이는 경제학자나 정치학자들의 평가이며, 법학적으로는 인치 사회에서 법치 사회로의 전환, 폐쇄적 사회에서 개방적 사회로의 전환이라고 평가되기도 한다. 세계 역사의 흐름에서 보면 농경 사회에서 공업 사회로의 전환이라고 할 수 있으니, 지난 100년 동안 중국은 바로 이런 전환의 시기를 겪어왔다. 마오쩌둥은 공유제와 계획경제를 통해 전환을 추진했고, 개혁 개방 20년간 중국은 시장경제를 통해 이러한 전환을 추진했다. 그 결과, 자원 배분 능력에 있어 시장경제는 계획경제보다 효과적인 수단이자 도구로 판명되었다.

중국의 사회·경제적 변화는 1920~30년대로 거슬러 올라간다. 19세기 후반부터 전개된 양무운동(洋務運動)이나 서학동점(西學東漸 : 서양의 사상과 문화를 중국으로 받아들인다)과 같은 운동들이 연해 지역에 깊은 영향을 미쳤으며, 서양식 경제 양식이 전파되어 이 지역의 수공업을 심각하게 파괴했다. 한편 광대한 중서부 지역에는 이런 변화의 물결이 미치지 않아 전통적 농업경제 및 가족 촌락과 같은 생존 방식이 그대로 유지되었다. 계획경제하에서 사람들은 '단위(單位)', '인민공사(人民公社)'라는 이름으로 조직되었고, 사회적 자원은 행정 권력을 통해 이런 단위에 배분되었다. 해방 전 사람들의 생활이 가족과 촌락을 중심으로 한 소공동체에 속해 있었다면, 해방 후에는 '단위'라는 공동체에 속하게 되었다. 농촌에서 '단위'란 1961년 결정된 '대(隊)', 즉 기초합작사를 가리킨다. 남부 지역에서 대(隊)는 농촌 공동체의 자연적 경계를 기본으로 하는 자연적 촌락 단위로 구성되어 있었는데, 이런 자연적 경계를 넘어서는 소유 단위는 '대대(大隊)' 혹은 '공사(公社)'로 조직되었으나 여러 가지 혼란을 가져왔다. 1958년에서 1963년까지 마오쩌둥은 어떤 수준의 공동체를 소유제의 기본적 '단위'로 삼을지에 대한 모색을 계속했으며, 결국은 자연 촌락을 그 기본 단위로 삼았다.

개혁 이래 20년간 시장경제, 상품경제, 화폐경제의 고속 성장은 개인과 가정의 시장에 대한 의존도를 심화시켰고, 특히 2억 3400만에 이르는 농촌 가정의 자급률은 점차 감소되었다. 농민들이 농산물 판매를 통해 얻은 현금으로는 가정의 정상적 지출을 감당하지 못하게 되자 노동력의 일부를 부업에 투입해야만 했다. 따라서 모든 가정은 많든 적든 간에 화폐경제, 즉 시장 안으로 휘말려 들어가게 되었고, 인구는 전국적으로 높은 이동률을 보였다. 이는 중화민족 역사상 최초로 기존의 생존 방식이나 습관 그리고 거래 방식이 그 안정성을 상실하고, 새로운 방식이나 습관 또한 험난한 모색의 과정에 처해 있는 가운데, 전 사회의 각 계층이 모두 일종의 부적응 상태에 빠져 있던 시기였다.

서양 사회학자들의 말을 빌리자면, 이는 곧 원시공동체가 해체되는 개별화 과정을 의미한다. 시장경제라는 것이 바로 원시공동체의 해체, 즉 각 구성원이 독립적 이익을 모색하는 개체로 변모하는 것을 의미한다면, 20년 동안의 개혁 개방은 사회학적 의미의 공동체의 개별화 과정이 되는 것이다. 현재의 복잡한 사회관계는 바로 자신의 이익을 추구하는 개인이라는 독립적 기초 위에서 형성된 것이다. 그렇다면 기존의 공동체 혹은 단위 공동체의 기초 위에서 형성된 도덕 준칙을 여전히 오늘날과 같은 사회에 적용할 수 있는 것인가? 다시 말해서 '덕(德)'으로 나라를 다스리는 것이 과연 가능한 것인가? 이는 쉽게 대답할 수 있는 문제는 아니다.

오늘날 시장경제의 성장은 기존의 공동체를 와해시키고 사람들을 시장경제의 한가운데에서 개인의 독립적 이익을 추구하는 개체로 만들어 버렸다. 오늘날 중국은 이러한 공동체가 쇠락하는 가운데 공동체 의식을 기반으로 수립된 집단주의 또는 공동체주의 역시 쇠락의 길을 걷고 있다. 이는 일종의 역사적 필연의 과정이다. 개인주의가 그 힘을 얻어 가고 있는 이러한 시기에 '덕'은 더 이상 인간과 인간 사이의 관계를 조정하는 데 영향력을 발휘하지 못한다. 이제 유일한 해결 방법은 법률과 개인의 권리를 상호 연계하는 것뿐이다.

정치 중심에서 경제 중심으로의 전환

공동체에서 개인으로의 변화 국면은 중국의 경우, 정치에서 경제로의 전환 국면으로 묘사될 수 있다. 중심이 정치에서 경제로 이동했다는 말은 이미 귀에 못이 박히게 들어 왔지만, '경제를 중심으로'와 '정치를 중심으로'라는 이 두 가지 범주의 의미는 아직 정확하게 풀이된 바가 없다. 계획경제 시기 또는 중국 고대 시기로 거슬러 올라가면 인간의 신분은 정치 혹은 권력을 기준으로 확정·구분되었다. 계획경제 시기에는 권력의 과다 또는 유무로 사회 구성원이 서로 다른 계층으로 갈렸다. 그리고 개혁 개방이 진행되는 가운데 우리는 현대사회에서 신분을 나누는 기준이 더 이상 권력이 아닌 재물로 바뀌었음을 발견할 수 있다.

과거의 봉건사회는 왜 귀천의 차이가 빈부의 차이를 압도했는가? 왜 농업을 중시하고 상업을 억제했을까? 이는 상인들이 그들의 상업적 재산을 기반으로 원래 신분의 귀천을 변경할 수 있었기 때문이다. 그래서 봉건사회 가치의 중심은 바로 귀천에 있었으며 빈부의 차이는 귀천의 차이에 종속되어 있었다. 즉 신분이 높을수록 더 많은 것을 향유할 수 있었다는 뜻이다. 천하에서 가장 신분이 높은 황제가 만천하의 부귀영화를 누릴 수 있었던 것과 같은 이치이다. 이렇게 현대에 이르러 사회를 가르던 기준이 신분의 귀천에서 재산의 유무로 바뀐 것은 유사 이래 최초의 일이며, 이는 앞으로도 계속될 것으로 보인다. 그러나 더 먼 미래에 어떠한 기준으로 대체될지는 아무도 예측할 수 없을 것이다. 물론 마르크스의 말을 빌리자면, 앞으로 사회는 물질적으로 지극히 풍요로워져서 사람들은 더 이상 재산을 가지고 신분의 고하를 비교할 필요가 없을 것이며, 반드시 새로운 가치판단 기준 또는 다원적 가치 표준이 등장하게 될 것이라고 한다. 오늘날 유럽과 같은 복지국가에서 이미 스포츠, 예술, 탐험,

환경보호 등에 대한 관심이 유행하고 있는 것처럼 말이다.

새로운 사회문제와 조화로운 사회 건설

결론적으로 말하자면, 중화 민족이 공동체에서 개체로 전환되어 가는 과정에는 적응 기간이 있었다. 그리고 이러한 과정이 지속되면서 중국 사회에는 점점 더 많은 문제가 등장했다. 빈부 양극화의 문제가 대표적인 예이다. 계획경제 시기에는 '노동량에 따른 분배〔按勞分配〕'가 이루어졌고 심지어 '평균주의(平均主義)'를 지향하던 단계도 있었기에 빈부의 분화는 뚜렷하게 나타나지 않았다. 그러나 시장경제 시기에 이르러 고용 관계라는 것이 등장하자, 노동력과 자본의 문제가 발생했다. 더 나아가 자본을 제공하는 자와 노동을 제공하는 자, 돈이 있는 자와 없는 자로 갈리는 빈부의 분화 현상이 발생하기 시작했다. 중국의 동서 지역을 비교해 보면 한쪽에는 고층 빌딩과 수입 자동차가, 다른 한쪽에는 초가집이나 토방 그리고 우마차가 대비를 이루어 그 차이가 극명하게 드러난다. 그리고 도시의 확대와 현대화의 발전에 따라 농촌의 잉여노동력 문제 역시 날로 심각해지고 있다. 농민들이 대거 도시로 이동하여 상공업 또는 육체노동에 종사하게 되었으나 여전히 많은 수의 노동력이 농촌에 방치되어 있다. 또한 중국은 에너지 문제, 환경문제 등으로 혹독한 대가를 치러야 했다. 중국이 현재 연평균 7∼8%의 경제 성장률을 유지하고 있는 데 반해 에너지 자원과 환경의 파괴율은 경제 성장률을 훨씬 웃돌고 있다.

이러한 일련의 전무후무한 문제점들을 해결하기 위해 중국의 지도자들은 '조화로운 사회'를 건설할 것을 주장하고 나섰다. 이는 사실상 중국 유가 전통의 '대동' 이상과 무관하지 않다. 중국인들은 전통문화 가운데 합리적이고 버리기 아까운 소중한 것들을 되살리려고 노력하고 있다. 동시에 이를 현실적 조건과 관련지어 사회 발전을 모색하고 있으니 이것이 바로 소위 '중국적 특색'이라 할 수 있을 것이다. 조화로운 사회를 건설하려는 의도의 배경에는 많은 현실적 요구가 존재한다. 새로운 발전관은 전면적이고 조화로우며 지속 가능한 발전을 위해 경제와 사회, 인간과 자연, 도시와 농촌, 동부와 서부, 국내와 국외 등이 관계를 바로잡아 조화를 이룰 수 있도록 통일된 계획을 수립할 것을 요구한다. 조화로운 사회를 세우기 위해서는 정책의 수립과 운영에 많은 힘이 소비될 것이나, 이보다 인지적 차원에서 수행해야 할 중요한 일이 하나 더 있음에 주목해야 한다. '샤오캉[小康]'이니 '조화와 협력[和諧]'이니 하는 수많은 단어로 수식되는 이 사회라는 것은 도대체 무엇을 의미하는가? 단순한 개인 간의 결합인가 아니면 인류적 개념, 공동체적 개념인가? 인간은 군집 생활을 하는 동물이다. 생물적·경제적 동물이기도 하지만 사회적·문화적 동물이기도 하다. 즉 절대다수의 상황하에서 사회는 단순한 개인의 집합체가 아니며, 자신의 이익 최대화를 추구하는 '경제인'들로만 구성된 것은 더더욱 아니다. 이는 국내외, 동서를 불문하고 가장 기본이 되는 이치로써 노자나 공자뿐 아니라 마르크스와 엥겔스도 지적하고 있는 사실이다. 사회는 한 사람 한 사람이 그 전체를 이루는 것으로, 사회의 발전은 이 모든 구체적 개인들과는 떼려야 뗄 수 없는 관계에 있다. 또한 한 사회에 대한 평가에는 1인당 국민소득·1인당 GDP·1인당 이윤 외에도 사회 내부에 존재하는 상호 간의 신뢰, 혈육 간의 정, 구성원 간의 응집력, 질서 등도 중요한 지표가 되는데, 이런 것들은 전체를 통해서야 비로소 존재하며 그 의미가 있다. 즉 개개인 간에 관계가 발생하여 하나의 사회를 이루었을 때 비로소 이러한 것들이 존재하는 것이다. 따라서 이 사회라는 큰 환경은 모든 사람이 각자 책임 의식을 가지고 보호하도록 해야 한다.

크게는 정치와 경제, 작게는 개개인들의 혼인·가정 그리고 정감 등에 이르기까지, 이는 모두 사회라는 존재를 표현한 것들이다. 중국에는 많은 사회적 문제들이 존재하기 때문에 그 하나하나를 모두 설명하는 데에는 무리가 있다. 그래서 여기서는 대학 입시 작문 주제로 등장한 몇 가지 사회적 현상들에 해석 및 분석을 덧붙여 보려고 한다. 이들 현상은 사회계층의 문제, 사회적 분위기, 사회 도덕 및 조화와 성실의 문제, 개인과 사회 이상의 문제 등으로 표출되며, 중국의 특성이 폐쇄에서 개방으로, 농경에서 상공업으로, 공동체에서 개인으로 전환된 시기에 중국 사회와 인민들이 가장 관심을 가졌던 문제들일 것이다.

1
_____

중국 사회에서

지식인 계층의 위치는

어떠했나?

사농공상은 국가의 주춧돌이다.

—《관자》〈소광〉편

앉아서 정사를 논하는 것은 왕공 귀족의 일이고, 일을 집행하고 실천하는 것은 사대부의 일이다.

—《주례》〈고공기〉편

신하를 쓸 때는 덕이 있는지 없는지를 핵심 기준으로 하고, 재주가 있는지 없는지는 부수적인 기준으로 해야 한다.

— 강희

사람이 자신의 재능을 다하면 모든 일이 흥하게 된다. 사람이 자신의 재능을 다하여 모든 일이 흥하게 되면 (국가의) 부강은 굳이 도모하지 않아도 자연스럽게 오기 마련이다.

— 쑨원

우리는 자본주의가 나쁘다고 얘기하지만, 인재를 발견하고 쓰는 데 있어서 매우 대담하다는 점은 인정해야 한다. 자본주의에서는 일에 적합하다고 판단되면 그 재산과 지위를 따지지 않고 인재로 두고 쓰며, 이를 당연한 것으로 여긴다. 이런 점에서 볼 때, 간부를 선발하는 우리의 제도는 낙후되어 있다. 자격과 서열을 따지는 것은 일종의 낙후된 관습이다.

— 덩샤오핑

사회계층의 역사적 변화

사회계층 문제는 오늘날 수많은 사람들이 관심을 가지는 문제 가운데 하나이며, 사회학자들도 이 문제에 대해 커다란 관심을 보이고 있다. 역사적으로 중국 고대사회의 지식인 계층은 정치 권력자들 밑에서 일하면서 중국 사회에 정치적으로 중요한 영향을 미쳤다. 근대사회에 이르러 지식인의 지위는 다소 하락했으나 이들의 정치에 대한 관심은 여전히 뜨거웠다. 문화혁명 기에 들어 지식인들은 가장 잔혹한 박해를 받았으나 문화혁명이 종결된 후에는 중국 사회를 개혁하는 데 적극적으로 투신했다. 오늘날 시장경제 환경에서는 지식인 계층에도 분화가 일어났는데, 그 사회적 지위는 점점 상승하여 많은 사람들의 존경을 다시 받게 되었다. 이렇듯 중국 역사에서 지식인 계층의 사회적 역량과 영향력은 절대적인 것이었음을 간과해서는 안 된다.

중국에서 지식인이라는 개념의 유래는 중국 고대의 '사(士)'와 관계가 있는데, '사'는 중국 고대사회에서 신분적 지위를 가지는 특정 사회계층을 의미했고, 나중에는 지식인을 통칭하게 되었다. 근대에 서양에서 들어온 개념인 지식인 계층을 지칭하는 말이기도 하다. 오늘날 지식인 계층 중의 지식분자는 도대체 어떤 사람인가? 새롭게 편찬된 사전 《사해(辭海)》에서는 '지식인〔知識分子〕'을 '어느 정도의 문화적, 과학적 지식을 가진 두뇌 노동자로, 과학기술 종사자, 문예 종사자, 교사, 의사, 기자, 엔지니어 등이 여기에 속한다.'라고 정의하고 있다.

중국 봉건사회에서는 오랫동안 사농공상(士農工商)의 '사민관

(四民觀)'으로 사회계층을 구분했는데, '사'는 사민 가운데 으뜸으로 지위가 가장 높았으며, 생활에는 기품이 있어 사람들의 존경을 받았다. '사'라는 것은 원래 상(商)·서주(西周)·춘추(春秋)시대 귀족 계층 가운데 가장 지위가 낮은 자들을 지칭하는 말이었는데, 주(周) 초의 '사'만이 토지와 노예를 점유할 수 있었다. 춘추시대의 '사'는 군사적으로는 군대의 주력이었고, 정치적으로는 경대부(卿大夫 : 높은 관직의 벼슬아치)의 가신이었으며, 경제적으로는 어떤 자는 식전(食田)을 누리고 어떤 자는 녹봉을 받았다. 고대에 관부(官府)에서 공부하던 자들 가운데 '사' 이상 귀족의 자제만이 문화적 지식을 습득할 수 있었기 때문에, '사'는 또한 어느 정도의 지식과 기능을 갖춘 자에 대한 호칭이 되었다.

춘추전국 시기에는 사회·경제의 변화로 인해 '사'는 귀족의 특권을 잃고 토지의 소유권을 얻어 지주계급 혹은 자작농이 되기도 했다. 이와 동시에 사상과 교육을 전문으로 하는 직업적 문사(文士)가 등장했는데, 이것이 바로 중국 지식인 계층의 전형적인 모습이다.

최초에 춘추시대의 몰락 귀족 출신이었던 '사', 이른바 '서사(庶士)'들은 공자 이후 정통으로 인식되었고, 흔히 말하는 '도에 뜻을 둔 선비〔士志於道〕'에서 일컫는 '사'란 이때의 '사'를 의미하는 것이었다. 이들은 전국시대 진(秦)·서한(西漢) 시기에는 점차 '사대부(士大夫)'로 진화했는데, 사대부란 고대 관료 계층의 일부로 이 가운데 어떤 이들은 명망과 지위가 있는 학자였다. 이들은 주로 각종 특권을 누리면서 경제적으로는 많은 전답을 소유하고 있었으니, 곧 진신(縉紳) 지주의 시초이다. 동한(東漢) 후기부터 당대(唐代)에

중국 고대의 인재 선발 제도	
상주(商周)	세경세록제(世卿世祿制)
전국(戰國), 진(秦)	군공(軍功), 녹봉제(俸祿制)
한(漢)	천거(찰거)제〔薦擧(察擧)制〕
위진남북조(魏晉南北朝)	구품중정제(九品中正制)
수당(隨唐)~명청(明淸)	과거제(科擧制)

이르러 사인(士人) 집단의 세력이 강대해지면서 사대부는 종종 '사족(士族)'을 지칭하는 말이 되었다. 특히 위진(魏晉) 이래의 사족 제도는 구품중정제(九品中正制)로 인해 성행했는데, 수대(隨代)에 이르러 이를 폐지하려 했으나 실제적으로는 당대(唐代)에 과거제가 성행한 이후에야 종말을 고할 수 있었다.

과거제 폐지로 전통적 계급 해체

근대 중국 사회의 중심은 바로 사회구조상의 중심적 지위, 즉 '사민의 으뜸'에 위치해 있었던 '사'에 있었으며, 이들이 사회의 중심으로 자리 잡게 된 배경에는 바로 한대(漢代)에서 발단하여 당송대(唐宋代)에 전성기를 맞은 과거제의 제도적 뒷받침이 있었다. 근대 중국은 서양 문화의 충격으로 과거제를 폐지했는데, 이 조치는 '수천 년 만에 처음 맞은 대변극'으로 인식되었다. 당시 중국 사회에서 획기적인 체제 변동의 하나로 과거제의 폐지를 꼽을 수 있을 것이다.

근대사회에서 과거제 폐지로 인한 가장 큰 변화는 사농공상이라는 4대 사회집단을 기초로 한 전통적 중국 사회제도가 해체되었다는 것이다. 이 사회적 변천의 과정 중에 가장 큰 충격을 받은 것은 사민(四民) 가운데 으뜸인 '사' 집단이었다. 과거제의 폐지와 학당(신식 학교) 창설의 열기는 오로지 신분 상승만을 추구하던 사회적 추세를 근본적으로 변화시켰으며, '사'의 근원을 차단하여 '사'의 존재는 결국 역사의 그늘로 사라지게 되고, 새로운 교육제도는 사회에서 자유롭게 유동하는 현대적 의미의 지식인들을 배출해 냈다. '사' 집단의 소실과 지식인이라는 새로운 사회집단의 등장은 중국의 근대사회와 전통사회를 구분 지을 수 있는 특징 가운데 하나이다. 또한 사민(四民) 사회의 해체로 인해 본래 소외 대상이었던 일부 사회집단(상인이나 군인 집단 등)은 점차 중심으로 이동한 반면, 지식인들은 점차 주변으로 몰리는 지경에 처하게 되었다.

사와 지식인

'사'와 지식인의 근본적 차이는 바로 참정(參政)과 의정(議政)에 있다. '사' 집단에게 있어 도통(道統)과 정통(政統)은 한몸으로, 이들의 천하 통치의 이상은 인심(人心)과 세도(世道)라는 두 가지 측면에서 구체화된다. 즉 사회적 양심이 되고자 할 뿐 아니라 필연적으로 실제 정치활동에도 참여하고자 했다. 한마디로 말하면, 이들은 반드시 의정과 참정(의정과 참정은 일종의 현대적 구분이다. 전통적인 '사'들에게서 의정이란 참정의 일종에 불과했다.) 모두를 수행해야 했다.

'사'와 지식인은 사회적 의미상 둘로 확연하게 구분되나 사상적으로는 밀접하게 연결되어 있다. 중화민국 초기의 지식인들은 새로운 사회적 역할을 수행하고 있는 듯 보였으나, 자신도 모르게 천하를 직접 맡아 다스리겠다는 '사'의 정신 및 국가 정사에 대한 관심을 이어받았다. 즉 의식적으로는 새로움을 추구하나 무의식의 세계는 여전히 낡은 모순의 상태에 빠져 있었다. 따라서 이들과 이들이 처한 시대도 알게 모르게 가까운 듯하면서도 떨어져 있는 모호한 상태를 유지하게 되었다. 이것이 바로 중화민국 초기 지식인들의 수많은 행위가 사람들에게 쉽게 받아들여지지 못하고, 오히려 모순으로 가득 찬 행위로 비쳤던 근본적인 이유이다. 지식인은 사회구조 내에서 자유롭게 유동하는 집단으로서 여타의 사회집단과 모두 관련을 맺을 수 있겠으나, '유동성'이라는 것은 그 자체가 어느 정도 기타 사회집단으로부터의 소외를 의미한다. 그리고 이는 결국 지식인 자신이 경계화되는 결과를 불러오게 된다.

이렇게 지식인은 알게 모르게 자신의 경계화에도 공헌을 하게 되었다. 서양에서 들어온 신문물을 숭배하는 분위기가 청말민초(清末民初) 때의 주류를 이루었기 때문에, 신흥 지식인들과 남겨진 '사'들 사이에 경쟁이 발생한다면 전자가 승리할 것이 뻔한 이치였다. 그러나 지식인들이 전통적인 '사' 집단을 사회의 주변으로 내몬다는 것은 실질적으로는 모든 학자들의 주변화가 촉진된다는 것을 의미한다. '사'가 사민(四民)의 으뜸이라는 것은 사회적으로 지도자 역할을 한다는 것을 의미하는데, 사민 사회의 해체 후 지식인들은 그 유동성과 주변화로 인해 사회적 지도자의 역할을 완전히 이어받지 못했고, 근대 지식인들의 전 사회적 지위 역시 실제로 과거의 '사'가 누렸던 지위에 미치지 못했다.

그리고 당시 중국의 관리 선발 제도는 이미 사라졌으나 그렇다고 완전히 서양의 선거제도를 도입한 것도 아니어서, 새로운 관원은 여전히 량치차오(梁啓超)가 말한 '생산에 종사하지 않는 사회집단'에서 나올 수밖에 없었다. 그러나 더 이상 '사'라는 신분이 지도자의 위치를 보장하지 않는 이상, 높은 곳에 오르고자 하는 사람이 전통적인 관리 등용 방식 가운데 기댈 만한 것은 '무관으로 입신하여 문관으로 출세하는' 한 가지 길뿐이었다. 근대 중국의 흥기(興期)에 군인은 거의 필연적인 세력으로 자리 잡았다. 그리고 과거제가 폐지된 후 향신(鄕紳 : 향촌에 살던 과거 합격자나 퇴직한 벼슬아치) 계층의 지위가 점점 높아졌는데, 이 가운데 상인이 점차 중요한 세력으로 성장했고, 중화민국 시기에 이르러 지위가 더욱 상승하자 상인들은 본업을 잊고 정치에 참여하고자 하는 야망을 불태우기도 했다.

사회계층의 이동

과거제는 원래 상층과 하층을 소통시키는 중요한 사회적 기능이 있었다. 전통적인 사농공상의 사민 사회에서 '사'는 사민의 으뜸으로써, 기타 삼민(三民)과의 유기적 연계 및 이들을 대표하여 정치와 의사결정에 참여함으로써 상층과 하층을 소통시키는 데 이바지했다는 점에서 정치적 의의가 있으며, 과거제는 바로 '사'와 기타 삼민의 유기적 연계를 유지시키는 주요 통로였다. 전통적으로 중국의 사인들은 경독(耕讀)을 표방했다. 많은 사람들이 고향에서 글을 읽다가 나중에는 도시로 와서 벼슬을 했다. 그리고 관직을 맡았던 사람들은 또 반 수 이상이 고향으로 돌아갔다. 이러한 사회 구성원의 이동은 정보와 자금 등의 다채널적 유통을 가능케 했다. 요약하자면, 과거제는 중국 사회의 각 구성 계층을 연계하거나 중개하는 중요한 역할을 담당했는데, 이를 통해 상층의 관방(官方)은 정치와 교화에, 하층의 사인은 경작과 글 읽기에 각각 매진함으로써 전 사회의 구성 계층이 유기적으로 순환할 수 있었다. 그러나 오늘날 중국의 새로운 교육 체제 하에서는 대학(한때는 중학교도 포함)을 졸업하면 도시에서 직장을 잡아 정착하는데, 심지어는 죽어서도 도시에 묻히는 등 이전과는 달리 은퇴를 해도 고향으로 돌아가려 하지 않는다. 이는 이전 사회와 같은 계층 간의 순환적 이동이 이미 상당 정도 중단되었다는 것을 의미하며, 그 영향으로 중국의 도시와 농촌은 점차 분리의 양상을 띠게 되었다.

신중국 성립 당시에 '공농상학병(工農商學兵)'이라는 말이 있었는데, 이 가운데 노동자와 농민의 신분적 지위가 가장 높았고 지식인 계층의 지위는 확실히 노동자와 농민의 뒤로 밀려나 있었다. 중국 국기가 어떻게 설계되었는가를 보면, 당시의 구상이 각 사회계층의 구별을 표현하고자 함이었음을 알 수 있다. 국기에 그려져 있는 큰 별은 중국 공산당을, 나머지 네 개의 작은 별은 각각 공(工)·농(農)·사(士)·상(商)을 상징하는데, 이는 '노동자·농민·소자산 계급·민족자산 계급'이 공산당의 지도하에 단결해 있음을 나타내고 있다.

그러나 문화혁명기에 지식인 계층은 '9등 인간'이라 불리며 사회의 최저층으로 분류됐다. 사회주의 중국 건립 초기, 지주·부농·반혁명분자·불순분자·우파의 다섯 부류의 사람들은 '인민'으로 인정

받지 못하였으며 개조 대상이었다. 그리고 문화혁명이 시작된 후에는 '매국노·스파이·주자파(走資派 : 자본주의 노선을 걷는 실권파)' 역시 개조 대상이 되었으며, 문화혁명이 그 정도를 더해 감에 따라 지식인들도 개조 대상에 포함되었다. 지식인은 '지주·부농·반혁명 분자·불순분자·우파·매국노·스파이·주자파'에 이어 가장 마지막인 9등급에 매겨졌고, 게다가 꼴사납게 잘난 척하는 자들로 인식되어 '처우라오주〔臭老九 : 냄새 지독한 최하층 계급〕'라 불리며 조롱을 당했다.

지식인들이 마오쩌둥의 사상 개조를 거치는 동안 그 사회적 지위는 계속 하락했고, 끊임없는 비판으로 인해 결국은 집단적 실어(失語)의 상태에 빠지게 되었다. '샤팡〔下放〕'이라는 것은 10년간의 문화혁명이 만들어 낸 특유의 핵심 단어로 위로부터 아래로의 운동을 말한다. 구체적으로는 청년 학생, 국가 간부, 지식인들을 도시에서 농촌으로 보내 노동하게 한 것을 의미하는데, 이는 마오쩌둥의 직접적인 지시에 의한 것으로 이들을 재교육하는 것에 그 목적이 있었다. 1차 교육은 교육 기관과 독서를 통해, 2차 교육은 농촌 생활을 통해 이루어졌다. 재교육의 대상은 위에 언급한 세 부류에 속하는 자들이었고, 교육자는 빈농 또는 하층 중농이었다. 재교육은 마오쩌둥이 창도한 지식인 개조 운동의 일환이었는데, 수천 수만에 이르는 청년 학생, 국가 간부 그리고 지식인들이 쉴 새 없이 농촌으로 보내져 개조를 강요 받아야 했다.

이는 오늘날 수많은 학생들이 도시의 학교로 몰려가 1차 교육을 받는 것과 비교했을 때, 방향은 다르지만 그 모습만은 별반 다를 게 없다. 만약 재교육이라는 요소를 배제하고 단순히 샤팡의 사회학적 현상에만 주목하면, 이것도 사회적 인구 이동에 해당할 수 있다. 문화혁명 시기의 샤팡 운동은 표면적으로는 수평적인 지리적 인구 이동으로 보이나 실제로는 수직적인 사회적 이동의 성격을 띠고 있다. 중국 역사 중에도 수직적 이동을 보여 주는 사례가 있는데, 그것이 바로 앞서 말했던 과거 제도이다. 과거 시험은 중국 봉건사회의 인재 선발 기제로써 이를 통해 2000여 년 동안 경직되어 있던 세습 사회계층이 부단히 쇄신되고 또한 연속될 수 있었다.

이러한 과거 시험은 일종의 아래에서 위로의 운동이었는데, 문화혁명 시기에 이르러서야 일시적이나마 최초로 위에서 아래로 향하는 사회계층의 이동이 있게 되었다. 도시에서 농촌으로의 인구 이동은 단순하게 봤을 때는 일종의 지리적 이동에 지나지 않는다. 그러나 중국은 도시와 농촌이 긴밀한 이원 대립 구조의 양상을 보이고 있고, 또 광활한 행정 구역 및 만물 위에 군림하고자 하는 정치적 사고방식은 중국의 통치자로 하여금 자연스럽게 도시에서 농촌으로 하향하는 피라미드식 행정 구조를 취하게끔 만들었다. 그래서인지 도시 사람들은 농촌 사람들에 대해 일종의 우월감 같은 것을 가지고 있었고, 농촌 사람들 역시 도시 사람들에게 일종의 부러움이나 질투 같은 것을 느끼고 있었다. 이러한 중국 특유의 정치환경 속에서 원래는 수평적이어야 할 도농 간 인구 이동은 오히려 수직적인 사회적 이동으로 변모했다.

문화혁명 시기의 샤팡 운동은 리더십에서 우러나온 교육 혁명이었지 제도를 통한 합리적 선택은 아니었다. 가장 치명적인 것은 이를 뒷받침할 만한 합리적 기제가 처음부터 없었다는 점이다. 이러한 수직적 이동은 결국 전체 사회구조를 더욱 허약하게 만들었고, 70~80년대에 지식인 부족 현상이 생긴 것도 바로 이때의 사회적 이동에서 비롯된 결과라 할 수 있다.

신중국 이래 지식인 개조 운동

마오쩌둥 등 중국 공산당 고위 지도자들이 신중국 건립 이후 일련의 지식인 개조 운동을 벌인 이유는 과연 무엇이었을까? 그 주요 원인은 두 가지에서 찾을 수 있을 것이다. 첫째, 근·현대사 이래의 중국 지식인들(주로 문인 지식인을 지칭한다.)은 태평천국, 캉유웨이와 량치차오 및 5.4 신문화 운동과 같은 반역 혁명의 영향을 받아 언제나 소란을 일으키기를 서슴지 않았고, 청 왕조를 무너뜨리더니 그 후에는 곧 국민당 정권마저도 무너뜨렸다. 이러한 지식인들을 달가워할 통치자는 없을 것이다. 그리하여 당시의 집권자들이 어떻게든 민심을 어지럽히고 심지어는 혁명을 일으켜 반역을 도모함으로써 이제 막 동란에서 벗어난 신중국을 다시 재난 속으로 밀어 넣으려는 지식인들을 제거하고자 한 것은 어찌 보면 당연한 일이었을지도 모른다.

둘째, 모든 사회 문명의 기초는 바로 교육에 있다. 마오쩌둥 등 중국 공산당 고위층이 그들의 '중국식 마르크스주의'를 실험하고자 했을 때 교육을 통해 공산주의 이론을 전파하는 것은 당연한 수순이었다. 그러나 당시 중국의 지식인들 대부분은 이미 외국에서 들어온 각종 '주의(主義)'에 물들어 있었다. 따라서 중국 공산당은 지식분자들, 특히 문인 지식인들에게 일련의 사상 개조 운동을 발동하여 그들의 목표 실현을 앞당기고자 했던 것이다. 이렇게 보면 중국 지식인들의 중국 사회에 대한 영향력은 실로 대단한 것이었다. 아이러니한 것은 마오쩌둥 개인 역시 당시의 지식인이었고, 그가 지식인들을 겨냥하여 발동한 교육 혁명이라는 것도 실상은 그 개인이 받았던 반(反)전통적 사상 교육과 밀접한 관련이 있다는 점이다.

인류 역사의 발전은 앞으로 쭉 뻗은 직선 코스를 달리는 것이 아니라 굴곡이 많은 험한 길에 천천히 그 궤적을 남기는 것으로서, 어떤 때에는 한 발 디디면 두 발 물러서야 할 때도 있고 심지어는 한참 뒤로 후퇴해야 하는 일이 생기기도 한다. 여기서 지적해야 할 것은 문명사회의 퇴보를 야기하는 현상은 종종 그 문명사회에 앞서 있었던 진보로 인해 야기되는 경우가 많다는 점이다. 다시 말하면, 인류 문명에 존재하는 어떤 제도든지 결국에는 동전의 양면처럼 인류 자체의 발전에 상대적으로 좋고 나쁜 두 가지 결과를 낳게 된다는 것이다.

예를 들면, 몇 천 년간 중국의 국력이 주변국들을 앞서 있었던 것이나, 중국이 여태까지 정교합일(正敎合一)의 국가를 이루지 않은 점, 그리고 중국의 의식 상태가 줄곧 개방적이었다는 것 등은 중국이 춘추와 진·한대를 거쳐 일찍이 완벽한 수준의 사회교육 기제를 정립했다는 것과 결정적 관계가 있다. 그러나 몽고족의 원과 만주족의 청 황권은 완전한 자신들만의 사회교육 기제를 정립하지 못했고, 결국은 자신들의 정교합일의 습속에 따라 원래 교육가였던 공자 등을 종교적·정신적 지주로 추앙하였기에, 일련의 사회적 후환을 야기하고 말았다. 그 가장 직접적인 결과로 지나치게 교사를 존중하고 교육을 중시하는 풍토가 조성되어 교사의 역할이 실질적으로는 사회 내의 '준목사'의 역할로 변질되어 버렸다. 이는 곧 200여 년의 청조 통치하에서 교사는 성현의 정신을 전파하는 대변인이 되어 버렸고, 실질적으로는 이미 '공교(孔教)'라는 준종교 사상을 전파하는 '준목사'가 되었다는 것을 말한다. 이렇게 되면 청소년이 소외되고 억압 받는 사회현상이 조성될 뿐 아니라 특히 교육이 시대 발전을 따라잡지 못하고 교육제도가 사람의 창조성을 억압하게 되는 등의 수많은 사회적 후유증을 가져오게 된다.

공자를 배격했던 태평천국의 난에서 중국 전통 역사학 체계를 부정하는 신민 운동을 전개했던 량치차오, 서양식 학교가 설립되기 시작한 양무운동, 중국에 새로운 유행을 일으킨 해외 유학파, '타도 공자'를 외쳤던 5.4 신문화 운동 그리고 '교육 혁명'을 일으켰던 무산계급의 문화혁명에 이르기까지, 이 모든 인물과 사건의 주목적은 중국에 만연하고 있던 유교사상 중심의 교육제도를 타파하는 것이었다. 오늘날의 시각으로 볼 때 이러한 문화 파괴의 성질을 띠는 혁명 운동이 역사적으로 올바른 선택이었다고 말할 수는 없지만, 이렇게 유교사상 중심의 교육제도를 비난한 학자들이 주도한 반역 운동의 기저에는 상당히 합리적인 사회적 요인이 자리 잡고 있었음을 알아야만 한다.

그러나 여기서 반드시 지적해야 할 것은, 청조 이래 일부 중국 학자들이 중국의 유림(儒林)계에 수많은 왜곡 현상이 생기게 된 근본적인 원인은 소수민족 황권이 자신들의 종교 숭배 전통에 입각해 중국 한족 본래의 선진적이고 개방적인 교육 기제를 개조하려고 한 것에 있음을 심각하게 분석하려 들지 않았다는 점이다. 오히려 반역 혁명의 창 끝이 공자와 같은 교육가와 중국 전통 교육체제 등을 겨냥함으로써 전통의 계승을 뒷받침하기는커녕 그 흐름을 단절하는 결과를 낳고 말았다. 중국 사상 문화계가 아편전쟁 이래 줄곧 내부적으로 갈등을 겪었던 근본적 원인이 바로 여기에 있다. 오늘날 중국에서 일부 노인들은 매우 급진적인 신식 사상을 가지고 있는데 반해, 일부 젊은이들은 중국 전통문화에 대해서도 이렇다 할 주관을 정립하지 못하고 있다는 사실은 이러한 단절 현상을 잘 설명해 주고 있다. 한 예로 70세 이상의 노인 지식인들 가운데 대다수는 전통에 반대하는 5.4 신문화 운동의 영향을 받아 국제 공산주의 운동이나 서양의 자유주의 사조에 깊은 관심을 갖게 되었는데, 현재 55세 이상 70세 미만의 연령대에 속한 지식인들은 아직까지 구소련에 대한 연정을 품고 있기도 하다.

청소년 시절의 마오쩌둥은 일찍이 량치차오의 숭배자이기도 했고, 전통에 반대한 것으로 유명한 루쉰, 후스[胡適] 등의 숭배자이기도 했다. 즉 마오쩌둥은 국내적으로는 당시 정권을 전복하려는 '신민 운동'과 '신문화 운동'의 영향하에서, 또 국제적으로는 역시 사회 전복의 성격을 띠고 있던 공산주의 운동의 영향하에서 성장했다. 이렇게 중국 학자들의 반전통 사조와 중국에서 흥기한 과격 공산주의 실천 운동 사이에는 필연적이고 내재적인 연결 고리가 형성되었다.

중국 공산당의 정당 이론과 치국 이론들을 살펴보면, 결국에 추구하는 것은 완전히 새로운 중국임을 알 수 있다. 그렇다면 이러한 상황하에서, 신중국이 수립된 1949년부터 마오쩌둥이 서거한 1976년까지 31년 동안 중국 사회의 어떠한 사회계층이 특히 마오쩌둥에게 감사했을까? 당연히 노동자와 농민 계층일 것이다. 그렇다면 이 31년 동안 어떠한 사회계층이 마오쩌둥에게 가장 큰 불만을 품게 되었을까? 바로 지식인 계층, 그 중에서도 특히 문인 지식인들이었다. 그러나 지식인 계층이 마오쩌둥을 증오할 충분한 이유가 있는 것은 아니었다.

지식인은 사회의 양심이다. 그래서 지식인은 개인·집단·국가 그리고 세상의 모든 이해관계를 고려하여 문제를 분석하고 시비를 가려야 한다. 다시 말해서, 중국 지식인 집단이 신중국 이후의 극좌 시기에 일련의 수난을 겪었다고 해서 중국 공산당에게 분개하고 마오쩌둥을 증오해서는 안 된다는 것이다. 만약 그렇게 되면 결국은 과거 그 시절처럼 국가의 안정과 발전에 불리한 각종 후환을 남기게 될 것이다. 중국 공산당이 역사적으로 범했던 수많은 극좌적 과오들은 중국 근·현대사의 거부할 수 없는 역사적 흐름이 만들어 낸 것이며, 다른 누군가가 정권을 장악했더라도 당시의 역사적 상황하에서는 모두 같은 실수를 저질렀을 것이다. 중국 공산당 역시 5.4 신문화 운동이 만들어 낸 역사적 산물이다.

지식인 집단의 분화 현상

그때로부터 오랜 시간이 흐른 오늘날 중국 사회의 지식인들은 이제 오랜 억압에서 벗어나 새롭게 도약하고 있다. 심지어 일부 지식인들은 국가경제와 국민 생활에 영향력을 미칠 수 있는 국가 사회 엘리트 계층으로 출세하기도 했다. 이러한 시기에 지식인 계층의 사회적 양심과 민족과 사회의 발전을 위한 이들의 공헌은 더욱 절실히 요구된다.

개혁 개방 이후 덩샤오핑은 지식인들에 대한 정책을 바꿔 나가기 시작했다. 이로 인해 지식인 집단의 세력이 확대되고 이들의 사회적 지위 또한 제고되었으나, 또 한편으로 금전 제일주의가 널리 퍼지는 계기를 마련해 주어 이제는 그 어느 것보다도 돈이라는 것이 사상적·가치관적 판단 기준이 되어 버렸다. 1992년 이후, 국가 분배 정책은 조정에 들어가, '노동에 따른 분배를 위주로 하여 여러 종류의 분배 제도를 서로 결합'하는 방식을 채택하여 시행하기 시작했는데, 이것 역시 중국 지식인의 경제적 지위를 개선하는 데 어느 정도 일조했다.

그리고 경제적 이익 분배 비율에 있어서도 일부 지식인들의 소득이 대폭 상승하여, 이들은 곧 중산계층으로 진입할 수 있었으며 정치적 입장에도 역시 뚜렷한 변화가 일어났다. 그러나 뒤이어 야기된 소득의 불균형은 이들 사이의 양극화 현상을 조장하기까지 했다. 소수의 지식인들은 정치권력에 몸을 의탁하여 관료 집단의 '대변인'이 되었고, 대다수 지식인들은 크게 두 파로 나뉘었다. 그 하나는 '무실파(務實派)'라 불리는 이들로서 정부나 기업과 인연을 맺고 지식 상인(Knowledge Merchant)이나 기업가로 성장한 후 잇달아 성공가도를 달린다. 나머지 하나는 '무허파(務虛派)'라 불렸는데, 이들은 소득이 매우 낮아 구매력이 떨어지고 생활은 나날이 궁핍해져 점차 경제 사회의 주변부로 밀려나고 있다.

이렇게 지식인들 사이에 사회적 지위와 소득수준의 편차가 생기자 전 지식인들이 도덕적으로 공통적인 입장을 취하기는 더욱 어려워졌다. 마치 시장경제에서 사회계층이 분화하는 것과 같이, 지식인들의 사회적 역할에도 분열이 일어났다. 그리고 이러한 지식인들의 경제적 지위와 가치관의 변화는 이 집단이 본래 공통으로 가지고 있었던 독립성과 비판정신의 상실을 조장했다. 중국 지식인들이 전통적으로 가지고 있던 '군자는 곤궁함을 잘 견딘다[君子固窮].', '쓸쓸함을 달갑게 여기다[甘於寂寞].'와 같은 가치관은 이 시대에 이미 그 설 자리를 잃고 말았다. 그리고 고집스럽게 자신의 믿음과 존엄을 지키려 하는 일부 지식인을 제외하고는 대다수가 이익집단에 기대어 이익 추구의 도구로 전락해 버렸다. 이렇게 사회구조의 분화는 필연적으로 지식인의 분화를 동반하게 되었다. 오늘날 지식인들은 붓을 꺾고 상업이나 예술 활동을 하거나, 앞다투어 관리나 공무원이 되기 위한 시험 준비에 매진하고 있다. 사회적 지위를 다시 한번 상승시키고자 하는 지식인들에게 관직의 유혹은 뿌리칠 수 없을 만큼 강하기 때문이다.

사회 권력의 다극화

오늘날의 중국 사회를 대상으로 하여 직업적 분류를 기초로, 또 조직 자원, 경제 자원 그리고 문화 자원의 점유 상태를 기준으로 사회계층 구조를 나누면, 그 기본 형태를 10개의 사회계층과 5종류의 사회 지위 등급으로 구성해 볼 수 있다. 사회계층은 국가·사회 지도자 계층, 경영 관리자 계층, 민영기업주 계층, 전문 기술직 계층, 행정사무 직원 계층, 개별 상공업자 계층, 상업·서비스업 직원 계층, 산업 노동자 계층, 농민 계층 그리고 무직·실업·반실업자 계층으로 분류된다.

각 사회계층 및 지위 등급의 배열 순서는 조직 자원, 경제 자원, 문화 자원이라는 세 가지 자원에 대한 점유량과 보유하고 있는 자원의 중요도에 따라 결정된 것이다. 이 가운데 조직 자원은 가장 결정적 의미를 지니는 자원인데, 이는 당과 정부 조직이 전 사회에서 가장 중요한 그리고 가장 대량의 자원을 통제하고 있기 때문이다. 경제 자원은 80년대 이후 점차 중요한 자원으로 인식되고 있으나, 당대 중국 사회에서는 그 중요성이 자본주의 사회에서처럼 그렇게 크지는 않으며, 현재는 사회제도를 통해서나 혹은 의식적으로 경제 자원의 영향력이 과도하게 커지지 않도록 억제하고 있는 상황이다. 문화·기술 자원의 중요성은 최근 10년간 빠르게 증가했는데, 인간의 사회계층적 지위를 결정할 때 그 기여도는 경제 자원의 기여도에 전혀 뒤지지 않는다.

현대사회는 크게 정치·경제, 사회라는 세 영역으로 구성되어 있다. 이러한 삼분법을 사용하여 최근 20여 년간의 중국 사회 변천사를 관찰해 볼 때, 우리는 현재 중국 사회가 권력의 다극화 과정을 겪고 있음을 알 수 있다. 정치 영역의 권력 약화에 따라 경제 영역과 사회 영역의 권력은 점차 성장하고 있고, 정치 영역에서 모든 권력을 독점하고 있던 '단극 구조'는 현재 세 영역에 권력이 고루 분산되는 '다극 구조'로 전환되고 있다.

하층민과의 연계 상실한 지식인

　중국의 개혁 개방은 1989년의 톈안먼 사건을 기점으로 크게 두 단계로 나뉜다. 80년대의 개혁은 아래에서 위로의 개혁이었고, 90년대의 개혁은 위에서 아래로의 개혁이었다. 발전을 거듭하던 중국의 개혁 개방은 1989년 사회운동에 대한 폭력적 진압이 있은 후 빠르게 후퇴하기 시작했는데, 이는 결코 우연적으로 발생한 일이 아니다. 90년대 지식인들 사이에는 신자유주의와 신권위주의가 사상적 주류를 이루고 있었다. 1989년의 사회운동이 사람들을 동원하기 위해 내걸었던 구호가 '민주'와 '반부패'였다면, 1989년 이후 즉 90년대에 이르러서는 '신자유주의'가 중국 지식계를 주도하면서 '자유와 민주', '효율과 공평'이 서로 간에 대립 양상을 보였는데, '자유'의 이름으로 '민주'와 '평등'에 반대하고, '효율'이라는 명목 하에 '부패'를 이론화하고 합리화했다.

　그 결과 중국의 개혁은 권력으로 돈을 빼앗는 '사유화'와 돈으로 권력을 사는 '민주화'를 낳았다는 비판에 직면하게 되었다.

　이와 동시에 90년대 중국 사회의 특징 중 하나로 일부 지식인들의 소실을 들 수 있는데, 이때 지식인들은 직업화된 학자들에 의해 대체되었다. 80년대에 지식인과 정부는 팽팽한 대립 관계에 있었는데, 90년대 들어 둘의 관계에 근본적 변화가 일어나, 지식인들은 이익집단의 일부로 편입되기도 했다. 특히 최근 몇 년 사이에 국가는 학술 체제를 통해 이들을 재편성하는 데 성공했다. 오늘날 중국의 큰 문제 중 하나는 엘리트와 하층민, 지식인과 민중의 물질적·정서적 단절로, 심하게는 연계를 완전히 상실했다는 점을 들 수 있다.

중국 사회계층 구조의 기본 형태

상층:
고위 지도자 간부
대기업 경영인
고급 전문직 인원
대규모 민영기업주

중상층:
중저층 지도자 간부
대기업 중급 관리자
중소기업 경영자
중급 전문직 인원
중급 기업주

중중층:
초급 전문직 인원
소형 기업주
행정사무 직원,
개별 상공업자

중하층:
개별 노동자
일반 상업·서비스업 직원
공장 근로자
농민

저층:
생활이 빈곤 상태에 처해 있고 취업이 보장되지 않는 노동자
농민
무직·실업·반실업자

국가 사회 지도자 계층
(조직 자원 보유)

경영 관리자 계층
(문화 자원·조직 자원 보유)

민영기업주 계층
(경제 자원 보유)

전문 기술자 계층
(문화 자원 보유)

행정사무직 종사자 계층
(소량의 문화 자원과 조직 자원 보유)

개별 상공업자 계층
(소량의 경제 자원 보유)

상업·서비스업 직원 계층
(극소량의 자원 보유)

산업 노동자 계층
(극소량의 자원 보유)

농민 계층
(극소량의 자원 보유)

무직·실업·반실업자 계층
(극소량의 자원 보유)

그리고 오늘날 중국에 후진타오·원자바오 체제의 신정권이 들어선 것 역시, 90년대 이래 사상계와 지식계의 사상적 공헌과도 관련이 있다. 90년대 이후 '신좌파'라 불리는 사람들의 비판의 목소리가 높아져 갔는데, 이들이 주장한 사회 공정, 사회 민주와 같은 논제들은 신자유주의와 신권위주의에 일종의 전환적 역량으로 작용했다. 또 일부 학자들은 주류 경제학을 비판하고 나섰는데, 이들은 스스로를 비주류 경제학자라 칭했다.

후진타오·원자바오 체제의 출범은 정책 조정에 하나의 계기를 마련해 주었다. 중국 공산당 제16차 삼중전회는 "전체를 돌아보는 통일된 계획을 수립하여 이를 견지해 나가고, 또 인간을 중심으로 하는 전면적이고 조화로우며 지속 가능한 발전관을 수립하여 이를 견지해 나감으로써 경제·사회와 인간의 전면적 발전을 촉진할 것"을 제창했다. 여기서 제시된 '지역 균형 발전 전략〔五個統籌〕'은 도시와 농촌의 균형 발전, 지역 간(내륙과 연안)의 균형 발전, 경제와 사회의 균형 발전, 인간과 자연의 균형 발전, 국내의 발전과 대외 개방의 균형을 추구한다. 그리고 이는 '경제인', GDP 숭배, '이미지 공정' 방식과는 다른 형태의 발전을 의미한다. 1978년 말 중국 공산당 제11차 삼중전회가 개혁 개방의 기점이었다면, 2003년에 열린 제16차 삼중전회는 또 하나의 새로운 역사적 기점이 되었다. 이것은 중국이 단편적이고 불공정하며 지속 가능하지 못한 발전에서, 전면적이고 조화로우며 지속 가능한 발전을 추구하게 되었음을 상징한다. 후진타오는 2003년 2월 18일 중국 공산당 중앙당교(中央黨校)의 연설에서 '권력은 인민을 위해 사용하고, 감정은 인민과 연결되고, 이익은 인민을 위해 추구한다.'는 이른바 '신삼민주의(新三民主義)'를 제창했다. 이렇게 새로운 발전관은 낡은 발전관을 대체했다. 후진타오·원쟈바오 신정권의 주장은 국민들의 폭넓은 지지와 환영을 받았다.

지식인의 가치와 사상적 경향

중국의 현대화 과정에서 생겨난 모순들의 복잡성과 장기성으로 인해, 그리고 수많은 이론과 사상들이 이 모순들에 대해 서로 다른 각도에서 해석을 내리고 있는데다가 각 해석 체계가 나름의 정치 사회적 역량을 기초로 하고 있기 때문에, 전환 과정에서 등장한 3대 주의, 즉 자유주의, 신보수주의 그리고 신좌파(우익 평등주의의 또 다른 형태) 간의 논쟁과 사상적 충돌은 장기간 계속될 것으로 보인다. 중국에서 일어났던 21세기 이전의 사상 문화 운동은 앞으로도 이상의 3대 주의와 밀접하게 관련될 것으로 보인다. 특히 여기서 주의할 것은, 계층 간 사회 분화 현상이 뚜렷해지고 경제 분화 과정에서 등장한 사회 불평등이 나날이 심각해짐에 따라 신좌파의 목소리가 높아지고 있다는 점이다. 신좌파는 자본주의의 전 세계적 확산을 비판하는 입장에서 공평·사회 정의 그리고 평등의 가치를 부르짖는다. 그러나 이들은 당대 중국의 현실적 문제를 자본주의의 문제로 인식하고 또 이를 비판의 근거로 삼고 있기 때문에, 문화혁명의 기본 이론에 대해서는 상당히 긍정적인 입장을, 오늘날 중국이 시장경제와 글로벌화를 향해 가는 추세에 대해서는 회의적이고 도전적인 입장을 취하고 있다.

현대 역사에는 두 부류의 인간들이 중요한 역할을 맡고 있다. 그들은 바로 중산계층과 지식 관념론자들이다. 중산계층은 도덕적 열정이 희박하나 실무적인 면에서는 강하고, 소위 '관념론자'들이라 불리는 지식인들은 중산계층과는 달리 도덕적 열정과 정의감으로 충만해 있으나, 실제와는 동떨어져 현실을 전면적으로 뒤바꾸겠다는 유토피아적 환상에 쉽게 빠지곤 한다. 20세기 중국 역사에서 이들은 분명 역사적 선택에 커다란 역할을 했다.

여기서 말하는 지식 '관념론자'란 일종의 직업적 개념으로, '정신 노동자'가 내포하는 의미와 완전히 일치하지는 않는다. 구체적으로 말하면, 지식인(Intelligentsia)은 고급 인문 교육을 받아 추상적 개념으로 사회문제를 고찰하는 데 익숙하며, 동시에 일반인과 비교해 더 많은 문화적 지식과 정보의 출처를 보유하고 있어 사회문제와 폐단에 민감하게 반응한다. 이렇게 풍부한 지식과 민감성이 서로 결합하여, 이들은 자발적으로 사회에 대한 관심 그리고 이에 따른 사회개조·개량을 자신들의 도덕적 사명으로 받아들인다. 이들의 사회문제에 대한 관심은 개인이 소속된 집단의 이익과 직접 관련되어 있기보다는 자각적인 도덕적 사명감과 연관된 경우가 많다. 이들은 종종 자신이 확신하고 있는 신앙, 가치와 이념에 근거해 사회개조와 개량에 자신을 헌신한다. 하지만 이들의 행동 경향은 이들이 스스로 합리적이고 전면적이라 생각하는 유토피아적 청사진으로 사회를 개조함으로써 이들의 예상과 달리 민족 전체에 끝없는 고난을 안겨 주는 결말을 낳을 수 있다. 따라서 '대개 우리들이 받는 고통은 악인들에게서 나오는 것은 얕고 좋은 사람들에게서 이루어지는 것은 깊다.'라는 20세기 초 신진 청년들을 향한 불행한 예언을 반복해서 증명하게 되는 결과를 초래하기 쉽다.

지식인과 중산층의 상호 보충

근대 이래 세계 현대화의 역사에서 볼 때, 영국과 미국처럼 중산계층이 두텁게 자리 잡은 국가들의 경우 관념형 지식인들이 많지 않으며, 이들의 정치적 영향력도 상당히 제한적이다. 이들 국가에서는 사회문제를 해결할 때 다양한 이익집단들이 각각 자신들의 대표를 정하고, 이 대표들은 사회 압력단체를 통해 자신들의 이익을 꾀한다. 그러나 세계 각국의 역사상 지식 '관념론자'들은 중요한 역할을 담당해 왔으며, 거의 모든 혁명운동에서 이념을 생명으로 여기는 이들이 핵심이 되었다.

오늘날 중국 사회에는 새로운 현상들이 출현했다. 그 가운데 하나는 발전 중인 사회가 직면하고 있는 각종 문제, 예를 들어 빈부 격차, 관료 부패, 사회 불평등과 같은 각종 모순들로 인해 전통적 관념형 지식인들의 도덕 이념을 기반으로 한 언어 권력이 설득력을 가지게 되었으며, 이들이 추구하는 완벽한 유토피아적 이상론이 그 힘을 발휘할 여지를 얻게 되었다는 것이다. 또 하나의 현상으로는 시장경제의 세속화로 인해, 현실성과 안정성을 숭상하나 도덕적 열정이나 사회 비판 정신이 희박한 중산계층이 끊임없이 강대해지고 있다는 것을 들 수 있다.

그리고 현단계의 중국에게는 책임 의식이 강한 지식인과 현실 의식이 투철한 중산계층의 상호 협력과 지지 작용이 절실히 필요하다. 만약 모든 중국 지식인들이 그들의 도덕적 열정을 유지함과 동시에 철학가나 시인의 방식이 아닌 전문가의 태도로 중국의 문제에 대해 고민한다면, 또 신흥 중산계층이 자신의 발전을 도모함과 동시에 사회에 더 많은 관심을 보인다면, 중국은 관념론자들의 급진적 유토피아 이상이 사람들의 문제에 대한 인식을 좌지우지하는 비극을 피할 수 있을 것이다. 또 한편으로는 점진적·온건적·실무적 태도와 관용의 정신으로 중국 민족의 앞날을 선택할 수 있을 것이다. 이러한 사회가 더욱 희망이 있다는 것은 의심할 여지가 없다.

계층 간의 타협과 직업 지위의 상승

이 밖에 서로 다른 계층 간의 타협은 아마도 현 시대 민주주의 특징일 것이며, 서로 다른 계층 간의 충돌을 정치적으로 해결하는 이지적이고 합리적인 방식일 것이다. 봉건적 전제정치를 사회의 주요 통제 역량으로 삼는 사회가 봉건사회라면, 자본의 소유와 통제로 형성되는 사회는 자본주의 사회이다. 오늘날의 사회는 다원화 시대에 진입했는데, 다원화는 작금의 사회를 다른 시대와 구분 짓는 가장 본질적인 특징이다. 즉 사회를 통제하는 정치 역량, 경제 체제, 문화 의식이 모두 다원화 양상을 보이며 발전하고 있다. 경제 자본의 다원화로 생산재·인적 자본·사회 자본이 경제성장에 공통으로 작용을 미치고 있기 때문에 설사 자본주의 사회라 할지라도 자본가 계급이 단편적으로 국가의 정책 방침이나 국가 경영자를 결정할 수 없고, 자본가 계급만이 정부의 대리인 역할을 할 수는 없으며, 또 해서도 안 된다.

중산계층의 약진은 사회의 안정과 발전 그리고 공평과 정의·이성의 수립에 중요한 작용을 했다. 사회계층 분화와 다원화는 모든 사회가 피할 수도, 피해서도 안 되는 사회문제이다. 현단계에서 중국 사회 각 계층 간의 모순과 충돌은 조절할 수 있는데, 각 계층이 사회의 일부분을 구성하고 있기 때문에 계층 간의 타협은 필수적이고, 또한 가능한 것이다. 계층 간의 타협이 민주 사회의 특징이고, 계층 간의 충돌을 해결할 중요한 정치적 수단이자 방법이며, 조화로운 사회를 건설하기 위해 반드시 거쳐야 할 길이다. 희소 자원을 둘러싼 계층 간의 배타적인 태도와 소모적인 다툼 대신에 비폭력적이고 합법적인 경쟁이야말로 사회의 장기적 발전을 위해 반드시 필요하다. 경쟁하는 과정에서 국가 경영자는 조정자와 참여자로서 극히 중요한 역할을 담당하게 된다.

모든 계층은 자신의 대변인을 필요로 하는데, 이들은 국가 정책과 방침을 제정하는 데 있어 해당 계층을 대표하여 의견을 제시한다. 자신의 이익을 주장하는 협상적·타협적 기제를 통해 각 계층은 합리적이고 합법적으로 자신의 이익을 보호할 수 있다. 또한 계층 간에 발생할지도 모르는 충돌을 피할 수 있는데, 충돌로 야기되는 사회적 혼란은 그 어느 편에도 좋지 않은 영향을 미칠 수 있다. 이와 동시에, 직업의 상향 이동은 사회의 정치적 '안전판(safety valve)'으로 인식되고 있다. 직업 지위의 상승은 직접적으로 노동자 계층의 생활수준을 변화시키고 개선시킴으로써 이들의 안정감과 만족감을 증가시킨다. 위로 뻗어나갈 수 있는 통로가 막힘 없이 뚫려 있게 되면 사람들은 열심히 일하고 학습하며, 성실과 신용의 원칙에 따라 경영하게 되면 반드시 성공하게 되리라는 신념을 수립할 수 있을 것이다. 이렇게 바람직한 경쟁 양상이 보편적인 사람들의 인식으로 자리 잡게 되면, 사회 안정의 중요한 기반을 다질 수 있을 것이다.

그리고 직업적 지위의 상승을 이룰 수 있는 가장 간단하고 직접적인 방법 가운데 하나는 바로 우수한 교육을 받는 것이다. 오늘날 중국이 교육을 통해 대량의 지식형 노동자를 배출하여 노동자 계층의 상황을 근본적으로 변화시키고, 이를 통해 두터운 중산계층을 형성해 낼 수 있다면, 막힘 없는 의사소통의 통로를 마련하여 이를 통해 계층 간의 대화·항쟁 그리고 타협이 이루어질 수 있다면, 노동자 계층 가운데 경제적 빈곤에 시달리는 이들의 생존 조건을 개선한다면, 어느 정도 사회의 공정이 실현될 수 있을 것이며, 나아가 조화로운 사회의 실현을 향해 한 발 더 내디딜 수 있을 것이다.

기출문제 둘러보기 _____

1981년 : 아래의 글 〈나무를 훼손하는 것은 쉬우나 심는 것은 어렵다〉를 읽고 한 편의 독후감을 작성하시오.

> 버드나무는 거꾸로 심어도 살 수 있고 부러뜨려 심어도 살 수 있다. 그러나 열 사람이 버드나무를 심었는데 한 사람이 이를 훼손한다면, 단한 그루의 버드나무도 살아 있지 못할 것이다. 나무를 심는 사람이 열명이나 되고, 심은 것도 쉽게 죽지 않는 버드나무이지만, 오히려 한사람이 훼손하는 것을 견디지 못한다. 그 원인은 무엇인가? 나무를 훼손하는 것은 쉬우나 심는 것은 어렵다.

주제분석

1981년의 '나무를 훼손하는 것은 쉬우나 심는 것은 어렵다.'라는 주제의 글은 겉으로 보기에는 나무를 심고 훼손하는 것에 대해 이야기하면서, 심는 것은 어렵고 훼손하는 것은 쉽다는 것을 강조하고 있다. 사실 이러한 주제는 암시적 의미를 내포하고 있는 것으로, 사고의 영역을 확장하여 특정 환경 속에서 파생된 의미를 찾아 이를 언어로 표현할 것을 요구하고 있다. 즉 나무를 훼손하는 것은 쉽지만 심는 것은 어려운 이 상황을 어떤 사회적 상황을 확대했거나 비유하여 표현한 것으로 이해해야 한다. 이 주제는 학생들의 논리적 사유를 필요로 하는데, 양호한 생태 환경의 창조에는 인간들의 노력과 세심한 보호가 필요하며 그렇지 못할 경우 사막화나 모래 폭풍 같은 자연환경의 악화를 야기할 수 있다는 식으로 생태 환경을 연상하여 쓸 수 있다. 또는 나무를 심는 것과 훼손하는 것을 어떤 사업을 성사시키는 것과 이를 망치는 것에 비유할 수도 있다. 어떤 일을 성사시키는 것은 쉽지 않지만 망쳐 버리는 것은 한순간이기 때문이다. 동시에 많은 학생들이 인재 문제, 지식인 문제를 떠올릴 수 있을 것이다. 고대인들이 군자를 향기로운 난(蘭)에, 소인을 하잘것없는 강아지풀에 비유한 것처럼 중국에서 사람은 종종 식물에 비유된다. 또 '동량지재(棟梁之材 : 한 집안이나 한 나라를 떠받치는 중대한 일을 맡을 만한 인재)'나 '중류지주(中流砥柱 : 역경에 굴하지 않는 꿋꿋한 인물)' 등은 나무와 연관 지어 인물이나 인재를 형용하는 단어들이다. 특히 '십년수목 백년수인(十年樹木 百年樹人)'이라는 말은 인재를 양성하는 것이 나무를 키우는 것보다 훨씬 어렵다는 의미를 담고 있다.

〈나무를 훼손하는 것은 쉽지만 심는 것은 어렵다〉를 읽고

나는 뜨겁게 내리쬐는 해를 피할 심산으로 나뭇가지와 잎이 너울대는 버드나무 숲을 천천히 걸은 적이 있다. 또 버들개지가 흩날리는 계절에 '봄날의 성에는 꽃이 날지 않는 곳이 없네.'라는 시구를 읊조린 적도 있다. 그러나 여태까지 한번도 버드나무를 심는 것과 훼손하는 것의 이치를 심각하게 생각해 본 적이 없다. 오늘, 몇 자 되지 않는 짧은 글을 읽고 간단한 이치를 깊이 생각해 보게 되었다.

'나무를 훼손하는 것은 쉬우나 심는 것은 어렵다.'는 이 말은 정말이지 맞는 말이다. 언젠가 이런 보도를 접한 적이 있다. 성실하게 일하는 한 농민이 10년 동안 공을 들여 고향의 민둥산을 푸르게 가꾸어 놓았는데, 한 번의 큰 재난으로 인해 그 울창했던 숲이 죄다 타 버리자 통곡했다고 한다. 사인방이 분쇄된 후, 그는 다시 한 그루 한 그루 묘목을 심었지만 이 묘목들이 다 자라기까지는 또 10년이란 세월이 걸릴 것이었다. 그의 인생에서 10년이 몇 번이나 오겠는가!

사람들은 습관처럼 '나무는 10년을 내다보고 심고, 사람은 100년 앞을 내다보고 가르치라.'고 말하는데, 인재를 길러 내는 것이 언제 이렇지 않은 적이 있던가? 우리나라 고대 봉건 통치의 질곡에 죽어 나간 인재들은 또 천만뿐이겠는가! 한 말의 술에 시 백 편을 썼다던 이백(李白)은 세상에서 제일 가는 재능을 가졌으나 제 뜻과 재주를 펴지 못하고 세상을 떠돌다가 타향에서 객사하고 말았다. 하지만 그의 업적은 시문(詩文)에만 그치는 것은 아니다. 모두가 알고 있는 악비(岳飛)는 '오랑캐 고기로 배를 채우고 흉노의 피를 한껏 마신' 늠름한 기개와 의지를 가진 민족 영웅이었으나, 날조

된 죄명으로 생명을 빼앗기고 말았다. 이러한 사례들은 셀 수 없이 많다. 역사를 통틀어 볼 때 봉건제도야말로 인재를 질식시키는 원흉이었다! 공쯔전[龔自珍]은 일찍이 '하늘에 권하노라. 다시 한 번 정신 차려 격식에 매임 없이 인재를 내려 주기를[我勸天公重抖擻, 不拘一格降人材].'이라고 역설했다. 그의 말은 이룰 수 없는 꿈에 지나지 않았다. 엄한 스승 밑에서의 수련과 자기와의 싸움을 이겨 내고, 온갖 고생을 겪다가 마침내 재능을 드러낸 인재라 할지라도 그 누가 봉건 통치자의 위협적 학살을 견뎌 낼 수가 있었겠는가!

린뱌오[林彪]와 사인방은 정변을 일으켜 권력을 장악하기 위해 수단을 가리지 않았고, 인재를 대함에 있어서도 봉건 통치자들의 그것을 충실하게 계승했다. 그들의 세도하에 장즈신[張志新] 등은 한창 젊은 나이에 죽임을 당하고 말았다. 천징룬[陳景潤] 등은 가장 왕성하게 활동할 시기에 온갖 고난과 상처로 고통의 나날을 보냈다. 그리고 대약진 시기에 태어나 문화혁명과 같은 찬바람이 살을 에는 환경에서 자라난 청소년들은 아예 교육의 기회조차 제대로 누리지 못했다. 누가 이들보다 더 불행하게 자라났다고 할 수 있겠는가!

'나무를 훼손하는 것은 쉬우나 심는 것은 어렵다.'는 말은 정말이지 맞는 말이다.

우리는 예술·문화·과학의 꽃이 만발한 세상을 만끽하면서 과학자·문학가·예술가들의 넘치는 재능과 입신의 경지에 오른 기예에 경탄할 줄만 알았지, 그들이 지금과 같은 결과를 얻기까지 얼마나 험난하고 고생스러운 배움의 과정을 거쳤는가에 대해서는 거의 생각이 미치지 못한다. 하물며 그들이 루쉰 선생이 말한 것과 같이 죽음과도 같은 고난을 마주 대했으리라고는 더욱 상상하지 못한다. 사실 아무도 모르게 음흉한 마음을 품고 있는 '나무를 해하는 자'들이 완전히 자취를 감추려면 아직 한참을 기다려야 할지 모른다. 아마도 어떤 사람들은 나무를 훼손하는 것은 쉽지만 심는 것은 어렵다는 이 이치를 쉽게 이해하면서도 오히려 알게 모르게 스스로가 나무를 해하는 역할을 맡고 있는지도 모른다. 사실 그렇지 않은가. 아직도 학력이나 재산으로 사람을 짓누르는 교조주의나 인재의 배치 문제에 있어서의 그룹 이기주의 풍토가 사라지지 않고 있다.

　　조국의 사화(四化 : 농업·공업·국방·과학기술의 4가지 부문의 현대화를 일컫는 말)가 좀 더 빨리 정착하기 위해서는 '나무를 심는 자'가 더 많아져야 한다.

— 랴오닝성 응시생

2

중국에서

성실과 신용의 문제는

심각한 사회문제인가?

그대의 말은 군자답지만 네 마리 말도 그 혀를 좇지 못한다.

—《논어》〈안연〉편

성실함은 자연의 규칙이며, 성실함을 추구하는 것은 사람의 근본이다.

—《맹자》〈이루〉 상편

성실과 신용은 사람의 근본이다. 성실과 신용은 금전보다도 더욱 흡인력이 있으며, 미모보다도 더욱 시의적절하고, 명예보다도 믿을 만하다.

— 루쉰

신용은 현대사회에서 없어서는 안 될 개인의 무형 자산이다. 성실과 신용의 구속은 외부에서 비롯될 뿐만 아니라 우리의 자율적인 심리 상태와 자신의 도덕적 힘에서 비롯된다.

— 허즈용

신용이 없는 국민은 일어설 수 없고, 신용이 없는 상인은 번영할 수 없고, 신용이 없는 나라는 강대해질 수 없다.

— 상하이 기업

중국의 전통적 도덕규범인 성실과 신용

중국의 전통문화를 되돌아보면, 고대의 '성실과 신용'에 대한 논증은 거의 모든 곳에서 찾아볼 수 있다. 성실과 신용의 전통은 오랫동안 끊임없이 이어져 왔으며, 중국의 전통 도덕 가운데 중요시되는 기초 규범의 하나였다.

'성실'의 본의는 진실되어 거짓이 없음을 뜻하며, '신용'의 본의는 '사람의 말[人言]', '사람이 말하는 것이 바로 신용이다[人言爲信].'로, 그 함의 또한 성실하여 속이지 않는다는 것이다. '성실'과 '신용'은 본래 그 의미가 서로 통하기 때문에 같은 뜻으로 해석되기도 한다. 중화 문명의 초기 전적(典籍) 가운데 《역경(易經)》에는 '성실함을 가다듬어 그 언사를 세우다[修誠立其辭].'라고 하여 성실해야만 언사가 성립한다고 했으며, 《시경(詩經)》의 '맹세가 새벽빛처럼 빛났으니, 그것이 뒤집어지리라고는 생각조차 하지 못했다[信誓旦旦, 不思其反].'라는 구절은, 말에는 신용이 있어야 하며 말을 마음대로 번복해서는 안 됨을 강조하고 있다. 서한(西漢) 이래 성실과 신용은 차츰 보편적인 도덕규범이 되었다.

그 뜻을 두루 살펴보면, '성실과 신용'은 대략 두 가지로 귀납된다. 첫째는 자아성찰에 입각하여 진술하는 것으로, 개인의 입신 처세의 근본이 된다. 공자는 '사람이 신용이 없으면 입신할 수 없다[人無信不立].'고 했고, '사람으로서 신용이 없으면 그 사람이 무엇을 할 수 있는지 알 수 없다[人而無信 不知其可也].'(《논어》〈안연〉편)라고 하여 신용을 중시하지 않으면 결코 쓸 수 없다고 잘라 말했다. 특히 '그 뜻에 성실해야 한다[誠其意].'는 것은 유가에서 마음을

바로 하고〔正心〕자신을 다스리며〔修身〕나라를 통치하는〔治國〕데
에 있어 반드시 필요한 선결 조건으로 여겨졌다. 순자(荀子)는 '군
자가 마음을 키우는 데에는 성실함보다 좋은 것이 없으며, 성실에
이른다면 다른 일은 없다〔君子養心莫善於誠 至誠則無它事矣〕.'(《순
자》〈불순〉편)고 했다. 이로써 성실과 신용이 도덕 수양의 기본적인
요지임을 알 수 있다.

두 번째는 이를 사회와 개인 간의 관계에서 설명한다. '성실과 신
용'은 사람들과 교류하고 국가를 통치하는 데 기본 준칙이 된다.
'벗과 사귐에 있어 말에는 신용이 있어야 한다〔與朋友交 言而有
信〕.'(《논어》〈학이〉편)라고 했으니, '신용'은 맹자(孟子)에게 '오륜
(五倫)'의 하나로 인식되었다. 순자에게 있어 '신용'은 군주가 '천
하를 위엄으로 움직여' '왕도와 패도(王霸)'의 정치를 건설하는 데
가장 핵심적인 부분이었다.

그 외에도 맹자는 '성실이라는 것은 하늘의 도이다. 성실을 생각
하는 것은 사람의 도이다〔誠者 天之道也 ; 思誠者 人之道也〕.'(《맹
자》〈이루〉상편), '하늘의 도리인 성실과 사람의 도리인 성실은 서
로 관통한다〔天道之誠與人道之誠相貫通〕.'고 생각했는데, 이것이야
말로 중국 전통 유가가 추구하던 '천인합일'의 경계인 것이다. 선진
제가들의 학문을 돌이켜 보면, 비록 서로의 학설을 주장하며 다투
었을지언정 성실과 신용의 추구는 모두에게 공통되는 것이었다. 중
국에서 전통적으로 이상적인 인격이 갖춰야 할 여러 기본 조건 중
의 하나는 바로 도와 의를 지키고, 충과 신을 행하며 명예와 절조를
소중히 여기는 것이었다. '성실(誠實)'을 사람됨의 근본으로 삼고,

'진심〔誠懇〕'으로 남을 대하며 '성심(誠心)'으로 남을 감동시키고 '성의(誠意)'를 가지고 남을 설득해야 한다.

가장 기본적인 도덕규범으로서 성실과 신용은 고금동서를 막론하고 모두 이와 같았다. 신용이 없으면 서로 간의 협력도 없고, 사회의 단결도 불가능하며, 사회의 보편적인 공동체 의식도 가질 수 없고, 사회의 화합도 이루지 못한다. 새로운 세기에 접어들면서 성실과 신용의 강화는 중국 경제와 사회발전의 중요한 임무가 되어가고 있다. 그럼에도 현재 중국의 성실과 신용 상황은 우려를 금할 수 없다. 계획경제 체제에서 사회주의 시장경제 체제로 접어드는 것은 중대한 역사적 변혁이다. 이 시장경제 체제로의 변혁 과정은 중국에 생기를 불어넣었지만 몇 가지 문제도 가져다 주었다. 성실과 신용의 문제는 농업·환경보호·인구·실업·부패 등의 문제와 비교했을 때 직접적으로 드러나지는 않으나, 사회·경제 여러 분야에서 이미 놀라운 파괴력을 보이고 있다. 최근 몇 년간 중국 전역을 놀라게 한 각종 위조 상품 제조 사건의 경우 그 심층적 원인은 바로 시장에서의 성실과 신용의 결핍이었다. 성실과 신용의 결핍 현상은 마치 악성 종양처럼 날이 갈수록 중국 사회를 침식해 가고 있다. 전면적인 샤오캉 사회를 건설하고 조화로운 사회를 이루기 위해서는 성실과 신용이 우선적으로 보장되어야 한다. 이제 성실과 신용은 중국이 반드시 하루빨리 해결해야 할 주요 당면 과제이다.

성실과 신용이 결핍된 사회

사회의 성실과 신용은 주로 개인의 성실과 신용, 기업의 성실과 신용 및 정부의 성실과 신용을 포함한다. 현재 중국 사회에서 성실과 신용의 결핍은 진실한 말을 하지 않고, 신용을 지키지 않고, 신망이 없으며, 허위로 보도를 하는 등의 현상으로 나타난다. 개인의 성실과 신용의 결핍은 거짓말, 가짜 졸업장, 가짜 증명서, 가짜 복권, 시험에서의 부정행위, 탈세, 보험 사기, 허위 광고, 부정 경기, 가짜 의약품 등등 이미 생활 곳곳에 침투했다.《렌민(人民)일보》의 보도에 따르면 중국에는 최근 지적 재산권 침해 행위가 끊이지 않아서 사람들이 구입하는 서적이나 음성·영상 제품 등에서 해적판이 상당히 큰 비율을 차지한다고 한다. 베이징이나 선양〔瀋陽〕 등지의 골동품 시장 조사 결과에 따르면 일부 상점에서 진열하는 것은 전부 가짜 상품이라고 한다.

경제활동에 있어서는 기업이 성실과 신용을 중시하지 않는 현상이 더욱 두드러지고 있는데, 주로 다음과 같은 양상으로 나타나고 있다. 기업이 신용을 지키지 않고 악의적으로 은행 채무를 이행하지 않는 행위, 기업이 신용과 명예를 생각하지 않고 상호 간에 상품 대금을 제때 주지 않는 행위, 기업의 심각한 계약 위반 행위와 계약을 이용해 사기 행각을 일삼는 행위, 기업의 재무 정보가 심각하게 왜곡되어 있는 것, 가짜 상품 위조 행위와 판매가 성행하는 것 등이다.

정부의 성실과 신용 결핍은 주로 일부 지역과 부문의 정책이 자주 변화하고, 약속을 지키지 않으며 임의성이 짙고, 투명한 정책 실행이 이루어지지 않는 등으로 나타난다. 또한 일부 간부들, 특히 지도적 위치에 있는 간부들이 그럴듯한 속임수로 실적을 허위 보고하여, 위아래 사람들을 기만하는 행태를 보인다. 얼마 전 중앙기율위원회와 중국 공산당 중앙조직부의 순시조〔中組部巡視組〕 조장인 런커리〔任克禮〕는 '현재의 위험은 부패 행위의 만연과 사실을 얘기하지 않는 것'이라고 지적하고 '사실을 얘기하지 않는 것'을 아주 심각한 문제로 다루어 해결해야 한다는 주장의 글을 발표했다.

성실과 신용의 결핍은 이미 중국 사회의 발전에 심각한 장애로 작용하고 있다.

먼저, 성실과 신용의 결핍 현상은 건전한 시장경제 운행에 심각한 악영향을 미치고 있다. 20여 년간의 개혁 개방을 거치면서 중국은 계획경제에서 시장경제로 접어들었다. 시장경제는 법제 경제이자 신용경제이다. 법제와 신용은 시장경제의 양대 초석이라 할 수 있다. 자연경제의 조건하에서는 사람과 사람 사이의 교류 활동이 적고 활동 영역이 좁으며 생산 규모 또한 작아서 기본적으로 '잘 아는 사람'들 사이에서 관계가 발생하므로, 일반적으로 서로 간에 신용을 잃을 걱정을 하지 않는다.

그러나 시장경제 환경에서는 생산 규모와 시장 범위, 교제 범위와 거래 빈도가 급속하게 확대·증가함에 따라 신용이라는 것은 모든 거래 활동의 기초로, 사람들의 인정과 그에 따른 준수가 필연적으로 이행되어야 하는 항목이다. 거래 쌍방 간에 상호 신임을 기초로 약속이 이루어져 그 이행이 보장되어야만 쌍방 간에 당장의 현금 지불 없이 상품과 서비스 및 화폐가 거래될 수 있으며, 이렇게 함으로써 경제의 발전이 촉진될 수 있다. 그러나 성실과 신용이 결핍되면 거래 주체가 상대방의 신임을 얻지 못함으로써 거래 주체 스스로의 발전이 제한 받게 되고, 다른 한편으로는 거래의 위험을 방지하기 위해 거래 비용이 높아질 수밖에 없어 경제활동의 위축과 경영 효율의 저하를 야기하며 심지어는 파산이라는 끔찍한 결과를 낳을 수도 있다. 가장 중요한 것은 사회의 신용 사슬이 중간에 끊기거나 손상을 입음으로써 시장의 체제와 시장경제 원칙마저 파괴될 수 있다는 것이다.

그 다음으로, 성실과 신용의 결핍은 사회의 안정에 심각한 영향을 줄 수 있다. 가짜 상품 위조 행위, 각종 기만 행위는 무수한 사람들에게 피해를 입힐 뿐 아니라 가정을 위협하고 기업의 발전을 저해한다. 신용의 부재로 인해 경제 질서는 심각하게 파괴되고, 수많은 소비자들의 생명과 재산의 안전은 보장 받지 못할 것이며, 소비자들은 사회와 정부에 대한 믿음 또한 잃어버리게 될 것이다. 또 속임수를 통해 막대한 부를 챙기는 사람들이 생겨남으로써 사회적 부의 분배 구조가 더욱 불평등하게 되어 국민들은 사회와 정부에 강한 불만을 갖게 될 것이다. 현재 중국의 위조 식품 제조 유통은 우려할 만한 수준으로 사람들의 일상 소비에도 심각한 영향을 미치고 있다. 예컨대 시장에서 신선한 고기를 보아도 물 먹인 고기일지 모른다는 생각에 살 엄두를 내지 못한다. 빛깔이 선명한 딸기나 수박은 매력적이지만 어쩌면 인공색소를 입힌 것인지도 모른다. 향기롭고 깨끗해 보이는 술도 병에 든 술과 포장에 붙어 있는 브랜드가 일치하지 않을지도 모른다.

또한 성실과 신용의 결핍은 사회의 기풍을 망친다. 사회의 성실과 신용의 결핍은 사람들 간의 불신과 반목을 조성하고 교류와 소통을 더욱 어렵게 하며, 타인에 대해 동정·배려·돕고자 하는 마음을 가지기 힘들게 만든다. 더욱 심각한 것은 신용을 저버리는 행위를 효율적으로 제지할 수 있는 제도가 마련되어 있지 못함으로써 신용을 지키는 수많은 사람들이 자칫 피해를 볼 수 있다는 점이다. 또한 이렇게 '정직한 사람이 손해를 본다.'는 생각이 만연하면 많은 사람들이 성실과 신용의 결핍을 자신이 아닌 남의 탓으로 돌리게 될 것이고 결국 전체 사회의 도덕적 위기가 확대되고 그 수준 또한 떨어지게 된다.

그 외에도 성실과 신용의 결핍은 중국 기업의 국제 경쟁력에도 심각한 영향을 미치게 되어 국가의 명예도 심각한 손상을 가져다준다. 통계에 따르면, 중국의 경우 국제무역에서 현금 거래가 무려 80%에 달하는 데 반해 신용거래 방식은 겨우 20% 정도를 차지하고 있을 뿐이라고 한다. 낙후된 결제 방식은 무역의 확대와 기업의 발전을 심각하게 저해하며, 또한 중국 기업의 경쟁력을 크게 약화시킨다. 그 밖에 중국 몇몇 기업과 개인의 위조 상품 제조 판매 행위에 우려를 품기 시작한 일부 국가의 기업과 소비자들이 중국 제품에 대해 잇달아 제재 조치를 하고 있어 중국의 국제적 이미지에 큰 타격을 주고 있다. 마이클 무어(Michael Kenneth Moore) 전(前) WTO 사무총장은 장기적으로 봤을 때 중국이 가장 취약한 부분은 자금이나 기술, 인재가 아니라 신용 및 신용 체계를 수립하고 완비하는 메커니즘이라며 날카롭게 지적한 바 있다.

전통적 가족주의와 시장경제하에서의 성실과 신용

그렇다면 중국 사회는 왜 이처럼 심각한 성실과 신용의 결핍 상태에 빠지게 되었는가? 이에 대한 여러 견해 가운데 한 가지는 성실 신용 상태와 1인당 GDP가 직접적인 관련이 있음을 지적한다. 즉 성실과 신용이 현대 중국 사회에서 두드러지는 문제가 된 것은 중국의 1인당 GDP가 이미 민감한 단계에 들어섰기 때문이라는 것이다. 일반적으로 1인당 GDP가 비교적 낮거나 높은 '양 극단'은 성실과 신용의 '안전지대'에 해당하지만, 1인당 GDP가 500달러에서 5000달러 사이에 이르는 단계가 되면 성실과 신용이 '위험지대'에 처하게 된다고 한다. 현재 중국 경제의 발전 단계는 이 범주에 들어서고 있다.

위와 같은 견해는 아마도 현실에 근거한 해석이긴 하겠으나, 1인당 GDP가 3만 달러 이상인 국가에서도 성실과 신용의 문제가 존재하며 때로는 대단히 '위험'한 수준에 있기도 하다. 그래서 현단계의 중국에서 성실과 신용 문제가 이렇게 두드러지게 된 데에는 아마도 더 깊은 원인이 있을 것이다.

중국 전통문화의 영향이라는 측면에서 볼 때, 중국은 혈연을 기초로 하는 종족주의를 기반으로 성립되었으나 종교·신앙적 의식은 결여되어 있었는데, 이점이 바로 중국인들이 가족주의를 초월해 보편적 신뢰를 구축하는 데 방해가 되는 요인이었다. 이러한 요소는 법제와 신용을 중시하는 현재의 시장경제 거래에 있어서 인맥 관계를 더욱 중시하는 경향과 겹쳐져 성실과 신용 문제는 더욱 위기를 맞게 되었다. 중국에는 '집에서는 부모에 의지하며 집을 나서서는 친구에 의지한다[在家靠父母, 出門靠朋友].'는 말이 있다. 이는 바로 중국의 가족주의와 소종파주의(小宗派主義)적 세계관을 뚜렷이 보여 주는 말이다. 대가족 내에서 구성원 간의 관계를 잘 유지하고 조화를 이루려면 개인의 이익과 자유를 강조하는 서양적 개인주의는 통용되지 않을 것이 분명하다. 그러므로 중국에서는 가족 구성원 간에 지켜야 할 일련의 행위 준칙을 마련함으로써 가족 관계를 유지하려 했다. 또 중국에서는 이성이 우세를 점하는 경제적 획득이 아닌 내정이 수탈하는 자본주의가 존재했으며, 관리들이 경제와 사회의 발전을 결정지었다. 동시에 가정을 중심으로 하는 이익공동체는 종족의 엄격한 제한을 받았다. 종족의 세력이 강대하다는 것은 결국 종족 외부에서 비롯되는 그 어떤 변화에 대해서도 언제나 완강하게 저항할 것이라는 것을 의미하므로, 서양의 '산업'이라는 환경에서 필요로 하는 노동시장의 질서와 노동력에 대한 시장의 자율적 선택은 실현될 수 없었다.

중국인에게 경건한 '종교'적 의무란 기존의 유기적인 관계에서 자신의 영향력을 발휘하는 것을 말한다. 유교를 종교로 삼는 중국인의 의무는 언제나 구체적인 사람(살아 있는 사람이거나 죽은 사람이거나)을 대상으로 하는 것이었다. 그러나 세속을 초월한 존재(하느님 등)에 대해 의무를 부과 받아 본 적은 없다. 다시 말해서 고금 이래 어떤 신성한 '사회활동'이나 혹은 '관념'에 대해 공손함을 다한 적이 없다. 그러나 경제적 관점으로 봤을 때, 이러한 가족 중심의 행위 방식이 객관화에 대한 일종의 제약으로 작용할 수 있다는 것에는 의심의 여지가 없다. 이는 동시에 이성화에 대한 제약이기도 하다. 왜냐하면 가족 중심의 행위 방식은 개인을 그가 속한 씨족 성원과 씨족의 방식에 심리적으로 단단히 묶어 놓으려 하기 때문이다. 어찌 되었건 그는 객관적인 일(기업)에 묶인 것이 아니라 사람에 묶여 버리게 된다.

이러한 제약은 종교적 이성 윤리의 형성에 걸림돌이 되었으며, 동시에 경제에도 상당히 큰 여파를 미쳤다. 흔히 사업상 신뢰라는 것은 개인이 실제 업무 진행 중에 검증 받게 되는 윤리적 질을 기초로 형성된다. 그러나 중국에서 일체의 신임이나 상업적 관계는 친인척 관계 혹은 이와 유사한 순수한 개인적 관계에 기반을 두고 있다. 이처럼 정부의 독단, 인습화되어 온 불성실함, 체면 유지만을 중시하는 유교적 사상 의식이 이에 더해져 결과적으로는 불신과 위선이 사람과 사람 사이에 보편적으로 퍼지게 되었다.

경제 질서 미비로 불성실과 불신 조장

그 다음 경제적인 면에서 살펴보면, 개혁 개방 이후 경제발전은 신속히 전개되었지만 이를 규범화할 새롭고도 건전한 신경제 질서가 아직 형성되지 못한 점을 들 수 있다. 즉 생산력은 상당히 빠르게 발전하였지만 그에 상응하는 생산관계가 아직 형성되지 않았다. 새롭고도 건전한 신경제 질서가 아직 형성되지 않은 데다가 구경제 질서가 잔존하고 있기 때문에, 현재로서는 어떤 하나의 문제를 두고 비교적 분명하고 권위 있는 의견이 나오기 힘들 뿐더러, 어떤 문제에 직면했을 때 사람들이 따를 수 있는 절대적인 기준이 마련되어 있지도 않다. 이러한 때에 사람들은 자신에게 가장 유리한 방법으로 문제를 해결하려 할 것이고 기만 행위, 즉 성실과 신용을 저버림으로써 얻게 될 눈앞의 이익에 눈이 멀게 될 것이며, 이렇게 이익을 추구하고 손해는 피해 가려는 심리는 결국 사람들 사이에 불신과 불성실함을 조장하게 될 것이다.

물질적 이익의 직접적인 유혹으로 인해 이익은 추구하고 손해는 피해 가려는 인간 본성은 활개를 치게 되었다. 일반적인 상황에서 정상적인 사회인이라면 언제나 가능한 최대의 이익을 추구하기 마련이며 동시에 자신의 이익에 반하는 일은 용납하려 하지 않는다. 마르크스는 일찍이 말하기를, 자본가는 100%의 이익을 얻기 위해서는 어떠한 법률적 위반도 감행하려 들 것이며, 200%의 이익을 얻기 위해서는 범죄라도 저지를 수 있으며, 300%의 이익이 생긴다면 심지어 교수형의 위험까지 무릅쓸 것이라고 했다. 이러한 본성의 부추김과 중국 사회의 경제 질서 및 시장경제와 상응하는 법률 제도가 채 완비되지 않은 상황이 더해져 사람들은 자신의 최대 이익을 위해 자연스럽게 성실과 신용을 저버리고 심지어 법을 어기는 경우도 많아졌다.

게다가 시장경제에 대한 사람들의 인식조차 아직 분명하지 않다. 서양 선진국들의 시장경제 체제를 배우고 도입하려는 과정에서, 어떤 이들은 시장경제가 자본주의의 사상 관념, 윤리 도덕과 밀접하게 연계되어 있으며 자본주의 사회의 이데올로기는 전부 부패하고 낙후되었다고 생각하여, 시장경제와 밀접하게 연관되어 있는 일부 합리적인 이념들도 부정하고 배척하려고 한다. 또한 어떤 이들은 시장경제는 법제 경제이므로 법률적 보장과 제도적 구속력만 있다면 성실과 신용 등의 도덕관념은 시장경제에서 중요치 않다고 여기기도 한다. 그러나 실제로 법제와 성실, 신용은 시장경제의 양대 축이라 할 수 있다. 신용은 시장경제의 기초이자 생명선이다. 법제가 없으면 시장경제는 혼란스러워질 것이며, 계약이 없으면 시장경제는 유명무실해질 것이다. 성실과 신용이 없이는 법률도 무력해지고, 계약은 유명무실한 종잇장에 불과하게 될 것이다.

거짓과 배신을 부추긴 문화혁명

이 밖에도 역사적 측면에서 볼 때, 문화혁명을 비롯한 몇 차례의 정치 운동이 남긴 충격도 사람들의 성실과 신용에 대한 의식에 타격을 주었다. 신중국은 구사회로부터 탈피한 새로운 형식의 제도를 건립하고자 했는데, 몇 천 년간 이어진 봉건사상의 영향을 철저히 제거하기 위해 옛 사상 문화와 전통에 대해 대규모의 청산 작업과 비판 운동을 한 바 있다. 그 가운데 상당히 성공을 거둔 부분도 있지만 참혹한 교훈을 안겨 준 부분도 있다. 특히 문화혁명은 수많은 우수한 전통을 파괴해 버렸다. 봉건사상의 찌꺼기를 비판하고 버리자고 하던 그 때, 중화 민족의 수많은 우수한 전통 미덕도 함께 버려지고 말았다. 진실을 이야기하거나 있는 사실 그대로의 진실을 탐구하는 태도는 공격과 비평을 받았고, 표리부동한 태도와 그럴듯한 속임수는 도리어 찬양 받았다. 동시에 계획경제 체제와 봉건사상의 영향 때문에 사람들은 자신의 생각이나 바람을 진실하게 표현할 수 없었으며, 본의를 숨기고 거짓을 말할 수밖에 없었다. 문화혁명 시기에 벌어진 계급투쟁으로 인해 사람들은 남들에게 고발당할까 시시각각 방어적인 태도를 취해야 했고, 또 남들이 혁명을 거역하지는 않을까 하여 감시의 눈초리를 번득이고 있어야 했다. 이로 인해 당시 사람들은 부부 간에도 부자 간에도, 선생님과 학생, 친척과 친구, 상사와 부하 사이에도 투쟁을 벌여야 했다. 이처럼 계속되는 투쟁들로 인해 사람들은 모든 사람들을 의심하기 시작했고, 그 누구도 믿지 않게 되었으며 심지어 자기 자신까지도 믿지 않게 되었다. 사회의 성실과 신용의 위기는 상당 부분 사람들 사이의 신뢰의 위기에서 비롯된다. 사회는 사람들로 구성된 것이기 때문이다. 사람들 간의 신뢰의 위기는 이렇게 극대화되었다.

실천적 도덕교육의 부재와 배금주의 팽배

교육적 측면에서 보면, 도덕교육의 유명무실화 역시 성실과 신용의 결핍을 초래했다고 볼 수 있다. 전통 도덕, 특히 유가 사상은 성실과 신용을 대단히 중시했다. 그러나 성실과 신용을 도덕적 차원에서만 다루고 또 그 중점이 개인의 자각과 자성에만 국한되어 있었기 때문에 실천적 차원과 사회계약적 측면의 요구와 구상에 있어서는 오히려 부족한 부분이 많았다. 이로 인해 성실과 신용에 관한 교육은 제대로 이루어질 수 없었다. 성실과 신용에 관한 내용을 담고 있는 작금의 도덕교육 역시 대다수의 경우 여전히 표면적인 내용에 국한되어 실질적인 내용이 부족할 뿐 아니라 핵심을 찌르지도, 강력하고 유효 적절한 대책이 마련되어 있지도 않다. 특히 도덕교육에서 요구하는 내용이 실천적인 면과 크게 동떨어져 있기에 교육자들조차 말과 행동에 있어 일치점을 찾지 못하게 됨으로써 도덕교육의 효과는 결국 크게 약화될 수밖에 없었다.

전체 사회의 사상 의식으로 보면 개인주의가 팽배하고 사사로운 욕심으로 마음이 어지러워져 있음을 알 수 있다. 계획경제 시대에는 '규모를 대형화하고 집단화 수준을 높임[一大二公]'과 '조금도 자기를 이롭게 하지 않고 오로지 남만 이롭게 함[毫不利己, 專門利人]'을 강조함과 동시에 조직에 절대 복종하고 개인의 이익을 추구하지 않을 것을 요구했다. 하지만 개혁 개방 이래 사회주의 시장경제 체제가 확립되면서 사람들은 독립적인 경제인으로서의 지위를 획득하게 되었고, 개인의 이익이 충분하게 존중되는 이익의 최대화야말로 모두가 좇는 최고의 원칙이자 최대의 목표가 되었다. 그러자 일부 사람들은 사회에 팽배해 있는 배금주의와 개인주의에 기대어 일신의 이익을 위해 남을 기만하는 행위를 스스럼없이 하였고, 이로써 이익의 최대화라는 원칙과 윤리 도덕관념 사이의 모순과 충돌이 발생하면서 결국 사회의 성실과 신용도 큰 타격을 받게 되었다. 한 예로, 어떤 이는 우스개로 "비행기와 대포를 빼고는 뭐든지 다 위조할 수 있다."고 말하기도 했다. 민간에서는 '간교하지 않은 상인이 없고, 간교하지 않으면 상업에 종사하지 못한다[無商不奸, 無奸不商].'라는 속어가 유행하고 있는데, 이는 장사를 할 때 간교하지 않으면 돈을 벌 수 없다는 것을 의미한다. 이러한 사회 의식이야말로 신용 사회의 걸림돌이라 할 수 있다.

경제체제와 법 제도의 미비

체제적인 면에서 볼 때, 시장경제 체제가 완비되지 못한 것도 성실과 신용의 결핍을 낳는 원인이 된다. 시장경제 활동이 수적으로 늘어나고 그 변화 속도 또한 빠른 데다가 공개적이고 공정하며 신속하고 유효한 정보의 전달이 여전히 실현되지 않아 거래 쌍방 간에 심각한 '정보의 비대칭성(Asymmetric information)'이 발생하게 되었고, 이로 인해 신용의 실추와 사기 행태가 발붙일 틈을 얻게 되었다. 또한 사회 유동성의 확대와 시장 거래의 불확실성으로 인해 신용 사기꾼들이 사기 행각을 저지른 후 처벌로부터 도피할 수 있는 사회적 환경이 조성되었다. 이와 동시에, 정부가 시장 접근(Market access)·시장 관리·시장 감독·정보의 피드백 등 방면에 있어 완전한 제도를 갖추지 못했다는 점, 신용 사기꾼들에 대한 처벌에 있어서도 적절한 대책을 마련하지 못하고 있다는 점, 일부 정부 공무원, 특히 행정 집행자들의 관리 방법과 그 자질의 수준이 높지 않다는 점 그리고 사회 중간 집단(Social intermediary organizations)과 사회 여론이 제 기능을 수행하지 못하고 있다는 점 등이 신용 부재 현상이 만연하게 되는 원인이다.

마지막으로, 법 제도적 장치가 미흡한 것 역시 성실과 신용의 부재 현상을 부채질하고 있다. 법률이 완전히 갖추어지지 않아 신용 사기꾼들에 대한 처벌에 무게가 실리지 못한 탓이다. 예컨대 위조 행위에 대해 미국에서는 최고 500만 달러의 벌금과 10년 징역형이 적용된다. 그러나 중국의 소비자권익보호법은 위조 행위에 대해 위조액의 2배를 배상하면 된다고 명시하고 있다. 중국은 시장경제 입법 추진 과정에서 최근 몇 년간 많은 노력을 기울여 뚜렷한 진전을 거두기는 하였으나, 아직 미흡한 점이 많다. 특히 사회적인 신용 범죄에 대한 처벌의 강도가 미약한 탓에 신용 사기꾼들의 위법 행위를 저지하지 못하고 있다.

전 사회의 실천과 노력으로 성실과 신용 회복

중국은 '성실'과 '신용'의 결핍 현상과 이로 인한 문제의 중요성을 인식하고 잃어버린 '성실과 신용'을 반드시 회복해야 할 것이다. 중국 사회주의 현대화 건설이 부단히 추진됨에 따라 사회생활에도 커다란 변화가 생겼는데, 이러한 변화들로 인해 성실과 신용이라는 전통적 미덕의 시대적 의미는 더욱 풍부해졌고, 이에 대한 이해 역시 윤리 도덕적 범주에서 제도 건설의 차원으로 상승되었다. 즉 사회주의 시장경제에서 성실과 신용은 일종의 품행으로 그치는 것이 아니라 시장경제를 움직이는 내재적 요건이자 시장경제의 발전을 이끄는 중요한 동력으로 작용한다.

성실과 신용을 중시하는 사회적 분위기를 재건하기 위해서는 반드시 전 사회적인 노력이 수반되어야 한다. 중국 공산당의 16대 보고에서는 신용을 성실하게 이행하는 것을 중점으로 하여 전 사회적인 사상 도덕 건설을 강화해야 한다고 강력하게 제안하고 있다. 후진타오 주석 등 중앙 지도자들 역시 성실과 신용 건설 강화의 중요성을 여러 차례 강조해 왔다. 우리는 장기간에 걸친 꾸준한 노력을 통해 사회주의 시장경제에 상응하고 사회주의 법률 체계와 조화를 이루며 사회주의 선진 문화의 요구를 반영하는, 그리고 세계적 기준에 부합하는 신용관을 정립해야 한다. 그렇다면 어떻게 성실과 신용의 사회를 만들어 갈 것인가?

첫째, 도덕교육과 정신문명 건설을 강화해야 한다. 성실하게 신용을 지키는 사회를 만들어 가기 위해서는 한 사람 한 사람이 작은 일에서부터 시작해야 한다. 전 국민이 성실과 신용을 일종의 재산으로 인식하고, 신용을 쌓는 것은 어려우나 잃는 것은 쉽다는 관념을 가질 수 있도록 여러 적절한 방식들을 통해 교육하고 도움을 주어야 한다. 상대를 성심성의껏 대하고 자기가 한 말에 책임을 지는 것이 현대인이라면 마땅히 갖추어야 할 기본 덕목임을 진정으로 인식하도록 해야 한다.

또한 시장경제 조건하에서는 신용과 성실이라는 도덕적 자질을 갖추었을 때 비로소 사회생활의 요구에 부합하는 자신의 인생 가치를 실현할 수 있음을 진심으로 이해할 수 있도록 해야 한다. 성실과 신용을 이익을 꾀하고 발전을 촉진하는 수단으로, 신성한 사명이자 내재적인 의무로 여겨야 할 것이다. 시장경제가 발달할수록 신용윤리도 강화되어야 하며, 이것이 세계시장에서 여러 국가들과의 경쟁에 참여하는 데 우선적으로 해결해야 할 조건임을 각 기업가들이 인식할 수 있도록 교육해야만 한다. 신용을 지키는 기업만이 사회와 대중의 신임을 얻을 수 있으며, 이러한 기업들이 많아져야 모든 시장 참여자가 건전한 상업 활동을 통해 이익을 제고하는 양호한 환경이 조성될 수 있다.

둘째, 법 제도를 완비하고 처벌의 수위를 높여 신용 범죄자들이 이익을 얻지 못하도록 해야 한다. 신용 범죄를 방지하고 또 이를 다스리기 위해서는 도덕규범만으로는 불충분하며, 사회 구성원들과 시장 주체들 간의 관계를 관리할 법률·법규·제도·준칙을 마련하여 사회의 성실과 신용 문제를 법제화하는 것이 필수적이다. 즉 모든 신용 관련 행위에 대한 법적 근거를 마련하고 위법 행위에 대해서는 강력히 처벌하며 법 집행은 엄격히 하는 등의 법제적 환경을 조성하고, 시장에 양호한 신용 질서가 정립될 수 있도록 보호해야 할 것이다. 중국의 실정에 맞추어 신용 관리를 규범화할 관련 법률·법규를 조속히 제정 반포하고, 신용 범죄 행위에 관한 처벌 기제를 수립하며 그 처벌의 강도 역시 높여야 한다. 예컨대 소비자의 생명 안전과 신체적·정신적 건강에 직접적인 피해를 끼칠 수 있는 식품과 약품·가전제품 등을 위조 또는 판매하는 자에 대해서는 고의 살인죄와 고의 상해죄를 적용하여 처벌하고, 소비자권익보호법 제49조를 수정하여 가짜 위조품을 제조 판매하거나 관련 서비스를 제공하다 적발되는 경우 배상 금액을 판매액의 100배로 올리고, 동시에 해당 사기 행위를 행한 경영자와 도매상(중개업자) 및 제조상 모두를 처벌하도록 했다.

또 정부의 각 부문은 자체적 특성에 근거하여 신용 범죄 관련 처벌 제도를 정비하도록 해야 한다. 예를 들어 상공업 부문의 경우, 위조품을 제조 판매하는 행위에 대해 벌금을 부과하는 것으로 끝낼 것이 아니라 경제적으로 엄격한 처분을 내림과 동시에 해당 행위에 대한 기록을 남겨, 죄질이 나쁘거나 위법 행위를 여러 차례 저지른 자들에 대해서는 평생 상업에 종사할 수 없도록 제한을 두어야 한다. 이렇게 엄격한 제재 조치를 통해 신용을 중시하지 않는 이들의 경제적 부담을 확대하면, 이는 해당 행위에 대한 위협으로 작용하여 이들은 더 이상 부당한 이익을 취하지 못하게 될 것이다.

셋째, 정보 네트워크를 구축하여 신용 범죄자들이 몸을 숨기지 못하도록 해야 한다. 각 기업·조직·개인의 신용 정보를 수집 공개할 수 있는 기제를 마련하고 한곳에 통합된 혹은 정부·기업·신용 관리 기관이 각자 활용할 수 있도록 세 단계로 구성된 신용 정보 데이터베이스를 구축하여, 전체 사회에 신용 정보가 적절하고 효과적으로 제공될 수 있도록 해야 한다. 사회 신용 관리 조직을 확대 발전시켜 고객에게 규범화된 신용 조사 평가 서비스를 제공할 수 있도록 하고, 신용 정보 네트워크를 구축하여 신용 범죄자들이 날뛰지 못하도록 해야 한다.

넷째, 여론의 감독 감시 기능을 강화해야 한다. 여론의 감시란 전 국민이 알 권리를 보장 받고 국가 사회적 관리 및 감독 업무에 광범하게 참여할 수 있게 만드는 주요 경로로, 사회주의 민주정치 건설을 강화하고 시장경제 질서가 건전하게 발전하도록 보호하며 사회주의 사상 도덕을 널리 알릴 수 있게 하는 중요한 역량으로 인식되고 있다. 이는 또한 시장에서 벌어지는 사기·기만·날조 행위를 폭로하고 국민과 소비자의 합법적 권익을 보호하는 데 있어 그 무엇과도 대체할 수 없는 중요한 역할을 담당하고 있다. 언론 매체는 여론의 감독 기능을 충분히 발휘하여, 성실하게 신용을 지키는 사람들에게는 사회적 표창을, 신용을 저버린 이들에게는 여론의 지탄을 가함으로써 성실과 신용을 장려하는 사회 분위기를 조성하고, 신용 범죄자는 '큰 길을 가로지르는 쥐'처럼 모든 이의 지탄과 비난을 받아 도덕적 부담을 크게 느낄 수 있도록 해야 할 것이다.

다섯째, 정부와 지도적 위치에 있는 간부들이 스스로 모범을 보여 공신력을 제고해야 한다. 정부의 성실과 신용은 사회의 성실과 신용의 핵심이자 관건이며, 정부의 공신력은 전 사회에 크나큰 영향력을 발휘한다. 사회가 성실과 신용을 추구하기 위해서는 먼저 정부가 귀감이 되어야 하며 지도자들이 몸소 시범을 보여야 한다. 정부이건 제도건 성실과 신용의 원칙에 따라 조직되어야 하며, 각급 간부들 또한 성실과 신용의 원칙에 따라 직권을 행사해야 한다. 일단 성실과 신용의 원칙을 위배하면 정부는 국민들에게서 신용을 잃게 될 것이다. 역사적으로도 공자는 정부에 대한 민중의 신임은 강대한 군대와 충분한 양식을 소유하는 것보다도 중요하다고 했다. 순자 역시 정부가 국민들로부터 신임을 얻으면 국가는 강대해지지만 신임을 잃으면 국가는 쇠약해질 수밖에 없다고 했다. 현대사회에서 정치 문명을 건설하기 위해서는 성실과 신용의 원칙에 따라 정부 및 관료들의 행위를 규범화하고 정부 행위의 투명성을 증가시켜 행정 독점이나 밀실 행정을 바로잡는 것이 필요하다.

또한 정무를 공개적으로 진행하고 모든 행정이 법률에 따라 행해지도록 함으로써 성실과 신용의 정부를 세울 수 있어야 한다. 정부의 각 부문도 한걸음 더 나아가 관념, 직능, 태도의 전환을 이룰 수 있도록 해야 한다. 먼저 심사나 허가에만 역량을 기울이고 감독 업무를 경시하며, 비용의 수취에만 관심을 두고 서비스의 제공에는 신경을 쓰지 않았던 전통 방식에서 벗어나야 한다. 또 국부적인 문제에만 치중해 전체를 보지 못했던 본위주의를 탈피해 '관리형' 정부에서 조속히 서비스형·효율형 정부로 거듭나야 한다. 성실과 신용의 원칙을 견지함으로써 행정 집행 부문의 공신력을 한층 더 높여 국민에게 신뢰를 얻어야 한다. 조직의 각 부서에서도 마땅히 성실과 신용을 간부 심사의 주요 내용으로 삼아야 한다.

과학적 도덕의 범주에 속하는 성실과 신용은 현대사회의 산물이

라고 할 수 있다. 경제의 시장화와 글로벌화, 정치의 민주화와 법제
화 그리고 문화의 다원화와 교류 방식의 현대화 등, 현대사회에서
일어나고 있는 이 모든 변화들이 성실과 신용의 가치를 부각시키고
실천을 강조하고 있다. 성실과 신용 사회를 건설하기 위해서는 교
육과 법제에 기대야 하는 것이 당연하겠으나 이보다 더 중요한 것
은 전 사회의 실천과 노력이다. 시대적 진보는 관념의 쇄신을 촉진
한다. 사회주의 현대화의 발전에 따라 사회생활에서의 커다란 변화
는 성실과 신용이라는 전통 미덕에 시대적 의미를 더해 주었고, 또
한 성실과 신용을 윤리 도덕적 범주에서 제도 건설의 차원으로 이
해할 수 있도록 해 주었다. 성실과 신용은 일종의 품행이나 도의,
명성으로 해석해 볼 수도 있지만 그 의미는 오히려 책임이나 준칙
또는 개인의 자산에 더 가깝다고 봐야 한다. 개인에게 성실과 신용
은 고상한 인격적 역량이고, 기업에게 성실과 신용은 소중한 무형
의 자산이고, 사회에게 성실과 신용은 정상적인 생산활동을 가능케
하는 질서이다. 그리고 국가에게 성실과 신용은 양호한 국가적 이
미지에 해당한다. 성실과 신용은 도덕적 범주와 제도적 범주가 교
차하는 지점에 있으며, 이를 중시하면 사회와 경제 양쪽으로 긍정
적 효과와 이득을 볼 수 있다. 또한 성실과 신용 사회 건설의 강화
는 법제와 도덕성의 수립, 법치(法治)와 덕치(德治)가 긴밀하게 결
합된 국가의 건설이라는 결과로 나타나게 될 것이다.

2001년 : 다음의 우화를 읽고 제시된 요구에 따라 작문하시오.

한 젊은이가 기나긴 인생의 길을 편력하다 한 나루터에 다다랐을 때, 그는 이미 '건강', '외모', '성실과 신용', '기민함', '재능과 학식', '금전', '명예'라는 일곱 가지 보따리를 등에 지고 있었다. 나룻배가 출발할 때에는 바다가 잔잔했으나 얼마 지나지 않아 바람이 불고 파도가 일렁이기 시작하자 나룻배가 위아래로 요동치면서 위험한 상황이 속출했다. 뱃사공이 "배는 작은데 등짐이 무겁습니다. 손님께서 배낭을 하나 버리시면 이 난관을 무사히 빠져나갈 수 있을 겁니다."라고 말했다. 젊은이가 어느 것도 버리지 못하고 아쉬워하고 있는 것을 보고 뱃사공은 다시 말하기를, "버리는 것이 있으면 받는 게 있고, 잃는 게 있으면 얻는 게 있는 법입니다." 젊은이는 한참을 고민하다가 '성실과 신용'을 바다 속에 던져 버렸다.

우화에서는 결국 '성실과 신용'이 버려지고 말았다. 이를 통해 어떤 생각을 가지게 되었는가? '성실과 신용'을 화제로 한 편의 글을 작성하시오. 본인의 경험·느낌·견해나 신념을 적어도 되고, 이야기 또는 우화 등의 형식을 활용하는 것도 무방하나, 반드시 '성실과 신용'을 염두에 두고 내용을 전개하시오.

주제분석

　이러한 주제의 글을 잘 쓰기 위해서는 우선 관점을 명확히 해야 한다.

　우화에서 젊은이는 '건강', '외모', '성실과 신용', '기민함', '재능과 학식', '금전', '명예' 가운데 '성실과 신용'을 버리기로 결정했다. 이는 인생의 여정에서 사람들이 '금전', '명예', '외모' 등 외재적인 것을 얻기 위해 거침없이 속임수를 저지르다 결국 '성실과 신용'을 상실해 버리는 것과 같은 이치이다. '성실과 신용'이 버려졌다는 것은 사회적으로 '성실과 신용'이 결핍되어 있음을 의미한다. 이에 대해 우리는 '성실과 신용은 버려져서는 안 된다.'는 명확한 관점을 가질 필요가 있다. 경제가 빠르게 발전하는 현대사회에서 '성실과 신용'이 사라지면 개인은 자신의 이익을 위해 더 이상 신용을 성실하게 지키지 않을 것이고, 상인은 이윤을 얻기 위해 남에게 피해를 끼치면서도 전혀 양심의 가책을 느끼지 않을 것이며, 정부의 관리는 자신의 영달을 위해 치적을 거짓 보고하게 된다. 이는 중국 사회에 존재하는 심각한 사회적 문제로, 개인의 도덕적 수양의 문제에만 국한된 것이 아니라 전체 중국 사회의 발전과도 관련된 문제일 뿐만 아니라 중화 민족 전체의 명망에도 영향을 미칠 수 있다. 2001년 대학 입시의 작문 주제는 이처럼 강한 시대적 의미를 띠었다. 이는 '성실과 신용'의 결핍이라는 사회 현상을 지적함과 동시에 이 문제에 대한 학생들의 관심을 환기시켜 성실과 신용의 수립 및 견지를 요구하는 시대적 호소에 부응하고 있다. 그렇다면 "우화에서는 결국 '성실과 신용'이 버려지고 말았다. 이를 통해 어떤 생각을 가지게 되었는가?"라는 질문에 대한 답은 분명하다. 즉 성실과 신용은 포기되어서는 안 된다는 것이다. 따라서 이에 대한 글을 잘 쓰기 위해서는 '성실과 신용'을 버린 행위에 대해 분명하게 비판하는 것이 가장 우선적으로 요구된다. 이 밖에도 '성실과 신용'이라는 화제를 다룰 때는 '성실'과 '신용' 두 가지 측면의 내용을 모두 포괄하여 어느 한 쪽도 소홀히 다루어서는 안 된다는 점에 주의해야 한다. 또한 나머지 여섯 가지 사물과의 대비를 통해 '성실과 신용'의 중요성을 부각시킬 수 있다면 가장 이상적이라 할 것이다.

'성실과 신용'이라는 말은 2001년 중국 대학 입시에 등장한 후 사용 빈도가 높은 어휘 가운데 하나이다. '성실'과 '신용'은 모두 진심, 진실, 말에 믿음이 있음을 나타낸다. '성실과 신용'은 인생에 대한 태도와 행위 방식을 반영하며, 경제적인 면으로는 상업적 신용을 표현하기도 한다. 성실과 신용의 문제가 보편적인 관심과 주의를 끄는 이유는 사회 전 분야에 걸쳐 변화와 발전의 양상을 보이고 있는 중국 사회에 전반적으로 상호 신뢰의 기초가 결여되어 있기 때문이다. 따라서 시대적 배경을 염두에 두고 사회의 중요 문제들에 대해 깊이 생각하여 자신의 개인적인 견해를 명확하게 밝히는 것이 중요하다.

성실 씨, 신용 씨, 떠나지 마세요!

　군사 전문가들은 늘 "군사에 있어 속임수를 꺼리지 않는다!"고 하고, 상인들은 "시장은 마치 전쟁터와 같다!"라고 말한다. 그리하여 시장경제하에서는 음흉하고 간사하며 비겁한 수단들이 난무하는 것을 어디서나 볼 수 있다. 더욱 슬픈 것은 위조를 버젓이 자랑하는 광고들이 홍수를 이루고, 위조품 매매 행위에 대한 단속도 형식에 그치고 있다는 것이다.

　몇 천 년간 자리를 지켜 오던 성실과 신용이라는 전통 미덕이 이제 조용히 떠나 버리려 하고 있다. 참담한 사실에 직면해 있는 우리는 지금 과연 무엇을 할 수 있을까? 우리는 큰 소리로 "성실 씨, 신용 씨, 떠나지 마세요!"라고 외쳐야 한다.

　베이컨(Roger Bacon)은 "사람이 일을 처리하는 데 있어서 신용을 성실하게 지키는 것을 첫째 원칙으로 삼아야 한다."고 했고, 중국의 옛 선조들도 '믿음'과 '의리'를 중시하는 것을 미덕으로 삼아 왔다. 고층 건물은 빽빽하게 들어서고 고속도로가 여기저기 깔리는 등 오늘날 사회가 이처럼 빠르게 발전하고 있다고 해서 성실과 신용은 이미 그 중요성을 상실하게 된 것인가? 물론 그렇지 않다. 우리는 경제를 발전시키는 동시에 전통 도덕의 회복에도 더욱 주의를 기울여야 한다. 그렇지 않으면 물질적인 부는 얻을지 몰라도 정신과 영혼을 잃게 될 것이니, 이야말로 득(得)보다 실(失)이 많은 상황이 아닐 수 없다.

　타오싱즈[陶行知]는 "사람의 최대 미덕은 성실이다."라고 했고, 레닌이 어렸을 적 화병을 깨고 용감하게 잘못을 인정한 이야기는 아직까지도 회자되고 있다. '성실'은 사람이라면 마땅히 갖추어야 할 가장 기본적인 요건이다. 이를 잃고서도 인격의 완성을 이루었다거나 건전한 인격을 갖추었다고 감히 말할 수 있을까?

그 다음으로, 신용 또한 지킬 줄 알아야 한다. 옛사람들은 '인의예지신(仁義禮智信)'을 사람됨을 가늠하는 척도로 삼아 사람의 소양과 자질을 평가했다. 따라서 신용을 지키는 것은 불변의 진리라 할 수 있을 것이다. 우리도 마찬가지로 옛사람들의 표준을 스스로에게 엄격히 적용해 신용을 지키지 않아도 그다지 큰 해를 입지 않을 것이라는 안이한 생각에 빠지지 않도록 해야 한다. 악(惡)이 작다고 해서 이를 저질러서는 안 된다는 말이다.

거꾸로 생각해 봤을 때, 신용을 성실하게 지키지 않으면 다른 사람에게 해를 끼치게 될 뿐만 아니라 자신에게도 그 해가 돌아온다. 만약 상인이 신용을 경시하여 소비자를 기만하면, 소비자는 사기를 당한 것으로 끝나지만, 그 상인의 신용은 바닥에 떨어져 조만간 가게 문을 닫아야 할지도 모른다. 만약 윗사람이 성실하지 못해 거짓으로 남을 속이면 그의 후손들도 계속해서 기만을 배우게 된다. 그러다가 언젠가는 가족 전체가 이로 인해 무너지게 될 수도 있다. 만약 친구가 성실하지 못해 상대를 속이거나 혹은 약속한 일을 행동으로 옮기지 않으면, 친구 사이에 틈이 벌어지면서 언젠가는 그 틈이 상처로 변하게 될지도 모른다.

타고르(Rabindranath Tagore)는 '남을 사랑할 줄 알면 마찬가지로 다른 사람도 당신을 사랑하게 될 것이다.'라고 했다. 나는 성실과 신용도 그와 마찬가지라 생각한다. 나 자신이 다른 사람을 대함에 있어 신용을 성실하게 지킨다면 그 사람도 마찬가지로 나를 대할 것이다.

그때가 되면, 성실 씨와 신용 씨도 떠나지 않을 것이라고 확신한다.

— 장쑤성 응시생

3

중국 사회에서

개인의 이상은

어떻게 형성되어 왔는가?

아름드리 나무도 가늘고 작은 싹에서 생장하고, 9층 높이의 높은 누대
도 쌓아 올린 흙에서 시작되며, 천 리 길의 먼 노정도 첫 걸음에서 시작
된다.

— 노자

군대는 주사령관을 빼앗길 수 있지만, 남자 대장부는 패기를 빼앗겨서
는 안 된다.

— 《논어》〈자한〉편

기개가 있는 사람은 장기적인 포부 한 가지를 세워 아무리 오랜 시간이
걸리더라도 그 뜻을 견지하여 완성하지만, 기개가 없는 사람은 포부나
뜻을 자주 바꾸어 가면서 시종 완성하지 못한다.

— 민간 속담

하천의 물은 동쪽을 향해 바다로 흘러 들어가니, 언제 다시 서쪽으로 흐
르겠는가? 젊었을 때 노력하지 않으면 나이 들어 공연히 슬퍼할 수밖에
없네.

— 《장가행》

고대전인가, 가대공인가

'이상(理想, idea)'이라는 말은 그리스어 'ideal'에서 유래했는데, 그 의미는 '인생에서 추구하는 목표'를 뜻한다. 고대 중국에서는 이상을 '뜻(志)', 즉 포부라고 했다. 오늘날 이상은 일반적인 의미에서 사람들이 실제 생활에서 실현 가능한, 미래 사회와 자신의 발전에 대해 바라고 추구하는 것을 가리키며, 사람들이 목표를 달성하기 위해 분투하는 가운데 자신들의 세계관·인생관·가치관이 집중되어 표현된 것이라 할 수 있다.

이상은 한 개인이 추구하고 도달하기 위해 노력 분투하는 목표이다. 이를테면 과학자나 엔지니어 혹은 작가가 되겠다는 학생들의 장래 희망과 비슷한 의미를 가지고 있다. 여기서 과학자, 엔지니어, 작가가 바로 학생들이 지향하고 추구하는 목표이며 대상이다. 이러한 목표와 대상은 학생들의 개인적인 소망을 나타내며, 아울러 그들이 나아가는 방향과 미래를 이끈다. 여기서 이상이란 한 개인의 소망과 연결된 것이며 일종의 미래에 대한 상상이다. 이상은 보통 현재의 행동과 직접적으로 관련되어 있지 않다. 그러나 이상과 현실 생활은 서로 관련되어 있어서, 현실 생활에서의 어떤 대상과 현상이 개인의 수요에 부합하고, 개인의 세계관과 일치한다면 이러한 현실적 수요들은 바로 개인의 이상과 형식으로 표현되어 나타나게 된다. 이상이란 언제나 현실 생활을 새롭게 가공하여 그 중 어떤 것은 취사 선택하고 또 어떤 것은 강조해 나가는 과정이다. 그러나 이상은 반드시 객관적인 규율에 대한 인식을 기초로 하고, 또한 이에 부합하는 것이어야 한다. 예를 들어, 영화감독이 한 이상적 인물을 형상화한다고 할 때, 여기서 말하는 인물은 어떤 인물에 대한 재가공과 취사 선택 과정을 거쳐 감독이 바라는 바에 부합되도록 만들어진다. 그러나 이는 반드시 객관적 규율성에 부합하여 현실의 생활환경과 융화되어야 한다. 그렇지 않으면 이 인물은 표면적으로는 '고대전(高大全: 문화혁명 시기 대두된 문예이론의 하나로, 고상하고 위대하며 흠잡을 데 없이 완벽한 인물을 일컬음)'처럼 완벽하겠지만 실질적으로는 '가대공(假大空: 거짓말, 헛소리)'일 뿐이어서 실감나는 인물이 되기 어렵다.

개인적 이상과 사회적 이상

한 개인의 이상은 그 내용으로 볼 때, 개인적 이상과 사회적 이상으로 분류할 수 있다. 개인적 이상이란 개인의 미래에 대한 상상과 희망으로, 직업에 대한 이상·도리에 대한 이상·생활과 가정에 대한 이상을 포함한다. 사회적 이상이란 아름다운 사회제도에 대한 추구와 동경을 말한다. 개인적 이상과 사회적 이상은 서로 연관되어 있으며, 그 중 사회적 이상은 가장 높은 차원의 이상으로, 이상의 핵심이며 개인적 이상을 제약한다. 개인적 이상은 또한 사회적 이상의 구체적인 표현이다. 만약 원대한 사회적 이상 없이 사회적 실제에서 벗어난 개인적 이상만을 추구한다면, 이는 시대정신에 부합하지 않는 것이며 낮은 차원의 이상을 꿈꾸는 것이라 할 수 있다. 반대로 만약 사회적 이상만 있고 개인적 이상이 없다면, 이는 현실에 부합하지 않는 공허한 것일 뿐이다.

사회적 이상과 개인의 포부는 하나로 통일된 것이다. 진보적인 사회적 이상의 실현을 개인이 노력해야 할 목표로 삼았을 때 개인적 포부와 뜻은 비로소 심원해질 수 있다. 그리고 여러 세대에 걸쳐, 심원한 포부를 품고 있는 수많은 지사들의 부단한 각고의 분투가 있을 때, 진보적인 사회적 이상은 마침내 실현될 수 있다. 사람의 일생은 눈부신 빛을 내뿜을 수도 있고, 평범하기 그지 없을 수도 있다. 그 경계는 자신의 인생 목표를 인류의 번영을 실현하겠다는 이상과 연결시킬 수 있는가에서 나뉘게 된다. 자신만을 위해 살아가는 사람은 이기적인 사람이다. 자신의 가족들만을 위해 살아가는 이는 범속한 사람이다. 향락만을 위해 살아가는 사람은 수치스러운 사람이다.

이상은 종종 가정교육과 학교교육, 사회적 환경의 영향을 받아 형성·발전된다. 일반적으로 나이가 들고 지식이 늘어나면서 시야가 넓어지게 되면, 가정과 학교의 영향은 차츰 줄어들고 사회의 영향은 증대되면서, 이상의 양상에도 단계적 차이가 나타나게 된다.

중국 대학생의 이상

중국 대학생들의 이상의 변화를 고찰해 보면, 개인적 이상은 갈수록 정치적 색채를 잃어 가며 개인 발전에 대한 정치의 영향력도 줄어들고 있다는 것을 발견할 수 있다.

만약 신중국의 1세대 대학생들이 신세계 건설의 뜨거운 열정으로 자신의 인생 가치와 사회적 이상을 실천하여, 그로부터 시대의 흐름과 더불어 고도로 묵약된 공명을 얻었다고 한다면, 문화혁명 이후의 대학생들은 시대적 오류로 인해 받게 된 심리적 트라우마로 인해 스스로 실제에 부합한다고 여겨지는 가치 관념과 사상적 신조를 찾아내어 그들에게 주어졌던 사회적 책임을 완성해야 했다. 이는 매우 당연한 일이라 아니 할 수 없다. 10년간의 문화혁명은 한 세대의 활기 넘치는 생명과 인생을 압살했으며, 대학생들의 마음에 칼을 꽂았다. 아직은 젊다 할 만한 생명줄 외에는 거의 모든 것을 잃어버린 한 세대의 청년들은 자신들의 미래는 어찌될 것인지, 미래는 앞으로 어떻게 자리 잡게 될 것인지에 대해 고민하지 않을 수 없었다. 변덕스럽게 바뀌기만 하면서 안정을 찾지 못하는 사회 분위기로 인해 이들은 현실 사회에 대해 의심을 품게 되었다. 언제나 자신감이 넘쳤던 대학생들은 오로지 자신의 안전만을 고려하게 되었고, 앞으로 한 걸음 나아갈 때마다 완치되지 않은 상처를 본능적으로 떠올릴 수밖에 없게 되었다.

사회적 불안은 대학생들의 영혼을 뒤흔들어 놓았다. 원래는 열정이 넘쳤어야 할 이 무리들은 이제서야 조심스럽게 앞으로 발걸음을 내디디기 시작했다. 그러나 사회적 재난이 정신적 충격을 가해 진리와 향상을 적극적으로 추구하려는 이 세대 대학생들의 존재적 본질을 말살시켰다고 하더라도, 즉 이를 시대의 비극이 형성한 막중한 정신적 책임감의 무게로 눌러 놓았다 할지라도, 이들의 마음속에 담긴 새로운 시대, 새로운 생활을 향한 의지는 꺾을 수 없었다. 한 시대가 끝나고 새로운 시대가 시작되면, 늘 그렇듯 사람들에게는 거대한 정신적 동력과 무한한 상상의 공간이 주어진다. 대학생들의 경우는 특히 그러하다. 그래서 이들 자체가 바로 미래의 희망이라 불리는 것이다.

역사적으로 발생했던 대학생 운동을 살펴볼 때, 대학생 운동은 기본적으로 정치와 문화라는 두 가지 단서를 따라 전개되었다. 문화혁명 및 문화혁명 이전의 대학생 운동이 대개 정치 운동 위주의 특징을 보였다면, 문화혁명 이후의 대학생 운동은 정치 운동에서 문화 운동으로 전환되는 과도기적 형태를 띤다.

70년대−인간의 가치적 차원과 존재 의미를 묻다

70년대의 대학생들은 이미 이상주의적 몽상에서 벗어나 인생의 가치에 대해 여러 가지로 사색하기 시작했다. 이러한 사색은 전체 사회의 환경과 맞물린다. 즉, '좌경(左傾)' 사상과 일정 거리를 유지하면서도 원래의 사상적 속박을 완전히 벗어날 수는 없었던 것이다. 생각만으로는 사회의 실제적인 문제들을 해결할 수 없지만, 그것은 해방의 싹을 의미했고 다양한 목소리의 등장을 예고했다. 이렇게 아직 잠에서 깨지 않은 계절 속에, 숨죽이고 조용히 기다리던 세월 속에, '인생의 목적은 무엇인가', '사람의 본질은 이기적인가' 등을 고민했던 판샤오〔潘曉〕의 편지가 등장했다. 그의 글은 돌 하나로 천 층의 파도를 일으키듯 커다란 파문을 일으켜, 인생의 가치에 대한 대학생들의 회의와 탐구 그리고 반성을 공개적인 토론의 장에 올려놓았다. 그러한 토론의 열기는 전국의 대학생들에게 빠르게 퍼져 나갔다. 진리의 표준에 대한 토론과 달리 이때의 토론은 청년·민간인들에게서 힘을 얻은 것으로, 인간의 가치적 차원과 존재 의미를 직접적으로 다뤄 나갔다. 대학생들은 생명의 앞날에 대한 실망과 비관적 생각들을 토로했고, 인생의 가치에 대한 회의와 고

뇌를 드러냈다. 비록 마지막까지 통일된 결론을 얻지는 못하였으나, 토론 자체는 이미 대학생들에게 마음속에 담고 있던 고민들을 풀어낼 수 있는 기회를 제공했고, 이로 인해 불충분하나마 사상의 자유와 언론의 자유를 누릴 수 있는 공간이 마련되었다. 사상의 자유와 언론의 권리는 가장 중요한 것이다.

역사적으로 억울한 판결을 받았던 사람들이 누명을 벗게 되고, 나이 든 간부들도 복권되면서, 대학생 조직에서도 향상과 진보를 위한 활발한 생명의 기운이 끓어오르기 시작했다. '하늘의 총애를 받는 사람〔天之驕子〕'이라는 구호가 제창되었고, 이는 곧 대학생들과 대중으로부터 긍정적인 반응과 인정을 얻게 되었다. '나부터, 지금부터 시작하자.'라는 구호는 이상으로 가득 찬 대학생들 모두를 실천에 나서도록 격려했다. 경제 건설이 이룬 성과는 대학생들의 마음속에 잠자고 있던 분투 정신과 성취욕을 불러일으켰고, 마음속에 오랫동안 쌓아 두었던 사회에 대한 관심과 사회의 부조리를 개조하려는 열정은 다시금 자극 받았다.

80년대-탐색과 전망을 넘어 충돌과 대립으로

80년대 초의 대학생들은 억겁의 세월처럼 길게 느껴졌던 10년 세월의 그림자에서 벗어나 적극적인 태도로 개인과 국가에 대해 사고하기 시작했다. 비록 역사의 무거운 짐을 완전히 벗어 버리지는 못했고, 역사적 오류가 다시 반복될까 여전히 걱정하기는 했지만, 정신적 경계의 것들에 대한 추구와 사회적 변혁에 대한 희망이 분명하게 표현되었고, 또한 안정적으로 실천되기 시작했다.

바로 이때, 주목할 만한 현상이 나타났다. 서양의 사상 문화가 중국의 문을 두드리는가 싶더니 곧 중국의 사상 영역을 대거 점령하기 시작했고, 대학생들의 머릿속까지 침투해 버리고 말았다. 이 상황은 아주 오래 전 5.4 운동 시기 대학생들과 서양 문화 간에 존재했던 친밀한 관계를 연상시켰다. 이 두 상황은 모두 사회변혁기에 발생했으며, 중국의 사회문제를 해결하기에는 역부족인 전통문화에 대해 대학생들이 실망과 의심의 태도를 보였다는 점에서 공통점을 띠고 있다. 이렇게 과거와 판에 박은 듯이 비슷한 성격을 띠는 역사적 상황 속에서, 80년대의 대학생들은 자연스럽게 서양 문화에 대해 비정상적이라 할 만큼 호감을 보였다. 대학생의 이러한 이질적 문화에 대한 모방과 학습은 전혀 근거가 없는 것은 아니었다. 외래문화와 전통문화의 교류라는 문제에 있어, 대학생들은 이를 합리적으로 해결할 만한 지식 배경과 이해 능력을 갖추지 못한 상태였고, 과거 사회로부터 물려받은 독성이 아직 말끔히 풀리지 않은데다 새로운 이론마저 아직 정립되지 않은 상황에 처해 있었다. 그리고 서양의 문화는 바로 그 틈을 타고 유입되어 대학생들의 사상을 점령했다. 이렇게 대학생들은 다시 한 번 눈을 어지럽게 하는 외래문화를 대면하게 되었다. 그러나 어떤 것이 꽃이고 어떤 것이 독초인지 가리지는 못했다. 그리고 이때, 일련의 급진적인 언론과 학설이 대학생들의 사상과 감정을 표현하는 이론적 출처와 합법적인 근거로 자연스럽게 자리 잡게 되었다.

적극적이고 고무되어 있었던 정신적 준비 기간을 거쳐, 대학생들의 정서는 차츰 최고조를 향해 달려가기 시작했다. 그러나 어떤 사물의 절정 상태는 필연적으로 쇠락의 요소를 포함하기 마련이다. 대학생들은 정서적 특징·사회적 경력·이상주의 등의 모든 면에서 '개선가를 높이 울리는 때'에 몰래 스며들어 잠복해 있다가 이제 막 고개를 든 '심리적 권태기'를 경험해야 했다. 대학생들이 여전히 아름다운 미래를 동경하고, '조국의 산하를 가리키며 글로 악을 물리치고 선을 찬양하던〔指點江山激揚文字〕'그때, 이 권태기는 조용히 숨어 대학생들을 기다리고 있었던 것이다.

80년대 중·후반의 대학생들은 '어둠 속에서 길을 잃은〔晦暗迷失〕 시기'에 들어서게 되었다. 구사회 체제와 사회 관념이 연이어 도태되면서, 나날이 온도만 높여 가던 열정이 그들 자신을 의지할 바 없는 미망(迷惘)의 상태로 이끌었다. 문화혁명이 만들어 냈던 가치 관념이 붕괴하면서 그들은 전통적 가치관의 모델을 감히 받아들이지도 못했고, 앞 세대의 침통한 교훈은 이들 세대 대학생들의 마음 깊은 곳에 지워 내지 못할 그림자를 드리우고 있었다. 과거의 순수했던 이상주의적 가치 체계로의 회기도 불가능한 상황에다가 서양 문화의 적응도 그리 낙관적이지 않았다. 그래서 대학생들은 다시 낙담하기 시작했다. 이러한 낙담은 가치관 체계에 대한 것이 아니라 자아를 확립하지 못하는 데서 오는 낙담이었다. 대학생들은 막막한 상태에 빠지게 되었다. 그리고 이는 문화혁명 시기처럼 시대의 농간으로 인해 오는 막막함이 아닌 자신의 가치가 실현되지 못하는 데서 비롯된 막막함이었다.

스스로를 가로막고 있는 장벽을 뛰어넘을 수도, 소리 높여 전진하는 시대의 흐름에 무작정 발맞춰 나아갈 수도 없었던 그 상황에서, 청춘의 충동은 대학생들이 바라던 바의 반대쪽을 향해 가기 시작했다. 이는 당시 대학생의 사회적 지위가 지극히 불안정하고, 이들의 사상 인식 역시 미성숙했기 때문이다. 대학생들은 보통 사물의 밝은 면만 바라보고, 그 복잡한 일면에 대해서는 충분히 명확한 인식을 갖추고 있지 못한 경우가 많다. 그리고 캠퍼스의 환경은 세속 사회에서 격리되어 있어 대학생들의 과격주의〔激情主義〕를 배양하는 온상이 되어 버렸다. 변혁의 시대는 소요와 불안을 일으키는 요소들의 활약을 고무시켰고, 이로 인해 앞으로 나아가기만 했던 대학생들은 적절한 때에 멈춰야 한다는 기본적 이치를 망각했다. 그리하여 여러 가지 학문적 사조가 연이어 쏟아져 나왔고, 학생운동도 연이어 터져 나왔다.

80년대 전반기 대학생들의 사회에 대한 태도는 탐색과 전망이 그 특징이었다면, 후반기에는 충돌과 대립이 그 주요 특징이었다. 일련의 학생운동은 궁극적으로 1989년의 정치적 풍파로 이어졌으며, 이후 대학 캠퍼스는 다시 한 번 침통한 분위기에 빠져들게 되었다. 대학생들의 사회참여 의식은 급속히 약화되었고 대다수의 대학생들은 고의로 사회를 회피하고 정치에서 이탈하는 사회적 태도를 취했다. 이렇게 학생운동은 또다시 그 기복성을 드러내게 되었다. 그리고 학생운동의 질곡과 기복은 열정이나 소망으로 피해 가기에는 너무나 버거운 것이었다.

90년대-평화로운 현실주의자의 등장

90년대에 들어서면서, 대학생들은 차츰 성숙의 길로 접어들었다. 그들은 시종 유동적인 입장을 취하고 있었다. 한 세대가 교문을 나서면, 대학생들의 역할은 다음 세대에 의해 즉시 대체된다. 90년대 대학생들은 사상의 자유가 허용되고 개혁이 심화되던 시기에 성장했다. 이들 세대는 경제발전이 가져온 물질적·정신적 성과들을 누릴 수 있었고, 사회 문화의 다원적 정보를 충분히 얻을 수 있었다. 그들에게는 무거운 역사적 기억과 속박도 없고, 역사적 부담을 느끼거나 이에 대해 고민할 필요도 없었으며, 선배들에게 일어났던 질곡의 세월은 이들에게 생소하기만 했다. 그리하여 90년대 대학생들은 80년대 중·후반기 대학생들이 겪었던 '질풍노도'의 시기를 겪지 않고, 상대적으로 더욱 독립적인 상태에서 사회와 접촉하고 또 적응해 나갔다.

이런 변화들은 사회 환경의 개선에서 비롯된다. 90년대에 들어서면서 사회적 대기운은 방향을 틀어 정상 궤도에 들어서기 시작했다. 그리고 이에 따라 사회의 교육 기능과 방향에도 변화가 생겨났다. 오늘날의 젊은이들은 바로 국가의 미래이며, 이들 가운데서도 엘리트라 할 수 있는 대학생들은 중국 사회의 미래가 도달할 수 있는 발전 수준을 결정한다고 말할 수 있다. 대학생들의 평균적 자질의 수준은 중화 민족이 21세기에 세계에서 차지하게 될 위치에도 영향을 준다. 그리고 이러한 인식에 대해 전 사회 구성원의 암묵적 동의가 형성되면, 사회는 필연적으로 신세대 대학생에게 두터운 희망을 품게 된다.

90년대 대학생들은 일종의 실무적인 성향을 보인다. 현실주의와 공리주의가 캠퍼스를 장악하게 되면서, 유토피아적 이상주의는 점차 사람들의 조롱 속에 밖으로 밀려났다. 시장경제의 유혹, 사회 환경의 묵인, 80년대 중·후반의 집단적 정치 행위의 경험에서 얻은 교훈과 눈앞에 닥친 생존의 스트레스는 모두 대학생들로 하여금 실제에 부합하지 않는 이상주의에서 벗어나 상대적으로 평화로운 현실주의를 추구하게 만들었으며, 민중을 환기시키고 사회를 구원하려던 투지를 버리고 착실하게 자신을 가꾸고 계발하는 길로 나아가게 했다. 정신적 지향점이 나날이 현실화되어 가고, 관심사는 날이 갈수록 개인의 이익으로 쏠렸다. 대학생들의 정치적·장기적·사회적 이상은 점차 약화되는 반면 현실적·개인적 이상과 단기적 목표는 강화되는 경향을 보였다. 또한 대학생들은 돈이 만능은 아니지만 돈이 없으면 아무것도 할 수 없다는 생각을 가지게 되었다.

이러한 현실화 경향은 근본적으로 전체 사회의 심리적 분위기의 변화와 그 맥을 같이 한다. 경제 건설을 사회 발전의 중심 목표로 삼으면서 물질적 이익에 대한 갈구를 피할 수 없게 되었고, 개인의 노력과 자아실현을 요지로 하는 개인주의가 만연하여 전 사회에 걸쳐 철저하게 실리를 추구하는 분위기가 형성되었다. 대학생들 또한 이러한 현실적인 분위기 속에서 생활해야 했고, 또 다가오는 현실의 유혹을 강하게 거부하지도 못했다. 이렇게 나날이 현실적으로 되어 가는 대학생들의 이상은 차츰 성숙해지고는 있지만, 현실적 이상이 장기적인 원대한 이상을 기초로 하지 않고 사회적 책임감을 결여한다면, 내용은 없고 원대하기만 한 이상과 마찬가지로 위험을 배태하게 된다는 데에 문제가 있다. 대학생 개인의 시각에서 볼 때 현실주의는 대학생들이 사회 현실을 명확히 인식할 수 있도록 도와

주지만, 집단적 차원이나 장기적 효과에서 볼 때 단순한 현실주의
는 긍정적인 효과를 발휘하지 못하며 오히려 사회 전체의 이익에
해를 가져올 수도 있다.

90년대의 대학생들은 이미 이전 세대가 처해 있었던 어두운 밑
바닥을 벗어나 있다. 이들이 이전의 대학생들과 가장 다른 점은,
미래의 경쟁에 대비하여 자신의 실력과 자질을 향상시킬 수 있는
여러 가지 준비 활동에 대부분의 시간과 정력을 투자하고 있다는
것이다. 이들이 자주 모이는 곳은 광장이나 거리가 아니라 강의실,
도서관, 인터넷 카페, 교육 센터 등이다. 이들의 활동은 대중을 선
동하기 위한 퍼레이드나 연설이 아니라 독서, 공부, 정보 검색과
기능 기술 획득 등이다. 90년대 말부터 해마다 큰 폭으로 늘어나는
대학원 입시 지원자들을 보면, 미래를 위해 분투하고 자신을 갈고
닦기 위해 노력을 기울이는 대학생들의 결심과 열정을 느낄 수 있
다. 90년대의 대학생들은 역사적으로 형성된 약점은 극복해 냈으
나 여전히 사회적·개인적 요소들이 야기한 한계를 극복하지 못하
고 있으니, 이 세대가 완전한 성숙을 이루었다고 말하기는 아직 이
르다. 대학생들이 처한 사회 환경은 다양한 가치 관념들로 넘쳐나
고 있었으며, 집단주의가 모든 것을 통일하던 시대는 지나가고 개
인주의 사조가 이들에게 강력한 영향을 미치기 시작했다. 대학생
들의 머릿속에서 서양 문화와 전통문화는 서로 충돌을 일으키고
뒤섞여 이 둘 사이에 구체적인 경계선을 긋기 어렵게 되었다. 이들
은 정신적으로 기탁할 만한 무언가를 갈망하지만, 사회의 다양하
고 복잡한 유혹은 종종 그들을 미망에 빠뜨린다. 사회를 이해하고

이에 적응하고자 갈망하지만 이상은 때때로 사회의 현실에 부딪혀 산산이 부서지고 만다. 외래 문명에 더 익숙해져 있지만 또한 자신도 모르는 사이 전통적 사유의 속박에 빠져 벗어나지 못하기도 한다. 적극성과 소극성이 병존하고 진보적 사상과 낙후된 사상이 서로 얽혀 있으며 권위가 필요함에도 이를 얻을 수 없는 정신세계에서, 대학생들은 전체적으로 다원화된 가치관을 갖는 경향을 보인다. 낡은 통일은 타파되었으나 새로운 통일은 아직 이루어지지 않았다. 새로운 통일이 아직 이루어지지 않은 상황에서 각종 요소들은 상대적으로 균형적인 상태를 유지하고 있다. 어쩌면 미래의 세계에서는 권위라는 것이 필요하지 않을지도 모른다. 권위를 가진 것들은 갈수록 단명하고, 갈수록 의심이나 거부감만을 일으킨다. 그러나 대학생들의 여러 노력들은 사실 권위를 찾는 과정이며, 그 권위라는 것은 각자의 마음속에 존재하나 아직 모습을 완전히 갖추지 못했을 뿐이다.

구체적으로 살펴보면, 현재의 대학생들에게는 그들만의 특징이 있다. 대학생들은 이미 '하늘의 총애를 받는 사람'이 아니다. 대학생 스스로도 인정했고 동시에 사회적으로도 긍정적 평가를 얻어 냈던 이 호칭은 이제 다시는 반복되지 않을 것이다. 그렇다면 당대의 대학생들은 과연 어떤 사람들인가? 이것을 정의하기란 쉽지 않은 일이다. 대학생들은 이미 너무나도 다양한 개성을 보이고 있어 이들을 한데 묶어 설명하는 것은 불가능한 일이 되어 버렸다. 이들의 논리적 기점과 시야, 받아들이는 정보의 양은 90년대 이전 대학생들의 수준을 훨씬 넘어서고 있다. 그러므로 지금의 대학생들에게서 공통적인 성격을 찾기란 매우 곤란한 일이다. 그러나 우리는 여러 측면에서 대학생들이 보이고 있는 일반적인 특징의 대체적인 윤곽을 그려 냄으로써, 현재의 대학생들이 어떤 사람들인지를 관찰해 볼 수 있을 것이다.

정치적 압력은 적고 심리적으로는 평화를 지향

작금의 대학생들은 '좌파'적 영향을 전혀 받지 않거나, 상대적으로 덜 받은 세대이다. 이들은 10년간의 동란이 지나간 이후로부터 개혁 개방 초기 단계 사이의 기간에 태어나, 역사적으로 잔재들이 이미 제거되어 사라지고 좌파와 우파를 모두 부정했던 사회적 환경에서 성장했다. 그러므로 계급투쟁을 직접적으로 체험하지 않은 이 세대의 대학생들에게는 정치적 신분과 부모의 배경에 대한 심리적 부담이 없으며, 자신의 역사적 행위에 대해 참회해야 한다는 스트레스는 더더구나 존재하지 않는다. 이들 대부분은 자신이 하고 싶은 말을 하고, 자신이 하고 싶은 일을 한다. 무거운 정치적 가면을 쓰고 남을 대할 필요도 없고, 특히 부정부패와 지도자의 자질, 관료주의 등 사회의 어두운 면에 대한 평가에도 직접적으로 자신의 의견을 펼치며, 다른 사람들이 자신을 고자질할까 두려워할 필요도 없다. 지금의 대학생들은 역사적인 책임을 질 필요도 없고, 정치적인 근심도 그다지 없는 세대라고 할 수 있다.

현대의 대학생들은 개혁 개방과 같이 성장한 개혁 개방의 동갑내기들이다. 이들은 어려서부터 날마다 새로워지는 개혁의 국면들을 몸소 체험했고, 어려서부터 중국 사회가 비상하게 발전하는 환경 속에서 생활했기 때문에 중국의 정치발전을 전망할 때도 자신감으로 가득하다. 또 미래 중국의 정치 상황에 대해서도 낙관적인 태도를 보이고 있으며, 정치적 국면은 나날이 좋아질 것이라고 믿고 있다. 이는 지난 세기 80년대 중·후반의 대학생들의 우국·우민적 경향과, 극단적인 정치 열정과는 뚜렷이 다른 양상을 보인다.

90년대 이전, 중국에서 대학생은 줄곧 희소 자원으로 취급되었으며 사회 엘리트로 간주되었다. 그러므로 '하늘의 총애를 받는 사람'이라는 자긍심과 사회적인 인정을 얻을 수 있었다. 그 세대의 대학생들의 마음속 깊은 곳에는 언제나 우월감이 자리 잡고 있었고, 천하에 나 아니면 안 된다는 식의 오만함이 온몸에서 넘쳐흘렀다. 90년대, 특히 90년대 말에 이르러 대학생들의 수가 급격히 증가하면서, 온 거리가 대학생들로 넘쳐나는 듯했다. 이렇게 되자 자연스럽게 대학생들은 더 이상 희소 자원으로 취급받을 수 없게 되었다. 이는 또한 당시 대학 모집 정원 확대 정책으로 인해 대학에 입학한 행운아들이 예상외로 많았기 때문이기도 하다. 동시에 현시대의 대학생들은 80년대의 정치적 교훈을 본보기로 삼아 현실적·이성적·실리적으로 변모했고, 이와 맞물려 정치적으로는 차츰 평화를 추구하게 되어 정치적 열정 또한 점차적으로 식어 갔다. 이제 대학생들의 정치적 태도는 평상심을 회복하여 장렬함보다는 평화로운 공존을 추구하고 있다.

뚜렷해진 시대적 관념과 이상의 현실화

현시대의 대학생들은 시장경제 관념의 영향을 깊게 받은 세대이다. 이들은 비록 상당히 오랫동안 계획경제 시기를 겪었지만, 이 시기는 이들이 아직 세상을 이해하지 못하고 감성으로 세계를 인식하던 시기와 맞물려 있었으므로, 계획경제가 이들에게 남긴 체험의 흔적은 그렇게 많지도 깊지도 않다. 반면, 시장경제 체제가 점차 제 모습을 갖추어 가던 시기는 마침 이들의 가치관이 형성되어 가던 청년기였기 때문에 현시대 대학생들의 가치관에는 대개 시장경제의 낙인이 찍혀 있다. 그리하여 고효율, 자립, 자주, 경쟁, 협력 등 일련의 시장경제하에서의 가치관과 준칙들은 이들이 자각적으로 추구하는 대상이자 행동의 지향점이 되었다.

80년대에는 사회의 이상이 주도적 위치를 점하고 있었고, 개인의 이상은 일정한 지위를 차지하기는 했어도 그다지 중요하게 여겨지지는 못했다. 그러나 현재의 대학생들에게 있어 개인의 이상은 이미 사회의 이상을 앞질러 있다. 즉 '대학생이 되는 것'이 개인의 인생 발전에 대단히 중요한 의미, 즉 더 좋은 직업, 더 우월한 생활, 향상된 자질 등을 가져오는 것으로 받아들여지고 있다. 이처럼 대학 진학과 개인의 이상은 긴밀하게 연관 지어 생각하며, 또 개인의 이상이 대학생들의 정신 속에서 압도적 위치를 차지하고 있다.

취업 스트레스와 실용 지식의 중시

과거 오랫동안, 대학생들에게 취업 스트레스라는 것은 존재하지 않았다. 이는 모든 학생들에게 직업을 배분하는 국가의 취업 시스템이 뒷받침해 주고 있었던 까닭이다. 90년대에 들어서면서 이러한 상황은 차츰 변화하게 되었다. 당시의 대학생들에게 가장 크고 깊은 영향을 준 것은 취업 시스템의 개혁이라 할 수 있다. 취업 시스템이 국가에서 배정하던 방식에서 상호 선택〔雙向選擇: 직장과 구직자가 서로를 자유로이 선택하는 방식〕, 자주적 직업 선택 등으로 바뀌면서 대학생들의 취업 스트레스도 차츰 증대되었던 것이다. 이전에는 졸업을 앞둔 학생들이나 취업 문제를 걱정했지만, 지금은 대학 생활 내내 학생들의 걱정거리가 되었다. 막 대학의 교문을 들어선 수많은 대학 신입생들은, 이러한 대학 생활의 분위기를 감지하고 곧장 각종 취업 준비에 돌입한다. 이 시대의 대학생들에게 취업 스트레스는 보편적으로 존재하며, 이는 대학 생활 전반에 걸쳐 영향을 끼치고 있다.

대학에 진학하는 목적은 좋은 직장을 얻기 위해서이다. 취업 스트레스가 전례 없이 확대되고 있는 분위기에서, 이들이 좋은 직장을 잡기 위해 필요한 각종 자격증이나 점수를 따기 위해 상당한 정력과 시간을 투자하고 있는 것은 어찌 보면 당연한 현상인지도 모른다. 최근 몇 년간, 각종 전문 자격 시험과 어학 관련 시험들이 나날이 그 수를 더해 가고 있다. 이러한 상황하에서 학생들은 아주 소박한 상식적 판단 하나를 내리게 되었다. 즉 자격증이나 증서가 많을수록 직업을 찾는 데 유리하다는 사실이다. 그래서 학생들은 어떤 자격증이 뜬다 싶으면 바로 시험에 참가한다. 수많은 학생들이 맹목적으로 부전공이나 복수 전공 등을 선택하고 있지만, 결국 이러한 과정을 자신의 본 전공과 유기적으로 연관시키지 못하고, 양쪽 전공 간의 시너지 효과를 발휘하는 데 실패하여 취업 시장에서 그다지 유리한 고지를 차지하지 못하는 경우가 많다.

자아 기대치는 높으나 인생에 대한 뚜렷한 목표가 없다

수많은 대학생들은 자신의 실제 상황보다 자아에 대한 기대치가 훨씬 높은 편이다. 이러한 높은 기대치는 사회의 긍정적 평가와 자아 인식에서 비롯된다. 이러한 인식에 기반하여 대학생들의 잠재의식 중에는 자신이 남다른 사업적 성취를 이룰 것이라는 생각이 자리 잡고 있다. 대학생들은 직장이 자신들이 만족할 만한 대우와 환경 그리고 발전 공간을 제공해 줄 것이라 일방적으로 기대하고 있지만, 실제로는 현실을 직시하지 못한 데서 오는 어리석은 생각이다. 졸업에 즈음하여 혹은 취업 후 일정 기간이 지난 이후에야 비로소 자신에 대한 기대치가 사회의 현실과 동떨어져 있음을 발견하게 되는 것이다. 수많은 대학생들에게 있어, 직업에 종사하는 과정은 이상이 차츰 위축되어 가는 과정이기도 하다. 여기서 우리가 주의해야 할 것은 자아 기대치와 직업 스트레스 간의 구별이다. 상당히 높은 자아 기대치를 가지고 있다면, 이와 동시에 취업에 대한 심리적 스트레스가 형성될 수 있으며, 이 두 가지는 상충되지 않는다. 자아 기대치가 자신이 오랜 기간의 노력을 통해 마침내 무엇이 될 수 있는가, 무엇을 할 수 있는가 하는 것을 가리킨다면, 취업 스트레스는 자신이 가까운 시일 내에 취업을 하거나 혹은 좋은 직장을 잡으려 하는 데 곤란함이 있음을 느끼는 것이다. 따라서 자아 기대치가 높으면 좋은 직장을 잡아야 한다는 심리적 압박 상태가 유발된다. 취업이 나날이 어려워지는 오늘날, 대학생들은 바로 이런 이유 때문에 취업의 벽에 부딪혀 스트레스를 받는 것이다.

자아 기대치와 인생에 대한 목표에도 중요한 차이가 있다. 자아 기대치는 정도의 개념을 놓고 볼 때 주로 높고 낮음으로 평가된다. 인생에서의 목표란 질(質)의 개념으로 그 내용에 충실해야 한다. 수많은 대학생들에게 인생의 목표라는 개념은 매우 모호하여, 자신이 장래에 어떠한 영역에서 발전하는 것이 적합한가, 자신이 무엇을 좋아하고 무엇을 잘하는가를 제대로 알지 못한다. 이와 마찬가지로 대학에 다니는 동안 무엇을 해야 하고 무엇을 해서는 안 되는지도 잘 알지 못한다. 대학에 지원할 때도 자신의 인생에 일생일대의 영향을 줄지도 모르는 전공을 자신의 취미와 장기도 이해하지 못하는 상황에서 선택했을 가능성이 농후하다. 이러한 결정은 부모의 기대, 사회 여론 혹은 해당 전공의 취업 전망에 따른 것이었지만 정작 인생의 목표는 결여되어 있다. 인생의 목표를 정하지 못하는 대학생들은 자신을 깊이 있게 이해하지 못하고 결국 앞으로도 인생에서 수많은 방황을 겪게 될 것이다.

하지만 오늘날 대학생들의 사회적 이상에는 세상을 구하고 사회를 개조하겠다는 목적의식이 분명히 존재한다. 인생에 대한 이상은 자신을 구하고 개인적인 완벽을 추구하는 데 그 의미를 둔다. 따라서 개인의 이상은 더 깊은 차원의 사회의 이상을 배경으로 확립되어야만 개인의 가치, 사회와 민족의 발전과 진보를 더 잘 실현할 수 있을 것이다.

중화 민족의 이상, 대동

중화 민족은 이상이 있는 민족이다. 이미 2000여 년 전 전국 시대 백가쟁명(百家爭鳴)의 각 학파들은 인류 사회에 존재하는 여러 문제에 대해 깊이 연구하고자 했다. 예컨대 유가는 '인간의 본성은 선하다.'는 생각을 이론의 기점으로 하여, 윤리를 통해 조화로운 인애(仁愛) 사회의 건설을 희망했다. 도가는 우주 만물이 생성하고 변화하는 자연의 '도(道)'와 그것이 외부로 표출된 결과인 '덕(德)'에 대해 엄격한 이론적 체계를 세우고, 자연을 닮은 조화로운 사회를 이루고자 노력했다. 법가의 경우 '인간의 본성은 악하다.'는 이론적 가설을 가지고, 엄격하고 완벽한 법률을 통해 인간 사회의 각종 분쟁과 혼란을 해결하고, 이로부터 사회의 불협화음을 막고자 했다. 묵가는 '겸애비공(兼愛非功 : 서로 사랑하고 공격하지 말라)', '상현상동(尙賢尙同 : 어진 이와 평등함을 숭상함)' 등의 이론으로 인류 사회의 이상주의적 모델을 도출해 내었다. 이들의 가설은 비록 공상적이거나 환상적 요소를 가지고 있으나, 모두 국가의 장래에 대한 깊은 관심을 내포하고 있다.

제자(諸子) 학파들의 이상 사회에 대한 상호 논쟁과 그 영향의 결과는 전국 시대 진·한 교체기에 지어진 《예기》에서 말한 인류의 지고지선한 경지인 대동 이상 및 그 아래에 위치한 소강지세(小康之世)의 이상 사회에서 완성된다. 이는 고대 중화 민족이 추구하던 이상 사회를 대표한다.

이런 대동 사회에서 정권은 공유되며 특권을 갖지 않고, 재능과 인품만이 인재를 선발하는 유일한 표준이 된다. 재산은 공유되고 사람들은 누구나 노동을 하고 그 노동의 성과를 같이 공유함으로써 전체 사회 성원들의 생활이 보장된다. 사람과 사람 간의 관계는 성실과 신용을 기초로 화목을 이루며, 단결을 통해 우애를 실현하여 간사한 계책이나 도적질 등 추악한 현상들은 나타날 수 없다.

　대동의 이상이 제시된 지 벌써 2000여 년이 지났으나, 이는 여전히 중화 민족의 지사들에게 받아들여져 사회 진보를 쟁취하는 기치로 쓰이고 있다. 역대 사상가, 정치가들은 대동 이상이 시사하는 바를 근거로 각종 사회 개조 방안을 내놓았다. 예를 들어 동한 시기 하휴(何休)나 북송 시기의 장재(張載)가 제안한 '정전제(井田制)' 방안이라던가, 위진 시기의 포경언(鮑敬言)이 제안한 '무군무신(無君無臣 : 군주도 신하도 존재하지 않음)'론 등이 그것이다. 역대 농민혁명은 '평등', '평균', '균빈부 등귀천(均貧富 等貴賤: 빈부를 균등히 나누고 귀천을 평등하게 대함)' 등의 구호를 제창하기도 했다. 문학가들은 이상적인 대동 사회의 모습을 반복적으로 묘사했다. 동진 시기 도연명(陶淵明)의 《도화원기(桃花源記)》가 그 전형이고, 북송 때의 왕우칭(王禹偁)의 필치 끝에서 펼쳐진 〈해상도화원(海上桃花源)〉이라던가, 남송 시기 강여지(康與之)가 말한 '서경산중(西京山中)'에서 나타나는 세속에서 벗어난 은둔처, 청대 이여진(李汝珍)의 허구적인 '군자국(君子國)' 등은 모두 같은 류의 작품들이다.

　심지어 종교가들 또한 대동 이상의 유혹을 이기지 못하고 현실 속에서 이상 사회를 추구하는 대열에 들어서기도 했다. 도교의 경전인 《태평경(太平經)》은 신선의 경계에서 벗어나 '언제나 태평한[萬年太平]' 세속의 이상 사회를 추구하고 있다. 당대(唐代)의 승려인 회해(懷海)는 '서천정토(西天淨土)'에서 벗어나 '하루 일하지 않으면 하루 먹지 않는[一日不作 一日不食]'(《백장천규(百丈清規)》) 종교적인 공동체를 세워 죽을 때까지 신체적 노동을 유지하고자 했다. 이러한 예들은 모두 대동 이상의 매력을 설명해 준다.

이상 사회를 그린 중국 근대의 세 가지 대표적 청사진은 근대 정신의 산물이기도 하지만, 또한 고대 대동 이상에서 영향을 받은 것이기도 하다. 태평천국의 천조전묘(天朝田畝) 제도는 이상 사회를 그린 근대 중국의 첫 번째 청사진이다. 이는 봉건사회의 근본 문제인 토지문제에 맞서, 토지를 균등 배분한다는 기초 위에 '균일하지 않은 곳이 없고 생활이 풍족하지 않은 이 없는[無處不均匀 無人不飽暖]' 이상 사회를 실현하고자 했다. 그의 평등·평균 관념은 근대 중국 백성들의 반황제, 반봉건적 요구의 표현이자 고대 대동 이상과 일맥상통하는 것이었다.

캉유웨이의 《대동서(大同書)》는 근대 중국에서 또 다른 이상 사회의 청사진을 그려 냈다. 그는 태평천국이 주장한 토지 균등 분배와는 다른 성격을 띤, 재산의 공유를 요구한다. 토지와 공업을 공유한다는 것을 기본 입장으로 하여, 군장(君長)·관작(官爵)·과거제 등을 폐지하고 모든 사람의 평등을 실현하고자 했다. 캉유웨이의 시야는 농민 혁명가들보다도 넓어서, 《대동서》에서는 전례 없는 새로운 내용들이 많이 제안되었고, 량치차오는 이에 대해 캉유웨이가 전혀 근거도 없이 천재적인 두뇌에만 의존해 자신의 이상을 펼쳤다고 평가하기도 했다. 실제 캉유웨이 본인 또한 인정했듯이, 고대의 대동 이상이 캉유웨이에게 미친 영향은 대단히 컸다. 특히 19세기 말, 중국의 민족적 위기는 그가 뼈에 사무치도록 간절하게 고심했던 문제였으며 이는 그의 이상 사회에 대한 구상에 더욱 큰 영향을 미쳤다. 그러므로 《대동서》는 중국의 전통문화를 배경으로 하고 근대적 정신을 포괄한 것이다. 국가의 경계를 타파한다는 그의 착상은 제국주의의 압박에 반대한다는 중화 민족의 요구를 반영하고 있다. 가정과 부부의 명분을 폐지하고자 했던 생각은 봉건제도에 반대하는 중국인들의 요구를 복잡 미묘하게 반영하고 있다. 명예를 영광되게 여기고 이익을 중시하여 과학기술의 발명을 장려하자는 주장은 근대 과학기술이 생산력을 증대시키는 중요한 요소가 되었음을 반영하고 있다. 캉유웨이의 대동 이상은 여전히 공상에 불과하지만 농민 혁명이 추구하는 폐쇄적인 특징을 지닌 이상 사회와는 이미 상당히 다른 모습을 보이고 있었다.

근대 중국에서 거대한 영향을 끼친 이상 사회의 마지막 설계는 쑨원에 의해 제안되었다. 그는 일련의 강연과 글에서 '천하는 모든 공민의 것이다〔天下爲公〕.'라는 문장으로 자신의 사회 이상을 표현했다. 쑨원은 대동 이상과 사회주의를 연결 짓고, 그가 제시한 각조항들을 실현시키는 것이 곧 사회주의라고 보았다. 또한 여기서 한 걸음 더 나아가 생활이 더욱 부유해지고, 국가가 존재할 필요가 없어져 소멸하게 되면, '더 이상 더 잘 다스려질 수 없는 치세의 극〔郅治之極〕', 즉 공산주의에 도달한다고 여겼다. 중국이 '천하위공', 즉 대동을 실현하고 그런 후에 이를 세계로 확장하면, 각 나라들은 모두 문명과 진리를 추구하고, 도덕을 고상히 여기며, 충분히 자유로워지면서 마침내 세계가 대동을 이루게 된다는 것이다.

이상 거칠게나마 소개한 중화 민족의 이상 사회에 관한, 선진(先秦)에서 근대에 이르는 각종 소재들은 적어도 중화 민족이 이상을 갖고 있는 민족임을 설명해 준다. 가장 일반적인 의미에서, 당대 중화 민족의 이상 사회는 중화 민족의 전통적인 이상 사회가 투영된 역사적 형태의 일종이다. 레닌은 '마르크스주의는 세계 문명의 발전의 길을 벗어나 형성된, 고집스럽게 원래의 자리만 고수하는 굳어져 버린 학설이 결코 아니다.' '마르크스의 천재적 재능은 바로 인류의 선진 사상들이 이미 내놓았던 각종 문제들에 대해 해답을 내놓았다는 데서 발견할 수 있다.'라고 했다.(《레닌 선집》 제2권), 여기서 말하는 각종 문제들이란 당연히 이상 사회의 문제를 포함한다. 따라서 우리가 가지고 있는 현재의 이상은 역사적으로 존재했던 인류의 이상이 발전되어 나온 것이며, 또 역사와 연관되어 있는 것이다. 사상을 중시하는 중화 민족의 우수한 전통을 지속적으로 발양하는 것은 오늘날에도 여전히 현실적인 의미를 갖는다.

이상 사회를 추구하는 중화 민족의 역사적 활동이 이끌어 낸 효과를 어떻게 평가할 것인가. 이는 이상을 인식하는 역사의 작용이라는 문제와도 연관되어 있다. 만약 수천 년 동안 이상을 추구했던 사람들의 노력이 아무런 성과 없이 헛수고로 끝났다면, 이상을 위해 분투하겠다는 신념을 수립하기 어려울 것이다. '천하위공'을 기본 목표로 하는 대동 이상은 고대에서 어떤 역사적 의의를 가지는가? 전국 시대 진·한 교체기에 분봉제(分封制)와 군현제(郡縣制)를 둘러싸고 매우 격렬한 논쟁이 있었는데, 천하위공의 주장은 그 당시로 따지면 분봉제를 반대하고 군현제를 실행하도록 요구하는 것과 마찬가지의 의미를 지닌다.

진한 이전의 중국의 정치제도는 분봉제였다. 분봉을 통해 국가를 건립한 정치권력 집단에서는 각 단계의 정치권력이 위에서 아래까지 모두 혈연적 유대 관계를 통해 이루어졌다. 왕족과 왕족의 인척들은 세습 귀족이 되었으며, 각 단계의 정치권력을 모두 쥐고 있어 사회 구성원들은 대부분 정치에 참여할 권리를 가지지 못했다. 그래서 분봉제는 '집안 천하〔家天下〕'라 불리기도 한다. 진·한 이후로 중국의 정치제도는 중앙집권의 군현제로 바뀌었다. 중앙의 정치권력에서 황제는 정부와 상대적으로 분립해 있었다. 황제는 왕조의 최고 대표자였고, 정부는 국가의 군사(軍事)와 정사(政事)를 책임졌다. 한대의 중앙정부가 삼공(三公)과 구경(九卿)으로 이루어졌다면, 당대(唐代)에 이르러서는 이것이 삼성(三省)과 육부(六部)의 형태로 발전했다. 중서(中書)·문하(門下)·상서(尚書)로 구성된 삼성(三省)은 각각 명령의 제정·심의·집행을 담당했다. 정무를 집행하는 기관으로서의 상서성(尚書省)은 아래에 각기 다른 기능을 수행하는 여섯 개의 부(部)를 두었다. 삼성은 상호 간의 협력과 제약을 통해 기능했으며, 육부는 구경과 달리 황실에 봉사하는 기구를 감소시키고 국가의 공무를 담당하는 기구를 확충했다. 지방정부는 군·현의 두 단위로 나뉘었는데, 현은 군에 종속되었고 군은 중앙정부에 종속되었다. 진한 이래, 중앙과 지방정부의 관리들은 원칙적으로 덕과 재능 그리고 정치적 업적을 기준으로 선발 임명되었으며, 직위는 세습될 수 없었고 황족은 일반적으로 이러한 직위를 맡을 수 없게 되어 있었다. 이렇게 혈통에 따른 귀족적 전제정치를 타파하여, 귀족 이외의 사회 구성원들의 참정 기회가 확대되었다. 그러므로 고대 제도의 역사에 있어 분봉제에 상대되는 군현제는 바로

'공천하(公天下 : 공공의 것으로서의 천하)'였다.

역사학자들은 분봉제와 군현제에서 정부의 성격에 대해 수많은 연구를 해 왔다. 어떤 역사학자는 분봉제에서의 정부는 '귀족 정부', 군현제에서의 정부는 '평민 정부'라고 본다. 분봉제와 비교해 군현제는 국가 정치권력의 사회적 기초를 확대해 인재에 대한 사회적 수요를 어느 정도 만족시킬 수 있었으며, 이는 국가가 정치적 통일·경제적 발전·문화 교류 및 민족의 화합을 이루는 데 유리하게 작용하여, 제도 문명사적 진보라 평가된다. 그러므로 군현제가 분봉제를 대체하게 된 것은 천하위공이라는 고대의 이상을 현실화한 역사적 사례라고 할 수 있다.

사회 이상과 개인 이상의 통일

현시대의 사람들은 중화 민족의 역대 이상 사회 및 중화 민족이 이상 사회를 추구했던 역정(歷程)에서 어떠한 시사점을 얻을 수 있을까?

역사는 우리에게 이상이란 사회를 개조하는 거대한 정신적 역량임을 분명하게 밝혀 주고 있다. 한 사회에 공통된 이상이 없다면 그 사회는 흩어진 모래알처럼 단결이 되지 않는다. 한 집단에 공통된 이상이 없다면 그 집단은 사분오열로 뿔뿔이 흩어질 것이다. 한 개인에게 뚜렷한 이상이 없다면 앞으로 나아갈 방향을 잃게 된다. 몇천 년간 중화 민족은 숭고한 이상을 높이 떠받들며 분투와 노력을 아끼지 않고 역사를 전진시켰다. 옛사람들은 '덕을 세우는 것〔立德〕', '말을 세우는 것〔立言〕'과 '공을 세우는 것〔立功〕'을 가리켜

'세 가지 썩지 않고 길이 전해지는 것〔三不朽〕'이라 일컬었다. 이처럼 솔선하여 도덕적 모범을 보인 사람들이나, 진리를 탐구하며 학설을 세운 이들, 사업을 일으켜 사람들이 혜택을 누리도록 했던 이들 모두는 청사(靑史)에 길이 남아 후손들의 존경을 받았다.

그들이 이렇게 걸출한 공헌을 할 수 있었던 이유는 모두 숭고한 이상이 뒷받침되었기 때문이다. 어떠한 환경에서라도 이상이 없는 사람은 괴멸될 수 있고, 부귀영화는 사람을 부패시킬 수 있으며, 가난함은 사람을 의기소침하게 하며, 강압과 난폭함은 사람을 굴복시킬 수 있다. 그러나 원대한 이상을 지닌 사람은 다르다. 순조로울 때에도 이상을 잊지 않아 지나친 일을 하지 않고, 곤경에 처해 있어도 노력을 포기하고 부화뇌동하지 않으며, 압박을 받아도 연약하게 굴복하지 않는다. 이상이 있는 사람은 맹자가 말한 '부귀에도 마음이 흐트러지지 않고, 가난에도 흔들리지 않으며, 위엄과 폭력에도 굴복하지 않는〔富貴不能淫 貧賤不能移 威武不能屈〕' 대장부가 될 수 있다. (《맹자》〈등문공(騰文公)〉 하편)

마오쩌둥은 '국가의 앞날과 인류의 운명에 관심을 갖도록' 우리를 이끌었으며, 덩샤오핑은 청년들에게 '갖추어야 할 네 가지〔四有〕'를 실천하도록 호소했는데, 그 중의 첫 번째가 이상이다. 후진타오는 청소년들에게 사회주의 영욕관을 수립할 것을 제시했는데, 사회주의 영욕관에서 내세운 '여덟 가지 영광과 여덟 가지 수치〔八榮八恥〕' 가운데 첫 번째 조항이 바로 조국을 사랑하고 국민을 사랑하는 원대한 이상의 수립이다.

중국 역사상 두각을 보였던 사람들은 모두 선현의 사상적 유산을 계승하여 국가의 부강과 국민의 풍요로움 그리고 사회의 평등을 실현하는 것을 가장 중요한 이상으로 삼았다. 삼국시대 제갈량이 북벌을 도모할 때, 후주(後主) 유선(劉禪)에게 《출사표(出師表)》를 상주했다. 그 중 '깊이 몸을 숙여 절을 올리고 쓰러질 때까지 진력을 다하니, 죽어서야 끝을 맺는다[鞠躬盡瘁 死而後已].'는 세상을 일깨우는 명언이 있었다. 송대의 대표적 사인(詞人)인 소식(蘇軾)은 '나라에 보답하는 마음은 죽어서야 끝이 난다[報國之心 死而後已].'고 했다. 당대(唐代)의 현실주의 시인인 백거이(白居易)는 〈베 갖옷을 새로 짓다[新制布裘]〉라는 시에서 '어찌 만 리를 덮을 갖옷을 얻어, 사방의 끝까지 덮어 감쌀 수 있을까. 평온하고 따뜻함이 다들 나만 같기를, 천하에 추위에 떠는 사람이 더는 없기를[安得萬里裘 蓋裏周四垠 穩暖皆如我 天下無寒人].'이라는 명구를 남긴 바 있다. 이들의 수많은 언사들은 지금까지도 강한 호소력을 지니고 있다.

고대에는 개인적 이상을 '입지(立志 : 뜻을 세우다)'라 했다. '지(志)'는 원래 '가다'라는 의미이다. 즉 우리가 어떤 인생의 길을 걸어가는가를 의미한다. 사람의 한평생은 매우 짧다. 80세만 되어도 장수했다고 할 수 있다. 그러나 그 80년 중 처음 20년은 인생의 준비 단계이고, 끝의 20년은 인생의 휴식 단계이므로, 일에 쓰이는 시간은 실제 30~40년에 불과하다. 이렇게 짧은 인생의 길에서 무엇을 할 것인가, 어떻게 할 것인가는 인생을 헛되이 보내지 않으려는 사람들이라면 누구나 심각하게 고민하는 문제들이다.

공자는 일찍이 자신의 제자인 안연(顏淵)과 자로(子路)와 더불어 입지에 관한 문제를 논한 바 있다. 자로는 '거마와 가죽옷도 친구와 함께 나누며, 쓰다가 망가지더라도 유감이 없다.'고 했는데, 이는 의(義)의 원칙에서 뜻을 세운 것으로 원대한 이상이라고는 할 수 없다. 안연은 '좋은 일을 하여도 잘난 체하지 않으며 힘을 쓰고도 당연한 일이라 여긴다.' 했으니, 이는 사람됨이라는 각도에서 뜻을 세운 것이나 사회의 이상에는 미치지 못한다. 공자는 이에 자신의 이상은 '나이든 이들은 나로 인해 평안하고, 친구들은 내가 신의가 있다고 알아주며, 어린 사람들은 나로 인해 뜻을 품는 것'이라 했다. 이러한 이상은 광범한 인간 집단을 망라한 것으로, 공자의 두 제자의 이상에 비하면 훨씬 원대할 수도 있겠지만, 묵자의 '천하에 이익이 되는 것은 더욱 발전시키고, 천하에 해가 되는 것은 제거한다〔興天下之利 除天下之害〕.'는 의지와 비교할 때, 묵자의 이상이 더욱 큰 사회적 의의를 지닌다고 할 수 있다.

사회적 이상과 개인적으로 뜻을 세우는 것〔立志〕은 통일되어야 한다. 진보적인 사회 이상의 실현을 개인이 추구하는 목표로 삼았을 때, 그 뜻도 원대해질 수 있다. 여러 세대에 걸쳐 원대한 뜻을 세운 수많은 지사들의 부단한 노력과 분투를 거쳐야 진보적인 사회적 이상도 마침내 실현될 수 있다. 사람의 일생은 찬란한 광휘를 내뿜을 수도 있고, 지극히 평범할 수도 있다. 그 경계는 자신의 인생 목표를 인류의 번영을 실현하겠다는 이상과 연결시킬 수 있는가에 달려 있다. 자신만을 위해 살아가는 사람은 이기적이다. 가족들만을 위해 사는 사람은 범속하기 이를 데 없다. 향락만을 좇는 것은 치욕적인 삶이다.

이상과 현실의 조화

역사는 우리에게 이상과 현실 간의 관계를 이해하는 데 있어 여러 시사점을 제공한다. 두 가지 단편적인 이해가 있을 수 있다. 하나는 이상을 절대화하여 현실 속에서 이상적이지 못한 모든 현상의 존재를 용인하지 않는 것이다. 다른 하나는 이상의 의미를 부정하고 눈앞의 구체적인 이익이 모든 것이라고 여기는 것이다. 혹자는 전자를 '이상주의'라 일컫고, 후자를 '현실주의'라고 일컫는다. '이상주의'는 실제 생활에서 난관에 부딪혔을 때 종종 '현실주의'로 변질되곤 한다. 현실은 언제나 이상과 차이가 있으며, 그다지 이상적이지 못하거나 혹은 매우 이상적이지 못하다는 것을 이해해야 한다. 바로 이 때문에 이상이 존재할 의미가 있는 것이다. 이상이 현실화된다는 것은 미래 어느 순간의 현실이 사람들의 예상과 완전히 일치한다는 것을 의미하지 않음을 알아야 한다. 이상은 관념이나 예견 혹은 미래에 대한 구상으로서, 이상은 다만 역사 발전의 추세와 기본적 요구를 반영할 수 있을 뿐이며 모든 요소들을 전부 고려해 넣을 수는 없다. 그것이 실현되었을 때에는 반드시 원래의 예상에도 변화가 있어야 한다. 공자의 '천하유도(天下有道: 천하에는 도가 있다)'의 이상은 그가 처해 있던 시대의 역사적 발전 추세를 반영한 것이다. 이는 몇 세기를 지나 진한이 통일국가를 이루었던 역사적 상황에서 실현될 수 있었다. 그러나 진한 사회의 구체적인 현실과 몇몇 중요한 사항들은 공자로서도 예견할 수 없었던 것들이다. 한나라 시대의 사람들은 공자가 《춘추(春秋)》를 지은 것은 사전에 한나라를 위해 법도를 세운 것이라 하며 한나라의 제도를 신성화하는 동시에 공자를 신격화했다. 그러나 이런 식으로 공자와 한나라의 관계를 이해하는 것은 적절하지 않다. 맹자는 노인들이 '따뜻한 비단옷을 입고 고기를 먹으며〔衣錦食肉〕', 백성들이 '추위와 굶주림에서 벗어나는〔不飢不寒〕' 이상향을 제시했는데, 이는 그가 처해 있던 시대에 기아와 추위에 시달리던 백성들의 보편적인 소망을 반영한다. 역사가 발전하는 가운데 이러한 소망은 실현되기도 했지만 맹자가 구상했던 정전제(井田制)하에서 실현된 것이 아니라 그의 예상과는 완전히 다른 조건하에서 현실화되었다. 그러므로 우리는 원대한 이상을 견지해야 함은 물론, 교조주의적 관념으로 이상을 대해서도 안 된다. 이는 역사가 우리에게 주는 또 하나의 시사점이다.

부유함과 조화로움의 이상, 법치와 인치의 통일

한편 중화 민족이 추구하는 이상 사회는 정신문명과 물질문명이 다같이 중시되는 사회이다. 부유함과 조화로움은 중화 민족의 이상 사회에서 불가분의 관계에 있는 두 가지 목표이다. 《예운》편에서 묘사되고 있는 대동 사회는 전체 사회 성원들의 물질 생활이 모두 풍요로워야 함과 동시에 사람 간의 관계에 있어 '신용을 추구하고 서로 화목하게 지내는 것〔講信修睦〕'을 요구하고 있다. 빈곤함도, 간사한 계책이나 절도 등의 추악함도 없는 사회야말로 중화 민족의 이상 사회에 있어 가장 두드러지는 특징이다. 서양의 문명에서는 근대 이래 물질적 부가 빠른 속도로 누적되었으나 이는 오히려 격한 충돌을 일으키는 원인이 되었다. 수많은 서양의 명저들이 이 문제를 다루면서 인간의 '내재적인 행복', '합리적인 생활의 목적',

'조화적 생존 신념' 등의 관념을 제시하여 단편적으로 부를 추구하면서 비롯된 해악들을 바로잡고자 했다. 그러면서 이들은 종종 중국 문명으로 시선을 옮겨, 중화 민족이 부의 추구보다도 '더욱 높은 의지'를 지녔음을 발견하기도 했다. 이는 확장하고 있는 자아에 대한 '억제의 의지'와 '포기의 의지'를 의미한다. 그들은 이러한 포기의 결과가 화합과 발전을 가져온다고 여겼다. 이런 문제는 몇 마디 말로 다루기 어렵지만, 한 가지 기본 관점만은 분명하다. 즉 물질문명과 정신문명이 다같이 중시되어야만 이상적 경계에 다다를 수 있다는 것이다. 중국은 중화 민족의 역사가 제공하는 지혜를 중시하여, 서양의 현대화 과정 중에 나타난 부에 대한 단편적인 추구라는 전철을 되밟아서는 안 된다. 대동 이상은 조화로운 사회에 대한 구상에 사상적 단초를 제공하며, 조화로운 사회의 구축은 새로운 현실적 역사 조건하에서 진행되는 대동 이상의 실천적 시도이다. 이 둘 사이에는 문화적 전승 관계가 존재하며, 동시에 각기 다른 시대적 배경이 이 둘에게 서로 다른 의의를 부여한다.

중화 민족은 이상 사회를 추구하는 과정에서 제도의 역할뿐만 아니라 사람의 역할도 중시해 왔다. 이는 각각 다음의 내용을 의미한다. 유가 학설에서는 '사람에 의한 통치', 즉 적당한 인재가 있어야 좋은 제도가 실행될 수 있으며, 그렇지 않다면 아무리 좋은 제도라 해도 실패한다고 주장한다. 유가에서는 '정치를 하는 것은 사람에 달렸다[爲政在人].'(《예기》〈중용〉편)라고 하는데, 이는 사람이 존재해야 정치도 흥하고, 사람이 없으면 정치도 무의미하다는 뜻이다. 법가의 학설에서는 '법으로 나라를 다스린다[以法治國].'는 원칙을 강조했다. 이는 법률이 완전히 갖추어지기만 한다면 아무리 평범한 군주라도 국가를 잘 관리할 수 있다는 뜻이다.

그러나 2000여 년의 역사를 꿰뚫어보건대 중화 민족은 이 두 가지를 모두 중시해 왔다. 역사적으로 수립되었던 기본 제도가 세대에서 세대로 이어지면서 발전하고 완벽해졌으나, 현명한 이를 존경하고 능력 있는 이를 발탁하는 전통은 중단된 적이 없다. 우리는 이제 제도의 중요성을 인식함과 동시에 제도가 반드시 만능인 것은 아님을 인식해야 한다. 많은 자료에서 이미 증명되었듯, 유가 학설은 제도를 반대하는 의미에서 사람의 작용을 강조했던 것이 아니라, 제도의 추진을 보호한다는 의미에서 사람의 작용을 강조했음도 이해해야 한다. 이들은 권력을 장악한 사람이 제도를 준수하는 면에 있어 솔선수범해야 하며, 도덕적 측면에서 좋은 모범이 되어야 한다고 요구했다. 이 점은 지금에 이르러서도 여전히 현실적 의미를 지닌다.

대동 이상의 실현으로 이기심 극복

중화 민족의 이상 사회는 개인주의를 출발점으로 삼지 않으며, 자기를 위하는 것과 남을 위하는 것을 통일시켜 생각한다.

대동의 이상에서는 사람들이 노동의 성과를 아끼고 자신의 사리사욕을 채우려 하지 않으며, 사회를 위해 이바지하도록 노력하고 자신만 이롭게 하려 하지 않는다는 것을 유일한 목표로 제창하고 있다. 이러한 태도는 서양의 개인주의와 사뭇 다르다. 제1차 세계대전 이후, 전쟁이 불러온 재난을 마주하면서 어떤 서양의 사상가는 문화적인 면에서의 반성을 통해, 서양 전통의 개인주의적 행위와 태도가 '점유', '자아 긍정', '지배'를 추구함으로써 '약탈', '불만족', '파괴'를 야기했다고 설명했다. 어떤 학자는 노자의 자연지학(自然之學)만이 이런 재난을 구할 수 있는 좋은 방책이라고 여겼다. 노자는 사람은 자연계에서 그 행위와 태도를 배워야 한다고 주장했다. 천지의 운행과 사계의 변화는 만물의 출생과 성장을 완성하도록 하지만, 천지는 만물을 점유하지 않으며, 스스로의 공로를 자랑스러워하지도 않고 잘난 체하지도 않는다. 사람의 행위와 태도 또한 자연계처럼, 만물에 대해 '생육하되 소유하지 않으며, 키우되 의지하지 않고, 공이 이루어져도 차지하지 않아야 한다〔生而不有 爲而不恃 功成而弗居〕.'(《노자》 2장)고 했다. 물론 이처럼 20세기의 일부 서양학자들이 중국의 문화와 전통을 동경하게 된 데에는 그들의 특수한 사회적 배경이 자리 잡고 있다는 점을 간과해서는 안 된다. 그러나 중화 민족이 개인주의가 아닌 더욱 합리적이며 높은 수준의 문화 관념을 지니고 이상을 위해 분투했음은 주지의 사실이다.

개혁 개방의 발걸음에 따라 중국 사회에도 전통문화에 위배되는 사회현상이 나타나고 있음은 부인할 수 없다. 이기적이며 자신의 이익만 알고 제 잘난 줄만 아는 것은 사회와 국민에게 커다란 재난을 불러일으켰다. 조화로운 중국을 수립하는 데 있어 지금 가장 필요한 것은 가정을 넘어서 사회적 관심을 구축하는 것이다. 깊이 잠들어 있는 전 국민의 공공 정신과 공중 의식을 환기시켜야 한다. 가정에만 관심을 두는 중국인들을 사회에 관심을 두는 중국인으로 변화시켜야 한다. 일부 국가의 발전 역사가 증명하듯, 전 사회의 공익과 공동의 부는 이룰 수 있는 것일 뿐만 아니라 더욱 생명력을 갖춘 개혁이라 할 수 있다. 개혁은 반드시 어떤 특정 사회집단의 이익의 희생을 전제로 이루어지는 것이 아니다. '하늘의 도는 이롭게 하되 해를 주지는 않고[天之道 利而不害], 반면 사람의 도는 그것을 위해 남과 다투지 않는다[人之道 爲而不爭].' 우리는 노력을 통해 이 위대한 시간이 반드시 도래할 것이라 믿고 있다.

전체 사회가 변혁의 시기를 거칠 때, 각성한 사람들이 반드시 나타나기 마련이다. 먼저 깨달은 사람이 나중에 깨닫는 사람을 깨우쳐야 한다. 전체 국민들이 모두 깨닫게 되는 날이 곧 '천하가 온 국민의 것이 되는[天下爲公]' 날이다. 중국에는 언젠가 반드시 마음이 바르고 풍속이 꾸밈없이 온후하고, 온 세상이 태평한, 문명이 번창하는 세상이 나타날 것이다. 사회가 대동에 이르고자 한다면 샤오캉(小康) 상태를 거치지 않을 수 없다. 사회가 샤오캉 상태에 이르면 차츰 대동에 이르지 않을 수 없다. 샤오캉 상태에 이르러 온 세상이 한 식구가 되면[天下爲家], 반드시 천하가 모든 국민의 것이 되는[天下爲公] 대동 사회로 나아가게 될 것이다. 가장 숭고한 도덕은 지극히 어렵고 힘든 시기를 만나야 비로소 완성될 수 있다. 개체의 생명의 독립과 행복은 커다란 역사의 흐름에서 비로소 얻을 수 있다. 이것이 바로 역사가 우리에게 시사하는 바이며 모두가 깊이 생각해 볼 문제이다.

기출문제 둘러보기

1954년 : 해당 전공에 지원하게 된 결정적 이유는 무엇인가?

1955년 : 어떤 모습의 대학생이 되고자 하는가?

1965년 : 아래 두 가지 가운데 하나를 선택하여 그에 대해 작문하시오.
1. 베트남 국민에게 편지 쓰기
2. 혁명과 학습에 대해 논할 것

주제분석

'해당 전공에 지원하게 된 결정적 이유는 무엇인가?'(1954), '나는 어떤 대학생이 되기 위해 준비하고 있는가?'(1955), '혁명과 학습에 대해 논할 것'(1965). 이 주제들은 모두 개인의 이상 및 학습과 관련되어 있다. 그러나 이 중에서도 고려할 만한 것은 시대적 배경이다. 50년대는 신중국이 막 건립된 시기로, 여러 가지 면에서 사회주의가 제 모습을 갖추어 가고 있었고, 국민들은 신중국의 발전과 사회주의·공산주의의 실현을 위해 온 힘을 다해 일과 학습에 매진했다. 전국의 모든 이들이 신중국 건설에 적극적으로 나서고 있던 이때, 공산주의 이상에 대한 추구, 사회주의 신중국 건설에 대한 소망은 당시 젊은이의 역사적 사명과 책임의식에 시대적 배경을 더해 주었다. 이에, 그 시대의 청년으로서, 조국과 국민, 공산주의를 위해 학습하고 또 몸과 마음을 다하는 정신과 행동을 표명하는 것은 시대적 요구와 개인의 발전 방향에 가장 근접하는 것이라 하겠다.

1954년의 주제인 '해당 전공에 지원하게 된 결정적 이유는 무엇인가?'에 대해 살펴보자. 먼저, 학생들마다 지원하고자 하는 전공 분야가 모두 다를 것이다. 의학, 문학, 물리, 화학, 생물, 농업 등 각각의 전공 가운데 우선 자신이 지원하는 분야를 확실히 해야 한다. 이러한 주제의 작문을 위해서는 우선 자신이 무엇을 전공하고 싶은가를 뚜렷하고 명확하게 밝혀야 한다.

그 다음으로, 왜 그 전공을 결정하였는가에 대해 대답해야 할 것이다. 그 결정에 대한 이유는 다양할 것이다. 개인의 취미 때문일 수도 있고, 가정교육의 영향 때문일 수도 있고, 또 성장 환경의 영향 등에 의한 것일 수도 있다. 이러한 것들은 모두 정당한 실제적 이유가 될 수 있겠지만, 더욱 중요한 것은 시대적 배경과 결합하여 개인의 이상이 사회적 이상과 괴리되지 않아야 한다는 것이다. 그리고 이렇게 해야 그 의의와 가치를 충분히 표현해 낼 수 있다. 그러므로 사회주의 신중국을 건설하는 데 모두가 적극적으로 나섰던 당시의 시대적 배경을 고려하여, 사회주의 신중국의 필요에 부합하는 전공 선택의 이유를 밝히고, 동시에 조국과 국민의 아름다운 미래를 위해 뜻을 세우고, 또 이를 위해 노력하고자 한다는 것을 표현해야 한다.

해당 전공에 지원하게 된 결정적 이유는 무엇인가?

달에 진기한 보물은 얼마나 많을까? 화성의 온도는 도대체 얼마나 될까? 태양으로부터 인간은 얼마나 많은 원자력 에너지를 얻을 수 있을까? 지금으로서는 그 누구도 이러한 문제들에 대해 확답을 줄 수 없다. 나의 바람은 바로 우주비행사가 되어 이러한 비밀들을 가장 먼저 알아내고 싶다는 것이다. 짙푸른 하늘과 다양하게 변화하는 달, 금빛으로 빛나는 태양은 오늘에서야 나를 끌어들인 것이 아니다. '달에 가서 지하자원을 개발하겠다.'는 것은 어린 시절부터의 소원이었다. 나는 어려서 할머니께서 들려 주신 '항아(姮娥)가 달로 도망친 이야기'를 또렷하게 기억하고 있다. 그때 나는 직접 달에 가서 계수나무가 얼마나 높은지, 얼마나 두꺼운지, 계수나무의 꽃은 얼마나 향기로운지 직접 느껴 봐야겠다고 생각했다. 우주비행선을 시험 제작한다는 소식이 전해졌을 때, 우주비행사가 되겠다는 나의 바람은 더욱 굳어졌다. 나는 하늘의 부름에 응하기를 원한다. 아무리 힘든 시련일지라도 받아들일 각오가 되어 있다. 나는 황량하기 그지없는 달에 내 족적을 남기고 싶다. 나는 우주비행사가 되어 인류를 위해 행성들 사이를 가로지르는 항로를 찾아내고 싶다.

전 세계에 공산주의를 실현하는 것은 전 세계 인민의 공통된 이상이다. 이는 또한 무수한 선열들이 죽음에 이르면서도 지켜 낸 신앙이자 아직 완성되지 못한 사업이며, 역사가 우리에게 부여한 영광스러우면서도 막중한 임무이기도 하다. 이 숭고한 이상을 실현하기 위해, 또 역사가 우리에게 부여한 막대한 중책을 완성하기 위해, 우리들 청년 세대는 지구를 알아야 할 뿐만 아니라 전 우주를 개발해야 한다. 이 지구에 존재하는 103가지 원소들을 활용해 조국의 사회주의 건설을 위해 봉사해야 할 뿐만 아니라 다른 천체에 존재할지 모를 104번째, 105번째로 이어질 새로운 원소들을 활용해 조국의 공산주의 건설에 이바지해야 한다. 현재 우리 조국의 항공 사업은 낙후된 편이지만, 바로 이 낙후된 상태를 기반으로 딛고 일어서서 가장 강대한 항공기, 로켓 제조 공업 국가를 건설해야 한다. 그렇다. 우리의 조국은 수많은 항공기 설계사와 비행사, 우주비행사를 필요로 한다. 그러므로 우주비행사의 일은 공산주의를 실현하는 데 있어 필수불가결한 부분이며, 우주비행사를 지원하는 것은 조국의 필요에 부합할 뿐만 아니라 당의 요구에도 부합한다.

아름다운 소망에는 기쁨과 희망뿐만이 아니라 수많은 어려움과 험난한 장애물도 함께한다. 우주비행사가 된다는 것은 그리 쉬운 일이 아니다. 우주비행사가 되기 위해서는 해박한 지식이 필요할 뿐만 아니라 복잡한 수학 계산에도 능해야 하고 하늘의 성질도 잘 이해해야 한다. 그러나 공산주의자 앞에 이러한 어려움은 별 것이 아니다! 우리의 이상을 실현하기 위해 우리는 열심히 공부하고 심도 있는 지식을 쌓아야 하며, 또한 자신의 신체를 강철처럼 단단하게 단련해야만 한다. 드넓은 우주에서 성간 비행을 하는 데에는 풍부한 학문적 지식뿐만 아니라 과감한 성격과 담력도 요구된다. 그러나 일단 위대한 목표가 생기면 사람은 용감해지고 강해지기 마련이다. 최초로 동력 비행기를 개발했던 모자이스키(Alexander Mozhaiskii)는 세계 최초로 비행기를 만들기 위해 대담하게도 연 위에 앉아 비행을 시도했었다. 나는 혁명적 인생관을 수립하기 위해, 나 자신을 모자이스키처럼 용감하게 그리고 강하게 키울 것이다.

이상과 지원 동기는 나에게 앞으로 나아갈 커다란 동력과 어려움을 극복할 자신감을 주었다. 나는 이 환상적 포부를 열렬히 사랑한다. 아니, 나의 소망은 결코 환상이 아니다. 아직까지는 중국에 달 우주선이 없지만, 우리는 신중국의 청년이므로 모든 것을 우리의 손에서 시작해야만 한다. 이전에 환상이라 여겨지던 것들은 우리의 손에서 시작되고, 우리의 손에서 모두 현실이 될 것이다.

　과거에는 존재하지 않았다는 사실은 다만 우리가 나아가는 이 길에 약간의 어려움을 더할 뿐, 앞을 향해 나아가는 우리의 발걸음을 막을 수는 없다. 그렇기 때문에 이 소망은 실현될 수 없는 환상임을 의미하지는 않는다. 나는 자신감에 가득 차 미래를 내다본다. 나는 달에 이르는 기나긴 항로에 오를 준비가 언제나 되어 있으며, 달에 이르는 직책에 언제라도 올라설 준비가 되어 있다.

　내가 이렇듯 아름다운 지원 동기를 품게 된 것은 공산주의를 실현하겠다는 원대한 이상이 있기 때문이다. 이러한 지원 동기는 이상을 실현하고자 하는 요구에서 비롯되었다. 내가 지원하는 전공은 바뀔 수 있지만 나의 이상에는 결코 조금의 동요도 있을 수 없다. 만약 조국이 나에게 다른 직책을 맡을 것을 요구한다면 내가 지원하고자 했던 전공을 주저함 없이 의연하게 포기하고, 조국이 나를 필요로 하는 곳으로 갈 것이다. 그것 역시 공산주의가 필요로 하는 직책이기 때문이다.

— 푸창칭, 깐쑤성 응시생

IV

政治 정 치

중국의 대학 입시는 9년간의 의무교육을 마친 사람을 대상으로 고등교육을 받을 인재를 선발하는 제도이다. 50년대부터 대학 입시에 포함된 작문 시험은 대학 입시 중에서도 특히 비중이 큰 편에 속하며, 지난 반세기 동안 다양한 영역에서 다양한 주제의 문제가 출제되었다. 또한 출제 경향에 있어서는 1997년 이전에는 특정한 '명제'를 작문의 주제로 제시했으나, 1997년 이후에는 '소재'를 주고 수험생들이 그로부터 자유롭게 주제를 이끌어내도록 하는 문제가 늘어나는 등 주제의 제약이 줄고 보다 자유로운 자기 표현을 인정하는 쪽으로 변해 왔다. 이는 사상의 자유화와 개성을 긍정하는 오늘날 중국의 현실이 반영되었기 때문으로, 역대 대학 입시에 출제된 작문 주제를 정리하여 분석하는 것은 중국을 이해하는 데에 큰 도움이 될 것이다.

사회주의 신중국의 건설

중국은 오늘날 현존하는 몇 안 되는 사회주의 국가 중 하나이다. 중국은 유구하고 풍후(豊厚)한 역사를 갖고 있지만, 인민들이 자유와 민주를 누리고 스스로 나라의 주인이 되어 '인민 민주 전제정치'를 펼치게 된 것은 그리 오래된 일이 아니다. 중화인민공화국의 건립, 즉 사회주의 정권의 수립으로 비로소 인민의 뜻이 존중 받는 시대가 열린 것이다.

역사를 거슬러 올라가 보면, 5000년 전 고대 중국의 첫 번째 왕조로부터, 중국은 차례로 하(夏)·상(商)·주(周)·춘추(春秋)·진(秦)·서한(西漢)·동한(東漢)·삼국(三國)·양진(兩晋)·남북조(南北朝)·수(隋)·당(唐)·오대십국(五代十國)·송(宋)·요(遼)·금(金)·서하(西夏)·원(元)·명(明)·청(淸) 등의 왕조 중심의 봉건사회를 거쳐 왔다. 이어서 중국은 수많은 군벌들의 내란과 외세의 침략으로 극심한 혼란에 빠져 들었다. 이처럼 노예사회, 봉건사회, 군벌 통치와 전쟁의 역사를 거쳐 오는 동안, 중국의 인민들은 언제나 압박과 착취의 대상이었으며 노예와 다름없는 처지에 놓여 있었다. 이들에게는 어떠한 발언권도 없었으며, 나라의 주인으로서의 권리 또한 행사할 수 없었다.

1949년 드디어 이 오랜 혼란에 종지부를 찍고 사회주의 신중국이 건설되었다. 그해 10월 1일 톈안먼〔天安問〕에서 마오쩌둥〔毛澤東〕이 '중화인민공화국'의 성립을 선포했다. 이로써 중국의 인민들은 스스로 주인 되는 권리를 손에 넣었으니, 자유와 민주를 향한 바람, 자유롭고 민주적인 국가 건설을 향한 뜨거운 열정이 전국을 뒤덮었다. 이는 대학 입시에서도 예외는 아니었다. 작문 시험에서는 당시 인민들의 공통된 바람을 반영하여 신중국을 찬양하고, 사회주의 신중국에 대한 열정을 표현할 것을 요구하는 정치적인 문제가 출제되었다. 오늘날의 관점으로 바라보면, 이러한 전 국민적인 흥분과 행복감은 비정상적인 것으로 여겨질 수도 있으나, 당시 중국인들이 지나온 길고도 험난한 역경을 생각하면 50~60년대 중국 인민들의 열광을 이해할 수 있을 것이다.

사회주의 국가의 완성을 위하여

거대한 영토와 복잡다단한 사회구조를 가진 인구 대국인 중국에 하나의 국가를 건설하는 일이 얼마나 어려운 일이었을지 상상을 하고도 남음이 있다. 실제로 사회주의 정권 수립 및 건국 초기에 중국은 엄청난 사건들을 수도 없이 겪었고, 이는 그 시기를 거쳐 온 사람들의 마음에 낙인처럼 깊이 각인되었다.

먼저, 건국 초기에는 3대 운동, 즉 '대약진 운동'과 '정풍 운동', '문화혁명 운동'이 실시되었다. 이 운동들은 사회주의 정권을 공고하게 하고, 국가와 인민의 평화와 발전을 도모한 역사적인 사건이었으며, 이후의 중국 사회 전반에 막대한 영향을 미쳤다.

'대약진 운동'은 마오쩌둥이 신중국의 경제 건설을 위해 제기한 경제발전 운동으로, 인민들의 역량은 무한하고 거대하다는 의미에서 '대약진'이라는 구호를 내걸었다. '대약진'은 당시 중국의 국정(國情)에 맞추어 정해진 산업별 생산 목표를 앞당겨 달성하고, 심지어 그 생산 목표를 초과 달성하는 것을 뜻하는 말이다. 예를 들어 그 무렵 중국은 '하루가 20년과 같은' 위대한 시기를 보내고 있다는 인식하에, 농업의 경우 보통 12년은 걸려야 달성이 가능한 목표를 5년, 3년, 심지어 1~2년 내에 달성하고자 했으며, 공업 분야에서도 7년, 5년 혹은 3년 안에 영국을 따라잡겠다는 목표를 세웠다. 하지만 '대약진'은 실상 일종의 착오로부터 기인한 것으로써, 중국 사회는 1960년에 이르러서야 그 잘못을 인정하게 된다. 그러나 대약진 구호에 담겨 있던 사고방식은 20년이 더 지난 후에야 최종적으로 수정되었다.

'정풍 운동'은 중국 공산당이 전당적(全黨的)으로 진행한 마르크스 레닌주의의 교육 운동이었다. 공산당은 1942년과 1950년, 1957년 세 차례에 걸쳐 정풍 운동을 전개했는데, 그 중 1942년 연안(延安) 정풍 운동이 가장 널리 알려져 있다. 1950년의 정풍 운동은 건국 초기 복잡다단한 형세와 임무에 직면한 공산당 중앙이 각급 당 조직에게 업무 기강을 다잡고 자아비판을 전개할 것을 제안함으로써 당내 간부들 사이에 팽배해 있던 과공(誇功 : 공로를 자랑함)의 분위기를 타파하고자 한 것이다. 또한 소수의 탐관·부패 세력, 정치적으로 타락하고 기율을 어지럽히는 무리들을 정화하고 당과 인민과의 관계를 더욱 밀착되게 하려는 시도였다. 1950년의 정풍 운동은 시작된 바로 그해에 마무리되었으며, 당초 목표했던 효과를 거둔 것으로 평가된다.

한편 1957년의 정풍 운동은 사회주의로의 개조가 기본적으로 완성되고, 사회주의 건설이 전면적으로 진행되던 역사적 전환기에 발동되었다. 당 중앙은 다시 한 번 '인민의 내부적 모순 제거'를 기치로 내걸고, 관료주의 및 교조주의를 타파한다는 내용의 정풍 운동을 일으켰다. 그러나 운동의 진행 과정에서 극소수의 우파 자산 계급의 저항이 일어났고, 이로 인해 운동은 반우파 투쟁으로 흘러가게 되어, 정풍 운동은 애초에 의도했던 목표를 이루지 못했다. 정풍의 범위 또한 점차 당내(黨內)에서 사회 각 부문으로 번져 갔다. 사상의 우경화, 자본주의화에 대한 반대로써 일으킨 1957년의 정풍 운동은 애초에 공산당이 사회주의 사상을 견지하고 정권을 공고화하기 위해 당내에서 벌인 운동이었다. 그러나 지나치게 반(反)자본주의, 반우(反右)를 강조한 결과, 이를 정치적으로 이용한 일부 세력에 의해 정치 사상 운동으로 변질되어 사회 전체로 번져 나가게 되었으니, 이것이 바로 '문화혁명'이었다.

'대약진'과 '정풍 운동'은 마오쩌둥 주석을 위시한 공산당 중앙부가 사회주의 건설 과정에서 정치 경제 영역의 목표를 이루기 위해 취한 조치로서 의미가 있다고 할 수 있으나, 그러나 결과적으로는 부정적인 영향 및 우환을 가지고 왔다. 일각에서는 이러한 사건들이 어느 정도는 사회주의 건설에 기여한 바가 인정되며, 중국의 정치사를 퇴행시킨 것은 아니라고 주장하기도 한다. 그러나 누구도 이러한 역사가 반복되기를 원하지는 않는다. 오늘날 정치, 경제, 사회적으로 중국은 온전한 제도를 갖추어 가고 있다. 이제 중국은 사회주의적 민주화와 법제도의 개선을 통해 이러한 문제를 해결할 것이다.

세계를 놀라게 한 문화혁명

'문화혁명'은 그 시대를 살아 온 중국인들에게는 인성(人性)의 변화라는 정신적 외상을 남긴 중대한 사건이다. 마오쩌둥은 사회주의 사회에도 무산계급과 자본가 계급 간의 모순과 투쟁은 여전히 존재한다는 믿음을 바탕으로 정풍 운동 후에 더 큰 범위에서 반우, 반자본주의 운동을 일으키게 된다. 이 정치 운동은 시간이 지나면서 빠르게 확산되어 중국 유사 이래 가장 충격적인 무산계급 문화혁명을 폭발시켰다.

'무산계급 문화대혁명', '문화대혁명' 혹은 '문혁'이라고 부르는 이 사건은 1966년에 발발한 중대한 정치 운동이다. 국가주석이었던 마오쩌둥은 사회주의 사회 역시 공산주의 사회로 가기 위한 상당히 긴 기간의 역사 단계라고 보고, 이 역사 단계에도 역시 계급 및 계급 간의 모순과 투쟁이 존재한다고 생각했다. 즉 사회주의와 자본주의, 양 노선 간의 투쟁이 시종 존재하고, 자본주의로 복귀할 위험이 시종 존재하며, 전복과 침략을 노리는 제국주의의 위협이 시종 존재하므로, 무산계급 전제하에서 혁명은 계속되어야 한다는 이론을 펼쳤다. 그리하여 계급투쟁은 당시 사회의 하층 세력, 즉 천민의 지위에 놓여 있던 자본가 계급, 지식분자, '검은 다섯 부류[黑五類, 지주, 부농, 반혁명분자, 파괴분자 및 우파분자]'와 그 자녀들을 겨냥하게 되었고, 또 한편으로는 사회의 상층 세력인 공산당의 관료 계층, 즉 '자본주의 노선을 걷는 당내 세력'을 겨냥했다.

1969년에 문화혁명은 비공식적으로 종료가 선포되었으나, 대부분의 사학자들은 마오쩌둥이 사망하고 사인방(四人幫 : 장칭[江靑],

장춘차오[張春橋], 야오원위안[姚文遠], 왕훙원[王洪文])이 체포된 1976년을 문화혁명이 끝난 시점으로 보고 있다.

　문화혁명은 1981년 중국 정부에 의해 공식적으로 '오류'였다는 평가가 내려졌으며, 마오쩌둥이 주요 책임자로 지목되었다. 1966년에서 1976년의 10년간의 문화혁명 기간 동안 계속된 '반우반자(反右反資)' 운동으로 중국의 경제는 답보 상태에 머물러 있었고, 중국 인민의 전통 사상과 도덕 및 신앙이 크게 훼손되어, 심지어 붕괴되기에 이르렀다. 사회 각 부문이 문화혁명의 소용돌이에 휩쓸려, 대학 입시 또한 11년간 중단되었다가 1977년에 이르러서야 재개되었다.

　권력을 잃고 공격의 대상이 되었던 관료 계급이나 핍박과 멸시를 받았던 지식인, 이 모든 맹목적 분노와 폭력의 선두에 서 있었던 홍위병 할 것 없이, 당대의 모든 사람들에게 문화혁명은 끔찍한 공포와 부끄러운 기억을 넘겼다. 이러한 문화혁명에 대한 반성이 가장 먼저 시작된 곳은 '상처 문학'으로 대변되는 문학 분야였다. 곧이어 정치, 사상, 문화 등 각 부문에서 문화혁명에 대한 평가가 이어졌다. 그러나 문화혁명의 상처는 아직은 객관화하기에 충분한 시간적 거리가 확보되지 않은 데다가, 정치 경제적으로 안정적 발전을 이루는 데 국가적 총력전을 벌이고 있는 오늘날의 중국인들에게는 관심의 뒷전으로 밀려나 있는 것이 사실이다. 그리하여 문화혁명 이후 세대에게 당시의 역사는 어둡고, 종잡을 수 없는 것, 언어로 표현하기 곤란한 어떤 것으로 유보되어 있는 상태이다.

1

중국인들의

사회주의에 대한

인식에 변화가 있었는가?

하늘 아래 모든 땅이 왕의 땅이 아닌 곳이 없고, 그 토지에서 생활하는 인민이 왕의 신하가 아닌 이가 없다. 많은 대부(大夫)들이 그 직위에 걸맞지 못하고, 정당하게 일을 처리하지 못하는데, 오직 나만이 홀로 현명하고 공정하구나.

— 《시경》〈소아〉편 '북산'

언제나 분발하고 강성해지기 위해 자신의 몸을 돌보지 않으며, 국가의 위난(危難)을 위해 차라리 자신의 생명을 희생할 것을 원하노라.

— 사마천

우리는 낡은 세계를 깨부수는 것뿐 아니라, 새로운 세계를 건설하는 데에도 탁월하다.

— 마오쩌둥

우리는 우리 민족을 사랑한다. 이것이 우리가 가진 자신감의 원천이다.

— 저우언라이

우리는 영예롭게도 중화 민족의 일원으로 세계 공민이 되었다. 우리는 중국 인민의 아들이다. 나는 나의 조국과 인민을 깊이 사랑하고 있다.

— 덩샤오핑

국민의 신뢰와 지지 속에 탄생한 사회주의 신중국

오늘날 세계에는 절대다수의 국가가 자본주의 제도를 실시하고 있다. 물론 역사적으로는 적지 않은 국가가 일찍이 사회주의 제도를 실시한 사례가 있으나 오늘날까지 사회주의를 채택하고 있는 나라는 많지 않으며, 중국이 바로 그러한 국가 중 하나이다.

중국의 사회주의는 오랜 세월에 걸친 무수한 계급투쟁, 민족투쟁의 결과이다. 1949년 중화인민공화국의 건국을 맞아 중국인들은 국민 모두가 평등한 최초의 국가·정부가 탄생했음을 진심으로 경축했다. 국민들의 마음속에 마오쩌둥은 존경스럽고 위대한 지도자로 자리 잡았고, 공산당은 중국을 구원한 구세주였으며, 사회주의 역시 중국인들에게 행복을 가져다 줄 좋은 제도로 인식되었다. 이러한 마오쩌둥과 공산당, 사회주의에 대한 국민들의 충만한 신뢰와 열렬한 지지 속에서 사회주의 신중국은 주목할 만한 성과를 거두었다.

신중국 성립 이래 50여 년이 지난 오늘 중국은 안정적 발전기에 들어섰고, 국제사회에서의 지위도 나날이 높아지고 있다. 오늘날 중국인들은 사회주의와 자본주의적 요소를 동시에 지닌 '중국 특색의 사회주의'를 제창하는 가운데, 국가의 종합 경쟁력을 높이고 국제정치 사회에서 입지를 강화하는 등의 실질적인 문제에 관심을 집중하고 있다.

개혁 초기 냉철한 지식인들은 자연스럽게 '사회주의 중국이 중국인들의 이상을 실현시켜 줄 수 있는가?'라는 사회주의의 미래에 대한 의문을 제기하고, 사회주의를 채택하느냐 자본주의로 전환하느냐의 문제를 둘러싸고 열띤 토론을 벌이기도 했으나, 결국 중국 공산당과 중국인들은 중국의 번영, 국력 증강, 국제사회에서의 위상 제고라는 공통된 목표를 향해 일치단결하여 매진하고 있다.

마르크스주의는 서양 문명의 산물이지만, 사실 서양 사회에서는 성공을 거두지 못했다. 레닌과 마오쩌둥 등 혁명가와 정치가는 그 이론을 각자가 처한 국정 및 실천과 결합시켜 사회주의에 빛을 부여했으니, 구(舊)소비에트 연맹이 대표적인 예였다. 그러나 한때 위용을 떨쳤던 사회주의 종주국 소련은 결국 철저한 실패로 막을 내리고, 오늘날 러시아에서 사회주의는 젊은 세대의 몰이해와 무관심 속에서 그 자취를 감추었다. 지금 러시아는 과거의 경제적·정치적·군사적 위풍을 다시 회복하기 위해 노력 중이지만, 사회제도나 그 의식 형태에 대한 관심은 사라진 지 오래이다.

한편 중국의 사회주의는 별다른 큰 충격 없이 이어오고 있다. 물론 건국 초기에는 많은 문제를 겪었지만, 중국의 지도자들은 소련의 방식을 무조건적으로 도입하지 않았고, 중국의 실정에 맞게끔 언제나 현실에서 출발하여 정책을 펼쳤다. 이것이야말로 중국의 사회주의가 소련과 같은 해체의 길을 걷지 않을 수 있었던 가장 큰 원인일 것이다. 중국은 공산당과 국가 지도자들의 합리적인 지도를 따르며 고속으로 성장하고 있다. 중국의 아동들은 학교에 다니기 시작하는 그날부터 정치교육을 통해 사회주의를 추종하고, 공산주의가 인류 사회의 최종 목표라고 신봉하게 된다.

중국은 왜 사회주의를 채택했을까?

사회주의가 도입되던 당시 중국은 청 왕조가 쇠약하고 무능하여 제국주의 열강의 침략을 받고 있었는데다 사회 각계각층에서 산발적인 구국운동이 일어났다. 그 가운데 일본의 침략으로 청 왕조가 몰락의 위기에 빠졌음에도 불구하고 국민당은 이를 묵과하고 공산당과의 내전에만 힘을 쏟았다. 그러나 공산당은 국공합작(國共合作)을 통해 일본에 대항할 것을 국민당에 제안했다. 다행히 이 제안이 받아들여져 공산당과 국민당의 지도자들은 온 국민들과 단결하여 일본 침략 세력을 물리치고, 중국을 패망의 위기에서 구하게 된다.

항일 전쟁에서 승리한 후에 공산당은 대중들, 특히 농민들의 지지 속에서 군벌정치를 종식하고, 국민당을 패퇴시켰다. 중국 공산당은 수많은 고난과 투쟁을 통해 결국 반제국 반봉건주의 민주혁명의 임무를 완성하고 반(半)식민지 봉건사회에 머물러 있던 중국을 변화시켰다. 이는 중국 역사상 가장 위대하고 근본적인 변혁이었다. 1949년 중국인들은 '몸을 일으켜 집안의 주인 노릇을 한다〔翻身當家作主人〕.'라는 말로 사회주의 정권을 형용했다. 당시 중국의 1대 지도자인 마오쩌둥은 중국인들의 마음속에 가장 위대한 영수(領袖)였으며, 그의 말은 곧 공산당의 정책으로 모두가 지지하고 실천했다.

중국 역사상 수많은 위인이 있었지만 중국인들에게 마오쩌둥처럼 결정적이고도 강력한 영향을 미친 사람은 많지 않다. 마오쩌둥이 없었다면 중국에 공산당은 없었을 것이고, 공산당이 없었다면 오늘의 중국도 없었을 것이며, 중국은 여전히 군벌 혼전의 시대에 머물러 있었을 것이다. 그런 의미에서 마오쩌둥이야말로 중국의 역사를 바꿔 쓴 주역이라고 이야기될 만하다. 일본의 저명한 중국 연구가인 다케우치 미노루〔竹內實〕는 이렇게 이야기했다.

"중국 역사상 4명의 위인이 있다. 첫째는 진시황이니, 그가 천하를 통일했기 때문이다. 두 번째로 공자를 들 수 있으니, 그가 있었기에 중화권에 비로소 문명이 꽃필 수 있었다. 진시황이 중국 최초의 정치권력을 상징한다면, 공자는 중국의 정신문명을 대표한다. 이 두 사람을 합해 놓은 것과 같은 사람이 바로 세 번째, 마오쩌둥이다. 마오쩌둥은 권력을 장악한 것은 물론 독자적인 사상을 갖춘 사람이다. 그가 중국을 역사의 무대에 올려놓았으니, 그가 없었다면 중국 혁명의 역사도 없었을 것이다. 네 번째는 덩샤오핑〔鄧小平〕이다. 그는 적극적으로 중국의 개혁 개방을 추진했으니, 이는 중국 역사상 전례없는 일이다."

사회주의 중국의 발전

오늘날 많은 사람들은 아직도 마오쩌둥과 마오쩌둥 시대를 그리워한다. 그들은 마오쩌뚱의 초상화를 집 안에 걸어놓기도 하고, 어린 세대들에게 그 당시 사건들을 이야기하기도 한다. 중국 톈안먼에 걸려 있는 마오쩌둥의 대형 초상화는 인산인해를 이룬 광장을 내려다보고 있다. 중국인들의 마오쩌둥에 대한 존경, 공산당에 대한 신뢰, 사회주의에 대한 믿음이야말로 오늘날 중국의 사회주의 건설을 이끈 원동력이 되었다.

공산당이 정권을 장악하던 무렵의 중국은 경제적·사회적으로 낙후하여 그 시절을 겪지 않은 세대로서는 상상하기 어려운 정도였다. 농업은 오로지 하늘에만 의존했던 터라 생산량은 극히 저조했다. 강과 하천 지역에는 재해가 빈번하여 가뭄, 홍수, 비황(飛蝗 : 농작물에 침입하면 막대한 피해를 주는 메뚜기 떼)의 피해가 끊이지를 않아 그때마다 수많은 농민들이 구걸에 나서곤 했다. 공업은 동부와 내륙 중심 도시의 일부 경공업을 제외하고는 아예 공업이라고 부를 만한 것이 존재하지 않았다. 국내에서 사용하는 많은 공산품은 수입에 의존하여 당시에는 양차(洋車)·양담배〔洋煙〕등, 많은 물건들의 이름 앞에 '양(洋)' 자가 붙었다. 국민당 정부는 대륙에서 도주할 때 금은과 같은 금융자산을 대부분 거두어 갔으며, 이는 훗날 타이완이 경제적으로 도약하는 데 중요한 밑거름이 되었다. 그러나 바로 이 때문에 중국은 자금의 어려움을 겪어야 했다.

그야말로 맨손으로 시작해야 했던 중국은 30년이 채 안 되는 동안 하늘과 땅이 뒤짚힐 정도의 변화를 이루었다. 70년대 말 중국은 석유, 석탄, 전력, 철강, 기계, 천문, 항공, 원자력, 화공, 방직업 등 분야에서 대형 제조 기지를 보유하게 되었다. 전 분야에 걸쳐 공업 체계를 갖추고 자동차와 기차·비행기·원자폭탄·1만 톤급 원양 선박·컴퓨터 등을 직접 생산했으며, 미사일과 인공 위성 분야는 선진국과 어깨를 나란히 하는 수준이 되었다. 농업에서는 강과 하천에 대한 수리사업을 벌여 수해(水害)를 수리(水利)로 변화시켰다. 지난 수천 년 동안 농민들이 꿈꾸어 온 일이 현실이 된 것이다. 경운기와 각종 농업용 기계가 보급되고, 농지와 관개 시설을 정비하고 화학비료를 도입하면서 농업생산력에 있어서도 새로운 단계에 진입했다. 이렇게 큰 발전을 30년도 안 되는 기간에 완성했다는 것은 중국 농촌 역사상 처음 있는, 기적과 같은 일이었다. 이 기간 공업 분야에서도 주요 공산품의 생산량이 십여 배 또는 많게는 수십 배까지 증가하는 등 신중국은 막대한 성과를 거두었다.

물론 마오쩌둥 시기에도 경제적 성장이 정체되고, 심지어 경제가 퇴행한 좌절의 시기가 두 번 있었다. 첫 번째는 대약진 운동의 맹목적 추진과 과대 선전의 결과로 도래한 3년간(1959~1961년) 재난의 시기이고, 두 번째는 문화혁명 시기(1966~1976년)이다. 그러나 공산당은 수차례의 시행착오와 좌절을 통해 교훈을 얻고, 진지하게 오류를 수정하는 '조정'과 '개혁'의 방침을 채택했으며, 그 결과 중국 경제는 빠르게 회복 국면을 맞이하기도 했다.

국가 기관에서 발표한 통계 자료를 분석하면, 중화인민공화국의 발전은 3단계로 나누어 볼 수 있다. 첫 번째 단계는 1949년에서 1978년 사이에 있었던 사회주의 공유제 경제체제를 건설하고 계획경제 모델을 실행한 단계이다. 이 시기 중국의 경제 규모는 28배 성장하여 연평균 GNP(국민총생산) 성장률은 9%를 상회했다. 그 중 연평균 공업 총생산의 성장률은 약 12%, 연평균 농업 총생산 성장률은 2.6% 수준이었다. 두 번째 단계는 1979년에서 1994년 사이의 적극적으로 대외 개방을 모색하고 경제발전을 전 국민의 최우선 목표로 삼아 매진했던 시기이다. 이 시기 중국의 경제 규모는 8배 증가했으며, 연평균 GNP 성장률은 약 9% 수준이었다. 세 번째 단계는 1995년 이후부터 현재까지이며, 공유제 비율을 축소하고 '중국 특색의 사회주의' 모델을 발전시킨 단계로, 중국의 연평균 GNP 성장률은 약 9% 수준이었다.

GNP 지표만으로 보면 첫 번째 단계의 연평균 성장률이 가장 높은 것을 알 수 있으나, 이는 신중국의 출발선이 워낙 낮았기 때문이며, 이후의 두 단계는 첫 번째 단계에서 다져 놓은 기초를 바탕으로 한층 더 높은 수준의 발전을 이룰 수 있었다. 특히 첫 번째 단계에서 양성한 책임감 있는 기술 인력군과 비교적 완전해진 농공업의 체계, 막대한 물질적 기초는 이후 단계에서 국민경제를 빠르게 발전시키는 데 커다란 기여를 했다. 이러한 경제적 성과는 또한 안정된 사회 분위기와 국민들의 지지와 노력을 바탕으로 이루어진 것이었다.

중국 특색의 사회주의

오늘날까지 중국은 안정적으로 발전하고 있으며 '중국 특색의 사회주의'를 표방하고 있다. 중국 특색의 사회주의란 간단히 말해 서양 자본주의를 답습하지 않고 중국 실정에 부합하는 사회주의를 건설한다는 것이다.

'자신의 길을 걷고, 중국 특색의 사회주의를 건설한다.'는 것은 중국 2대 지도자인 덩샤오핑이 험난했던 20년간의 사회주의 경험을 통해 내린 결론이었다. 덩샤오핑은 공산당을 이끌어 혼란스러운 정국을 안정시키고 정의를 회복하기 위해 애썼으며, 사회주의에 대한 새로운 인식을 바탕으로 중국 특색의 사회주의에 대한 완전한 이론 체계를 마련하는 등 중국의 독창적인 미래를 열었다. 중국 특색의 사회주의 이론은 불과 20여 년 사이에 중국인들에게 받아들여져 중국의 기적적인 발전을 이끌어 냈다. 생활수준은 의식주를 해결하는 수준을 뛰어넘어 생활에 윤기가 돌기 시작했고 중국인들이 느끼는 자긍심과 행복감도 더불어 제고되었다.

그러나 문화혁명 시기에 이르러 중국의 정치·경제·문화는 정체 상태에 머물게 되었다. 문화혁명이 끝난 후에도 아무도 감히 공개적으로 마오쩌둥의 오류를 지적하거나 바로잡지 못했을 뿐 아니라, 심지어 '마오 주석이 결정한 것에 대해 우리는 무조건 지지하며, 마오 주석이 지시한 사항에 대해서는 무조건 따라야 한다.'는 '양개범시(兩個凡是)'가 대두되었다. 이는 곧 앞으로도 경제 건설보다는 계급투쟁에 힘쓰겠다는 뜻으로, 생산력의 발전과 사회적 재화의 극대화를 통해서만 실현할 수 있는 사회주의 사회의 이상과는 점점 거리가 멀어지고 있음을 의미했다.

이처럼 민감한 시기에 덩샤오핑은 오히려 거침없는 용기와 현실적인 판단을 앞세워 반대 의견을 내놓았다. 그는 '사상적 해방을 위해서 보다 주동적이어야 한다.'고 주장하며, 기존의 교조주의를 타파하고 마오쩌둥과 공산당에 대한 신격화를 비판했다. 한편 중국 공산당 내 관리를 강화하고 인사 제도를 구축하여 국가주석의 연임을 1회로 제한하고 정부 관료 임용에 검증 제도를 도입하는 등 권력 집중과 부패를 방지하기 위한 적극적인 조치를 취해 나갔다.

덩샤오핑은 경제적으로는 경제 건설을 최우선으로 삼고 개혁 개방을 실행했다. 개혁 개방은 걸어 잠갔던 국문(國門)을 열고 '사회주의 시장경제'를 통해 중국의 경제발전을 이룩하여, 중국인들의 생활을 풍족하게 하고 나아가 전 세계 수십억 인구에게 영향을 미쳤다. 덩샤오핑은 중국 대륙을 현대화했고, 중국을 본격적인 발전

궤도에 올려놓았다. 덩샤오핑의 사상과 이론은 그의 사후에도 여전히 영향을 미치며 중국의 전진을 지휘하고 있다.

조화로운 사회, 조화로운 세계

중국 경제는 세계경제의 경기에 관계없이 매년 8% 이상의 고속 성장을 거듭하고 있으며, 중국의 개혁은 지속적으로 진행되어 비(非)공유제 경제주체들이 늘어나고 시장경제 제도가 도입되고 있다. 그러나 이 모든 것이 결코 사회주의 제도 자체의 변화를 의미하는 것은 아니다. 중국의 3·4대 지도자들은 변함없이 사회주의를 견지하는 가운데 경제 건설에 국가적 총력을 기울여 왔다.

오늘날 후진타오[胡錦濤]를 대표로 하는 중국의 4세대 지도자들은 '조화로운 사회, 조화로운 세계'의 구현을 통치 이념으로 표방함으로써 국내외의 변화하는 환경 속에서 중국의 경제발전을 안정적으로 지속해 가고자 한다. 국내에서는 '조화로운 사회'의 이념을 중앙에서 지방까지 4대 정권 기구(공산당·인민대표자대회·행정부·인민정치협상회의)를 동원하여 선전·홍보하여 대다수 인민들의 공감대를 이끌어 냈다. 이는 향후 중국의 경제 번영을 위해 각기 다른 사상과 이념들을 화해시키고 협력시키는 역할을 맡게 될 것이다.

'조화로운 세계'는 국내의 '조화로운 사회론'을 외교 분야로 확장한 것으로, 전쟁 및 테러·대량 학살 등에 반대하여 세계 평화에 기여하고, 세계를 다극화하는 등의 내용을 갖고 있다. 중국의 발전은 세계 어떤 국가에도 무력적 위협으로 이어지지 않을 것이며, 상호 공동 발전으로 전 세계에 긍정적인 영향을 미칠 것이라는 것이다.

'조화'야말로 중국 제4대 지도부가 공개적으로 표방하는 집정 목표로, 중국 사회의 유연성을 강화하고 국민들의 공감대를 형성함으로써 지속적이고 빠른 경제발전을 유지하는 것을 목표로 하고 있다. 이는 중국의 개혁 개방, 발전, 그리고 번영을 추구하는 기본적 국책의 연결선상에 있다고 할 수 있을 것이다. 중국 국정에 맞는 사회주의를 건설하고 서양 자본주의의 답습을 거부하며, 자본주의를 뛰어넘는 '사람을 중심으로 하는[以人爲本]', '전체 사회가 샤오캉(먹고살 만한 생활수준) 단계를 실현하고[全面小康]', '조화롭게 공생하는[和諧共處]' 사회주의가 중국 특색의 사회주의의 목표가 되었다.

중국은 여전히 사회주의 국가인가?

오늘날 절대다수의 중국인들은 중국 특색의 사회주의 건설의 필요성을 인식하고 사회주의를 지지하는 입장이다. 이는 중국 특색의 사회주의가 중국과 중국인들의 운명을 바꾸어 놓았기 때문이다. 건국 전 중국의 혼란을 종식시키고 빈곤과 낙후의 국면에서 벗어나게 한 것이 사회주의 체제였으며, 오늘날 중국인들의 생활을 샤오캉 수준으로 끌어올린 것도 사회주의이다.

또한 중국 특색의 사회주의는 사회주의 정치제도는 유지하면서 국문을 개방하여 과거의 고립 국면에서 탈피하고 중국을 국제사회의 일원으로 끌어올렸다. 또 계획경제에서 시장경제로의 전환을 통해 중국인들의 생활수준이 크게 개선되었다. 예를 들어 50~60년대 중국인들은 물건을 사려면 곡식표[糧票], 기름표[油票], 직물표[布

票], 부식표(副食票) 등 국가에서 발행하는 규격의 '표(票)'를 사용해야 했다. 그러던 것이 오늘날에는 개인의 능력에 따라 자유로운 소비가 가능해졌다.

한편 개혁 개방의 과정에서 계획경제에서 시장경제로의 전환이 시작되자, 일부에서는 중국이 아직도 사회주의 노선을 채택하고 있는지에 대한 의문을 던지기 시작했다. 중국이 사회주의 국가인가 자본주의 국가인가를 둘러싼 논쟁이 펼쳐졌다. 이에 덩샤오핑은 다시 한 번 중국인들에게 시장경제가 반드시 자본주의만의 고유한 형식은 아니며 사회주의도 시장경제를 채택할 수 있음을 이해시켰다. 일부 학자들은 덩샤오핑식 사회주의가 생산력의 발달 정도를 사회주의 사회의 진입 기준으로 삼는 기능적 사회주의라고 지적하기도 하지만, '검은 고양이든 흰 고양이든 쥐만 잘 잡으면 좋은 고양이다.'라는 흑묘백묘론(黑猫白描論)과 '돌을 더듬으면서 강을 건넌다.'는 덩샤오핑의 이론들은 중국의 개혁 개방과 시장경제 형성에 적극적 영향을 미쳤다.

동시에 그는 개혁 개방의 세 가지 기준을 내세웠는데, 즉 '생산력을 향상시키는 데 유리한가', '종합 국력을 제고하는 데 유리한가', '국민들의 생활수준을 높이는 데 유리한가'를 그 기준으로 제시했다. 그는 이 기준에 부합한다면 그것은 합리적인 것으로, 비록 자본주의적 요소라도 참고하고 배우며 도입해야 하고, 이 기준에 부합하지 않는다면 그것이 사회주의적 요소라 하더라도 개조해야 한다고 부연했다.

덩샤오핑은 공산주의에 도달하기 위해서는 사회 생산력이 빠르게 발전해야 하고 사회적 재화가 극대화되어야 하며, 따라서 중국은 당분간 경제 건설에 국가적 총력을 기울여야 한다고 주장했다. 오늘날 사회주의 국가인 중국은 일부 자본주의를 채택한 국가들보다 경제발전 수준이 높아, 어떤 측면에서는 중국적 사회주의 제도의 우월성이 입증되었다고 볼 수도 있다. 또한 일부 자본주의 국가들도 사회주의적 요소인 공유제 형식 및 분배 제도를 부분적으로 도입하기도 한다. 이로부터 알 수 있는 것은 사회주의든 자본주의든 국민들을 최우선으로 하고, 국가와 민족의 이해관계에 부합하는 사회제도가 국민들의 인정과 지지를 받는다는 점이다.

영국의 신경제재단(New Economics Foundation)에서 세계 178개국을 대상으로 조사한 '행복한 지구 지수(HPI, Happy Planet Index)'는 국민들의 물질적 정신적 생활 상태를 행복 지수로 표시한다. 이 조사 결과에 따르면 중국의 행복 지수는 31위로 일본(95위), 한국(102위), 싱가포르(131위)에 비해 더 높은 것으로 나타났다. 이것은 중국인들은 현재의 생활과 자국의 발전상에 대해 비교적 긍정적이고 만족감을 느낀다는 평가와 일맥상통한다.

건국 초기 중국인들이 공산당과 사회주의에 대해 품었던 뜨거운 열정과 숭배, 다소 맹목적이었던 군중 심리는 오늘날 더 이상 찾아보기 힘들다. 그러나 국가와 정당, 사회제도에 대한 합리적인 태도, 세계와 접촉하는 가운데 길러진 국가와 사회에 대한 애정, 국민경제 건설에 대한 실용적이고 주동적인 태도는 과거 어느 때보다도 성숙하고 강력하다.

기출문제 둘러보기

1956년 : '행복의 시대를 살다.'라는 주제로 작문하시오.

1964년 : 최근 신문에 게재된 아래 글을 읽고 감상을 적으시오.

　　금년 2월, 내가 속한 부대의 상관이 나에게 자연재해로 피해를 입은 동현(東縣)에 구호물자인 시래기를 운반하는 업무를 맡겼다. 차에 시래기를 싣다가 나는 차마다 실린 물건의 무게가 천차만별인 것을 발견했다. 제일 가벼운 것이 1.5톤 정도 되는 것 같았고, 제일 무거운 것은 2.4톤에 이르렀다. 처음에는 아마 시래기 중에 덜 마른 것들이 있어서 무게 차이가 나는가 보다 생각했다. 하지만 기사 아저씨와 차에 올라타 물건들을 풀어 살펴본 결과, 시래기들은 모두 고르게 말라 있었고 무게가 더 나가는 것들은 시래기 속에 고구마 말린 것이며 잡곡, 심지어 밀가루 포대까지 끼어 있었기 때문임을 발견했다. 사람들이 구호 물량으로 시래기를 모으면서 그 속에다가 끼워 넣은 것들이었다. 이런 식의 '위문품'은 거의 모든 차에 실려 있어서 작은 것은 200~300kg에서 많은 것은 1톤에 이르렀던 것이다. 나중에 초원현(招遠縣)과 기산(紀山) 인민공사에서 그쪽 관계자들과 이야기하다가, 그 동네에서도 비슷한 일들이 있었다는 것을 알게 되었다. 고구마 말린 것에서부터 잡곡은 물론이고, 설 쇠기 며칠 전에는 차에 시래기를 싣다가 뭔가 묵직한 것이 툭 하고 떨어져서 보니 10근은 됨직한 돼지고기 덩어리가 편지와 함께 들어 있더라는 것이다.
　　이런 감동적인 일들은 나로 하여금 24년 전 고향에서 겪었던 처참했던 기황(饑荒)의 기억을 떠올리게 했다. 그해에는 거의 8개월간 가뭄이 계속되었고, 가을걷이한 식량조차 모조리 몰수당하여, 마을의 모든 농가가 먹고 땔 것이 없어 굶주려야 했다. 이때를 틈탄 투기꾼들은 외지로부터 고구마 잎을 사다가 진흙이며 자갈을 잔뜩 섞어 시장에서 비싼 값에 팔기 시작했다. 시래기조차 가격이 천정부지로 올라, 돈을 주고 곡식을 사는 일은 생각조차 하지 못했다. 사람들은 별 수 없이 논밭을 사기 위해 모아 두었던 돈을 꺼내 얼어붙은 고구마 잎을 사서 근근이 연명했다. 다음 해 봄이 되자, 남아 있던 보리밭에서 보리가 익기 시작했다. 한 달만 견디면 보리를 수확해도 될 터였으니 누구도 자라고 있는 보리를 팔고 싶을 리가 없었다. 그러나 하루 종일 굶어 허리를 펴지 못하고 고개를 들지 못할 지경이 된 농민들에게는 다른 방법이 없었다. 이때 마음 모진 지주들은 몇 년이나 묵은 곰팡이가 피고 문드러진 말린 고구마를 창고 아래 모래와 함께 쓸어 담아서는 농민들에게 빌려 주었다. 한 번에 20kg씩 빌려 주고는, 그 조건으로 보리 수확기에 한 묘(畝 : 전답 넓이의 단위. 1묘는 약 99m²)에서 나는 보리로 갚을 것을 요구했다. 그해 10명 중 9명의 농민이 지주 때문에 파산하고 망했으니, 사람들은 외지로 나가 밥을 구걸하기에 이르렀고 지주와 투기꾼들은 횡재를 했다.

　　그 시절을 생각하고, 오늘을 또 바라보면서, 나는 다시 한 번 구(舊)사회에 대한 회한과 함께 지금 내가 맞이한 이 새로운 사회에 대한 애정을 느끼게 되었다.

주제분석

1956년과 1964년의 출제 문제는 학생들에게 주어진 소재를 바탕으로 일정한 중심 생각에 대해 작문할 것을 요구하고 있다. 이 중심 생각은 바로 구사회에 대한 비판, 그리고 사회주의 신중국에 대한 찬양이다.

1956년 출제된 '행복의 시대를 살다.'는 주제는 응시자들로 하여금 사회주의 신중국에 대한 뜨거운 애정을 발산하고 찬양하도록 유도한 것이다. 무엇이 행복인가? 오늘날 행복 지수에 관한 이야기는 유행처럼 거론되고 있지만, 사실 행복이란 사람·도시·국가에 따라 그 의미나 평가 기준이 다르다. 그러나 사회주의 신중국이 성립되던 1949년 당시 중국인들의 마음속에는 오직 하나, 행복감으로 가득 차 있었다. 왜 당시 중국인들은 스스로가 행복하다고 여겼을까? 그것은 바로 사회주의 제도의 신중국이 성립됨으로써, 민주적인 정권이 탄생했기 때문이었다. 이제 인민은 억눌리고 착취 당하는 대상이 아니라 국가를 관리하는 사람이었다. 사회주의 신중국은 분명 과거 노예사회·봉건사회와 달랐으며, 군벌이 장악하거나 국내외 전쟁으로 혼란했던 과거와도 분명히 구별되었다. 중국인들은 길고 긴 기다림과 인내 끝에 비로소 평화롭고 안정적인 자유민주 국가를 맞이했던 것이다. 이런 이유로 사회주의 신중국의 설립에 대해 중국인들은 충만한 애정과 찬양의 감정을 느끼게 되었다.

또한 1964년 출제된 글 〈시래기에 얽힌 이야기〉에서는 신구(新舊) 사회를 대조시킴으로써 사회주의 중국의 우월성을 돋보이게 하려는 의도를 엿볼 수 있다. 사회주의 신중국의 성립이 과거의 사회와 어떻게 다른가? 그 차이는 어디에 있는가? 사실적인 예를 들어 신구 제도의 차이 및 사람들의 생활, 사상의 변화에 대해서 분명히 느낄 수 있도록 하고 있다. 구사회에서는 지주계급의 핍박과 착취에 시달리던 인민들이 신중국 정부의 보호와 관심, 도움을 받게 되었으니 실제로 제도와 시대의 변화가 사람들의 실제 생활에 큰 변화를 가져왔던 것이다.

행복의 시대를 살다

1949년 10월 1일은 시대의 획을 긋는 날이었다. 이 신성한 날로부터 중국인들은 행복의 시대로 들어서게 된다.

1949년 10월 1일 오후 2시, 20세기 중국인들을 가장 감격하게 한 그 시간이 다가오고 있었다. 30만 명의 군중이 중화인민공화국의 건국 기념행사에 참석하기 위하여 베이징 톈안먼 광장에 운집했다. 톈안먼 광장에는 화려한 꽃들이 놓여지고, 오색의 깃발이 날리고 있었다. 중앙인민정부위원회는 제1차 전체회의를 열어 국가 지도자들의 취임을 선포했고, 이어서 건국 기념식이 거행되었다. 마오쩌둥이 톈안먼 광장 성루(城樓)의 마지막 계단을 오르는 순간 일제히 "마오 주석 만세!"라고 외치는 환호성이 하늘과 땅을 흔들었다. 톈안먼 광장은 환희로 들끓는 바다가 되었다. 마오쩌둥, 저우언라이〔周恩來〕, 주더〔朱德〕, 류샤오치〔劉少奇〕, 천보다〔陳伯達〕, 천이〔陳毅〕 등 중화인민공화국 지도자들이 엄숙한 표정으로 톈안먼 광장 성루에 올라섰다.

오후 3시 정각, 린보취〔林伯渠〕가 기념식의 개회를 선포했다. 마오쩌둥 주석은 중국 인민들의 위대한 지도자로서 위용을 드러내며 톈안먼 광장 성루 위에 그 모습을 드러냈다. 그리고 후난〔湖南〕 사투리가 느껴지는 목소리로 외쳤다. "동포 여러분, 중화인민공화국 중앙인민정부가 바로 오늘 성립되었습니다." 이 순간, 온 광장은 환호성으로 가득 찼고, 우레와 같은 박수소리 속에서 마오 주석은 광장 중앙의 국기 게양대로 연결된 버튼을 눌렀다. 신중국 최초의 오성홍기(五星紅旗)가 당당히 솟아올라, 바람을 안고 공화국 수도의 하늘 위로 펄럭였다. 군중들은 환호하며 뛰어올랐고,

웅장한 군악 소리 속에서 예포가 울려퍼졌다. "중화인민공화국 만세"라고 외치는 환호성이 구름까지 가 닿을 것 같았다.

이 만세의 함성 속에서 우리는 중국인의 행복을 느낄 수 있었다. 1949년 10월 1일, 이 위대하고 영광스러운 날, 중화인민공화국은 탄생했고, 하나의 사회주의 국가가 탄생했다. 이날부터 화하(華夏) 민족의 자손들은 새로운 시대, 행복의 시대로 들어서게 된다.

중화인민공화국의 건국은 중국 인민들에게는 행복한 시대로의 진입과도 같았다. 과거 압박과 착취의 대상이었던 신분을 벗어나 자유와 민주적 권리를 향유하게 된 것이다. 이러한 정치적 지위의 변화야말로 중국 인민들에게 가장 큰 행복으로 다가왔다. 그리고 나도, 바로 이런 행복의 시대에 살고 있다.

중국은 오랜 봉건주의 사회를 거치면서 그 통치 계급이 부패하고 쇠락하여 1840년 이후 서양 열강들이 차례로 일으킨 침략 전쟁에서 연패하여 반식민지 봉건사회로 전락했다. 이후 110년간, 중국은 전 세계 모든 크고 작은 제국주의 국가들의 약탈 대상이 되었으니, 중국인들은 밖으로는 제국주의의 침략에 노출되고 안으로는 봉건주의의 압박에 시달리는 심각한 위기에 놓이게 되었다. 민주적 권리라는 것은 애당초 없었던 중국 인민들은 국가와 민족의 운명을 바꾸기 위해 거듭하여 일어나 저항했으며, 전국 곳곳에서 목숨을 건 투쟁을 멈추지 않았다.

구국 운동에 온 힘을 기울이던 일부 선각자들은 일찌감치 시선을 서양로 돌려, 그 안에서 중국과 중국 인민들을 구할 방도를 찾으려 했다. 이러한 배경 속에서 부르주아 민주혁명이 일어나게 되었으니, 1911년 중국 민주혁명의 선구자인 쑨원이 주도한 신해혁명이 그것이다. 2천 년 이상을 이어온 군주 전제를 종식시킨 쑨원의 신해혁명은 의회제도 등의 서양식 민주제도를 도입하여 부르주아 공화국을 세우는 데에는 성공했으나, 중국

인민들의 독립과 민주주의에 대한 희망을 실현시키지 못한 채, 국내외 반동 세력의 공세로 실패하고 말았다. 당시 사람들은 비분하여 탄식했다. "무수한 사람의 머리와 피를 바쳐 거짓 공화국을 사들였구나. 가련하다." 중국 인민들은 여전히 압박과 착취 속에 노예와 같은 비참한 처지에 놓여 있었으니, 중국의 돌파구는 어디인가? 중국 인민들은 암흑 속에서 끝없이 고민하고 모색하고 싸워야만 했다.

중국 인민들은 이러한 고난과 우여곡절 속에서 어떤 깨달음을 얻었다. 서양 자본주의 정치제도를 그대로 중국에 옮겨 오는 것은 불가능하다는 것, 제국주의와 봉건주의를 물리치고 나라를 구하기 위해서 반드시 새로운 사상과 새로운 이론을 빌려 중국 혁명을 위한 새로운 길을 개척해야 한다는 것이었다. 그리고 새로운 길을 개척하고 새로운 제도를 수립할 역사적인 임무는 중국 공산당에게 주어졌다. 1921년, 민주주의와 과학적 사상의 세례를 받은 일부 선각적 지식인들은 마르크스-레닌주의를 중국의 노동운동과 결합하여 중국 공산당을 창당한다. 이후로 중국 공산당의 지도 속에서 중국 혁명은 철저한 반제국주의, 반봉건주의, 반관료 자본주의의 새로운 민주주의 발전 단계에 진입하게 된다. 그리고 28년에 달하는 고난의 시간 동안 역사에 길이 남을 영웅적 전쟁을 통해 마침내 민족의 독립과 인민의 해방을 실현했다.

중국 노동자 계급의 선봉대로서, 동시에 중국 인민과 중화 민족의 선봉대로서, 중국 공산당은 창당하는 그 순간부터 민주주의의 실현 및 발전에 우선 순위를 두었다. 공산당 지도자들의 혁명의 목적은 소수가 아닌 다수 인민에 의한 민주주의 실현이었다. 중국 공산당은 창의적으로 마르크스주의의 이론적 사상과 중국 혁명의 현실적 경험을 결합하여 '공농(工農) 민주'라든지 '인민 민주', '신민주주의'와 같은 개념을 제창했다. 이는 마르크스주의의 정치적 이론을 풍부하게 발전시켰을 뿐 아니라, 노동자 파업,

농민 협회, 공농병(工農兵) 대표 소비에트, 참의회, 각계 인민대표회의 등의 조직을 고안함으로써 중국의 국정에 부합하며 민주정치를 보장하도록 했다. 이러한 공산당의 노력은 당시 국민당의 통치제도와 극명한 대조를 이룸으로써, 인민들의 기대와 지지를 한 몸에 받았다.

건국 이후 중국 공산당은 평화롭고 안정적인 발전 환경을 조성하고 인민들의 실질적인 복지 수준을 높이기 위해 일련의 정책을 펼쳤으니, 그 중에는 항미원조(抗美援朝)·토지개혁·반혁명 진압과 같은 대형 사회운동들도 포함되어 있었다. 중국 공산당은 1950년에서 1953년 사이에 일어난 한국전쟁에 참전하며 이 전쟁을 항미원조 전쟁(미국에 대항하고 북조선을 원조한 전쟁)이라 규정했는데, 이 운동은 갓 수립된 사회주의 신정권이 미국 등 제국주의의 간섭을 받지 않고 중화인민공화국을 보위할 수 있는 기반을 마련해 주었다.

또한 토지개혁은 농민들에게 토지를 배분함으로써 자기 소유의 토지에 대한 중국 농민들의 열망을 만족시켰다. 1950년 '반혁명 진압 운동'은 중국 공산당이 사회주의에 위협을 가하는 지주·국민당 단체 및 반동분자들에게 가한 반격으로, 이로부터 신생 정권의 정치적 지위를 공고히 하고 혼란에 빠져 있던 많은 지역의 사회질서를 크게 개선했다. 위의 3대 운동은 사회주의 정권을 공고히 하고, 국가를 안정시키며, 인민들이 평화롭게 살 수 있는 생활 환경을 조성하는 데 이바지했다.

중국 인민들은 자신을 억누르던 3개의 큰 바위 덩어리와 같던 봉건 지주계급, 관료주의와 제국주의 세력을 물리침으로써, 사회주의 신중국을 맞이했고 더 이상 압박 받거나 착취 당하지 않게 되었다. 이후로 중국 인민은 국가의 주인이 되어 국가를 관리하고, 자유와 민주의 권리를 누릴 수 있게 되었으니 바야흐로 행복의 시대가 시작된 것이다.

그저 미약한 개인일 뿐인 나는 구사회의 고통과 전쟁의 혼란을 거쳐,

오늘날 드디어 평화롭고 통일된 사회주의 신중국의 도래를 목격했다. 나는 행복하다. 인민이 주인이 되는 나라, 자유와 민주가 보장되는 시대에 살고 있는 나는 행복하다. 그리고 동시대를 살고 있는 억만의 중국 인민들이 느끼는 행복도 나와 다르지 않을 것이라고 믿는다.

나는 큰 소리로 외치고 싶다. 전 세계에 고하고 싶다. 나는 행복하다고, 중국 인민은 행복의 시대를 살고 있노라고.

— 씨쭤장, 샨씨성 응시생

2

사회주의 신중국 건설 과정에서

생긴 문제들을

어떻게 바라볼 것인가?

이루지 못할 일은 없다. 생각이 미치지 못할 뿐이다.

— 대약진 운동의 구호

사람이 얼마나 큰 목표를 갖느냐에 따라 땅도 그만큼 생산해 낸다.

— 대약진 운동의 구호

모두 앞다투어 올라, 천만 개 용광로에 일제히 불이 붙었다.
철을 만드는 일은 복잡하고 어렵지만, 초영간미(超英趕美 : 영국을 추월
하고 미국을 따라잡는다는 구호)하기 위해서 미칠 듯이 달려든다.
손으로 거칠게 작업한다 웃지 말아라. 중국엔 사람도 많고 힘도 세단다.

— 대련강철 운동 때의 농민 시

하늘 아래 옥황상제는 어디 있고, 땅 위에 용왕은 어디 있겠는가!
내가 바로 옥황상제이자 용왕이니, 명하노라! 삼산오악(三山五嶽)이 길
을 열어라.
내가 왔다.

— 대약진 운동 때의 시 〈내가 왔다〉

신중국의 국민경제 회복과 재건

1949년 중화인민공화국의 성립으로 중국은 반식민지, 반봉건사회에 종지부를 찍고 사회주의 시대의 막을 열었다. 그러나 개국과 동시에 전면적으로 사회주의가 현실화된 것은 아니었고, 중국은 신민주주의에서 사회주의로 넘어가는 일종의 과도기를 맞게 되었다. 그로부터 21세기에 들어선 오늘날까지도 중국의 사회주의는 여전히 초급 단계에 놓여 있고, 완성 단계에는 도달하지 못했다. 중국은 일관되게 사회주의를 채택해 왔지만, 사회주의 건설 과정에서 발생한 몇몇 정치적 사건들은 중국의 사회주의 발전에 중요한 영향을 미쳤고, 국민들에게도 사상적 충격을 주었다. 중국도 여타 국가들처럼 사회주의 제도를 확립하는 과정에서 수많은 시행착오를 거쳐야 했다.

중화인민공화국이 성립된 1949년에서 1952년 말에 이르는 시기는 중국 국민경제의 회복기였다. 이 기간 공산당과 정부는 정확한 방향성에 기반한 정책 수립으로 국민경제의 각 부문, 즉 공업·농업·교통 및 국내외 무역에 이르기까지 모든 부문의 기능을 되살려 나갔고, 이로 인해 인민들의 생활수준도 크게 향상되었다. 공산주의의 실현은 사회 생산력의 발전과 풍부한 사회적 재화를 전제조건으로 한다. 공산당은 이 점을 인지하고 국가경제의 회복과 생산력 발전을 국정 운영의 기본으로 삼았고, 덕분에 비교적 짧은 기간 안에 쇠약했던 국민경제가 회복의 기미를 보이고, 새로 태어난 민주 정권도 안정화를 이루었다.

일찍이 개국 전야에 마오쩌둥은 중국 공산당 제7기 이중전회(二

中全會 : 중앙위원회 제2회 전체회의) 석상에서 다음과 같이 발언했다. "도시를 접수하는 첫날부터, 도시의 생산력을 회복시키고 발전시키는 데 초점을 둘 것이다. 생산력이 회복, 발전되어야만 인민정권이 공고화될 수 있다."

인민정부는 계획적이고 단계적으로 사회주의를 건설하기 위해 5개년 계획을 수립했다. 5개년 계획은 중국 국민경제의 중요한 계획으로, 주로 전국적인 대형 프로젝트나 경제력 및 경제구조에 대한 장기적인 목표와 방향을 내용으로 한다. 중국은 국민경제 회복기(1949~1952년 말)와 국민경제 조정기(1963~1965년)를 제외하고는, 1953년 제1차 5개년 계획을 시작한 이래로 오늘날까지 10차에 걸친 5개년 계획을 수립하고 실천해 왔다.

대약진과 인민공사화 운동

제1차 5개년 계획이 진행됨에 따라, 중국의 사회주의 건설도 순조롭게 전개되었고, 국가경제와 인민들의 생활수준도 대폭 개선되었다. 그러나 제2차 5개년 계획의 실행을 앞두고 큰 장벽에 부딪히게 되었으니 그것이 바로 대약진 운동이다.

대약진 운동은 국가와 국민들의 실제 능력을 넘어서서 지나치게 높은 목표와 계획을 제시했다. 이는 중국 공산당 내부에서 경제 건설을 놓고 불거진 서로 다른 의견들이 합리적으로 조정되지 못함으로써 발생한 문제였다. 당시 전국적으로 급진적인 경제 건설을 추진하는 과정에서 맹목적인 모험주의가 횡행하고 있었으나 마오쩌둥을 위시한 당원들은 이를 인정하지 않았으며, 이에 대한 경계와 수정을 주장하는 당원들은 반모험주의자[反冒進]라고 비판했다.

마오쩌둥은 대약진 운동의 실제적인 강령이 된 〈농업 발전 강요 14조(수정 초안)〉를 삼중전회에서 채택했고, 1958년 5월 중국 공산당 8기 이중전회에서는 사회주의 건설 총노선을 채택함으로써, 전국적으로 대약진의 대중운동이 시작되었고, 농촌에서는 인민공사화(人民公社化) 운동이 일어났다.

인민공사는 1차 산업의 발전을 위해 조직된 공(工)·농(農)·상(商)·학(學)·병(兵)이 오위일체(五位一體) 된 정치·사회적 조직으로, 생산의 단위인 동시에 농촌의 기층 정권 조직이다. 인민공사는 '생산의 관리, 생활의 관리, 정권의 관리'라는 모토를 걸고 농촌 지역의 정치와 사회를 함께 관리했다. 생산 재료의 소유제에 있어서는 고도의 공유제와 균등 분배를 실현하여, 공사 내에 빈부차가 거의 존재하지 않았다. 사람들은 퇴근 후에도 집으로 돌아가지 않고 공동식당에 모여, 오늘날까지도 널리 쓰이는 단어인 따꿔판[大鍋飯 : 한솥밥을 다 함께 먹는 것]을 함께 먹었다. 공동식당은 인민공사의 정신과 생활을 보여주는 대약진의 축소판이었다.

1958년 10월에는 70~90%의 농촌 인구가 공동식당에서 식사를 했다. 공동식당에서 무료로 식사를 하기 위해 농민들은 식량에 대한 소유권을 스스로 포기해야 했지만, 무료 배급 원칙하에 인민공사에 속한 개인이라면 식량 걱정을 할 필요가 없었다. 그러나 이 과정에서 일부 인민공사들은 2주 만에 3개월 어치의 양식을 먹어 치우는 등 계획성 없는 소비로 인해 기아에 시달리는 일이 발생하기도 했다.

대약진과 인민공사화 운동은 당시 사회적 요구 사항과 무관하게 일어났고, 그 결과도 참담했다. 수많은 과장과 거짓 캠페인 속에서 무계획적으로 개발이 이루어지고, 낭비와 비효율 속에서 국민경제의 부문간 불균형이 심화되고, 국민들의 생활수준은 저하되었다. 인민공사는 노동에 의한 분배와 상품경제적 요소를 과도하게 배척하여 평균주의적 폐단을 낳았다.

대약진은 한편으로는 농업에서의 '인민공사'·'과부풍(誇浮風 : 대약진 운동 당시의 과장과 거짓 캠페인 풍조를 일컫는 말)', 공업에서의 '대련강철(大鍊鋼鐵 : 중국 공산당이 전국에서 일으킨 제강·제철 운동)'로 표현된다. 철강 생산량 제고에 총력을 기울여 1958년에는 전국의 철강 생산량이 1073만 톤에 달했으나, 그 중 300만 톤은 품질이 열악하여 사용이 불가능했다. 또한 철강 부문에 자원이 과도하게 집중됨으로써 농업 생산 및 경공업에 차질이 생기는 등 국민경제의 심각한 불균형을 야기했다.

이상적이고 천진했던 대약진의 열망

이제 대약진의 시대는 지나갔고, 많은 사람들이 당시에 있었던 황당하고 비현실적인 사건들을 재미있는 이야깃거리 정도로만 생각하게 되었다. 일각에서는 아직도 대약진이 남긴 재앙적 결과에 대해 비판적 평가를 하고 있지만 역사는 재연할 수 없다. 우리에게 필요한 것은 역사로부터 유익한 교훈을 얻어 내려는 자세다. 대약진 운동은 경제 영역에 국한된 모험적 시도를 뛰어넘는 것이었으며, 인민공사화는 일종의 정권기구의 개혁이었다. 초기 농촌의 인민공사는 정치, 산업, 교육 및 군사적 공동체라는 특징을 지닌다. 도시에서도 유사한 인민공사가 설립되었는데, 시간이 흐르면서 당초의 특징들이 많이 사라지기는 했지만, 정치·사회적 공동체라는 기본 성격은 유지되었다.

대약진의 직접적 원인은 공산주의적 이상, 즉 농촌을 유토피아로 만들기 위해 모든 사유제도를 폐지하고 정치와 경제, 사회적 주체를 인민공사로 단일화하려는 열망 때문이었다. 농촌의 인민공사는 일찍이 공산주의 과도기의 가장 우수한 형식으로 여겨졌고, 도시는 심지어 그로부터 소외되었다는 피해의식까지 느꼈다. 이러한 사실로부터 당시의 공산주의적 이상이 얼마나 천진한 것이었는지를 새삼 되돌아보게 된다.

이토록 이상적이고 천진한 면모를 띤 대약진 운동이야말로 전형적인 마오쩌둥 스타일의 경제정책이라 할 수 있다. 대약진 운동은 대중들이 사회주의 건설에 참여하는 전국적 정치운동이었지만 그 발생 원인은 당시의 지도층과 정치제도와 밀접한 관계를 갖는다. 동서 냉전이라는 국제 정세를 배경으로 중국 공산당은 빠른 경제 성장을 달성해야 한다는 일종의 강박에 시달리고 있었다. 또한 중·소 관계의 악화는 소련을 넘어서려는 열망을 자극했다.

국내적으로는 당 간부와 군중들의 경제 건설 열망과 노동 의욕이 전례 없이 넘쳐나고 있었다. 승전의 경험과 6억 중국인들의 고양된 의지에 감동한 마오쩌둥은 자신감에 넘쳐 대약진이라는 대규모 군중 운동을 발동했던 것이다. 그런데 여기서 지적해야 할 것이 중국의 당시 정치체제이다. 신중국 성립 이후 취해 온 '일변도 정책', 즉 한쪽으로 쏠리는 경향은 중국의 정치·경제제도에 많은 폐단을 가져왔다. 일부 학자들은 권력이 과도하게 집중되고 국가 지도자에 대한 감독 기제가 부재한 상태에서 민주주의가 파괴되고 마오쩌둥의 개인 독재가 이루어졌음을 지적한다. 또 당시의 사회심리와 마오쩌둥의 복잡한 개성에서 원인을 찾기도 한다.

결과적으로 대약진은 여러 가지 사회적 역량이 모여 빚어낸 결과이자 복잡한 역사적 사건이었다. 대약진은 특정한 역사적 환경과 집단 최면의 산물이었다. 비이성적으로 과장된 생산지표들을 고위 지도자들조차 별 의심 없이 받아들였다. 국민들의 의욕은 하늘을 찌를 듯했고, 정부의 부름에 응하여 낙후된 농촌을 보다 빠르게 개선하고 공업화·기계화를 실현하여 공산주의 사회로 진입하기 위해 밤낮을 가리지 않고 논밭에 뛰어들어 실제로도 많은 기적을 현실화했다. 대약진 과정에서 구현된 순수한 헌신과 고군분투하는 생활 태도는 현재의 중국 사회에 가장 결핍된 덕목들로 오늘날까지도 사람들을 감동시키고 있다.

대약진이 남긴 것들

대약진은 중국인들의 생활과 사상에 중대한 영향을 끼쳤고 일부 문제는 오늘날까지 계속되고 있다. 당시 중국인들은 자아의식이 강하지 않았고 '공산당의 온정은 바다처럼 깊고, 마오 주석은 우리를 구해 주신 은인이시다.'라는 식의 다소 순종적인 태도를 지니고 있었다. 이때의 영향으로 중국인들은 지금도 카리스마로 조직과 역량을 동원하는 사람에 대해 맹목적으로 따르는 경향을 보인다.

국민적 참여라는 관점에서 볼 때 대약진 운동은 물론 국가권력이 주도하기는 했으나, 한편으로는 유사 이래 극대화되어 있던 중국인들의 사회 참여에 대한 열망이 바탕이 되었다. 당시 중국인들은 가능하기만 하다면 그 결과야 어떻든 나랏일에 참여하고 스스로를 표현하고 싶은 강한 충동을 느끼고 있었다. 이러한 중국인들의 심리는 오늘날까지도 남아 있다. 개개인의 사회 참여는 모두의 존엄이자 권리이지만, 사회 참여에는 객관적 사실에 대한 이해가 바탕이 되어야 한다. 때로는 비민주적인 정치적 운동이 있기 마련이어서 참여하는 개개인들의 순수한 열망과 관계없이 잔혹한 결과를 가져오기도 하기 때문이다. 따라서 정치인들은 국민 참여를 어떻게 볼 것인가, 언제 국민을 동원하고, 국가권력과의 관계를 조율할 것인가를 신중히 결정해야 한다.

그리고 국민의 권익을 향상시킬 수 있을지 없을지가 바로 이런 결정의 올바른 기준이 된다. 대약진 시기의 역사를 돌이켜 보면 모든 정치적 행위는 반드시 절차상의 합법성을 지켜야 한다는 점을 깨닫게 한다. 절차상의 합법성은 우선 국민의 의사 표시와 참여를 기본적으로 보장한다. 이러한 합법성이 지켜지지 않으면 개인의 자유와 권리를 보장 받기 어렵다. 당시에도 농민들은 인민공사에 불만을 갖고 있었지만, 이러한 불만을 호소할 대상과 통로가 차단되어 있었다. 오늘날까지도 중국의 국민적 참여와 국가행정의 절차상 합법성은 여전히 개선의 여지가 있으며 지속적으로 보완되어 가는 과정에 있다.

대약진은 이미 역사의 한 페이지가 되었지만, 과장과 거짓 캠페인의 풍조는 여전히 남아 있다. 최근까지도 중국 지방정부들이 통계 수치를 왜곡하여 업적을 과대 포장하고 있다는 것은 널리 알려진 사실이며, 만성적 정치 문제가 되고 있다. 이러한 뿌리 깊은 고질병은 지방 지도자들에 대한 정치적 검증 및 임용 제도의 결점과 밀접히 관련되어 있다. 보다 정확하게 말하면 중국의 민주 선거제도가 불완전하기 때문이다. 중국의 지도자 선출은 국민들의 직접선거보다는 상부에서 발탁하는 식으로 이루어지고, 이 과정에서 정치적 업적을 과대 포장하는 일이 빈번히 일어나는 것이다.

중국 정치의 법제화

최고 집권자가 집권하는 과정에서 실질적으로 국가권력을 얼마나 장악하고 행사하는지에 따라 그 집정 방식이 달라진다는 것은 인류 역사를 통해 드러난 객관적 사실이다. 집정 방식은 크게 두 가지로 나눌 수 있다. 첫 번째는 전면적이고 인치(人治)에 의존하는 방식이며, 또 하나는 제한적이고 법치(法治)에 의존하는 방식이다. 이때 정치제도의 특성과 집권자의 특성에 부적합한 집정 방식을 선택하면 반드시 그 제도의 운영을 위협하는 결과가 나타난다. 중국이 신중국 건설 과정에서 대약진과 같은 문제를 겪은 것도 비슷한 맥락에서 이해된다.

법치국가를 건설하는 것은 중국이 사회주의 건설 과정에서 출현한 문제들을 해결하고 시장경제를 발전시키기 위해 피할 수 없는 시대적 요구 사항이다. 따라서 오늘날 중국은 입헌정치와 법치주의의 기본을 다져야 한다. 중국 사회는 원래 온정적이며, 정치 및 경제 영역에서도 인맥과 인간관계를 중시하는 경향을 보여 왔다. 중국인들의 이런 특성은 한편으로는 많은 폐단을 불러오기도 했다.

개혁 개방 이래 중국은 입헌정치의 기틀을 잡기 위해 노력하는 중이며, 매번 전당대회에서 개헌안이 제안되고 있다. 90년대 이후로 중국은 사회 각 부문의 지지를 얻어 법치제도의 구축에 박차를 가하고 있다. 1997년 9월 장쩌민[江澤民]은 제15차 전당대회 보고 중에 '법치'를 강조했으며, 이해관계가 다른 많은 집단들도 법치제도 구축이라는 목표에 대해서는 일치된 의지를 보이고 있다. 법치만이 권력 남용을 제약할 수 있기 때문이다. 만약 민주주의라는 전제가 없다면 법은 개별 이익집단의 이익을 보호하기 위한 수단으로 전락하고 말 것이다.

일부 학자들은 중국의 시장화와 관련한 중국 정치의 진화를 '시장을 통한 권력 집중'과 '시장을 통한 민주주의 실현'이라는 두 가지 이론적 틀로 설명하려고 한다. 이 두 가지 진화의 방식은 상반된 결론에 도달하고 있기는 있지만, 시장에 대한 추상적 접근이라는 공통된 결점을 공유하고 있다. '시장을 통한 권력 집중'론에서는 중국의 시장경제가 자연스럽게 태동한 것이 아니라 정부 주도로 추진되었다는 점에 주목하며, 엘리트 집단이 시장을 장악하는 가장 큰 권위로 부상했다고 보고 있다. 한편 '시장을 통한 민주주의 실현'론은 중국적 맥락은 사장시키고 시장의 선의만을 강조하여, 시장이야말로 자체적으로 균형에 도달하는 시스템이라는 허구적 결론을 내리고 있다.

그러나 현실 속에서 중국의 정치는 위의 두 이론과는 전혀 다른 길을 걸어왔다. 중국의 정치는 '법제화'라는 큰 흐름에서 파악되며, 이를 '시장을 통한 법제화'라고 명명할 수 있다.

법률의 목적은 국가의 권력을 제한하고 개인의 권리를 보호하고 법률에 의거하여 국가를 운영하고 공권력을 제한하는 데에 있다. 또한 WTO(세계무역기구) 가입과 더불어 오늘날 법률의 보편성과 영향력은 유례없이 강력하다. 중국 또한 개혁 개방으로 국제사회에 재편입됨에 따라 법제화에 대한 필요성을 재인식하기 시작했다. 그 후 꾸준한 노력의 결과 법률은 점차 보편적 사회규범으로 자리잡고 있기는 하나, 아직도 정상적인 법제화 사회와는 거리가 있다. 사회 각 분야에서 상당히 빠른 속도로 유관 법규가 입법되어 사회생활을 포괄하게 되었으나, 그 집행 효율은 기대에 못 미치는 수준이다. 수많은 법규가 제정되었으나 아직도 불법행위와 말로써 법을 대체하는 현상이 도처에 산재해 있는 형편이다. 사실 공산당의 정책과 행정적 지령 및 전통 윤리에 기반을 둔 습관들도 합법성을 무시하는 경향이 있어, 많은 법률들이 실질적 효력을 거두지 못하고 있다.

중국 고대 치국(治國)의 사상 중에는 유교가 강조한 '예의로써 다스림〔禮治〕', '덕으로 다스림〔德治〕', '사람을 통해 다스림〔人治〕'과 도교에서 말한 '인위적으로 다스리지 않아도 절로 다스려진다〔無爲而治〕.' 등이 있다. 모든 통치 사상을 살펴보면 결국은 '인치'와 '법치' 두 가지로 귀결됨을 알 수 있다. 오늘날 중국이 제창하고 추진하는 것은 '법에 의거한 치국〔依法治國〕'으로, 법을 국가 운영의 도구이자 치국의 근거 원칙으로 간주하고 있다. 즉 법률지상의 원칙하에 법률적 절차를 중시하며 법률 앞에 만인은 평등한 대우를 받는다. 이제 중국의 법제화는 거스를 수 없는 흐름이며, 각 부문은 이를 위해 부단한 노력을 경주해야 한다.

기출문제 둘러보기

1958년 : 아래 주제 가운데 하나를 선택하여 그에 관해 서술하시오.
   1. 대약진 운동 중에 감격스러웠던 사건
   2. 정풍 운동 중에 발생했던 사건

1960년 : 아래 주제 가운데 하나를 선택하여 그에 관해 서술하시오.
   1. 자신이 노동하면서 얻은 교훈
   2. 대약진 중에 나타난 새로운 사물

주제분석

  1958년과 1960년의 기출 문제는 주어진 주제들 중에 하나를 선택하여 작문하는 문제로 모두 대약진에 대해 언급하고 있으며, 1958년에는 정풍 운동에 대해 질문하고 있다. 대약진은 당시 중국에서 전 국민을 뒤흔들었던 대형 사건으로, 우리는 대약진이라는 주제를 통해 당시 중국의 상황을 들여다볼 수 있다.

  1956년 중국은 생산 자재의 사유화에 기초한 사회주의를 기본적으로 완성했다. 1957년에는 국민경제 발전을 위한 제1차 5개년 계획을 성공적으로 마무리 지었으며, 이로써 사회주의로 전면 진입하는 새로운 시기를 맞게 되었다. 그러나 기본적으로는 사회주의 경험도 부족하고 경제발전의 법칙이나 중국 경제의 기본적 상황에 대한 이해가 불완전한 상태에 머물러 있었음에도 불구하고, 마오쩌둥을 비롯한 지도자들의 마음속에는 그동안 성취해 온 승리에 대한 도취와 자만심이 싹트고 있었다. 그들은 마오쩌둥의 총노선이 제기되자마자 역사의 완성에 대한 조급함 때문에 주관적 의지나 노력의 작용을 과대 평가했으며, 신중한 연구 조사나 단계적 시험을 거치지도 않고 경솔하게 대약진 운동을 발동했다.

한편 중국 인민들은 신중국 건설에 대한 열정으로 충만한 나머지, 대약진 운동이 시작되자 앞다투어 비현실적인 목표를 설정하는 등 단편적으로 속도만을 추구하여 기존의 계획 목표를 대폭 수정했다. 대약진은 국민경제 질서를 휘저어 혼란으로 몰고 갔으며, 수많은 인력과 재화를 낭비함으로써 산업 간의 균형을 심각하게 파괴했다. 물론 오늘날에는 '대약진' 당시를 회고하면서, 그것은 한바탕 휩쓸고 지나간 '실수'였으며, 사회주의 건설에 대한 과욕이자 비현실적인 사상과 운동이었고 보고 있지만, 당시 사람들에게는 단지 새로운 사회에 대한 열정이었을 뿐, 그것이 얼마나 맹목적 충동이고 공상에 가까운 행위인지에 대해서는 생각이 미치지 않았다.

따라서 당시 대학 입시에서 대약진에 대한 주제를 꺼냈을 때에는, 대약진 운동을 찬양하거나, 적어도 긍정적인 시각에서 '대약진'을 묘사하는 답안을 전제로 하는 것이었다. 그 시절 중국 국민들은 대약진이 정확한 판단이며, 대약진을 통해 실제로 중국이 영국이나 미국을 추월하여 빠른 속도로 공산주의 단계로 진입할 수 있다고 믿었다. 따라서 대약진에 대한 찬양과 긍정은 출제자가 요구하는 고득점의 기본이었다.

'대약진 운동 중에 감격스러웠던 사건'이라는 주제를 예로 들어 보면, 그 무렵 발생한 하나의 사건과 그 감격을 서술하라는 문제이다. 즉 당시 전국적으로 진행되었던 제철소 건설이나 토지 경작 효율을 제고한 사례를 들어, 인민들이 얼마나 뜨거운 마음으로 사회주의 대약진 운동을 위해 힘썼는지를 서술하기를 요구하고 있는 것이다.

또한 '대약진 중에 나타난 새로운 사물'은 당시 출현한 새로운 사물, 즉 새로 닦은 길, 새로 지은 댐, 공장, 새로운 복지시설 등에 대해 묘사하라는 문제이다. 덧붙여 대약진 운동 전과 후를 비교·분석하는 방식을 통해 대약진 운동이 인민들의 생활에 가져온 변화와 영향을 서술하는 것이 효과적일 것이다. 그리고 대약진이 인민들을 보다 빠르게 공산주의로 이끌어줄 수 있는 첩경이라 찬미하고 확신을 표명하는 것이 중요한 채점 포인트였다.

대학입시 준비로 학교에서 고군분투한 지난 학기, 그 학기를 마치고서야
나는 꿈에도 그리던 고향으로 돌아갈 수 있었다.

고향의 길

고향으로 향하는 버스를 탄 순간부터 내 가슴은 두근거리기 시작했다.
나는 벌써부터 빠르게 뛰는 고향의 맥박이 느껴지는 듯했다.

'이게 무슨 일이지?'

해방 직후, 고향에는 굽이굽이 산등성이로 난 좁은 길들이 전부였다.
우리 마을로 파견된 공산당원들이 자전거를 어깨에 지고 걷던 모습이 아
직도 눈에 선하다. 대약진 운동이 시작되고 고급 인민합작사를 세우게 되
자, 고향에도 도로가 생겨 자전거는 물론 자동차도 달릴 수 있게 되었다.
그러다가 재작년 인민공사에는 제철소가 생겼고, 철을 운반하기 위해 두
대의 트럭이 지나갈 수 있을 정도의 큰 길을 닦아 올해부터는 우리 동네에
도 버스가 다니게 되었다. 3년 후, 5년 후에는 우리도 가로수가 우거진 아
스팔트 길을 갖게 되지 않을까?

차창 밖의 찬란한 태양과 벽록(碧綠)의 들판을 바라보며 나는 생각했
다. '인민공사와 더불어 고향의 길은 갈수록 넓어지는구나!'

고향의 물

집에 도착하니 대문이 자물쇠로 잠겨 있었다. 어머니는 아마 돼지우리
에 가신 듯하고, 누나네는 밭에 가 있을 것이다. 나는 가방을 내려놓고 녹

색의 들로 뛰어나갔다.

사람을 취하게 하는 고향의 공기! 깨질 듯이 맑은 물이 새로 지은 수로를 따라 흐르고 있었다. 양옆으로 갓 심은 듯한 버드나무가 녹색의 가지를 우아하게 흔들어 댔다. 종횡으로 어지럽던 밭두렁은 사라지고, 비뚤게 놓여 있던 작은 언덕들도 보이지 않았다. 눈앞에 펼쳐진 층층이 평평하고 단정한 밭들과, 여름 바람에 출렁이는 금빛 물결이 내 가슴에 은은하게 번져왔다.

나를 알아본 누나가 서쪽에 새로 개간한 밭에서 뛰어나왔다. 작업 모자를 벗고 길게 땋은 머리를 흔들면서 시원스레 웃는다.

"왜, 못 알아보겠지? 그럴 만도 하지. 너무 많이 변했지? 봄에 인민공사에서 평지화 작업을 했거든. 아홉 날을 쉬지 않고 일해서 아홉 개 언덕을 없애고, 열 개도 넘는 구렁을 메웠어. 수로도 정리해서 저기 동장(東張) 댐에서부터 우리 바닷가 작은 마을까지 물을 끌어오게 되었어. 예전에 이렇게 열심히 일을 했다면 두 다리가 성하지 않았을 거야. 올해는 경운기 몰고 다니느라 엉덩이가 다 아프다니까!"

누나의 기쁨에 찬 얼굴을 보고 나도 웃음이 나왔다.

"올해 우리 마을 풍년은 대약진 덕분이네!"

나는 감개무량하여 말했다. 물길을 따라 흐르는 물의 즐거운 노랫소리에 맞추어 곡식들도 고개를 까닥거리는 듯하다. 보라, 그들도 내 말에 동의하지 않는가!

고향의 산

고향이여, 푸른 물과 그보다 더 푸른 산. 지난 몇 개월 동안 전국 각지에서 대규모로 산을 개간하는 운동을 벌인다고 하더니, 고향 뒷산이 이 정도로 변했을 줄이야! 층층이 계단으로 산꼭대기까지 밭이 생기고, 산중턱에 새겨진 '화과산(花果山)'이라는 세 글자에 햇볕이 반짝거린다. 뒷산을 가득 채운 땅콩 묘목들은 비취 빛의 새 옷처럼, 총총한 파초나무는 널찍한 부채처럼 뒷산을 꾸며 주고 있었다. 아마도 화과산의 아름다움에 취했는지 산꼭대기의 하얀 구름도 차마 발걸음을 떼지 못하는 것 같다. 고향 뒷산의 폭포는 옛 모습 그대로 무릎에 한 그루 보리수나무를 거느리고 흘러내린다. 그러나 보리수나무 아래 오래된 벼루 바위는 어디로 갔는지, 기억 속의 물방울 자장가는 더 이상 들리지 않는다. 그곳에는 '발전소'라고 쓰인 새로 지은 붉은 기와건물이 자리 잡고 있었다.

중대의 이(李) 서기가 나를 반기며 말했다.

"마침 때맞추어 잘 돌아왔네 그려. 우리 수력 발전소가 아마 오늘 내일 간에 돌아가기 시작할 걸세."

나도 모르게 감탄하여 외쳤다.

"정말 약진이네요."

"이 정도야 뭐, 저기 보게!"

이 서기가 내 소매를 끌어당기면서 말했다. 그는 한 손으로 바다를 가르키고 있었다.

고향의 바다

아, 해변, 광막한 해변! 썰물이 빠져나가면 너는 흙색의 가슴을 드러내고, 그 텅 비고 광활한 가슴이……. 아니, 그런데 순간 내 눈에 들어온 것은 동서남북 무수히 많은 깃대와 붉은 깃발들이 횃불처럼 녹색 들판을 수놓은 모습이었다.

"인민공사위원회는 다음 달부터 몇 만 명의 인력을 동원해서 바다를 둘러싸고, 여기에 몇 천 묘의 간척지를 개간하여 옥토로 만들기로 결정했다네!"

"정말이요?"

나는 놀랍고 기쁜 나머지 하마터면 어린아이처럼 깡충 뛰어오를 뻔했다.

"우리는 이 해변을 사탕수수 밭으로 만들 거야, 우리 마을에 큰 설탕 공장이랑 종이 공장을 세울 거라구!"

이 서기는 감탄을 금치 못하는 내 어깨를 두드리며 말했다.

"이런 게 바로 약진이지. 공부 열심히 해라. 너희가 더 큰 약진을 보여다오!"

바다를 바라보는 내 가슴이 크게 부풀어 올랐다.

고향의 사람

그날 저녁, 나는 한 빈농의 결혼식에 참석하게 되었다.

신랑은 리원위엔〔李文原〕이라는 사람으로, 이번에 뒷산을 개간하는 데에 일등 공신이었다고 했다. 신부의 이름은 쉬에화〔許雪花〕였으며, 역시 이웃 동네까지 소문난 일꾼이었다. 결혼식은 간소했지만 잔치는 무척 흥겨웠다. 발전소에 가 있던 몇 명을 뺀 모든 마을사람들이 모여든 것 같았다. 사람들은 끝없이 박수를 치고 웃고 떠들더니, 신혼 부부에게 어떻게 서로 사귀게 되었는지 이야기해 달라고 조르기 시작했다. 대담한 신부가 먼저 말을 꺼냈다. 그녀의 말에 따르면 두 사람은 작년에 댐 공사장에서 처음 만나 작업 속도를 겨루는 경기에서 붉은 깃발을 두고 경쟁을 벌이다 어느새 연인이 되었다고 했다. 그녀는 이어서 결혼 후에도 열심히 일할 것이며 신랑과도 계속 경쟁해서 자신이 꼭 이기고 말 것이라고 선언을 하여,

사람들이 박장대소를 터뜨렸다. 신랑도 그녀의 도전에 응할 준비가 되어 있노라고 조금도 지지 않고 맞받아쳤다.

"우리의 애정은 대약진 속에서 탄생했고, 대약진 속에서 열매를 맺었으며, 앞으로도 대약진 속에서 많은 성과를 일구어 낼 것입니다!"

신랑의 말이 끝나자 사람들은 우레와 같은 박수로 그에 호응했다. 이때 신방에 걸려 있던 전등에 거짓말처럼 불이 켜졌다. 기쁨의 환성이 여름 밤 고향의 산과 들을 뒤덮기 시작했다.

나는 창밖을 바라보았다. 하늘의 수많은 별들, 그 하나하나가 고향의 머리 위로 떨어진다. 얼마나 눈부신 빛인가, 고향의 밤을 수놓은 아침의 기운이여!

아, 불야(不夜)의 고향, 기쁨에 들끓는 고향, 너는 이미 대약진이라는 준마의 등에 올라타고 찬란한 내일을 향해 바람처럼 달려가고 있구나!

— 천장우, 푸젠성 응시생

3

문화혁명은

어떤 사건인가?

우리는 스스로를 세심히 관찰하여 다시는 광담(狂談)의 시대가 오지 않도록 해야 한다. 스스로를 속이지 않을 때에만 희망의 싹을 발견할 것이다.

— 루쉰 〈보충〉

혁명은 한 끼 식사 대접이나 붓 끝에서 이루어지는 것도, 화폭에 그리거나 수놓을 대상도 아니다. 혁명은 고상하거나 우아하지 않다. 여유롭고 침착하지도 않고, 온화·선량·공경·절검·겸양 등의 덕목과도 거리가 멀다. 혁명은 폭동이다. 한 계급이 다른 계급을 전복시키는 폭력적 행동이다.

— 마오쩌둥

검은 밤은 나에게 검은색 안경을 주었어. 나는 그를 통해 빛을 찾는다.

— 꾸청 〈어떤 세대〉

기억은 투쟁의 중요한 요소이다. 사람들의 기억을 통제하는 자는 사람들의 행위의 맥박을 쥐고 있다. 따라서 기억을 점유함으로써 통제하고 관리할 수 있으며 생사를 결정 지을 수 있다.

— 미셸 푸코

마오쩌둥의 중대 오류, 문화혁명

1966년, 문화혁명이라는 중국 역사상 전례 없는 정치 운동이 일어났다. 문화혁명은 '정치'와 '문화'라는 다중적 의미를 갖는 '대중적 정치운동'이자 '대중을 표방하는 문화적 현상'이었다. 이 혁명은 마오쩌둥을 떠나서는 생각할 수 없다. 마오쩌둥 시대는 문화혁명을 사이에 두고 전(前) 마오쩌둥 시기와 후(後) 마오쩌둥 시기로 구분한다. 마오쩌둥은 전 마오쩌둥 시기에 건국이라는 위업을 이루었지만 문화혁명은 '만년의 마오쩌둥이 저지른 중대한 오류'이자 공산당의 실책으로 평가되고 있다. 1966년 5월부터 1976년 10월까지 10년간 계속된 문화혁명에 대한 중국의 공식적인 평가는 다음과 같다. '문화혁명은 마오쩌둥의 오류로 발동되고, 린뱌오〔林彪〕와 쟝칭〔江靑〕과 같은 반혁명 집단에게 이용되어 당과 국가, 전 국민들에게 심각한 재난을 가져온 내란이다.'

문화혁명은 그 이름처럼 문화 영역에 국한하여 문화계 인사들에게만 영향을 미친 것이 아니라, 중국 전역에서 전 국민을 엄청난 혼란에 빠뜨린 사건이었다. 이때 많은 당정 기관의 간부들과 지식인들은 '5.7 간부학교'나 수용소로 보내져 사상 개조 프로그램과 노동에 참여해야 했다. 일부 민간인들도 '주자파(走資派)'라고 쓴 고깔모자를 쓰고 공개 비판을 받았다. 전국의 초·중학교 학생들은 홍위병으로 조직되어 전국 곳곳을 돌아다니며 '마오쩌둥 만세'를 외치고, 싸움질로 민폐를 끼쳤다. 한편으로는 비록 마오쩌둥 어록을 학습하기 위한 것이기는 했으나, 유사 이래 가장 많은 중국 농민들이 교육을 받은 시기로 평가되기도 한다.

1948년 대약진 운동은 중국 경제에 재앙을 가져왔다. 마오쩌둥 본인도 뒤늦게 이를 깨닫고 국가적인 재정비에 나섰다. 인민공사를 정리하고 개인에게 토지 소유 및 부업 참여를 허용했다. 공동식당은 문을 닫고 양식은 각 가정으로 배분되었다. 1959년 뤼산[廬山] 회의도 원래는 대약진 운동 중에 발생한 극좌의 과오를 정리하고 바로잡을 목적으로 개최되었다. 그러나 이 자리에서 펑더화이[彭德懷]는 마오쩌둥의 좌경화 과오 및 그 발생 원인에 대해 통렬하게 비판하고 이를 바로잡기 위한 구체적인 제안들을 내놓아 마오쩌둥의 심기를 매우 불편하게 했다. 결국 마오쩌둥은 좌경화의 오류를 수정하는 대신 다시 반우(反右) 투쟁을 선언하게 된다. 이로부터 재연된 좌경화의 오류는 또다시 비현실적으로 높은 생산 목표를 설정하고 인민공사와 공동식당을 부활시켜 국민경제에 파괴적 영향을 미쳤다. 1963년에서 1965년 무렵 중국은 경제 구조조정이 불가피한 상황에 이르렀고, 1964년 4월 국가계획위원회는 제3차 5개년 계획(1966~1970년)을 내놓았다. 우선 순위는 농업과 경공업 그리고 중공업 순으로 정해졌다. 이 기간 국가는 농업 발전에 크게 힘쓰고 국민들의 기본적인 의식주를 해결해야 하는 과제를 안고 있었다. 또한 국방과 기초 공업을 건설하고 이에 상응하는 교육·상업·교육 등 인프라를 건설해야 했다.

그러나 1964년 미국이 베트남을 침략하자 중국 공산당은 '국민을 위한 전쟁과 기황에 대비한다.'는 전략 방침을 내놓았다. 만약 제3차 5개년 계획이 당초 계획대로 실시되었다면 국민경제와 사회주의 건설은 새로운 클라이맥스에 이르렀을 것이다. 그러나 문화혁명은 정상적인 국민경제의 발전을 가로막고 경제발전에 막대한 폐단을 가져왔다.

문화혁명의 도화선이 된 〈하이루이 파직〉

문화혁명의 도화선이 된 것은 〈하이루이 파직〔海瑞罷官〕〉이라는 역사극이었다. 1959년 4월 마오쩌둥은 당 간부들이 용감하게 직언하지 못하는 문제를 지적하며 고대 청백리였던 하이루이의 강직하고 직간(直諫)하는 정신을 본받을 것을 주장했다. 이에 베이징 시 부시장이자 유명한 명사(明史 : 청나라 때 장정옥(張廷玉)이 왕명에 따라 모아 엮은 명나라 역사책) 전문가였던 우한〔吳晗〕이 6월에 〈하이루이가 황제를 꾸짖다〔海瑞罵黃帝〕〉라는 제목의 글을 발표했다. 이어 그는 〈하이루이를 논함〉, 〈하이루이 파직〉이라는 글과 극본을 발표했다. 당초 이러한 문학적 표현은 마오쩌둥의 사상을 지지하기 위함이었다.

그러나 1962년 당시 중국 공산당 선전부의 영화처 처장 겸 문화부의 영화 사업 지도위원회 위원을 맡고 있던 마오쩌둥의 부인 쟝칭이 〈하이루이 파직〉을 비판하고 나섰다. 1965년 11월 10일 쟝칭은 장춘차오, 야오원위안과 함께 상하이 '원하이바오〔文彙報〕'에 〈역사극 '하이루이 파직'에 대한 논평〉이란 글을 발표하고 〈하이루이 파직〉의 이야기를 당시 사회적 사건들과 관련시켜 정치적으로 해석했다. 그리고 이어서 역사학계와 문화 예술계, 사상계에 대한 전면적인 대폭로전, 즉 공산당을 비판한 사람과 사건에 대한 조사에 착수했다. 그리하여 〈하이루이 파직〉에 대한 비판은 문화혁명의 도화선이 되었다.

1956년 5월 16일, 공산당 중앙정치국 회의에서 마오쩌둥이 기초한 〈중국 공산당 중앙위원회 통지〉(약칭 '5.1 통지')가 통과되었다. 이로써 문화혁명이 개시되었고 정치국 상무위원회 지도하에 중앙 문화혁명소조(일명 중앙문화혁명)가 설립되었다. 5.1 통지는 각 분야의 '부르주아 계급을 대표하는 인물'에 대해 철저한 비판을 가하고 특히 문화 사상계의 특권적 지위를 박탈했다.

또한 공산당과 행정기관, 군대와 문화 예술계에 부르주아 계급의 이해관계를 대변하는 반혁명 수정주의 분자가 있다고 지적했다. 겉으로는 사회주의 건설을 외치면서 실제로는 자본주의를 지지하는 반혁명 수정주의 분자들은 기회를 엿보아 정권을 탈취하고 현재의 무산계급 전제정치에서 부르주아 전제정치로의 정변을 시도할 것이라고 주장했다. 이 생각은 바로 문화혁명의 기본 사상이 되었다.

외양간과 홍위병

문화혁명은 문화 예술계의 인사들과 중국의 전통 사상, 전통 문화에 막대한 파괴적 영향을 끼쳤다. 당시 많은 지식인들은 '5.7 간부학교'나 '외양간[牛棚]'이라는 수용소로 보내졌다. '5.7 간부학교'란 중국 당정 기관의 간부들과 각종 교육 연구 기관의 지식인들을 집중 수용하고 그들에게 노동 개조와 사상 교육을 시행하던 곳이다. 한편 '외양간'이라고 불린 수용소는 문화혁명 기간에 각 기관, 단체, 학교, 공장 및 소규모 행정 단위에서 자체 설립한 내부의 '우귀사신(牛鬼蛇神 : 소 귀신, 뱀 귀신이라는 뜻으로, 문화혁명 때 지식인들을 온갖 잡귀신에 비유하여 부르던 말)'을 구금하던 곳을 가리키는 말로, 사방에 바람이 통하고 갈대 돗자리로 지붕을 이어 겨우 햇볕이나 가려 주는 정도의 시설물이었다. '외양간'은 민간에서 부른 별명이었으며, 정식 문헌에서는 집단 훈련대〔集訓隊〕, 감화소〔管敎隊〕, 노동 개조대〔勞改隊〕 등의 이름으로 표기했다.

그 외에도 문화혁명 시기 홍위병들은 '네 가지 낡은 것을 파괴한다〔破四舊〕'는 명분을 앞세워 중국의 많은 물질적·정신적 전통 문화 유산을 파괴했다. 마오쩌둥이 조직한 전국적인 학생 단체인 홍위병은 본인들이야말로 마오쩌둥의 사상을 보위하는 '홍색위병(紅色衛兵)'이라고 자처했다. 이들은 문화혁명 시기 학교의 정규 교육은 뒤로 한 채 전국 각지를 돌아다니면서 막무가내로 교사나 지식인들의 약점을 찾아 비판하고 각종 당 기관을 장악하여 문화혁명을 전국적인 대동란으로 이끈 주역이었다.

그들은 '네 가지 낡은 것의 파괴〔破四舊〕', '대교류(大交流)' 등을 제창했다. '네 가지 낡은 것'이란 낡은 사상, 낡은 문화, 낡은 풍속과 낡은 습관을 말하는데, 홍위병은 모든 전통을 철저히 부정하는 황당함과 광기를 보여 사람들을 경악하게 했다. 그들은 무리를 지어 거리를 돌아다니며 각종 표어와 대자보를 붙이고 전단지를 뿌렸으며, 모든 거리와 기관에 혁명적 색채가 농후한 이름을 지어 붙였다. 베이징의 장안(長安) 거리는 '동방홍대로(東方紅大路)'로, 상하이의 용안〔永安〕 백화점은 '용홍〔永紅〕' 백화점으로 바꾸어 부르는 식이었다.

그 외에도 홍위병은 거리마다 규찰대를 배치해 사람들의 옷차림에까지 간섭했는데, 청바지는 짧은 바지로, 뾰족 구두는 앞이 뚫린 샌들, 하이힐은 굽이 낮은 신발로 바꾸게 하고, 머리를 기르거나 홍콩식 복장을 금지했다. 이로 인해 당시 중국인들은 하나같이 상고머리와 중산복, 납작 신발을 신었다.

홍위병은 귀중한 역사적 유물들까지도 '네 가지 낡은 것'이라 간주하여 함부로 파괴하고 서적들을 불태워 이때 수많은 문화 유물들이 자취를 감추었다. 더욱 가공할 것은 이들이 소위 '우귀사신'이라고 불리던 지주, 부자, 반동적 학술계 권위자, 우파, 지식인들에게 가한 재산 몰수와 가혹 행위였다. 그들은 닥치는 대로 잡아들여 약점을 이용해 비판과 구타를 일삼았으며, 갖은 방법으로 괴롭혀 죽음에 이르게 했다. 많은 이들이 이로 인해 가산을 탕진하고 가족들은 뿔뿔이 흩어졌다. 홍위병의 이런 행동은 중국을 붉은 공포 속으로 몰아넣었다.

한 세대의 운명을 다시 쓰게 한 상산하향 운동

문화혁명을 겪은 세대는 그 시대의 광기 어린 맹목성을 회고하며 공포나 후회와 같은 복잡하고 미묘한 감정에 휩싸인다. 당시에는 가족 간이라도 정치적 분파가 다르다는 이유로 대판 싸움을 벌이는 일이 흔히 벌어졌다. 일각에서는 마오쩌둥이 '천하의 대란이 천하의 안정으로 이어진다.'는 믿음으로, 군중의 힘에 의존하여 질서를 찾아가는 정치적 이상을 실현하기 위해 문화혁명을 발동했다고 주장하기도 한다.

하지만 확실한 점은 당시 중국인들은 신성화한 마오쩌둥 주석의 후광에 눈이 멀어 역사상 전례 없는 대중운동을 벌였다는 점이다. 군중의 자유는 극대화되어 군중 전제정치가 실현되었다. 마오쩌둥을 제외한 모든 이들은, 정부 고관에서 권위 있는 지식인까지 모두가 의심 받고 비판 받았다. 당시 설립된 수용소들은 사법기관의 허가가 없었다는 점에서 불법이었으나, 너무나도 공공연하여 아무도 감히 그 합법성을 문제 삼을 수 없는 분위기였다. 이런 시설들은 공공 기관과 학교·기업 등이 자체적으로 세운 비정식 기관으로 법적 근거가 없었으나, 당시에는 질풍노도의 혁명기에 어울리는 비상 기구쯤으로 받아들여져 합법성을 획득하고 있었다. 또한 주자파 등 자본주의 사상적 경향을 보인다고 간주되는 대상들에게는 인신 모욕과 구타, 비판 등의 핍박이 가해졌다. 홍위병은 이 모든 비정상적 격정과 언행들을 단지 위대한 마오쩌둥 주석을 위호한다는 명분하에 저질렀다.

문화혁명에서 군중은 마오쩌둥에 의해 관료제 타파의 수단으로 이용되었다. 그러나 마오쩌둥은 민주적이고 합법적인 제도를 무시한 채 군중들의 자율성만을 극대화하여 군중 자신의 도덕 사상 및 실천에 의지한다는 것이 얼마나 위험한 일인지, 이것이 역으로 민주주의를 파괴할 수 있다는 점을 인식하지 못했다.

걷잡을 수 없을 것만 같았던 사태가 결국 종료되고 나자 군중들은 '갑옷을 벗고 생산 현장으로 돌아가게 되었다〔解甲歸田〕'. 노동자들은 공장으로, 농민들은 밭으로, 그리고 혁명의 선봉에 서 있던 홍위병 역시 농촌이나 농장으로 보내졌다. 그리고 1969년 중국 공산당 제9차 전당대회 개최를 전후하여 젊은 학생들을 대상으로 한 대규모 '상산하향(上山下鄉) 운동'이 벌어졌다. 이 운동은 학생들을 가난하고 생활 조건이 열악한 농촌이나 벽지로 보내 노동에 참여시키는 것으로, 학생들은 험난한 현실 환경 속에서 농민들의 진정한 사회적 지위가 어떤 것인가를 직접 체험하면서 혁명에 대한 환상에서 벗어날 수 있었다.

당시 중국의 모든 도시 가정에서는 적어도 한두 명의 자녀들이 상산하향 운동으로 지방에 내려가게 되었다. 이 운동은 금세 국가적 정책으로 자리 잡게 되었다. 당시 일부 청년들은 피 끓는 가슴에 웅대한 뜻을 품고 농촌으로 내려가거나, 마오쩌둥 주석의 뜻을 받들어 광활한 토지에서 충성심을 단련하겠다는 마음가짐으로 기꺼이 운동에 참여하기도 했다. 그러나 평범한 도시 청년들 대부분은 정부의 강요로 집을 떠나야 했다. 상산하향 운동은 도시의 취업난 해소에 일정 정도 기여한 측면도 있었지만, 실제로는 마오쩌둥이 홍위병을 해산시키고자 벌인 운동이었다. 그 결과 수천만 젊은이들의 청춘은 황폐해졌고 전국적으로 무수한 이산가족이 생겨 사회적인 혼란이 일어났다. 한때 적극적으로 문화혁명에 참여했던 수많은 중국의 젊은 학생들, 즉 지식 청년들은 상산하향 운동을 통해 중국 농촌의 냉혹한 현실을 접하고 자신이 정부에게 기만 당했다는 피해의식에 사로잡히게 된다. 그들은 이때까지 굳게 믿었던 마르크스-레닌주의의 혁명적 이상을 방기하고, 나아가 수많은 도덕적 가치를 부정하기에 이르렀고, 이런 가치의 상실은 개혁 개방 이후 사회적 도덕성 부재로 이어졌다. 결국 상산하향 운동은 한 세대의 운명을 다시 쓰게 한 사건이었다.

인민 위에 군림하는 지도자

　문화혁명에는 역대 어떤 정치 운동에서도 찾아볼 수 없는 강한 카리스마와 호소력이 존재했다. 오늘날 문화혁명은 문화, 역사, 그리고 인성 등 여러 각도에서 조명되고 반성되고 있지만, 가장 중요한 부분인 중국의 정치 및 국가 제도상의 문제로는 다루어지지 않고 있다. 하지만 당시 중국인들의 사상과 정신은 국가의 정치적 현실을 벗어날 수 없는 상황이었으므로 제도적 문제에 대한 조명 없이 올바른 성찰이 이루어지기 어렵다.

　사회주의 중국에서 '인민(人民)'은 형식상 국가와 정부를 넘어서는 정치적 개념으로 무한한 권위를 갖는 듯하다. 전국인민대표대회, 중국인민정치협상회의, 인민정부, 인민공사, 인민은행, 인민폐, 인민보험, 인민철도, 인민우체국, 인민일보, 인민의원, 인민해방군, 인민공안, 인민경찰, 인민법원, 인민검찰 등 모든 중요한 조직과 기구의 명칭 앞에는 반드시 '인민'이라는 두 글자가 붙는다. 이때의 '인민'이라는 접두사는 뒤에 따라오는 명사와 주종의 관계에 있으며, 이 모든 기관과 장소들이 인민에 속한다는 개념을 표현하고 있다. 다시 말해 인민은 모든 실체를 넘어서는 '주인'으로, 이런 언어적 용법에 구현된 국가적 의식 형태에 따르면, 가장 권위가 높은 인민을 위해 모든 기관이 운용되어야 하는 것이다.

　하지만 이러한 대의조차도 문화혁명 시기에는 다르게 적용되었다. 당시 널리 쓰인 '인민 지도자〔人民領袖〕'라는 단어는 인민이 지도자에 종속되어 있고, 인민은 자신의 위에 군림하는 지도자를 따라야 한다는 뜻으로 받아들여졌다. 정부는 계속해서 위대한 공적을 거둔 지도자 덕분에 인민이 '주인'의 지위에 오를 수 있었기 때문에 인민은 그 지도자에게 모든 권한과 신뢰를 보내야 한다고 선전했다. 또한 정부와 관리들은 인민과 지도자의 뜻을 집행하는 도구에 불과하다고 선전했는데, 바로 이 때문에 일부 학자들은 마오쩌둥이 자신의 뜻을 거스르는 정부 기관과 관료들을 억누르기 위해 문화혁명을 일으켰다고 주장하기도 했다.

지도자 개인이 지상(至上)의 위치에 있는 국가와 사회 속에서 10억 중국인들은 그 지도자를 숭배하고 어떤 지시에도 복종하도록 훈련 받았다. 지도자에 대한 비판은 말할 것도 없고 지도자의 말이라면 무엇이든 경청하고 따르려고 했다. 이러한 정치적 운영 모델은 관료제 기구보다 훨씬 효율적으로 움직였다. 당시 방송에서는 매일같이 '지도자 숭배'의 노래와 구호가 흘러나왔다. 이처럼 지도자와 인민이 양극화된 사회구조는 독특한 신권(神權) 국가의 형태를 띠었다. '국가의 주인'이라던 인민은 최고 지도자, 즉 마오쩌둥을 무소부재·무소불위의 신(神)으로 섬기고, 지도자의 신성을 모독하거나 의심하는 모든 행위를 죄악으로 간주했다. 마오쩌둥에 대한 개인숭배가 생활화되어, '아침에 교시를 받고, 저녁에 보고한다〔早請示, 晚匯報〕.'와 '충자무(忠字舞 : 마오쩌둥에 대한 충성을 표현하기 위해 '忠'이란 글자를 표현하는 집단무용)'와 같은 의식들이 치러졌다.

정치제도의 불완전성이 야기한 문화혁명

당시 중국은 당정 일치의 국가로 공산당은 정부를 지도할 책임을 지고 있었다. 그러나 당시 국가 지도자와 공산당의 관계는 지도자 개인의 말 한 마디에 모든 것이 결정되는 절대 독재에 가까웠고, '짐이 곧 국가'라는 식의 독재 통치는 문화혁명 기간 내내 계속되었다. 당과 국가가 합일된 통치 방식 아래에서 중국의 각급 정부는 당의 권력과 의지를 집행하는 기관에 불과했고 모든 실제 권력은 공산당에, 그리고 공산당 주석이라는 최고 지도자 개인에게 집중되었다. 바로 이 때문에 명의상 국가원수였던 류샤오치〔劉少奇〕는 임의로 파면·구금·박해를 당한 끝에 사망에까지 이르게 되었지만, 당시 중국인들은 이러한 무질서의 문제를 깨닫지 못했다. 민중들은 스스로를 최고 지도자의 뜻을 실천하는 '신하'에 불과하다고 생각했기 때문이다. 마찬가지로 각급 정부의 기능은 마비되고 공산당 위원회가 실세를 장악했음에도 불구하고, 국민들은 국가 행정조직의 근간이 무너진 것에 별로 신경을 쓰지 않았다.

당시 마오쩌둥은 각 부문에서 주자파를 색출해 낼 것을 주장했다. 그러나 정부 자체를 폐기하자고 주장한 적은 결코 없었다. '중앙문화혁명지도소조'조차도 전국인민대표자대회, 국무원, 최고 법원, 최고 인민검찰원과 같은 기관들의 정당성을 부정한 적은 없었으며, 사실 이 기간에도 법률상으로는 이러한 기구들이 존속되었다. 그러나 모든 정부 기관들은 혁명위원회로 대체되었다. 혁명위원회가 행사한 권력은 과거 정부 권력과 실질적으로 다를 바가 없었다. 당시 대외적으로는 중화인민공화국의 명의로 발표된 문서들만이 법률적 효력을 지녔으나, 대내적으로는 중앙문화혁명지도소조 혹은 각급 혁명위원회, 중앙군사위원회의 명의로 발표된 문건들도 법률적 효력을 지녔다.

문화혁명은 우연히 일어난 것이 아니었다. 관념적으로는, 계급 착취가 사라졌음에도 불구하고 국정의 무게 중심을 경제 건설로 옮겨 가지 않고 여전히 계급투쟁을 강령으로 삼고 있었던 것이 직접적인 원인이었다. 그러나 그 외에도 역사, 사회, 경제, 문화 등의 복합적인 요인과 더불어 정치 부문의 제도적 불완전성이 중요한 원인이 되었다.

건전하고 탄탄한 정치제도가 갖추어져 있었더라면 문화혁명은 피할 수 있었을 것이다. 문화혁명의 발발·조직 그리고 구체적인 모든 활동은 사실 법률적 범위를 넘어선 것이었고, 합리적이고 민주적인 절차를 무시한 것이었다. 그러나 당시의 정치적 제도는 이를 제어할 장치가 부족했다. 1954년에 선포된 헌법과 정치제도는 문화혁명을 맞아 철저하게 붕괴되었다. 문화혁명이 그토록 아무런 제약 없이 빠르게 번져 나간 원인을 정치제도의 관점에서 살펴보면, 다음 몇 가지 요인을 들 수 있다.

첫째, 국가와 정치, 심지어 중국인들의 생활에까지 중요한 영향을 미쳤던 집권당인 공산당 내부에 민주적 제도가 확립되지 못했던 점을 꼽을 수 있다. 중국인들은 공산당의 지도에 따라 혈전과 투쟁을 거쳐 사회주의 제도를 건설했다. 공산당은 숭고한 정치적 권위를 갖고 사회·정치적으로 전면적인 주도권을 행사했다. 물론 그 자체로는 문제될 것이 없었으며 당시 중국의 발전 단계에 비교적 부합하는 현상이라고 할 수 있다. 그러나 공산당 지도자들의 민주 의식이 점차 희박해지는 가운데 공산당 내에서는 변화하는 사회 조건과 계급 관계에 대한 서로 다른 인식과 의견 차이가 발생했다. 문화혁명 전야의 중국은 실제로 이런 상황이었다. 즉 중국인에 대한 공산당의 정치적 영향이 절대적인 가운데, 당내 최고 지도자들에게 공산당의 정치권력이 집중되어 있었다. 따라서 당내 지도자들이 잘못된 현실 인식을 바탕으로 문화혁명을 일으켰을 때, 적잖은 공산당 간부와 당원들이 이에 반대했음에도 불구하고 이들은 정치적으로 무능했다. 따라서 당과 정체(政體)가 명확히 분리되지 않은 가운데, 당내 권력의 불균형은 아무런 제어 기제 없이 정치 전반의 문제로 이어져, 중국 사회는 결국 엄청난 대가를 치러야 했다.

둘째, 정치체제상 분권 기제가 마련되어 있지 않았던 점을 들 수 있다. 중국은 건국 당시 장기간의 정치적·경제적·문화적 낙후 상태에 있었다. 또 소련식 모델을 지나치게 비판없이 수용한 결과 중국은 고도로 중앙집권적인 정치체제를 형성하게 되었다. 이러한 체제는 빠른 시일 내에 사회·경제적 발전을 달성해야 하는 개발도상국으로서는 유용한 면이 있었지만, 위기 발생의 가능성 또한 잠재하고 있었다. 즉 중앙의 실책은 곧장 전국에 영향을 미쳤다. 만약 지방정부가 적당한 권한을 갖고, 중앙정부의 지시와 간섭에도 헌법으로 보장된 일정한 자주성을 확보할 수 있었다면, 모든 지역이 일제히 문화혁명의 착란적 정치 동란에 휘말리지 않았을지도 모른다. 그러나 현실적으로 중앙정부가 발동한 문화혁명을 지방정부는 속수무책 따라갈 수밖에 없었다.

셋째, 헌법의 법적 구속력이 미약했다. 문화혁명의 원인과 진행

절차, 그리고 과정에서 취해진 각종 정책적 수단은 중국의 헌법 정신에 심각하게 위배되었다.

헌법은 전국인민대표자대회의 지위와 권한을 규정하고, 정치·사회적 기본 절차들을 규정하고 있다. 그러나 문화혁명은 이런 모든 절차들을 무시하고 국가 기관들을 폐지하거나 권력을 찬탈하는 등 국가의 기능을 마비시켰다. 헌법은 또한 국가주석과 인민 대표, 일반 공민들의 지위를 규정하고 있다. 그러나 문화혁명 당시 이런 권리와 지위들은 일절 보호 받지 못했다. 전국인민대표자대회는 국가의 최고 권력기관으로서, 원칙적으로는 문화혁명과 같은 전국적 범위의 정치 운동에 대해 발언권과 결정권을 갖는 것이 당연하다. 그러나 실제적으로 문화혁명이 발발하고 얼마 지나지 않아 전국인민대표자대회는 그 기능을 상실하고 국가주석을 비롯한 지도자들은 탄압 대상이 되었으며, 심지어 일부 지도층은 그 과정에서 죽음을 맞기도 했다.

넷째, 독립적 사법 시스템의 부재를 들 수 있다. 문화혁명 기간 많은 위법행위가 발생했음에도 불구하고 실제적으로 어떤 기구도 이에 제동을 걸 수 없었다. 이는 행정 소송 시스템이 부재하여 정치 기구가 공민의 권리와 인신의 자유를 침해해도 소송을 진행할 수 없었기 때문이다. 바로 이런 이유로 사인방과 그 수하들은 정치기구를 장악하고 인민의 위에 군림하는 절대 권력을 행사할 수 있었고, 일반 국민들은 이런 폭력 앞에 그저 속수무책일 뿐이었다.

결과적으로 문화혁명은 소송 시스템에 심각한 훼손을 초래하여 사람들 간에 권익을 침해하는 행위가 발생해도 마땅히 호소할 곳이 없었다. 이런 상황을 악용하여 혹자는 구타와 파괴 및 약탈을 일삼는 등 인권과 인간의 존엄을 짓밟는 행위가 빈번하게 발생했다. 이뿐 아니라 공안국과 검찰기구 간의 구분이 불분명하여 문화혁명 기간에는 사법기관의 독립이 보장되지 못했다.

다섯째, 정치적으로 공민들의 권리를 엄밀히 보장할 수 있는 제도가 부재했다. 문화혁명이 비록 전 사회가 혼란에 빠진 비상시국의 일이었다고는 하지만 결과적으로는 인간과 인간 사이에 발생한 재난이었다. 문화혁명이 발생할 수 있었던 사회적 원인은 궁극적으로는 공민들의 민주주의 정신과 자유와 권리, 인권을 존중하는 전통이 부족했기 때문이다. 만약 국민 개개인이 민주주의에 대한 신념이 확고하고 자유와 권리가 법률에 의해 보장 받는 사회였다면 문화혁명과 같이 내란은 근본적으로 발생할 수 없었을 것이다. 국민들의 민주주의 정신과 법치의 전통이 부족한 가운데 그 실효성이 떨어진 정치제도가 문화혁명의 발발에 중요한 사회적 조건을 제공한 것이다.

덩샤오핑의 복권과 정치 개혁

오늘날 중국은 지속적인 정치 개혁을 실시하여 공산당 내 민주주의와 법치의 기틀을 마련하는 데 큰 진전을 거두었다. 현행 공산당의 정당제도는 개혁을 통해 지도자 임기와 민주적 의사 결정, 다당 협력 제도 등에서 나날이 성숙된 모습을 갖추어 가고 있다. 민주당파는 공산당과 협력하고 장기적으로 공생과 상호 감독을 도모하는 우당(友黨)이자 참정당으로, 다른 나라의 야당과는 다른 성격을 띤다. 또 중앙에서 지방까지 공산당 지도자는 5년 임기제를 채택하고 있으며, 같은 직위의 경우 1회에 걸쳐 연임을 인정하고, 같은 위계의 직위에 15년 이상 위임할 수 없게 함으로써, 과거에 실질적으로 존재해 온 종신제를 철폐했다. 또한 지방정부 행정 지도자 중에는 비(非)공산당 인력을 일정 비율 이상 임용하도록 규정하고 있다.

그 외에도 중국은 지도자 회의 제도를 도입하여, 중대한 결정은 반드시 지도자 회의에서 토론을 반복하여 민주집중제의 원칙에 따라야 하며, 당 위원회와 상무 위원회의 다수가 동의해야만 그 결정이 채택된다. 일부 당의 결정은 건의안의 형식으로 인민대표자회의의 심의를 거쳐 비준을 얻으면 행정기관을 통해 집행할 수 있다. 이렇게 의사 결정에 중지를 모으는 시스템은 국가권력이 대통령 혹은 총리 개인에게 고도로 집중되는 것에 비해 민주적이고 과학적이며 신뢰할 만하다.

그리고 공산당과 정부는 각종 방식을 통해 상호 견제하고 있다. 공산당 내에는 기율검사위원회가 설립되어 당내 감독을 강화하고 청렴한 기풍을 길러 부패 방지에 기여하고 있다. 또한 지방 단위의 기율검사위원회와 검찰부 소속 기구들은 중앙기율위원회와 검찰부의 통일적인 지도를 직접 받아 각 지역의 동급 당 조직이나 행정기구의 영향을 받지 않는다. 이러한 조치를 통해 기율위원회와 검찰 부문 업무의 독립성이 보장되고, 부패 방지에 실질적 효과를 거두었다.

정치 개혁의 가장 큰 주역은 덩샤오핑 주석이었다. 문화혁명 때

실각하여 당직에서 물러났던 덩샤오핑은 마오쩌둥 사후에 복권되었는데, 그의 복권은 중국 사회에 생기를 불어넣고 중국으로 하여금 새로운 시대에 진입하도록 했다. 무엇보다도 덩샤오핑의 가장 큰 업적은 법치의 기반을 다지고 제도를 구축했다는 점이다. 모두가 알다시피 문화혁명은 모든 중국인들의 재난이었다. 그러나 문화혁명의 가장 파괴적인 일면은 사회주의 법체제를 하루아침에 붕괴시켰다는 점이다. 따라서 문화혁명이 종료된 이후, 중국 공산당 제11차 전당대회로 시작된 정치 개혁은 법체제 구축을 그 시발점으로 삼았다.

덩샤오핑 주석은 일찍이 이렇게 강조했다. "인민민주주의를 보장하기 위해 반드시 법치를 강화해야 하며, 반드시 민주주의의 제도화·법률화를 이루어야 한다. 오늘날의 문제는 법률 체계가 온전하지 못한 데에 기인한다. (중략) 민주적 절차를 밟아 토론을 거치고 검찰기관과 사법기관을 강화하여 완전한 법체제를 확립하는 동시에 효율적 집행을 보장해야 한다. 국가와 기업, 기업과 기업, 기업과 개인 등의 관계는 법률의 형식을 빌려 규정되어야 하며 그 사이의 모순과 갈등도 반드시 법률로 해결해야 한다."

중국의 정당제도 역시 일부 개선이 필요하고, 그런 수술은 상당히 힘난할 것으로 예상된다. 그러나 부정할 수 없는 것은 공산당은 중국의 정치 환경에서 강한 생명력을 보여 주었으며, 중국 사회의 안정적 발전을 담보하고 있다는 점이다. 안정이야말로 내우외환으로 점철된 중국의 근대사를 고려할 때 중국 국민들이 가장 원하던 것이었다. 그리고 중국의 정당제도는 바로 이 문제를 해결하여,

1840년 이래 가장 오랜 평화를 구가하고 있다.

반성과 경각심 속에 맞은 샤오캉 시대

공산당은 경제·사회적으로 전례없는 기적적 발전을 거듭하고 있다. 고작 반세기 만에, 특히 개혁 개방 이래로 중국의 도시와 농촌은 천지개벽이라고 부를 만한 변화를 겪었고, 오늘날 중국은 세계에서 가장 빠르게 발전하는 국가가 되었다. GDP·무역 총액·외환보유액과 수많은 중요 공업 제품의 생산량 등에서 중국의 지위는 크게 향상되었고, 과학기술과 교육·문화 등에서도 혁혁한 성과를 거두어 종합적인 국력이 크게 신장되었다. 국민들의 생활도 안정적으로 향상되어 10억이 넘는 중국 인구가 기아와 추위에 시달리던 시절은 역사의 뒤안길로 물러나고, 중국은 빈곤 극복과 기초교육 보급에 가장 성공적인 모범 사례가 되었다. 바야흐로 대부분의 국민이 의식주 문제에서 벗어나고 생활에 윤기가 돌기 시작하는 '샤오캉 시대'가 도래한 것이다. 중국 역사상 전 국민이 이렇게 높은 수준의 생활을 누린 시기는 일찍이 없었다.

문화혁명이라는 묵직한 역사의 페이지를 들추어 보았다. 가장 아픈 경험을 거울로 삼아 때때로 그 거울을 닦고 자신을 비추어 보듯이 중국인들은 냉정하게 그 시절의 역사와 마주해야 할 필요가 있다. 그래야만 후대에 유사한 역사적 오류가 재현되는 사태를 미연에 방지하고, 민족적 진보를 실현할 수 있다. 문화혁명은 중국 문화에 영원한 상처를 남겼으며, 중국의 정신문명과 물질문명의 퇴보를 가져왔다. 그러나 오늘날의 중국인들에게 문화혁명은 반성과 경각심을 일깨우는 소중한 역사적 소재 가운데 하나이기도 하다.

기출문제 둘러보기

1977 : '당에게 하고 싶은 마음속 이야기'를 기술하시오.

주제분석

　1966년에서 1976년 사이 중국에서는 문화혁명의 영향으로 대학입시 제도가 중단되는 사태가 빚어졌다. 문화혁명의 열풍이 휩쓸고 간 이 10년 동안 중국 각지에서 일어난 동란에 세계는 경악을 금치 못했고, 중국의 정치·경제·사회·문화와 모든 산업 부문이 심각한 영향을 받았다. 문화혁명 중에 청년들은 '상산하향 운동'의 일환으로 농촌으로 들어가 노동에 참여하고 농촌 대중의 삶을 몸소 겪는 과정에서 자연스레 교육의 기회를 박탈당했다. 재학 중이던 학생들도 홍위병의 신분으로 한 손에는 마오 주석 어록을 들고 반(反)자본주의 투쟁과 반(反)지식인 투쟁에 동원되느라 진정한 지식을 접할 수 있는 시간이 거의 없었다. 그러나 문화혁명이 막을 내림에 따라 문화혁명에 대한 반성이 시작되고, 문화혁명이 과연 국가와 국민들에게 어떤 영향을 끼쳤는지, 한 세대에 걸친 사람들의 인생을 어떻게 파괴했는지를 인식하게 되었다.

　1976년 문화혁명이 종료된 후에 중국인들은 정상적인 생활로 돌아왔고 교육이 재개되었다. 정치·경제·문화 등도 점차 정상 궤도에 들어섰지만, 사람들의 영혼에는 지워지지 않는 낙인이 새겨져, 사회주의 건설에 대한 인식에도 변화가 일어나는 듯했다. 그러나 사람들은 사회주의 건설 중에 범한 오류는 비판하되, 문화혁명이 끝난 후 중국의 사회주의가 안정을 되찾는 것에 대해서는 기쁜 마음으로 반겼다. 공산당의 과오를 인정하고 시정하는 태도를 기꺼이 받아들였고, 대신 '사인방'을 향한 극렬한 비난이 쏟아졌다.

정치와 관련된 주제는 반드시 시대와 사회적 상황과 궤를 같이해야 한다. 따라서 사회주의에 대한 옹호와 공산당에 대한 믿음과 찬사를 표현하는 내용이야말로 출제자의 의도에 부합한다고 하겠다.

당에게 하고 싶은 마음속 이야기

　따뜻한 아침 노을의 배웅을 받으며 나는 고사장으로 들어섰다. 시험지를 어색하게 받아 드는 순간, 내 가슴에는 작은 불꽃이 파닥거리며 튀는 것을 느꼈다. 위대한 마오쩌둥 주석과 화궈펑〔華國鋒〕 주석의 초상화가 걸린 교실에서 나는 만감이 교차하여 마음속엔 파도가 울렁이는 듯했다.

　친애하는 공산당에게 내가 마음속에 간직했던 이야기를 꺼내 놓는다. 넓고 적막한 교실을 메운 것은 고개를 숙이고 생각에 잠긴 젊은이들이다. 모두들 조국의 현대화에 기여하고 싶다는 일념으로 이곳에 모여 도전하고 있다. 나는 내게 주어진 이 행복과 권리를 소중하게 생각한다. 부족할망정 진지하고 엄숙하게, 조국의 가르침과 보살핌의 결정체인 나의 지식을 보고하고 있다.

　친애하는 당이여, 나는 이 시험 문제에 담긴 깊은 뜻을 이해한다. '사인방'이 횡포를 부리던 시절, 그들은 당권을 찬탈하기 위해 70년대의 교육 노선을 전면적으로 부정하고 나섰다. 그들은 '교양이 없는 노동자가 될망정, 교양이 있는 정신적 귀족은 거부한다.'는 식의 황당한 구호를 외치면서 교육계를 혼란에 빠뜨렸다. 전국의 학교에는 거미줄이 쳐지고, 잡초만이 무성하게 자랐다. 지난한 힘겨루기 끝에 사인방은 와해되어 물러나게 되었다. 오늘날 고사장에는 이미 봄빛이 만연하다. 기꺼이 단잠을 깨고 이곳으로 모여든 젊은이들의 펜 끝에서 작은 봄바람이 일고 있다. 혁명의 이상은 봄바람 속에서 싹을 틔워, 이제 자라나고 있다!

　친애하는 당이여, 나는 얼마나 많은 이야기를 마음에 담고 있으며, 그 것들을 모두 표현하기에 나의 손과 펜은 또 얼마나 우둔한가. 글이 여기에 미치자 나의 심장은 빠르게 뛰기 시작하여 몸 밖으로 뚫고 나올 것만 같다. 고사장에 앉아, 행복과 기쁨이 금빛으로 녹아드는 상상을 한다. 이곳에 모인 우리 1000만 명의 학생들은 하나하나가 금빛의 씨앗들이다. 공산당이 비춰 주는 빛살에, 내려 주는 빗방울에, 조국 곳곳에서 행복이 봄꽃처럼 만개한다.

친애하는 당이여, 당에게 하고 싶은 마음속 이야기가 있다. 공산당은 중국과 중국인에게 재앙을 가져다 준 '사인방'을 물리치고 중화인민공화국을 세웠다. 나와 같이 깊은 잠에 빠져 있던 이 땅의 젊은이들은 당의 부름을 받고 깨어나 오늘날 보다 훌륭한 교육을 받을 수 있는 기회를 누리게 되었다. 오늘 아침, 중국의 산과 강은 노랫소리와 웃음소리로 새롭게 빛난다. 오늘 아침, 중국인들의 기운은 하늘을 찌르고 조국 건설을 위해 나아간다.

당이여, 내 마음속 이야기를 하련다. 너 없이는 신중국도 없었을 것이다. 네가 없었다면 '사인방'은 여전히 횡포를 부리고 있었을 것이다. 네가 없다면 신중국의 찬란한 내일도 행복한 미래도 없다.

친애하는 당이여, 너는 우리를 이끌어 새로운 시대로 가라. 우리에게 새로운 항로를 열어다오. 우리는 반드시 네 뒤를 바짝 따를 것이다. 붉은 마음이 당을 향해 흘러 시시각각 신중국 건설, 사회주의 건설을 위해 우리의 청춘을 바치라 한다.

— 후난성 응시생

V

經濟 경제

50~70년대 말의 격변기에는 당시의 시대상황을 대변하는 '대약진 운동에서 나를 감동시킨 사건', '투쟁 속에 보낸 나의 1년' 등의 주제가 출제되었다. 70년대 말 개혁 개방이 실시된 이래로는 국가적 관심사가 계급투쟁에서 경제 건설로 옮겨 가고, 중국의 경제도 고속 성장의 국면으로 들어섰다. 한편 이러한 고속 성장 속에서 배금주의, 실용주의, 개인주의와 환경문제 등의 부작용이 등장했다. 이런 배경하에 대학 입시 작문 시험은 시대적 특징을 반영하여 학생들로 하여금 현실에 대해 고민하고 적극적으로 행동할 것을 요구했다. 80년대 출제된 문제들은 경제 건설 중에 등장한 사회문제에 대한 시각을 요구하는 것들이 많다.

그러나 전체적으로는 경제와 관련된 주제가 출제된 적은 많지 않다. 신중국 건립 후 50~60년대에 일부 '대약진 운동'과 관련해서 경제 건설에 대한 국가적 중요성을 강조하는 문제가 있었고, 최근 들어 경제발전에 따른 각종 사회문제가 부각되면서 환경 관련 문제가 출제되고 있다.

중국의 경제구조와 그 변화

중국의 경제구조는 소농(小農) 생산을 핵심으로 한 자급자족 시스템이다. 그 특징으로는, 생산 및 소비가 영세하고 소규모 농업과 수공업이 결합된 형태이기에 분업이 발달하지 않았으며, 장자 상속이 아닌 아들들 간의 균분 상속을 실행한다는 점 등을 들 수 있다. 상업은 외형적으로는 제법 발달했으나 구조적으로는 농촌의 지주 경제에 의존하고 있다. 중국의 상업자본은 서양 사회에서처럼 자치 도시를 거점으로 한 부르주아의 등장과 독립을 배경으로 형성되지 않았으며, 봉건제도 아래에서 관료들의 보호와 통제를 받고 있었다. 중국 사회에는 봉건 통치 계급에 대항하는 부르주아가 탄생하지 못한 관계로 자주적인 법인 단체나 상인들을 보호하는 법적 장치가 미비했다. 지주들은 상업을 겸했고 상인들도 지주로서 농업에 참여하여, 지주와 상인·고리대금업자가 삼위일체가 되어 상호 불가분의 관계에 놓여 있었다. 상업적 이익과 이자는 지주계급에게 흘러 들어갔고, 일부는 토지 임대료의 형식을 취했다. 이러한 일련의 경제구조 속에서 상업자본과 고리대 자본은 상당 부분이 지주 경제에 속해 있어서, 소농과 수공업에 고착되어 있던 사회·경제구조를 변화시키기에는 역부족이었다.

1949년 이전의 개혁은 주로 상층의 제도 혁신에 치중되어 있어, 농촌의 전통적 사회구조에는 별다른 영향을 미치지 못했다. 1911년의 신해혁명조차도 농촌 사회에는 특별한 인상을 주지 못했을 정도였다. 중국의 현대화를 추구했던 무수한 인사들도 변혁의 목표를 전통적 정치 및 법률제도, 그리고 전통 사상과 문화에 두었고, 광대한 중국의 농촌과 자연 혹은 반(半)자연경제 상태에 머물러 있던 농업 인구들의 생활 방식을 어떻게 개조할 것인가에 대해서는 크게 관심을 두지 않았다. 중국 인구의 절대다수를 차지하고 있던 수억 농민들은 여전히 전통적 농업 사회에서 생활하고 있는 한편, 소수 연해 도시나 주요 도시들은 공업화가 진행됨으로써 사회 전환기의 양극화 현상이 점차 심각한 수준으로 나타나고 있었다.

농업 사회의 발전은 단순 재생산의 방식을 탈피하여 농업경제의 잉여생산물을 효율적으로 투입하고 이를 확대 재생산함으로써 이루어진다. 농업 사회가 공업 사회로 전환하기 위해서는 농업의 생산 효율이 우선 대폭 제고되고, 농업과 상업경제의 잉여가 공업 부문으로 이전되어야 하는 것이다. 중국 사회는 그러나 전통 경제의 심각한 질곡으로 인해 공업화로의 전환이 크게 지연되었다. 소농경제의 상품화 및 전문화는 세계시장의 큰 흐름이었음에도 불구하고, 중국의 자급적 농업은 상업화되지 못했으며 기존의 구조 속에 갇혀 있었다. 전문가들은 청조(淸朝) 말기에 이르기까지 중국의 농촌에는 잠재적인 잉여 경제력이 존재했다고 지적한다. 그러나 국가 재정 수입이 주로 거대한 관료제도에 의존하고 있었으며, 당시에는 국부(國富) 증식의 개념이 없었기 때문에 역대 정부들은 하나같이 토지세[田賦]를 최소화하는 정책을 취했다. 따라서 토지세가 재정 수입에서 차지하는 비중은 5~10%에 불과했다.

1840년에서 1949년, 근대사회의 시작으로 중국의 경제구조에도 일련의 변화가 발생했다. 남경조약(南京條約)의 체결로 중국 연해 지역의 자연경제가 점차 해체되고 중국 사회에는 상품경제의 객관적 발전 환경이 조성되었다. 양무운동(洋務運動)의 시작은 중국 경제의 근대화를 촉진시켜 민영기업이 설립되고, 민족 자본주의가 탄생했다. 천치위엔[陳啓源]이 광동 남해에 설립한 씨창롱[繼昌隆] 제사(製絲) 공장은 중국 민족 자본가 계급의 탄생, 민족 자본주의 경제의 출현을 대표하는 사례라고 할 수 있을 것이다. 그리고 민족 자본주의는 바로 그 탄생부터 봉건주의 세력과 외국 자본들의 배척을 받게 되었다.

1927년 4월 18일 수립된 남경 국민정부는 중국의 대지주, 대자본가 계급 및 관료 매판 계급의 이익을 대변하고 있었다. 항일 전쟁 기간 동안, 국민당 세력은 막강한 권력을 사용하여 사욕을 채우고 군용물자 및 국제 구호물자를 착복하여, 결과적으로 관료 자본주의를 형성했다. 1930년 무렵, 마오쩌둥[毛澤東] 주석이 징강산[井岡山]의 농촌을 근거지로 토지개혁을 실시함으로써 비로소 인민이 생산의 재료를 장악하는 새로운 형태의 경제구조가 등장하게 되었다. 그러나 당시의 경제구조는 과도기의 신민주주의 경제 형태로 사회주의 체제는 아니었다. 진정한 의미의 사회주의 경제는 신중국이 성립되고 1956년 3대 개조가 마무리된 이후에 완성되었다고 보는 것이 타당하다. 1949년까지 중국에는 봉건적 자연경제와 관료 매판 자본주의 경제, 민족 자본주의 경제, 외래 자본 제국주의 경제, 신민주주의 경제가 공존하는 국면이었으며, 1949년 중국 공산당이 사회주의 국가를 설립하고서야 비로소 본격적인 사회주의 사회·정치·경제의 건설에 나서게 된다.

1949년 중화인민공화국의 설립으로 중국은 현대화와 경제발전의 첫걸음을 순조롭게 내딛었다. 그러나 철저한 민주혁명을 통해 중국의 현대화를 가로막는 제국주의와 봉건주의 및 관료 자본주의는 제거할 수 있었지만, 중국의 빈곤 문제와 절대적 자원의 부족, 불균형한 경제발전과 같은 문제들은 여전히 남아 있었다. 신중국은 개국 시점부터 빠른 속도로 공업화를 추진하여 선진 국가들을 추월해야 한다는 막대한 압력을 받고 있었고, 당시 경제정책들은 바로 이러한 목표 의식과 치열한 연구 속에서 탄생한 것들이었다. 마오 쩌둥과 덩샤오핑〔鄧小平〕, 장쩌민〔江澤民〕을 대표로 하는 3대에 걸친 국가주석들과 전국 인민들의 50년에 걸친 분투와 노력 끝에 중국은 드디어 중국적 현실과 세계 발전의 조류에 모두 부합하는 현대화 노선을 걷게 되었으니, 이것이 바로 '중국 특색의 사회주의 건설 노선'이다.

중국 경제제도의 변천 과정

신중국의 경제 발전사는 1978년에 개최된 삼중전회(三中全會 : 공산당 중앙위원회 제3차 전체회의)를 분기점으로 두 개의 시기로 구분된다. 첫 번째 시기에 중국은 공유제와 계획경제를 사회변혁의 목표로 삼았으며, 소비에트 모델을 채택함으로써 사회주의로의 전환을 모색했다. 그러나 1956년 사회주의 개조가 완성되었을 때 공유제와 계획경제의 우수성은 기대에 크게 못 미쳐, 현실과 이론 사이의 괴리를 극명히 보여 주었다. 두 번째 시기는 덩샤오핑, 장쩌민 등 제2, 3세대 지도자들이 '실사구시(實事求是)'의 사상 노선을 바탕으로 개혁 개방을 추진한 기간으로 공유제와 계획경제로부터 다양한 소유제도를 인정하고 시장경제로의 전환을 추진했다. 즉 지난 50년간 중국은 일관되게 공업화를 추진하는 동시에 경제체제에 있어서는 '부정(否定)의 부정(否定)'을 특징으로 하는 나선형 발전을 통해 결국에는 중국의 국정에 부합하는 사회주의 건설 노선을 찾아 냈다고 할 수 있다.

1949~1957년 : 찬란한 성공과 오류의 공존

1949년 10월 신중국의 성립으로부터 1957년 말 제1차 5개년 계획이 종료되기까지의 시기는 중국 역사상 경제발전과 경제제도에 있어서 가장 급격한 변화를 겪은 시기였다. 7년에 못 미치는 짧은 기간 동안에 백 년이 넘게 중국 대륙을 어지럽힌 동란들을 평정하고, 불과 3년 만에 전쟁의 폐허로부터 국민경제를 부활시켰으며, 빈곤과 낙후된 기반 위에서 대규모 경제 건설에 착수하여 주목할 만한 성과를 거두었던 것이다. 제1차 5개년 계획의 성공적인 종료는 중국 대륙의 공업화에 견고한 기초를 제공했으며, 중국과 기타 선진국들 간 공업화 수준의 격차도 크게 감소되었다.

1949년에서 1952년까지 중국 정부는 민주화 혁명의 경제적 임무를 완성했다. 신민주주의 경제체제와 정책은 중국 전역에서 3년간 실행되었고, 당과 정부는 불과 3년 만에 뿌리 깊은 봉건적 토지제도를 철폐하고, 강력한 국영 경제제도를 수립하여 광범위한 영역에 걸쳐 공급과 판매의 연계를 가능하게 했으며, 나아가서는 '자본절제(資本節制)'와 '통제 무역(統制貿易)'을 실현했다. 즉 국가는 민영 부문에 대해서는 국가와 거시경제 계획 및 사회발전 목표에 부합하도록 '이용하면서 제한하고 개조한다.'는 방침으로 일관했고, 무역 허가제와 외환 관리 제도〔結匯制〕를 실시함으로써 대외무역을 정부가 통제했다.

3년간의 회복 기간 동안에는 비록 다양한 경제 주체들이 병존하고 계획 관리와 시장 기능이 서로 결합된 경제체제가 유지되었으나, 그럼에도 불구하고 국민경제를 장악하고 있는 것은 국가였다. 국가가 금융과 시장과 산업을 장악하는 등 당과 인민정부의 행정적 영향력은 유례없이 확대되었고, 1953년 이후에는 공유제와 계획경제로 전환하기 위한 기초 작업이 신속하고 안정적으로 진행되었다.

1953년부터 대규모 경제 건설에 착수함에 따라, 중국은 빠르게 공업화를 추진하고 동시에 소비에트식 사회주의로 전환할 것을 모색했다. 그 결과 첫째, 낙후된 경제와 자본 및 인력이 부족한 상태에서 빠른 공업화를 실현하기 위해 어쩔 수 없이 수입대체산업화의 길을 택했고, 소비를 억제하면서 중공업을 장려하는 전략을 구사하게 되었다. 둘째, 사회주의 개조를 서두르게 되었다. 시장의 조절 기능은 중공업의 우선 발전에 장애가 된다는 이유로 배척되었으며 공유제를 실시하여 자원의 배분은 전적으로 정부의 수중에 놓이게 되었다. 1956년을 전후하여 중국 공산당은 스스로의 경험과 소련으로부터 받아들인 경제 건설의 교훈에 근거하여 사회주의 경제 건설 과정과 공업화 진행에 대한 진지하고 전면적인 검토를 시도했다. 그러나 아쉽게도 제도적 폐단과 반우(反右) 운동의 방해로 이 시도는 좌절되고 말았다.

전반적으로 이 7년 동안 중국은 기운차게 개선 행진을 하며 경제적으로도 큰 성과를 거두었다. 그러나 또 한편으로는 경제 건설의 경험이 부족했던 중국 공산당이 민주혁명 시기에 제창했던 마르크스주의를 중국적 실정에 자주적으로 접합시키기보다는 스탈린식 사회주의 이론과 모델의 답습에 치중하던 시기이기도 했다. 즉 수십 년간 스스로 축적해 온 신민주주의 경제 이론은 경솔하게 방기되어 소비에트식 사회주의 경제 이론으로 대체되는 찬란한 성공과 오류의 공존이야말로 이 시기의 가장 큰 특징이라 할 수 있겠다.

1958~1978년 : 국민 희생 강요한 마오쩌둥의 독자 노선

1958년은 중국이 제2차 5개년 계획을 시작한 해로, 마오쩌둥이 소비에트식 경제 건설 모델을 탈피하여 독자적 경제 건설 노선을 걷기 시작한 첫해이다. 1978년 공유제와 계획경제 체제에 진입한 이래 20년간 중국은 수많은 고난과 좌절, 재해, 곤혹을 경험한 끝에 새로운 모델을 모색하기 시작했다. 이 시기에 중국 공산당은 사회주의로의 전환과 제1차 5개년 계획의 성공으로 환희에 찬 첫걸음을 내디뎠으나 결국에는 문화혁명의 고통과 자괴, 사회주의 체제에 대한 곤혹으로 그 막을 내리게 되었다.

이 기간에 중국은 경제 건설에 있어 커다란 성과를 거두었는데, 서양 국가들의 봉쇄와 중·소 관계의 악화라는 악조건 속에서도 독립적인 공업 시스템을 건설했으며, 국방 산업과 첨단 과학에서 상당한 발전을 이룩한 것 외에도 기초 시설을 개선하고 연해와 내륙 지역의 격차를 줄이는 등의 성과를 거두었다. 1957년에서 1978년 말까지 GNP(국민총생산)는 3.25배 늘었으며, 국민소득은 1.96배,

공업 총생산은 5.99배, 농업 총생산은 0.84배 증가했다. 1958년에서 1980년까지 전국적으로 새로 증설된 고정자산은 4399억 위안에 달하며, 이는 제1차 5개년 계획 기간 증가량의 8.82배에 이르는 규모다. 이로부터 알 수 있듯이 사회주의 경제는 많은 부문에서 큰 성과를 거두었다. 그러나 이러한 성과는 고(高)투입과 소비의 희생을 대가로 유지되었으며, 인구 구조에서는 농업 인구 과잉이 심각한 문제로 대두되었다. 또한 경제 성장률에 비해 국민들의 수입은 완만히 증가하여 생활수준이 크게 개선되지 못했다.

전반적으로 보면 이 시기의 국민경제 발전 속도가 그리 느린 편은 아니었다. 그러나 경제 건설을 위해 치러야 했던 대가가 그 소득에 비해 컸고, 좌절의 고통이 성공의 기쁨보다 컸다. 또한 이렇게 불만족스러운 성과를 거둔 중국에 비해 같은 기간 인근 국가들은 이전 시기의 중국보다 더 빠르고 효율적인 경제발전을 거두었다.

1956년 사회주의 개조의 완성을 앞둔 중국 공산당은 중국이 드디어 '우수한' 사회주의 제도를 건설했다는 환희에 넘쳤다. 그러나 중국의 경제체제, 혹은 당시 표현에 따르면 '생산관계'의 문제는 이로써 완결되었을까? 물론 1957년의 반우 운동과 농촌에서 실시된 사회주의 교육은 이에 대한 어떤 이견도 용납하지 않았다. 그런 가운데 공유제와 이를 기초로 세워진 중앙집권식 계획경제하에서 그후 20년간 지속된 좌경화의 오류가 싹트고 있었다.

인구의 급격한 증가는 이 시기 사회·경제발전의 또 하나의 특징이다. 1958년에서 1978년에 이르는 20년은 두 개의 시기로 나뉜다. 첫 번째 시기인 1958년에서 1961년까지는 대약진 운동과 자연재해의 영향을 받은 시기로, 1960년과 1961년에는 인구가 감소하는 현상이 일어났다. 실제로 1960년 말에는 1959년 말에 비해 인구가 1천만 명 감소했고, 1961년 말에는 1960년에 비해 다시 348만 명이 감소했다. 1957년 말에서 1961년 말까지 4년간 전국의 총인구 증가는 1206만 명에 불과했고 연평균 증가율도 4.63%에 불과해 건국 이래 가장 저조한 수준이었다.

그러나 1962년 이후에는 전국적으로 유례없이 높은 출생률을 보여, 그 정점인 1963년에는 전국의 인구 증가율이 43.6%에 이르렀으며 인구는 전년도에 비해 1877만 명이 증가했다. 그로부터 비교적 장기간 높은 출생률이 계속되다가 1973년 공산당이 인구 계획을 국가적 과제로 설정하고 엄격하게 인구를 통제하기 시작하면서 비로소 인구 증가율이 13.53%로 떨어지게 되었다. 중국의 인구는 1957년 6억 4453만 명에서 1978년 말에는 9억 6259만 명으로 증가하여, 20년간 50%가 증가했다.

1979~1998년 : 사회주의 시장경제의 완성을 향하여

1979년에서 1988년은 개혁 개방을 동력 삼아 중국적 현실에 맞는 사회주의 건설 노선을 개척하면서 빠른 경제발전을 이룬 시기였다.

이 시기는 지난 28년간 다져 놓은 경제적 기초 및 제도라는 유리한 조건 속에서 출발했으나, 한편으로는 전통적 경제발전 모델의 굴레와 문화혁명이라는 재난의 충격에서 벗어나기 위한 진통의 시기이기도 했다. 따라서 1978년 제11차 삼중전회를 전환점으로

1984년 이전의 중국 경제는 다음 세 가지 과제의 해결에 치중했다. 첫째, 과거 20년간의 좌경화 오류를 시정하고 청산함으로써 사회주의 건설 노선을 재탐색한다. 둘째, 산업적 불균형 및 자본 축적과 소비의 관계를 개선함으로써 국민경제를 재정비하고 발전 목표를 설정하는 등 새로운 경제발전 전략을 수립한다. 셋째, 제도적으로 가장 취약했던 농촌에서 우선적인 경제체제 개혁의 성과를 도모하고, 농촌의 효과를 도시로 파급시키며, 동시에 연해에는 경제특구를 설립하여 대외 개방을 솔선하도록 한다.

1984년 제6차 5개년 계획은 건국 이래 가장 큰 성과를 거두었던 5개년 계획으로, 당초 계획보다 1년 앞당겨 발전 목표를 달성했다. 중국 공산당은 제12차 삼중전회에서 '경제체제 개혁에 대한 결정'을 제정함으로써 계획적 상품경제 이론을 제시하고 개혁의 방향과 성질, 임무 및 기본 방침을 명확히 하고, 모든 도시의 경제제도 개혁에 착수했다. 그러나 양적 성장을 중시하던 전통적 성장 모델과 새로운 경제체제 사이의 마찰은 경제를 과열시켰으며, 경제체제의 변화 및 대외 개방은 사회계층의 문제와 맞물려 사회적 불안과 소요의 원인이 되었다. 이런 상황에서 안정과 개혁 가운데 어느 쪽을 우선시할 것인가에 대한 의견이 분분했고, 개혁 과정에서 계획과 시장의 관계에 대한 견해도 크게 갈라졌다. 그러나 이러한 이견들은 고속 경제발전에 따른 사소한 부작용들로 80년대 중국의 경제발전 대세에는 별다른 영향을 미치지 못했다.

80년대에 빠르게 발전한 중국 사회는 90년대 초, 드디어 '원바오〔溫飽 : 의식주가 골고루 해결된 사회〕'에서 '샤오캉〔小康 : 먹고 살만한 수준의 사회)'으로의 과도기에 접어들게 되었다. 제도는 재정비되고 수급 관계는 균형을 찾아 경제발전을 위한 객관적 조건이 형성되었다. 1992년 덩샤오핑은 남순강화(南巡講話)와 제14대 전국인민대표자대회를 통해 경제발전과 개혁 개방에 대한 중국 공산당의 인식을 통일하고 '사회주의 시장경제' 완성을 개혁의 방향으로 제정했다. 경제발전의 형세를 가속화하기 위한 고삐를 정확히 다져 잡고, 전국 인민들의 적극성을 끌어내기 위함이었다. 1992년에서 1998년의 7년간은 개혁·발전·안정의 관계 문제가 적확하게 처리된 시기로, 중국 경제는 양적·질적 성장을 이루었다.

이 기간의 제8차 5개년 계획은 중국 경제 발전사에서 가장 안정적으로 추진된 계획으로 평가된다. 같은 기간 제도적 개혁이 병행되어 사회주의 시장경제의 기본적 틀이 완성되었다. 이러한 상황에서 중국은 당초 2000년에 달성할 것으로 예상했던 판량판(翻兩翻 : 10년에 2배, 즉 1980년 경제규모의 4배 규모)의 목표를 1997년에 달성했고, 오랜 골칫거리였던 공급 부족의 결핍 경제 국면에서 벗어나게 되었다.

1998년 중국은 아시아 금융 위기와 세계경제의 불황 속에서도 안정적 환율을 유지하며 GDP(국내총생산) 7.8%의 높은 성장률을 기록했다. 또한 적기에 기초 시설 투자 및 내수를 확대하는 조치를 취함으로써 지속적 경제성장에 유리한 조건을 구비했다. 이로써 중국은 지난 20년간의 경제체제 개혁을 거치면서 추구해 온 고성장·저인플레의 목표를 달성하고 국민경제도 양성적 순환 궤도에 진입했다.

경제 대국으로 성장한 중국

1949년 건국 이래 중국은 48년간 세계를 놀라게 한 빠른 성장을 이룩하면서 '빈곤한 농업국가'라는 딱지를 떼냈다. 빈약한 자원에 비해 지나치게 많은 인구를 안고 있는 중국이 단기간에 선진국의 경제 수준을 따라잡기란 결코 쉽지 않아 보였다. 그러나 바로 그 많은 인구 덕분에 국제사회에서 중국의 경제적 지위는 20세기 초, 또는 1949년 건국 무렵과는 비교할 수 없을 정도로 향상되었다.

중국은 현재 빠르게 성장하는 기회가 넘치는 경제 대국이다. 적잖은 사람들이 21세기 중반에 중국이 세계 최강대국으로 부상할 것이라는 전망을 내놓기도 한다. 그러나 자원과 인구의 제약을 고려할 때, 향후 중국 경제를 낙관할 수만은 없다. 오늘날 중국은 눈부신 진전을 거두고 있지만 선진국의 수준은 아니며, 많은 기회만큼이나 산적한 과제에 직면하고 있다. 중국 공산당은 1997년 제15차 전국대표자대회에서 2010년까지를 중국 경제와 사회 발전에 관건이 되는 중요한 시기로 규정했다. 이는 당시의 국내외 경제 형세를 기반으로 한 매우 중요한 판단이었다. 평화와 번영의 21세기는 중국이 경제 건설에 역량을 집중하기에 매우 유리한 시기가 되고 있다. 또 기술의 진보가 가지고 온 전 세계 경제구조의 거대한 변화는 중국에게 험준한 도전과, 동시에 후발 주자의 이점을 활용하여 경제구조를 고도화시킬 수 있는 역사적 기회를 제공하고 있다.

중국 경제는 그동안 막대한 성과를 거두었음에도 불구하고 여전히 개발도상국의 위치에 있다. 그러나 중국의 경제는 개혁 개방 이래로 가파르게 성장하여 세계 주요 선진국들과의 격차도 축소되고 있다. 세계은행에 따르면 1993년 중국의 GDP는 세계 10위로 전 세계 GDP의 1.8%의 비중을 차지했다. 그러나 2005년 중국의 GDP는 세계 4위로 뛰어올라 전 세계 GDP의 5.0%를 차지했다.

중국 경제의 희망과 우려

50년간의 고속 성장, 특히 20년간의 개혁 개방을 통해 중국의 경제는 비상을 준비하고 있다. 이러한 중국의 경제발전에 향후 긍정적인 영향을 미칠 요소로 다음 몇 가지를 꼽을 수 있다.

첫째, 고속 성장 속에 국민들의 생활수준이 높아지면서 시장 수요의 구조에 변화가 생겼다. 이 변화는 산업 발전에 필요한 거대 용량의 다각화된 시장 환경을 조성했고, 국민들의 저축을 통해 투자 재원을 충당할 수 있게 되었다. 둘째, 사회주의 시장경제 체제가 확립됨에 따라 과거 17년간보다 우수한 제도적 환경이 조성되었으며, 특히 정부의 국민경제 운영 능력과 경험이 대폭 신장되었다. 셋째, 풍부한 인적 자원과 기타 산업 영역으로 유입된 농업 인구는 도시의 임금 상승을 억제하고, 중국산 제품들의 국제시장에서의 경쟁력을 높이는 데 크게 기여하고 있다. 넷째, 국제 자본의 유동성이 증대됨에 따라, 선진국의 저금리와 세계경제를 이끌 새로운 산업이 등장하지 않은 상태에서 빠르게 성장하는 중국 경제는 외국 자본에게 큰 흡인력을 갖고 있다. 화교 자본의 존재, 국제사회의 평화적 국면은 향후 15년간은 중국에 외국 자본을 끊임없이 공급해 줄 것으로 간주된다. 다섯째, 홍콩과 마카오가 중국에 반환되고 양안(兩岸) 간 경제 교류가 심화됨에 따라 중국의 자원·시장·노동력과 공업적 기초가 홍콩의 금융·통신·물류 및 무역 서비스, 그리고 타이완의 자본과 기술·마케팅 능력과 결합할 수 있게 되었다. 이러한 협력은 중화권 4대 지역의 발전에 크게 기여할 것이다.

물론 앞으로 중국의 경제발전에 부정적인 영향을 미칠 요소들도 존재한다. 가장 주요하게는 인구와 자연환경 간의 모순을 들 수 있다. 중국 인구는 2010년에, 인구 계획이 효과적으로 관철된다면 14억에 달할 예정이다. 이들의 생활수준이 향상되는 것까지 감안하면 자원과 환경에 대한 부담은 심각한 수준에 이를 것이다. 중국의 1인당 경작지와 광물자원 보유량은 세계 평균의 절반 수준에도 못 미친다. 향후 15년 동안 과연 주요 광물자원들이 국민경제를 지탱할 수 있는가도 불확실한 상황이다. 중국의 1인당 수자원 보유량은 세계 평균의 4분의 1 수준으로 일부 지역에서는 이미 수자원 부족이 지역경제를 제약하는 주요 요소로 부상했다.

게다가 취업문제 또한 심각해질 것으로 예상된다. 1995년에서 2000년 사이, 도시인구가 4천만 명 증가하는 등 많은 인력이 농업에서 기타 산업으로 유입되는 동시에 국유 기업의 개혁과 구조조정이 진행됨에 따라 상당수 공업 인구가 실업이나 이직 상태에 놓이게 되었다. 뿐만 아니라 국제화 시대의 무한 경쟁 속에서 WTO(세계무역기구) 가입국인 중국이 치뤄야 할 대가가 상당할 것으로 여겨진다.

중국 경제가 풀어야 할 숙제들

위에서 분석한 조건들로부터 향후 15년 혹은 더 장기적으로 중국의 경제와 사회가 풀어야 할 몇 가지 숙제를 정리해 볼 수 있다. 첫째, 어떻게 사회주의 시장경제 체제를 건설하고 완성시킬 것인가, 즉 국유 기업의 개혁, 정부의 경제 운영 능력 개선, 부패 청산, 수입 배분 기제 개선의 문제를 해결해야 한다.

둘째, 농업 부문의 생산성 효율 제고를 통해 취약한 농업적 기반을 강화하고, 농촌의 잉여 노동력을 활용해야 한다.

셋째, 면밀하지 못하고 거칠게 추진되어 온 양적 경제발전 모델을 질적, 효율적 모델로 전환해야 한다. 현재 중국의 공업, 특히 지방 도시의 공업은 에너지 효율 및 노동생산성이 선진국 수준에 비해 크게 낙후되어 있으며, 공업 생산 증가의 속도와 공업화의 진전은 주로 투입에 의존하고 있다. 중국의 자원 부족 문제와 심화되는 국제사회의 경쟁은 중국으로 하여금 장기간 의존해 왔던 경제성장 모델의 전환을 모색하도록 했다. 중국은 국민경제의 지속적 성장을 위해서는 효율적 발전 노선을 선택하지 않을 수 없게 된 것이다.

중국의 인구 증가와 1인당 자원 보유량 부족, 경제발전의 불균형 문제는 공업화를 추진하는 국가들이 공통적으로 겪는 문제이기도 하다. 〈중화인민공화국 국민경제와 사회 발전에 관한 '9.5 계획'과 2010년 장기 목표 개요〉에서는 다음 아홉 개의 발전 방침을 제시했다.

1. 국민경제가 지속적으로 빠르고 건강하게 성장하기 위해서라도 '경제발전'은 부정할 수 없는 원칙이다. 중국은 지속적인 발전과 보다 빠른 속도와 높은 효율을 통해서만 모든 문제를 해결할 수 있다.

2. 경제성장 방식의 전환을 적극적으로 추진하며 효율 제고를 모든 경제 운용의 핵심으로 삼는다.

3. '과교흥국(科敎興國 : 과학교육을 통해 나라를 일으킴)'을 모토로 과학기술 교육과 경제를 밀접하게 결합한다.

4. 농업을 국민경제 발전의 근간으로 삼는다.

5. 국유기업 개혁을 경제체제 개혁의 중심으로 삼는다.

6. 대외 개방을 견지한다.

7. 시장 기제와 거시경제 조정 능력을 유기적으로 결합하여 각 부문의 적극성을 유도, 발휘하도록 한다.

8. 지역 간에 조화로운 경제 협력을 도모하고 격차를 축소한다.

9. 물질문명과 정신문명, 경제와 사회의 조화로운 발전을 도모한다. 홍콩, 마카오에 대해서는 '하나의 국가, 두 개의 제도〔一國兩制〕'라는 원칙에 근거하여 현행 제도를 유지하고 경제적 번영을 유지하도록 한다. 타이완에 관해서는 경제·문화적 교류와 협력을 확대하여 빠른 시일 내에 직접적인 '삼통(三通 : 통신, 통항, 통상)'을 실현하고, 타이완 기업의 대중 투자에 대한 권익을 보호함으로써 평화 통일을 추진한다.

1997년 10월 제15차 전국대표자대회에서는 나아가 2010년까지의 중요한 시기에 반드시 해결해야 할 두 가지 과제, 즉 사회주의 시장경제 시스템의 완성과 국민경제의 빠르고 건강한 성장 지속을 제시했다. 1997년 아시아 금융 위기와 1998년 세계경제의 급격한 변화는 경제의 세계화가 중국에 기회이자 위기가 될 수 있음을 시사한다. 따라서 경제를 개방하고 국제시장에 참여하는 동시에 방어 기제를 완성하는 것이 오늘날 중국이 직면한 중요한 임무의 하나일 것이다.

위에서 말한 경제 방침을 견지하고 합리적으로 실시함으로써, 직면한 과제들을 해결한다면 중국은 21세기의 역사적 기회를 맞아 금세기 중반에는 선진국들과 어깨를 맞댈 수 있을 것이다.

1

개혁 개방은

경제구조의

변화만을 가져왔는가?

나는 긴 한숨을 쉬네, 눈물이 쉬지 않고 흐르네,
백성들의 생활은 얼마나 험난한지 애탄을 금할 수 없네!

— 굴원, 〈이소〉

시대가 이미 변하여, 나라를 다스리는 방법도 변하지 않으면 나라가 혼
란스러워진다.

— 한비

과거를 답습하거나 과거의 규범을 모방하지 말고 현재를 연구하여 그에
맞게 준비하라.

—《한비자》〈오두〉편

흰 고양이든지 검은 고양이든지, 쥐를 잡는 것이 좋은 고양이이다.

— 덩샤오핑

당은 공익을 위해 세우고, 정치는 인민을 위해 펼친다. 권력은 인민을
위해 사용하고 인민과 정서적 유대를 맺으며 인민의 이익을 도모한다.

— 후진타오

개혁 개방이 불러온 변화

중국 사회는 1978년 개혁 개방을 분수령으로 큰 변화를 겪는다. 개혁 개방 이전 30년간의 사회적 변화는 주로 정치적 이유에 기인하여, 위에서 아래로 부과된 사회운동의 영향을 받았다. 1978년 제11차 삼중전회 이후, 중국 정부는 각 부문에서 경제개혁을 실시하기 시작했다. 이 개혁은 농촌과 도시·대외무역 등을 포괄했고, '중국 특색의 사회주의'를 건설할 것을 제안했다. 개혁 개방 이후의 경제적 요인으로 발생한 사회 변화는 자발적이며 광범위하게 전 국민의 생활 방식에까지 영향을 미쳤다. 다른 개발도상국과 비교할 때 중국의 개혁 개방은 국력을 증강하고 국민들의 기본 수요를 만족시키는 데 탁월한 성과를 가져왔다.

개혁 개방은 중국 공산당이 제시한 전략적 결정으로, 중화인민공화국이 성립된 이래 최초로 '대외 개방'을 국책으로 삼은 것이었다. 이 결과 중국은 장기간의 고립 국면에서 벗어나 세계를 향해 문을 열었고, 이는 국민들의 생활수준 향상과 국가 이미지 제고로 이어져 중국은 고속 경제발전 단계에 진입할 수 있게 되었다.

1978년에서 2007년까지 중국의 개혁은 28년 동안 지속되어 경제성장의 기적과 국민 생활수준의 향상, 사회적 변화를 가져왔다. 개혁 개방은 중국뿐 아니라 중국인들의 생활과 사회구조까지 변화시켰다. 중국의 경제·산업·계층 구조에 급격한 변화가 일어났으며, 경제적 주체의 구성과 고용 및 분배의 방식 또한 나날이 다각화되고 있다.

개혁 개방 1단계 : 아래에서 위로의 개혁

　개혁 이래 20여 년간의 시기는 크게 1980년대 초·중반과 1990년대 이후의 두 시기로 나눌 수 있다.

　초기의 개혁은 기본적으로 아래에서 위로의 개혁이었다. 기존의 경제체제로는 개개인의 복지를 증진시킬 수 없었고 민중들의 열망은 한계에 다달아 있었다. 그러나 여전히 개혁의 방향은 모호하고 사상적 구속을 벗어나지 못한 상태였기에 정부는 소위 '돌을 디디면서 강을 건너는' 식의 온건한 전략을 구사하고 있었다. 이러한 상황에서 80년대의 개혁을 이끈 것은 민중들의 자발성과 창의력이었으며, 이것이 각계에서 개혁을 추진하던 세력들과 양성적으로 결합함으로써 개혁이 본격화되었다. 한 예로 중국 안후이 성〔安徽省〕의 농민들은 생산 결과에 스스로 책임을 지는 가정연산승포책임제(家庭聯産承包責任制)를 시험적으로 도입하는 등 자발성을 보여 주었다. 당시의 개혁을 '방권양리(放權讓利 : 국가의 권한을 하부로 이양함)'라는 단어로 표현하는 것도 이러한 이유 때문이다.

　정부가 농업 생산물에 대한 권리를 농민에게 돌려주는 것이 농촌의 연산승포책임제였다면, 경제 특구는 경제에 대한 중앙의 권한을 하부 지역 단위로 이양하는 것을 의미한다. 개체 공상업과 민영기업의 발전으로 민중들의 억압되어 있던 기업가 정신과 창업의 자유가 발현되었고, 국유 기업은 자주 경영권을 확대해 나갔다. 따라서 80년대의 개혁은 아래에서 위로의 개혁이었으며, 하부로의 권력 이양이 가장 큰 특징이다. 이 단계에서 개혁이 성공을 거둘 수 있었던 것은 정부가 현명하게 기존의 오류를 시정하고, 민중과 기업의 부분적 자율성과 권리·재화를 인정했기 때문이다.

　이러한 권한 이양으로 인해 구(舊)제도가 일부 해체되면서 사람들은 창업과 경영의 자유를 누리게 되었으며, 당시 주류를 이루고 있던 공유제의 시행 속에서도 자영업자들이 등장해 경제 전반에 활력을 가져왔다.

　농민들은 연산승포책임제를 통해 자주적 경영권을 확보했고, 경험과 지식을 기반으로 보다 합리적으로 생산을 배분하고 농업 생산성을 향상시킴으로써 더 많은 경제적 수입을 얻을 수 있게 되었다. 동시에 향진기업(鄕鎭企業 : 향촌을 단위로 하는 집체 기업)이 출현하고 외지 노동의 기회가 생김으로써 농민들의 선택의 폭이 넓어졌고, 더불어 수입도 늘어나게 되었다. 도시에서는 자영업자들이 정당하게 자신의 이익을 추구하며 재화를 축적할 수 있게 되었고 국유 기업들의 수익성이 향상되었다. 과거에는 결핍 경제 상태였기 때문에 고수익을 얻을 수 있었음에도 불구하고 그 수익에 대한 권리를 주장할 수 없었던 기업들은 개혁 이후 부분적인 경영권을 인정 받아 이윤의 일부를 소유할 수 있게 되었다.

　하지만 개혁은 많은 성과를 가져온 동시에 일부 심각한 문제들을 야기했다. 개혁으로 해방된 기업가 정신은 자원에 대한 통제를 포기하지 않으려는 기득권 세력의 저항에 부딪치게 된다. 이러한 배경하에서 중국에는 이중 가격제가 형성되어 80년대 후반까지 이어졌으며 각종 폐단을 가져왔다. 급기야 중국 지도부는 가격 개혁에 착수, 자원과 일반 상품들의 가격을 자유화했다. 그러나 이러한 조치는 인플레이션을 야기하여 개혁이 잠시 정체기에 빠지기도 했다.

이렇게 경제 영역에서의 개혁은 일반 재화와 용역의 영역을 넘어 과거 국가가 엄격하게 통제했던 생산자본 시장과 계획경제를 지탱했던 국유 기업에까지 확대되었다.

개혁 개방 2단계 : 위로부터의 개혁

90년대 들어 개혁은 위로부터의, 정부 주도의 면모를 보이게 된다. 이 시기 개혁의 칼날은 기존 체제의 잔해에 가해졌다. 국유 기업의 구조조정과 개혁을 추진하여 다수의 국유 기업이 파산하거나 퇴출되었고, 생존 능력이 있는 기업에 대해서는 제도적 개혁을 시도했다. 제도적 개혁은 기업의 자산을 자본화하고 자본시장과 은행 대출을 통해 대규모 자본을 공급 받음으로써 추진되었고 국유 기업의 지배 구조에도 변화가 일어났다.

당시 가장 중요한 개혁은 토지·자본·노동력 등 생산요소의 상업화였다. 90년대부터 생산요소들의 거래가 가능해졌으나, 정부는 이러한 생산요소의 거래에 대해 강력한 통제력을 행사했다. 그런데 사회 각계, 특히 공권력을 앞세운 정부와 거대 기업들은 이미 시장화된 상품의 가격 체계와 아직 상품화되지 않은 생산요소들의 가격 체계 사이에서 막대한 이익을 취했다. 이러한 이윤 추구는 곧 90년대를 떠들썩하게 만든 부동산 열풍, 개발구 열풍, 주식시장 과열을 불러오기도 했다. 그러나 90년대의 국유 기업 및 생산요소 시장의 개혁은 빠른 경제성장으로 이어져, 중국 경제는 80년대보다도 빠르고 힘찬 성장세를 보이게 되었다.

한편 이러한 경제성장 모델의 효율성에 의문을 제기하기도 한다.

경제학적으로 볼 때 이는 고도의 자원 투입을 대가로 한 경제성장 모델로써, 정치·사회적으로 심각한 구조적 소득 불균형을 초래한다. 국민들은 경제성장 속에서 일정 정도의 수익을 올렸음에도 불구하고, 80년대와 비교하여 국민들의 성취감 및 행복도는 크게 감소했다. 이는 사회적 재화가 정부와 거대 기업에 편중되었기 때문이다. 90년대 경제성장의 가장 큰 수혜자는 각급 정부와 독점적 국유 기업, 권력과 유착한 사유 기업 및 정부에 영향력을 행사하는 다국적 기업이었다.

그럼에도 불구하고 지난 20여 년 동안 시행한 중국의 개혁이 중국 사회에 거대하고 적극적인 변화를 가지고 왔음은 누구도 부인할 수 없다. 고도의 투입에 의존하고 있다고 하지만 경제의 고속 성장이 지속되고 있고, 혁신 능력과 시장경제의 활력 또한 분명 향상되고 있다.

반봉건에서 사회주의로 진입한 중국의 경제구조

중국 경제의 변천 과정을 경제구조 측면에서 보면, 개혁 개방으로부터 중국의 시장경제가 형성되기 시작했다. 중국 고대사회의 경제구조는 지주 토지 소유 제도를 기초로 한 소농 경제와 미약한 수준의 상품경제가 공존하고 있었다. 소농 경제와 상품경제가 공존하며 유기체를 이룬 가운데, 양자는 상호 전환하며 자율적 조정 기능을 갖추었다.

이러한 상황에서 경제주체들은 대립보다는 상호 보완적으로 작용했으며, 기성 경제구조와 충돌할 만한 양립 불가한 저항 요소가 체제 내부에는 존재하지 않았다. 그리고 이런 경제체제는 자율적 조정 기능을 갖춤으로써 스스로 활력을 유지할 수 있었다. 경제가 빈사 상태에 빠졌다가도 농민전쟁을 통해 생기를 회복하고 활력을 충전했다. 중국 고대사회가 순환의 발전, 발전의 순환을 겪어 온 원인이 바로 여기에 있다. 따라서 외부로부터의 강력한 충격 없이, 내부의 대립적 요소로 인해 기성 체제가 붕괴될 수는 없는 구조였다.

이렇게 자체적으로 조율·치유 및 자기 혁신이 가능한 자기완성적 체제 덕분에 중국에서는 서양와 같이 통일된 왕권과 봉건 군주들 간의 정치적 투쟁이 일어나거나 자본주의 혁명이 일어나지 않았다. 신해혁명으로 인위적인 사회혁명을 도모한 적이 있었으나, 내부적인 대립 및 저항의 결핍으로 인해 좌절을 겪어야만 했다. 당시 신해혁명이 발생한 원인은 체제 내부 경제주체들 간의 모순 때문이 아닌 외국 자본주의 세력의 침략과 압박이라는 외부적 요인에 있었다.

따라서 일부 학자들은 중국 고대사회의 경제구조를 '극도로 안정적인 시스템'이라고 칭하는데, 이는 서양의 영주제가 일찌감치 몰락한 반면, 중국의 지주제 체제는 여러 시대를 거치며 거듭 부활했기 때문이다. 그리고 바로 이 점에서 서양의 영주제와 중국의 지주제가 극명한 대조를 보이고 있는데, 이는 중국과 서양가 각기 다른 사회 조건과 물질·기술 조건하에서 불가피하게 내린 선택의 결과이다. 중국에서는 지주제 경제에서 자본주의 경제로의 자발적 전환은 일어나지 않았다. 아편전쟁 이후에야 지주제는 붕괴되기 시작했으나, 이 역시 내부로부터의 저항보다는 종종 외압에서 비롯한 것이었고, 100년이 되도록 자본주의로의 전환은 완성되지 않았다. 심지어 중화인민공화국이 성립되면서 이 모든 과정은 중단되고 사회주의 경제로 개조되기 시작했고, 그 후 중국은 수십 년간 개방적 시장경제가 아닌 쇄국적 계획경제로 국민경제가 재편되는 등 많은 대가를 치루면서 사회주의 경제의 실현을 추진했다. 그러나 사회주의 경제는 당초 예상했던 것과 같은 번영을 가져다 주지 않았고, 심지어 국민들을 도탄에 빠뜨리는 결과를 초래했다.

개혁 개방을 통해 중국의 경제구조는 중대한 변화를 겪게 되었다. 시장경제의 탄생은 중국이 진정한 현대화 단계에 들어섰다는 것을 의미했다. 전통 경제에서 시장경제로의 전환이야말로 실질적인 경제 현대화 혹은 근대화에 따르는 수순이다. 이는 시장 규모가 확대될 뿐 아니라 교역의 실질과 시장 기제의 원리가 변화하고, 이에 상응한 정치·법률·경제제도의 개혁이 이루어지기 때문이다. '얼마나 자본주의화되었는가' 보다는 '시장경제로의 전환이 얼마나 이루어졌는가'를 현대화 수준의 척도로 삼는 것이 역사적 실제에도 부합한다. 모든 전통적 사회는 중도에 소멸하지 않는 한 언젠가는 현대화 단계에 진입하기 마련이다. 그러나 역사적으로 자본주의를 반드시 거쳐야만 하는 것은 아니다. 중국은 실제적으로는 반봉건 상태에서 사회주의로 진입한 사례이다. 시장은 생산을 조율하는 수단이며 시장경제는 현대화된 경제 형식일 뿐, 자본의 소유 제도와는 별개이다. 이것이 중국의 사회주의 시장경제 이론이 성립하는 근거이다.

16세기, 자본주의의 맹아가 싹트다

역사적으로 중국의 상품경제는 비교적 발달하여 시장경제로의 전환을 앞두고 있었으나 아직 시장경제라고 부를 수 있는 수준은 아니었다. 중국의 시장화는 16세기 명대(明代) 가정(嘉靖) 연간(1522~1566년)에서 만력(萬曆) 연간(1573~1620년)에 이르는 기간에 이루어졌다. 당시 출현한 대규모 상인 집단은 특수한 상인계급이자 전문적 상업 종사 계층이었다. 또한 공장식 수공업이 출현하여 자본주의의 맹아가 싹텄다. 사회적으로도 전통적 범주에서 벗어난 문학작품들이 적잖이 등장하여 훗날 명말청초(明末淸初)의 계몽사조로 이어졌다. 그러나 당시의 상인 집단은 마르크스가 언급했던 순수한 상인계층과는 상당한 거리가 있어, 그 사회적 영향력이 미약했으며 아무런 정치적 변화도 가져오지 못했다. 이때의 상인 집단은 재산권과 상법, 세제상의 변화를 이끌어 내지 못해 중국은 여전히 봉건적 전제주의 국가에 머물러 있었다. 상인의 권리도 여전히 제한되어 해상 무역 등 대외 교류의 길이 닫혀 있었다.

그나마 이러한 현대화의 맹아도 17세기 시장의 위기와 대규모 전쟁의 도래로 소실되고 말았다. 청대(淸代)에 들어서는, 특히 강희(康熙)·옹정(雍正)·건륭(乾隆) 황제 시기에 상업이 크게 발전하여 상업자본이 증대되었으며 시장의 영역도 변경으로 확대·통일되었다. 그러나 태평성대를 구가할수록 통치자들은 보수화되어 전제적 지배가 강화되고 계몽주의는 축소되었다. 19세기에 이르러 시장은 크게 발달했으나 제도적 개혁은 일어나지 않았고, 심지어 해상 및 대외무역 금지 조치 등 불경기와 시장 위기를 초래하는 현상이 출현했다.

중국 시장경제 형성의 특수성

20세기 초, 중국에는 이미 현대화된 산업과 발달한 항구도시가 존재하여 국제 시장의 흐름과 궤를 함께 하고 있었다. 그러나 항일 전쟁 이전의 중국은 아직 시장경제로의 전환이 이루어지지 않은 상태였다. 농업이 국민경제의 최대 비중을 차지하고 전통적 소농 경제가 주를 이루었으며 상품화 비율은 저조했다. 신흥 산업은 방직업과 식품업에 집중되어 있었고, 체계가 형성되지 않은 상태였다. 이러한 이원적 경제구조는 수급 탄력성이 떨어져서 시장의 자원 배분 작용이 원활하게 이루어지지 못했다.

현대화된 시장은 '단일 가격'으로 정의된다. 즉 운반비가 두 지역 간의 가격 차이를 결정짓는 유일한 요소인 단일 시장을 상정하는 것이다. 그러나 30년대 중국은 이러한 수준과는 거리가 멀었고 많은 재화와 용역의 가격은 그 원가와 무관하게 국제 시장의 영향력에 의해 결정되고 있었다. 특히 농산품 시장에서 공신력 있는 가격이 부재했다. 더불어 공업과 농업, 도시와 농촌 간의 격차로 인해 한계효용과 한계비용의 균형이 존재하기 힘들었다. 시장의 현대화는 인격적 교역에서 비인격적 교역으로의 변화를 뜻한다. 이 과정에서 성문화된 법률이 제정되어 소유권을 명확히 하고 상행위를 규범화할 필요가 발생한다. 시장경제는 법제화된 경제를 의미하는 것인데, 당시에는 이러한 법제화가 마련되지 못했다.

항일 전쟁 발발은 실물경제로의 회귀라는 시대의 흐름을 다시 한

번 거스르는 결과를 초래했다. 1953년에 실행된 계획경제는 시장의 자원 분배 기능을 말살함으로써 시장화 전환의 과제는 더더욱 요원해졌다.

중국이 시장경제로의 전환에 관심을 갖게 된 것은 덩샤오핑〔鄧小平〕시대에 와서였다. 당시 중국은 비교적 완전한 현대화 산업 체계를 갖추고 있었고 생산력으로 말하자면 서양의 공업 혁명 시기에 비해 몇 배 높은 수준이었다. 그럼에도 불구하고 중국이 시장경제 체제를 실현하는 데에는 여전히 많은 과제가 남아 있었다. 덩샤오핑은 "봉건사회에도 이미 시장경제의 맹아가 있었다."고 말했다. 이는 16세기 명대 가정·만력 연간에 있었던 시대 변화를 가리키는 것이었다. 1995년 중국 공산당 제14회 전국대표자대회에서는, 제9차 5개년 계획 기간에 '초보적인 사회주의 시장경제 체제를 설립'하고, 2010년까지는 '사회주의 시장경제 체제를 완성'한다는 목표가 제시되었다. 이렇게 중국이 계획경제에서 시장경제를 탄생시키고 발전과 완성을 추진하게 된 것은 모두가 개혁 개방으로부터 시작된 일이다.

개혁 개방과 함께 등장한 다양한 경제주체의 공존

개혁 개방은 시장경제와 함께 중국 경제주체의 변화를 야기했다. 오늘날 중국의 경제는 공유제를 기본으로, 여러 종류의 소유제 경제가 병존하면서 함께 경쟁하고 발전하는 국면이 형성되어 있다. 1978년 이전의 중국 경제는 공유제로만 이루어져 국유기업이 77.6%, 집체 기업이 22.4%를 차지했다. 그러나 개혁 개방이 실현된 이후 다양한 경제주체의 생존 공간이 허용되면서 외국 기업과 홍콩·마카오·타이완 투자 기업, 개체와 사영 공업 등 기타 경제주체들이 우후죽순처럼 증가했다.

국유 기업 개혁은 시종일관 중국 체제 개혁의 핵심으로, 중국 정부는 국유 기업의 대규모 적자 문제를 해결하기 위해 여러 가지 수단을 동원해 왔으며, 오늘날 중국 국유 기업의 제도적 개혁은 이미 기본적으로 완성되었다. 국유 기업의 주식제 개편을 통해 효율이 지속적으로 상승하고 있으며, 총체적 경제 역량과 체질도 확실히 개선되어 국민경제에 대한 영향력이 부단히 증가하고 있다. 2004년 전체 국유 공업 기업과 연매출 500만 위안 이상의 비국유 공업 기업의 부가가치 중에 국유 기업이 차지하는 비중은 42.4%, 집체 기업은 5.3%이었다. 그 외 부분을 외국 기업 및 개체 기업, 사영 기업 등 비공유제 기업들이 차지하여 다양한 경제주체가 활성화되어 공존하는 국면이 형성되어 있음이 확인되었다.

2004년의 통계에 따르면 세계 500대 기업에 속한 14개 중국 기업은 모두 국유 기업이고, 중국의 500대 기업 중에 국유 및 국유 기업 소속 기업은 총 370개로 74%의 비중을, 자산 규모는 27.4조 위안으로 총 자산의 96.96%, 이윤은 2663억 위안으로 84.09%의 비중을 차지하고 있다. 중소기업 등 비공유제 기업은 중국의 취업 문제를 해결하는 중요한 수단으로, 민영기업이 전체 취업에서 차지하는 비중은 50%에 달한다.

여전히 주도적인 국유 경제와 공유 경제

개혁 개방 이래 중국의 국유 부문이 국민경제에서 차지하는 비중은 계속해서 감소하고 있기는 하나 이런 감소세는 상대적인 것으로, 비공유제 경제가 더 빠른 속도로 성장하고 있기 때문에 야기되는 착시 현상에 불과하다. 국유 경제는 여전히 국민경제에서 주도적 역할을 맡고 있고, 국민경제의 명맥을 장악하고 있으며, 국민경제의 주요 부문과 영역에 대한 통제력을 행사하고 있다. 따라서 집체 경제를 포함한 공유제 경제의 주도적 지위는, 국유 경제의 비중이 축소되고 비공유제 경제의 비중이 확대된다고 해서 변하는 것이 아니다.

국유 경제가 GDP에서 차지하는 비중이 줄어듦에 따라 사회 일각에서는 '사회주의의 변질'에 대한 우려가 일고 있다. 그러나 경제 전문가들은 이것이 중요한 문제가 아니라고 지적한다. 신중국 성립 초기, 예를 들어 1952년 중국의 국유 경제는 국민 수입의 19.1% 수준이었음에도 불구하고 신민주주의에서 사회주의 사회로의 전환이 가능했고, 국민경제도 빠른 속도로 회복되었다. 그리고 제2차 세계 대전 이후 자본주의 세계에는 수차례 국유화 바람이 불어, 80년대 초에는 국유 기업이 GDP에서 차지하는 비중이 선진국의 경우 10%, 개발도상국의 경우 13%을 기록하는 등 최고 수준에 달했다. 물론 사회주의 국가의 국유 경제 비중은 기타 국가보다 월등 높은 것이 당연하겠지만, 마르크스주의의 관점에서 보면, 자본주의의 국유화이든 사회주의의 국유화이든 모두 고도화된 생산의 사회화를 그 물질적 기초로 하고 있다. 이렇게 볼 때 1993년 중국 GDP에서 국유 경제가 차지하는 비중이 42.9%라는 것은 분명히 과도한 것이며, 이를 20~30%로 축소하고 집체 경제의 비중도 30~40%로 조정하는 것이 바람직하다. 그렇게 되면 국유 경제의 주도적 역할과 사회주의 공유 경제의 위상도 위협 받지 않을 것이다.

중국 경제학자 장줘위안[張卓元]은 국유 자본이 차지하는 비중이 현재의 3분의 1에서 5분의 1 수준으로 떨어져도, 이 비중은 서양 자본주의 국가에 비해 여전히 높은 편이라고 지적했다. 국유 기업 개혁의 가장 주요한 내용은 현재 지나치게 다양한 영역에 분포되어 있는 국유 자본을 중요 산업과 영역으로 집중시키는 것이다. 전체적으로 국유 경제의 분포가 지나치게 광범위하고 구조적으로 비합리적인 부분이 많아 그 주도적 역할을 다하는 데에 차질이 예상되는 것이다.

중국의 고위 정부 관계자들도 유사한 문제점을 지적하고, 이러한 문제 때문에 국유 경제가 국민경제를 주도하기에 어려움이 있다고 평가한다. 국가 안보·독점·중요 공공 서비스 부문·첨단기술 산업과 같이 국가적 차원에서 육성하는 산업 부문 외에도 다양한 부문에서 국유 기업들이 활동하고 있다. 그러나 시장화 정도가 높고 경쟁이 비교적 치열한 가공업 및 일반 서비스 업종의 경우에도 국유 및 국유 지주 기업의 영업 소득이 여전히 상당한 비중을 차지하고 있어 더욱 심도 있는 개혁이 필요한 실정이다.

중국 산업구조의 이원화와 비균형성
한편, 개혁은 경제구조의 변화를 야기했을 뿐 아니라 사회구조의 이원화 양상을 심화시켰다. 이는 우선 경제·산업구조의 변화 및 나날이 가중되고 있는 이원화 구조에서 나타난다. 오늘날 중국의 산업구조는 주로 농업·경공업·중공업 간의 비율 관계, 농업과 공업의 내부적 비율 관계, 1차·2차·3차 산업 간의 비율 관계 및 지역 경제 간의 비율 관계 등에서 살펴볼 수 있다. 사회주의 경제 건설이 그 성과를 얻어 감에 따라 중국의 산업구조도 부단한 변화와 발전을 거쳐 왔는데, 점차 불합리성에서 벗어나 새로운 경제 환경에 부합하는 산업구조로 재편되어 가는 추세에 있다.

중국 고대사회에는 농업을 중시하고 상업을 경시하는 풍토가 지배적이었고, 기나긴 봉건사회 시기 동안 줄곧 소농 경제가 주도적인 역할을 담당해 왔다. 근대에는 서양 사조가 유입됨에 따라 중국에도 민족 공업이라는 것이 등장했으나, 청조의 압제와 서양 제국주의의 침략으로 중국 경공업과 중공업은 실질적인 발전을 거두지 못했다.

중화인민공화국 건립 이래 중국의 반식민·반봉건적인 산업구조는 변화를 맞이하여, 초기 단계의 공업 체계와 국민경제 체계 그리고 사회주의 산업구조를 구축했고, 1949년 신중국이 수립된 후에는 제1차 5개년 계획을 거치면서 비교적 합리적인 산업구조가 형성되었다. 그러나 중공업 우선 발전 전략에 치우쳐 '강철 생산과 식량 증산을 경제 시책의 중심에 두는[以鋼爲綱 以粮爲綱]' 등의 실책이 거듭되면서 국민경제의 산업 간 비율을 조정하는 데 크게 실패했고, 산업구조마저 극도로 불합리해져 인민 생활의 수준이 오히려 퇴보하는 결과를 낳았다. 또한 농업보다는 공업을, 경공업보다는 중공업을 중시하며[重工輕農 重重輕輕] 농촌보다 도시의 발전에 치중하는[重城輕鄕] 정책이 장기간 지속되고, 도시와 농촌 사이의 호구제가 엄격히 분리·운영되면서 농공업 간의 이원화 현상은 더욱 가중되었다.

중공업에 치중한 경제정책인 '선중차 경후농(先重次輕後農 : 중공업 → 경공업 → 농업의 순으로 우선순위를 두는 발전 정책)'은 개혁개방이 진행되면서 어느 정도 개선의 여지를 보였다. 제11차 삼중전회로부터 제6차 5개년 계획 초기까지는 국민경제에 대한 그 동안의 실책을 만회하는 차원에서 농업, 경공업 그리고 중공업의 비율 관계 및 자본 축적과 소비의 비율 관계를 재정비했다. 제6차 5개년 계획이 진행되는 기간 동안에는 산업 간 비율 관계를 지속적으로 조정하는 동시에 업종 간, 계층 간 구조조정에도 주목하기 시작했다.

농업 방면에 있어서는 농업·임업·목축업·어업 전반의 고른 발전과 농·공·상의 종합 경영을 골자로 하여 농촌 산업구조 개선에 박차를 가했으며, 점차적으로 농업경제의 전문화·상품화·현대화를 실현하여 사회적 수요를 만족시켜 나갔다. 안정적인 식량 증산 기조를 지속적으로 유지한다는 전제하에 경제 작물 생산을 활성화하고, 그밖에 임업·목축업·수산업·양식업의 발전을 촉진하여 농업 전반의 비중을 제고했다.

공업 방면에 있어서는 소비재 공업의 생산 영역을 확대하고, 자금과 물자 그리고 기술력에 집중하여 국가 중점 산업인 에너지, 교통, 통신 그리고 원료 공업의 고품질, 고효율화를 실현했다.

또한 생산과 생활을 위한 서비스를 제공하는 3차 산업의 발전을 촉진하여, 1·2차 산업과의 비율 관계를 개선했다. 중국 동부·중부·서부의 지역 간 불균형 문제를 정확히 파악함으로써, 이들이 각자 우세를 발휘하고 상호 간의 수평적 교류를 강화할 수 있도록 하여, 발전 단계와 규모가 서로 상이한 부문들이 각자의 특색을 유지할 수 있도록 하는 경제 네트워크를 대도시를 중심으로 하여 점진적으로 건설해 나갔다.

개혁 개방 이래 중국 산업구조의 변화 추세는 공업화 가속 단계에 있는 세계 각국과 매우 유사한 양상을 보인다. 수입 구조는 2차 산업 비중이 점차적으로 증가하여 국민경제의 주도적 지위를 점했고, 3차 산업 비중도 완만하게 상승하여 1985년에는 점차 비중이 낮아지고 있는 1차 산업을 젖히고 2차 산업에 이어 국민경제 2대 산업으로 자리매김했다. 취업 구조에서는 1차 산업의 비중은 하락 추세에, 2차 산업은 비슷한 수준에서 소폭 상승, 3차 산업은 완만하게 상승하고 있는데, 이는 농업에 종사하던 노동인구가 대거 3차 산업으로 이동했기 때문이다. 이러한 현상들은 모두 공업화 가속 단계에서 나타나는 전형적인 특징이다.

그러나 중국 산업구조 변천 과정 중의 비균형성은 여전히 두드러져서, 세계 각국의 공업화 과정에서 나타나는 일반적 특징과 비교해 봤을 때도 분명한 차이점을 드러내고 있다.

첫째, 2차 산업의 비중이 여전히 과도하게 높다. 현 단계에서 중국의 1인당 평균 소득은 저소득 국가의 평균보다 조금 높은 수준이지만, 2차 산업의 수입 비중은 이들 국가보다 약 10% 이상 높고, 기타 소득 수준의 국가들과 비교했을 때는 매우 높은 수준이다.

둘째, 상당수의 노동인구가 여전히 농촌에서 거주하며 1차 산업에 종사하고 있다. 오늘날 중국 농촌의 유휴 노동력은 2억을 넘어섰는데, 이는 경작 자원이 한정되어 있는 상황에서 농업 노동생산성의 제고를 저해할 뿐 아니라 농촌의 소득수준 향상과 농촌 시장의 성장을 제약할 수도 있다. 또한 최종적으로는 공업 생산의 지속적 성장과 산업구조 조정을 위한 시장의 분위기를 형성하는 데에도 악영향을 미칠 것이다.

셋째, 3차 산업이 낙후되어 있다. 소득수준이 비슷한 기타 국가들과 비교해 보았을 때 중국의 3차 산업은 취업 비중이나 소득 비중에서 모두 낮은 수준에 머물러 있다. 특히 현대 경제에서 중요한 부분을 차지하고 있는 교통·통신·금융·보험 그리고 정보 컨설팅 서비스 등의 업종은 심하게 낙후되어 있어 공업 생산성의 발전을 제약할 뿐 아니라 국유 기업 개혁을 핵심으로 하는 시장화 개혁의 순조로운 진행에도 좋지 않은 영향을 끼쳤다.

이 밖에도 중국 산업구조의 불균형 현상을 야기하는 원인은 다양하다. 특히 중국이 농업 대국이자 인구 대국이라는 특수한 상황에 처해 있다는 점, 전통적 산업구조가 심각하게 왜곡되어 있다는 점, 그리고 개혁 개방 이후에도 '이토불이향(離土不離鄕 : 농민의 경우 다른 업종에 종사할 수는 있지만 여전히 농민 신분을 유지해야 하는 것)'과 같은 그릇된 경제발전 전략이 시행되고 있었다는 점 등은 산업 간 노동력의 정상적 순환과 산업구조의 자연적 개선에 장애 요소로 작용하고 있다.

중국은 전통적으로 농업이 발달했고 공업화·도시화의 시작이 늦

었기 때문에 농업 인구가 많고 양극화의 정도도 훨씬 심각하다. 우선, 농·공업 간에 기술적으로 상당한 격차가 존재한다. 중국은 생산력 수준이 매우 낮은 상황에서 중공업 우선 전략을 실시했다. 공업화에 필요한 자본을 농업 부문에서 빌어 오는 동시에 중공업 자체의 순환으로 사회적 수요를 창출하여 개발도상국이 공업화 초기에 겪을 수 있는 자본과 유효 수요 부족 문제를 해결했고, 국민소득이 낮은 불리한 상황에서 비교적 높은 수준의 공업화를 달성하여 독자적으로 온전한 민족 공업 체계를 완성했다.

그러나 중공업 우선 발전 전략 뒤에는 농업의 희생이 있었다. 즉 이로 인해 농업은 생산성, 자본 축적 그리고 기술혁신 면에서 헤어나기 힘든 장기적 침체 국면에 들어서게 되었고, 결국 중국은 선진 기술을 보유한 공업 부문과 낙후된 전통 농업 부문이 기술적으로 극명한 양극화의 양상을 띠게 되었다. 항공우주공업 분야에서 기술 개발을 통해 유인 우주선을 발사하는 동안 농촌에서는 여전히 상당수가 화전을 일구고 있는 현실은 중국 산업기술 양극화의 단면을 반영하고 있다.

그 다음으로는 금융시장에서 농·공업 간의 입지가 불평등하다는 점이다. 공업 부문에 종사하고 있는 대기업들은 은행과 금융기관으로부터 저리로 대출을 받는 등 금융시장에서 각종 특혜를 누리고 있는 반면, 농민과 수공업자들은 자금 지원조차 얻기 힘든 실정이다. 최근 몇 년간 4대 국유 상업은행들은 현(縣)급 이하의 영업망 조직 통폐합을 가속화하여 농촌 금융시장의 공동화 현상을 초래했다. 2003년 중국의 농업 대출이 8조 4114억 위안으로 금융기관 대출의 5.29%에 불과한 수준이라는 것은 이 점을 잘 설명해 준다.

마지막으로 농·공업 간의 격차는 생산성의 차이에서 발견된다. 전통 산업을 대표하는 농업 부문의 경우 노동력은 풍부하나 그 산출량은 비교적 적다. 반면 공업을 대표로 하는 현대 산업 부문에서는 비교적 적은 노동력에도 불구하고 더 많은 산출량을 자랑하고 있다. 오늘날 중국의 산업 간 노동생산성 수준의 격차는 날로 커지고 있으며 이는 동시에 취업 구조 및 생산액 구조의 편차가 심해지고 있고, 산업 간 노동력 이동에 여전히 어려움이 존재함을 말해 준다.

사회계층 구조의 변화

이 밖에도 개혁의 영향으로 중국 사회의 계층 구조에 큰 변화가 일어났다. 새로운 경제 조직과 사회 조직 안에 민영 벤처기업의 창업자와 기술자, 외자 기업에 스카우트된 전문 경영인, 개인 사업자, 개인 기업주, 에이전트, 프리랜서 등 새로운 사회계층이 속속 등장했다.

중국 고대사회에서는 '사농공상(士農工商)'이라 하여 사람들을 네 가지 계층으로 분류했는데, 시대의 변화에 따라 이들의 신분이나 지위에도 변화가 일어났다. 특히 신중국 건국 초기에 노동자와 농민의 신분이 대폭 상승했고, 소위 '자산 계급'으로 분류되었던 자들은 경제 무대에서 그 자취를 감추었다. 그러나 개혁 개방이 진전됨에 따라 중국 사회계층의 성분과 지위에 새로운 변화가 생겨났다.

개혁 개방 전 중국에 존재하던 유일한 엘리트 집단은 당정 관료들이었고 주류 대중 집단은 노동자와 농민 그리고 지식인 계층으로 이루어져 있었는데, 이 가운데 지식인 계층의 정치적 지위가 가장 낮았다. 또한 이 시기의 중국 경제는 '재분배 경제'의 특징을 나타내고 있다. 즉 생산자와 소비자 간에 수평적 거래가 이루어지기 보다는 모든 생산자를 중앙의 지시에 따르는 수직적 네트워크에 편입시켜 생산물과 잉여생산물이 하부에서 상부로 보고되도록 하고, 중앙정부는 이러한 네트워크 내부에 권력을 행사하여 생산물과 잉여생산물을 재분배했다. 재분배에 참여할 수 있는 권력을 장악하는 것은 엘리트 계급의 지위를 획득하기 위한 필수 조건이며, 이러한 권력을 가지지 못한다는 것은 엘리트 계급 밖으로 밀려난다는 것을 의미했다. 정치권력 외에 관료들의 이데올로기와 집단의 정치적 입장도 한 집단이 자원 분배 무대에서 어떤 역할을 차지하는가에 중요한 영향을 끼쳤다. 예를 들어 자산 계급과 지주계급은 이데올로기적 요구에 따라 소멸되었으며, 지식 계층은 그 정치적 입장으로 인해 사회의 하층으로 내몰렸다.

개혁은 중국의 사회집단 구조에 거대한 변화를 일으켰다. 80년대 이후 엘리트 집단은 정치 엘리트, 경제 엘리트, 지식 엘리트의 세 세력으로 분할·확대되었다. 또한 대중 속에서도 분화가 일어나, 지식 계층은 엘리트 계층으로 신분 상승하고 일부는 빈곤 계층으로 몰락했으나 보통의 시민과 농민들은 평범한 대중 속의 일부로 자리 잡게 되었다.

신흥 엘리트 계층의 등장

개혁 개방 전의 중국은 신분제 사회였기 때문에, 원칙적으로 혈

엘리트 계층과 일반 대중 계층의 변천

	마오쩌둥 시기	포스트 마오쩌둥 시기
엘리트 집단	정치 엘리트(당정 관료)	정치 엘리트(당정 관료) 경제 엘리트(자본가와 경영자) 지식 엘리트(지식인과 전문 기술 인력)
일반 대중 집단	도시 노동자 농촌 농민 지식 계층	도시 노동자 농촌 농민 빈곤 계층

* 캉샤오광〔康曉光〕,《중국 : 개혁 시기의 정치 발전과 안정》(2002.9.)에서 발췌.

통과 출신성분에 따라 소수 엘리트 집단에 적합한 인원을 가려냈다. 그러나 개혁 개방 이후 중국의 사회계층 구조에는 커다란 변화가 발생했다. 이러한 변화의 가장 근본적인 원인은 엘리트를 가려낼 때 '혈통 원칙' 외에 '자산 원칙'과 '성과 원칙'을 적용하기 시작했다는 점이다. 시장화 개혁으로 중국은 '재분배 경제'에서 '시장경제'로 전환했고 시장경제는 중국의 사회집단 구조의 양상을 새롭게 바꿔 나갔다. 재분배 경제에서 정치 엘리트, 경제 엘리트, 지식 엘리트, 일반 대중, 빈곤 계층은 모두 그 지위의 변화가 힘든 편에 속한다.

시장에서 인간은 자본 능력에 따라 자원을 획득할 수 있다는 '자본 축적의 철칙'은 막대한 경제 자원을 점유한 경제 엘리트들을 등장시켰다. 또한 시장은 지식의 가치를 인정하기 시작했고, 과학기술의 발전에 따라 지식의 가치는 더욱 높아져 갔는데, 그 결과 지식 엘리트 집단이 형성되었다. 시장화 개혁이 사회와 정치에 미친 가장 큰 파장은 바로 경제 엘리트와 지식 엘리트라는 두 신흥 사회 엘리트 집단의 등장이라고 말할 수 있다. 그렇기 때문에 시장 체제 내에서 한 개인이 엘리트 집단에 들어가려면 관직을 맡는 것 외에 장사를 하거나 공부를 하는 것도 하나의 방법이 될 수 있다.

여기서 짚고 넘어가야 할 것은 개혁이 엘리트들의 성장 기반을 훼손하기는커녕 오히려 그들이 지위를 유지시켜 나가도록 뒷받침해 준 사실이다. 개혁은 정치 엘리트들이 누리고 있던 기회와 지위에 전혀 영향을 주지 못했다. 다시 말하면 개혁은 공산당의 지도적 위치에 변화를 주기는커녕 오히려 '쌍궤제(雙軌制 : 개혁 경제와 시장경제의 이중구조)'의 실행으로 정치권력을 가진 자가 경제 자원을 더 많이 획득할 수 있도록 기회를 마련해 주었다. 따라서 당정 관료가 누리는 이익은 오히려 증가하기까지 했다. 개혁은 소멸되었던 자산 계급을 부활시켜 단숨에 엘리트 계층의 반열에 올려놓았다. 자본가와 고위 경영자(국유 기업 경영자를 포함한)들의 경제적 세력과 정치적 지위는 대폭 상승했고, 지식인 계층의 경우도 정치적 영향력이나 경제 상황 그리고 사회적 지위가 안정적으로 상승하여 최저층에서 한번에 엘리트 계층으로 도약했다.

반면 노동자·농민의 정치적 지위는 낭떠러지로 추락했고 그 가운데 일부는 빈곤층으로 몰락하기도 했다. 이러한 사회구조의 변화는 정치와 사회의 안녕에 엄중한 도전을 초래했다. 새로운 사회구조에 적응하고 정치적 안녕을 유지하기 위해, 중국의 지도자 집단은 신흥 사회 엘리트들과 평화롭게 공존하는 법을 배워야 하고, 몰락자들의 불만과 반항을 잠재울 수 있어야 한다. 또한 이를 위해 통치 집단은 기존의 단체 연맹 책략과 이데올로기를 정비하여 통치를 위한 기초적 사회 환경과 정당성을 새롭게 마련해야 한다.

중간 계층의 탄생

개혁의 영향으로 중간 계층(주로 직업의 사회적 명망도와 수입으로 판단함)도 형성되기 시작했다. 80년대와 90년대 초, 하층 인사들이 사회 변혁기에 드러날 수 있는 각종 정책상의 허점을 기회로 삼아 재물을 긁어 모으면서, 지식 계층의 직업적 지위는 추락하고 정부 기관의 행정직과 서비스업이나 상업 종사자의 사회적 명망과 지위는 상대적으로 상승했다. 그러나 90년대 중반 이후 기술집약형 산업이 중간 계층에 침투함에 따라 이들도 두 부류로 나뉘게 된다. 중간 계층의 상부에 위치한 부류로는 대체로 고급 지식인, 중소기업체 경영인, 중소형 민간업체 기업주, 외자 기업의 화이트칼라 종사자, 정부 독점 업종 기업의 직원 등을 들 수 있는데, 이들은 2억 9300만 명 정도에 이르고, 전체 취업 인구의 약 4%를 차지한다.

중간 계층의 하부에 위치한 부류에는 전문 기술직이나 연구직 종사자, 변호사, 중등 교사 및 대학교수, 문예 창작 활동 종사자, 방송국 또는 기관 간부, 기업의 중·하급 관리자, 성공한 개인 상공업자 등이 있다. 이들의 숫자는 약 8200만 명에 이르며, 전체 취업 인구의 11.8%를 차지한다. 이들 가운데 일부 중소형 민간 업체 기업주와 중소기업체 경영자, 개인 상공업자와 정부 독점 업종의 장기 근속자를 제외하고는 대개 문화적 소양이 높은 편이며 성공에 대한 의지도 매우 강하다. 서양에서 고등교육을 마친, 소위 중산층이라 불리는 사람들이 바로 이 부류에 속한다. 그러나 중국의 중간 계층이 전체 취업 인구에서 차지하는 비중을 선진국과 비교하면 아직은 미미한 수준이다. 오늘날 중국의 중산층 조직은 정치 또는 사회적으로 이렇다 할 영향력도 발휘하지 못하는 등 극도의 저성장 상태에 처해 있으며, 그들 자신의 이익을 항변할 어떠한 제도적 장치도 마련되어 있지 않다.

노동자·농민의 주변부화

그 밖에도 개혁은 노동자의 경제적 지위를 구석으로 몰아넣었으며 노동자 집단은 모두 혼란의 소용돌이 한가운데 놓여 있다. 전통적으로 중국 노동자 계층은 주로 국유 기업 노동자를 의미했다. 그러나 개혁 개방이 심화되어 감에 따라 중국 노동자 계층은 국영기업과 대규모 집체 기업에서 일하는 노동자와 삼자기업(三資企業 : 중·외합자(中外合資), 중·외합작(中外合作), 외상독자(外商獨資) 기업으로 외국 기업이 중국에 투자한 기업 형태)과 향진기업에서 일하는 노동자의 두 부류로 나뉘게 된다. 개혁 개방 이전에는 국영기업의 정식 직원으로 구성된 핵심 인력을 중심으로 농촌 집체 기업의 정식 또는 임시 직원이 주변 인력을 형성하고 있었다. 또한 이 주변 인력은 전체 공업 노동인구 가운데 매우 작은 부분을 차지할 뿐이었다. 그러나 개혁 개방이 진행되면서 중국 국영기업 노동자의 지위는 대폭 하락하여 갈수록 중산층으로서의 지위를 상실했으며, 그 결과 사회 중간층은 크게 줄어드는 동시에 하층계급이 대량으로 양산되었다. 그리고 삼자기업과 민간기업의 노사관계에서 '과거로의 회기' 현상이 나타나 노동자 급여가 19세기 산업혁명 시기 수준으로 퇴보하고 작업 환경은 열악해졌으며, 심지어 노동자에 대한 인권 유린이 벌어지기도 했다.

이러한 노동자 계급의 지위 변화는 농민 계층에서도 비슷한 양상으로 나타났다. 개혁 초기의 수혜자인 중국 농민은 초창기에 실시된 가정연산승포책임제의 순항으로 일종의 해방감을 만끽할 수 있었다. 그러나 개혁의 중심이 도시로 이동한 후 농촌은 수입 구조의 악화와 농업 발전의 정체 등 문제점들이 속속 드러나기 시작했다.

끝으로 언급해야 할 것은 오늘날까지도 중국 사회의 하층이나 변두리에서 헤어나지 못하고 있는 몇몇 집단들이다. 통계에 의하면 현재 중국 도시의 실직자와 농촌의 생계 곤란자는 어림잡아 1억 명이고 이들은 총 취업 인구의 14% 정도를 차지한다. 결론적으로 중국에서는 현재 인구의 80%가 사회 하층이나 소외 상태에 처해 있으며, 이러한 사회구조는 앞으로 사회 불안의 씨앗이 될지도 모른다.

개인적 신분의 변화

또 하나 주목해야 할 것은 개혁 개방 이후 사람들의 취업 방식이 날로 다양해져, 현재 농촌 취업 인구의 60% 이상이 새롭게 등장한 경제 조직이나 사회 조직에서 일하고 있다는 점이다. 점점 많은 수가 '직장 소속인'에서 '사회인'으로 변모하고 있다.

계획경제 체제하에서 노동자들의 직장은 정부 노동인사부의 계획에 의해 분배되는 것이었다. 사회에서 성장한 노동력은 학교(중고등학교 또는 대학교) 졸업 후, 본인의 의지와 상관없이 반드시 노동인사부의 계획에 따라 마치 물질 자원(상품, 원자재, 기계 설비, 자금 등)을 분배하듯 일괄적으로 사회 각 부문과 기업 혹은 직장 단위에 배치되었다. 일단 노동인사부의 계획에 의해 배치를 받은 노동자들에게는 사직이나 이직의 자유가 허락되지 않았다. 업무가 전공 분야나 적성에 맞지 않아 이직을 지원하는 자들은 반드시 직장 내 각급 관리자들의 동의를 거쳐야만 했다. 그 중 한 명이라도 거부할 경우 이직은 불가능했다. 이렇게 한 번 직장 단위에 배치된 노동자는 자신의 노동력에 대한 어떤 지배력도 행사하지 못한 채 수동적으로 그 조직의 일원으로 적응해 나가야 했다. 이처럼 노동자들은 직업 선택, 노동 그리고 노동력에 대한 지배력과 관련하여 독립적인 인격과 자주권을 빼앗겼기 때문에, 주인 의식은 물론이거니와 노동 의지도 상실해 버렸다. 이는 필히 개혁해야 할 부분이었다.

경제체제에 대한 개혁으로 사회주의 시장경제 체제가 수립되자, 이제 노동자의 취업은 정부나 노동인사부의 손을 떠나 노동자 본인이 노동력 시장에서 자신의 적성과 전공 분야에 따라 자발적으로 직업과 직장을 선택하거나 본인의 힘으로 개업을 하게 되었다. 시장경제 체제하에서 노동자는 시장의 일원이 되었고, 노동력은 시장의 규율에 따라 자율적으로 배치 또는 이동되었다. 노동자와 고용주는 노동시장에서 상호 선택을 거쳐 일정 기한의 노동계약과 고용계약을 체결하며, 계약이 만료되면 노동자는 해당 직장을 떠나 다른 곳으로 이동할 수 있게 되었다. 설사 계약이 만료되지 않았다 해도 노동자는 약정한 조건에 따라 어느 정도의 배상 책임을 지고 계약을 해지하여 노동력 시장에서 새롭게 일자리를 구할 수가 있다.

노동력은 이제 더 이상 어떤 한 직장 단위의 소유가 아니며, 노동자와 고용주 사이에는 종속 관계보다는 평등하고 자유로운 노동력 교환 관계가 성립되었다. 노동자는 이제 전 사회를 범위로 하여 자주적으로 취업 또는 이직할 수 있는 사회인이자 자유인으로 자리 잡았다.

이러한 노동자의 성격 변화는 곧 사회보장제도의 수립이 필요해졌음을 의미한다. 노동자가 진정한 시장의 일원이자 사회인이자 자유인이 되기 위해서는 사회가 기본적 생활과 의료를 제공하는 사회보장제도를 정립하는 것이 당연한 수순이다. 원래 기업보장제도는 노동자가 직장 단위의 일원으로 종속 관계를 맺고 있어야 한다는 것을 전제로 한다. 이때의 노동자는 해당 직장에 소속된 것으로 일터에서 제공하는 보장제도에 전적으로 의지해야 했다. 즉 노동자가 임의로 일터를 떠난다는 것은 곧 일터에서 제공하는 보장 혜택도 함께 잃는다는 것을 의미했다. 노동자가 진정한 시장의 일원으로 성장하기 위해서는 반드시 직장에서 제공하는 보장제도에 대한 의존에서 벗어나야 하며 이를 대신할 사회보장제도가 수립되어야 한다. 그래야 노동자가 피고용 상태에 있거나 혹은 실직이나 퇴직 등으로 일터를 떠나 있어도 언제나 사회로부터 기본적 생활수준을 보장 받을 수 있는 것이다.

비공유제 경제의 눈부신 성장

개혁 개방에 따른 비공유제 경제의 등장으로 중국의 경제와 취업 시장에 새로운 활로가 마련되었다. 90년대 이후 개인 운영 사업체

에서 매년 순수하게 증가하는 직종의 수는 평균 500만에서 600만
개에 이른다. 이는 도시 내 직종 수의 4분의 3에 해당하는 수치로
비공유제 경제가 활발하게 성장하고 있음을 나타내 준다. 현재 중
국의 비공유제 경제는 이미 국민경제의 중요한 위치를 차지하고 있
으며 그 역할 또한 무시 못할 정도로 성장했는데, 다음 몇 가지 방
면에서 그 위력을 발견할 수 있다.

1. 비공유제 경제는 이미 중국에서 가장 많은 수와 비율을 자랑하는
   기업 집단이 되었다. 현재 중국의 민영기업은 전국 기업 총수의
   90%에 이른다.

2. 비공유제 경제는 이미 중국 경제성장을 이끄는 원동력으로 자리잡
   았다. 1979년 GDP의 1%에도 못 미치던 중국 민간경제는 20여 년
   간의 발전을 거쳐 현재는 총 GDP의 3분의 1을 넘어서게 되었다.
   여기에 외자까지 합한다면 전체 비공유제 경제가 GDP에서 차지
   하는 비중은 반 이상이 될 것이다.

3. 비공유제 경제는 이미 전국적으로 취업의 중요한 통로로 떠오르고
   있다. 90년대 이래 민영기업으로 흡수된 노동력은 도시 신규 취업
   인구의 4분의 3 이상을 차지하는데, 전국의 취업 인구를 다시 분류
   하자면, 전체 도시 취업 인구 2억 6천만 명 가운데 국유 또는 집체
   기업 종사자가 28%를 약간 넘는 비중을 차지하고 있고, 그 나머지
   절대다수가 모두 비공유제 경제 부문에 종사하고 있다.

4. 비공유제 기업은 이미 중국 재정 수입의 주요 출처가 되었다. 2003
   년 전국 민영기업의 세수 총액은 이미 2500여 억 위안으로 전국 세

수 총액의 13%를 차지했다. 게다가 이는 회사제 기업 가운데 개인
이 보유하고 있는 주식 관련 세수는 포함하지 않은 수치다.

5. 비공유제 경제는 이미 중국 대외 개방의 주축 역할을 담당하고 있
으며, 외상(外商) 기업은 중국 대외무역의 핵심 창구로 자리 잡고
있다. 최근 몇 년간 특히 2000년 이후 민영기업의 수출입 총액이
전국 수출입 총액에서 차지하는 비중은 무섭게 상승하고 있다.

이외에도 비공유제 경제는 중국의 몇몇 지역에서 경제발전의 주
체로 인식되면서 중국 저개발 지역의 성장을 이끄는 원동력으로 새
롭게 부상했다.

개혁의 험난한 과정

요컨대 개혁은 중국 사회구조에 큰 지각변동을 일으키며 경제와
사회의 발전을 이끌었으나 동시에 일련의 사회적 모순도 함께 등장
했다. 중국 내 경제주체들 간의 수익 구조가 크게 바뀌고 있는 가운
데 사회 각 부문에 대한 관리를 강화하지 않으면 복잡하게 얽혀 있
는 이익 관계를 조정하고 이들의 충돌을 감소시키는 데 어려움을
겪을 것이다. 어떤 의미에서 볼 때 개혁의 심화 과정은 수익 구조의
끊임없는 개선 과정이라고 보아도 무리가 없을 것이다. 개혁을 이
끄는 동력과 관련하여 보면, 개혁 초기에는 대중의 개혁에 대한 열
정이 촉발한 사회적 동력과 정부의 견인차 역할이 서로 맞아떨어져
개혁은 순조롭고 빠르게 진행될 수 있었다. 그러나 개혁이 부단히
심화되어 감에 따라 사람들의 사회에 대한 기대감 또한 상승하여,

개혁의 성과를 같이 누리자는 목소리가 높아져 갔다. 이익 구조를 조정하는 가운데 어떻게 사회에 대한 관리를 강화하고 각 이익 관계를 조정하며 각종 모순을 조화롭게 처리하는가는 사회의 안정과 화합에 직접 관계될 뿐 아니라 당의 집권력을 다지는 데도 중요한 영향을 미친다.

　전통 사회에서 현대사회로의 전환은 한순간에 이루어지는 과정이 아니다. 이는 사회·경제의 시장화를 의미하며 공업이 사회 생산에 있어 주도적인 역할을 담당해야 함을 의미한다. 동시에 농업 생산의 상품화와 농촌 경제의 시장화도 빠질 수 없는 조건이다. 이를 위해서는 반드시 지주 토지 소유제를 기초로 한 소농 경제에 개혁을 단행하여 농경의 규모화·집약화를 실현해야 하며, 또한 경제·사회구조 전환의 문제뿐만 아니라 정치체제의 변혁 문제로 관심의 범위를 확대해야 한다. 따라서 이 모든 문제를 해결하기 위해서는 필연적으로 매우 더디고 험난한 과정을 거쳐야 할 것이다.

기출문제 둘러보기 _____

1951년 : 지난 한해 동안 과외활동으로 열심히 일해 본 경험에 대해 기술하시오.

1952년 : 새로운 인물이나 사건에 대해 기술하시오.

1959년 : 의미 있었던 나의 생활에 대해 기술하시오.

1961년 : 아래에서 한 가지 주제를 골라 작문을 작성하시오.
  1. 마오 주석의 저작을 학습한 후
  2. 나를 고취시킨 혁명 선배의 발자취

<hr />

주제분석

대학 입시 작문에서 경제 방면의 주제는 당시의 시대적 배경을 종합하여 논하는 것들이 주류를 이루고 있어서, 딱히 경제를 주제로 했다기 보다는 경제와 관련된 주제라고 보는 것이 합당하다. 예를 들어 1951년의 주제는 지난 1년 동안의 과외활동 가운데 열심히 일한 경험인데, 사회주의 건설의 열기가 최고조에 이르렀던 당시의 시대 상황을 고려해 보았을 때, 사회주의 경제 건설과 관련한 경험과 이를 위한 노력을 잘 표현하는 것이 주제가 요구하는 바에 가장 적합한 서술 방식일 것이다. 그리고 1952년의 주제는 여태까지 겪거나 경험해 본 '사람'과 '사건'에 대해 논하는 것으로, '새로운' 것이란 점에 주목하여 글을 전개해야 한다. '새로움'이란 이전에는 없었던 것 혹은 변화가 발생한 것을 뜻하는 것으로, 1952년은 마침 대약진 운동의 초기이자 인민이 나라의 주인이 되는 신중국 건설이 한창이던 시기였고, 국가와 사회주의 제도, 또 사회주의 사회의 사람들의 사상이나 언행도 모두 새로운 것이었으며, 자신의 가정과 국가에 대한 인식이 새롭게 바뀌던 시기였다. 따라서 사회주의 건설을 위해 열심히 학습하고 일하고 생활하는 인물이나 이와 관련된 사건에 대해서는 한번쯤 논할 가치와 의의가 있다. 그러므로 이때의 주제들이 모두 사회주의 국가 건설과 관련된 문제를 언급하고 있다는 것은 그리 어렵지 않게 이해할 수 있다.

1959년은 대약진 운동이 전개되면서 전 국민이 사회주의 경제 건설에 매진하여 수많은 농·공업 프로젝트를 진행하던 시기이다. 또 일치단결하여 공산당을 따르며 사회주의 신중국을 건설하던 시기였던 점을 고려하면, 사회주의 건설을 위해 쏟아 부은 힘과 노동 그리고 이와 관련된 생활은 자연스럽게 의미 있는 생활로 인식될 것이다. 따라서 '대약진'이라 불리는 사회주의 경제 건설 당시의 역사적 배경을 살려 글을 풀어 나가는 것이 바람직하다 할 수 있다.

우수작문

의미 있었던 나의 생활

구룡강(九龍江) 물이 시끄럽게 용솟음치며 진한 황색의 탁류를 만들어 내더니 곧 도도하게 대해로 흘러 들어가고, 그 양쪽 기슭에 무너진 강둑과 넘어진 나무들이 즐비한 가운데 수만 명의 사람들이 대군을 이루어 둑을 수리하고 있었다. 이 분주해 보이는 한 폭의 장면은 파란 하늘 아래 더욱 긴장감이 돋보였다.

구룡강을 따라 백 리쯤 이어져 있는 강둑에 농민, 노동자, 해방군, 학생, 기관 간부가 마치 자연을 정복하려는 듯, 한 줄로 열을 지어 물살과 사투를 벌이고 있었다. 음력 8월 초삼일의 대조류가 오기 전에 서둘러 일을 마무리 지어야 하기 때문이다.

강변 응급 수리 작업이 긴장 국면에 접어들었다. 1만 묘에 달하는 논밭의 운명이 바로 이 작업에 달려 있기 때문이다. 당도 "초삼일 이전에 강둑 수리를 끝내야 한다!"고 호소하고 있었다.

며칠 동안 긴장된 노동이 이어져서인지 피로가 온몸을 짓누르고 있었다. 그러나 임무가 아직 끝나지 않았다는 데 생각이 미치자, 악전고투 중인 해방군 옆에서 벌써 힘들어 하는 나 자신이 부끄럽게 느껴졌다. "힘든 것이 두려운가? 그렇지 않아!" 나는 마음속으로 이 말을 되뇌며 자신을 채찍질했다.

농장의 무너진 둑을 수리하러 가게 되었다는 말을 들었을 때, 사람들은 모두 뛸 듯이 기뻐했다. 이토록 의미 있고 중요한 시기에 누가 그 막중한 임무를 피하려고 하겠는가? 농장이 우리의 휴식처와는 조금 떨어져 있었고 식사 후에 잠시 쉬는 곳마저 찜통처럼 더웠지만, 그게 무슨 대수

429 | 경제

일까? 일단 시작한 전투이니 며칠쯤 몸에 쌓인 피곤 따위는 무시해 버리기로 했다.

이 작은 농장은 사면이 강물로 둘러싸여 있어서 강둑이 무너지자 상황이 무척 심각했다. 농장 안에 있는 수백 묘의 논밭이 이미 홍수 피해를 입은데다가 곧 큰 물살이 닥칠 것이라 하니 어서 대책을 강구하지 않으면 안되었다.

우리는 두 개의 조로 나뉘어 농민들과 함께 제방 복구 작업을 진행했다. 시작하자마자 진흙 덩어리들을 손으로 건네 제방의 구멍을 막는 데 집중했다. 어쩌다 보니 어느새 두 조가 경쟁적으로 복구에 열을 올리고 있었다. 농민들도 희망에 가득 차 재해의 시름을 잊은 듯했고, 당의 지도와 인민공사의 위력 덕분에 대조류 따위는 두려워하지 않는 분위기가 형성되었다. 모두들 일하는 와중에도 이야기꽃을 피우며 분위기를 북돋웠다.

태양이 따갑게 내리쬐고 있어서 사람들의 몸에는 땀이 줄줄 흘러내렸다. 우리는 무릎까지 물이 차오른 하천 한가운데 서 있었는데, 강물은 마치 끓는 듯했고, 땅에서는 열기가 모락모락 뿜어져 나왔다. "잠깐 쉬면서 차 한잔 마시고 합시다!" 한 동지가 소리쳤다. 인부들 중 일부가 건너갔다. 그러나 학생들은 아무 소리도 듣지 못한 듯 농민들이 쓰던 장비를 주위 들고 작업에 박차를 가했다.

우리 학생들이 물 한가운데 서 있은 지 몇 시간이 지났을까. 수위가 계속 상승하여 한순간에 무릎을 덮더니 금방 배꼽까지 차올랐다. 그러나 우리는 여전히 투지를 불태우며 아무런 낌새도 알아채지 못했다. 주변에서 지켜보던 인부들이 소리치며 말했다. "동지들, 일어나시게! 물이 차오르고 있소!" 대답 소리는 돌아오지 않은 채, "빨리!" "흙덩이를 조심해서 다뤄!" 하는 함성만이 들릴 뿐이었다. 보다 못한 농민 몇 명이 우리와 자리를 바꾸려 하다가 우스갯소리로 이렇게 말했다. "이런 날씨에는 물속에서 목간하는 것도 참 좋을 거야!" 인부 동지가 말했다. "자, 자리 좀 바꿉시다. 너무 오래 서 있으면 좋지 않다구!" 그러나 투지가 하늘을 찌를 듯한 학생들의 귀에는 아무 말도 들리지 않았다.

며칠 밤낮을 쉬지 않고 싸운 결과, 구룽강 물살은 패배를 인정하며 조용히 대해로 흘러 들어갔다. 당과 총노선의 지도하에 우리는 마침내 제방을 튼튼하게 복구해 냈다. 8월 초삼일의 대조류는 제방 너머로 크게 포효하는가 싶더니 이내 얌전하게 물러나 버렸다.

구룽강 물줄기는 세차게 굽이쳐 동으로 흐르고, 그 용솟음치는 물소리는 노랫소리가 되어 인민공사의 우월성을 찬양하고 노동자 인민의 지혜와 역량을 칭송했다. 강둑 양쪽에는 푸른 산과 나무들이 자리를 잡았고, 싱싱한 새싹들은 바람을 타고 하늘거렸다. 인민공사원들은 수해를 이겨 냈다는 기쁨을 안고 이제는 수확을 위해 열심히 일하고 있다. 길다란 백 리 제방은 마치 철옹성처럼 세차게 흐르는 강줄기를 막아 내며 수많은 사람들의 행복을 지켜 주고 있다. 이 얼마나 아름답고 위대한 장면이란 말인가! 이 장면이 있기까지 나의 미력한 힘이 조금이나마 도움이 되었다는 생각이 들자 자신이 매우 자랑스러워지면서 이 한때의 의미 있는 생활을 영원히 잊지 못할 것 같다는 느낌이 들었다.

— 양진하이

2

환경문제는 중국의 경제발전을

제약하는 심각한 요인인가?

자연에서 창조된 자원은 유한한 것이고, 사람이 가공하여 만들어 낸 자원도 유한한 것이다. 적당히 개발하고 아껴서 사용하면 인류가 필요한 만큼은 쓸 수 있을 것이다. 만약 그 반대로 무제한으로 개발하고 낭비한다면 지구상의 공유 자원은 금방 소실될 것이다.

— 속어

환경을 보호하여 발전을 촉진한다.

— 까오스

자원의 개발과 절약은 똑같이 중요한 것이므로 절약을 우선순위에 두고 자원의 이용 효율을 높인다.

— 리펑

환경의 변화와 인간의 활동은 합리적으로 이해하여 혁명의 실천으로 삼아야 한다는 점에서 그 공통점을 찾을 수 있다.

— 마르크스

중국의 경제발전 과정에서 일어난 문제들

"중국은 현재 5천 년 만에 다시 찾아온 태평성세를 누리고 있다!" 이런 말들은 오늘날 중국에서는 그다지 새롭지 않다. 신문이나 TV에서 한 해를 마감하는 특집을 내보낼 때 '태평성세'라는 단어는 항상 등장하는 단골손님으로, 어떤 때에는 너무 많이 들어 귀에 진물이 날 지경이다. 그러나 현실의 중국은 아직 위정자의 공적과 은덕을 찬양할 단계에 와 있지 못하고, 현실의 사회문제는 아직도 산적해 있다. 심지어 현재 중국에 상당히 큰 위기가 닥쳤다고 말하는 사람도 있는데, 이는 절대 근거 없는 우려가 아니다. 개혁 개방으로 인해 중국 경제가 고속 성장을 거듭함에 따라 비교적 심각한 문제점들이 속속 그 모습을 드러내고 있다.

먼저, 국민적 자질이 낮고 미신이 성행하며 교육에 대한 투자가 충분치 못하다. 단기간 내에 전 국민의 자질을 향상시키기에는 무리가 있다. 비대한 인구로 인한 압박감이 크고, 국부의 상당 부분이 빠르게 증가하는 노년 인구를 부양하는 데 쓰이고 있다. 토지·물·자원도 부족하다. 또 교육 불평등이 심화되고 있다. 가난하다는 이유로 많은 농촌 아이들이 교육 받을 기회를 박탈 당하고 있으며, 지역 간의 교육 불평등 문제도 상당히 심각하다.

국가의 안전이 심각한 상태에 놓여 있고, 세계 정세도 매우 불안정하다. 타이완 문제는 지금까지 해결하지 못하고 있는 골칫덩어리로, 타이완의 독립을 주장하는 세력들이 날이 갈수록 커지고 있어서 평화통일의 길은 아득하기만 하다. 또 미국은 함부로 중국의 일에 간섭하고 중국 위협론을 유포하고 있다.

정치체제의 개혁이 경제체제 개혁과 맞물려 진행되지 못하여, 정치체제와 경제체제 사이의 모순이 날이 갈수록 심각해지고 있다. 이론과 실제 사이에도 커다란 괴리가 존재한다. 이를 테면 일당독재 정치체제에서 어떻게 권력을 제약하고 감독하는가의 문제와, 방대하고 효율이 낮은 정부기구에 불공정한 사법 처리와 부정부패까지 만연하여, 아직까지는 법치보다 인치가 강조되고 있다고 볼 수 있다.

그리고 정부와 공무원들의 경우 공무 집행에 있어 가장 기본이 되는 양심과 신의가 부족하며, 책임의식 또한 희박하다. 국유 기업 직원들이 매점매석 행위를 일삼고, 몇 십 년간 근속한 직원이 퇴직 후 지나치게 부유한 생활로 주변 사람들의 빈축을 사기도 한다.

또 무엇보다 불균형한 경제발전과 빈부 격차로 인한 양극화 현상이 심화되고 있다. 연해 지역과 내륙 지역 그리고 동부와 서부의 격차는 날로 커지고 있으나, 정부의 역량은 중서부의 발전을 이끌기에는 부족하다. 연해 지역의 갑부들은 몇 백억 위안이나 하는 자산을 보유하고 있는 반면, 서부 지역의 빈곤 농민은 기본적인 의식주를 해결하지 못하여 고통받고 있는 실정이다.

일관된 사상이나 가치관의 부재 또한 문제로 지적될 수 있다. 국가는 개혁 개방 이래 기존의 가치관을 타파하는 데에만 열중하면서 국민들을 가치관 공백 상태에 몰아넣었다. 금전 지상주의, 서양 숭배 사상, 한류(韓流) 추종 등이 무분별하게 혼재해 있어 민족적 자존심마저 상실될 위기에 처해 있다. 티베트나 신장(新疆) 등 소수민족의 저항도 무시할 수 없는 사회문제 중 하나이다.

특히 농업 부문의 문제가 심각한데, 삼농(三農) 문제, 즉 농민·농업·농촌 문제는 중국 정부의 최대 현안으로 떠오르고 있다. 토지와 자원의 수량이 점점 줄어들고 있으며, 국토를 통제할 역량이 부족하여 농업 발전에 심각한 문제가 발생했으나, 이를 근본적으로 해결할 방안이나 아이디어가 마련되어 있지 않다는 점, 농민 수익의 증가 속도가 느리기 때문에 생산의 적극성 또한 부족할 수밖에 없으며, 관개 수리 시설 등의 농업 시설이 오랫동안 관리의 손길이 미치지 않은 채 방치되어 있는 경우가 허다하다는 점 등이다. 이대로 간다면 장차 13억 인구의 식량 문제도 낙관하기 힘들다.

과학기술 수준 또한 낙후되어 있으며 이에 대한 투자도 부족하다. 세계의 공장이라는 미명하에 자원이 낭비되고 환경이 오염되고 있으며 핵심 경쟁력도 갖추어지지 않았다. 이런 상태로는 지속적인 발전을 기대하기 힘들다.

일반 국민들에게 어떤 권력도 주어져 있지 않다는 점도 심각한 문제이다. 일반 국민은 진정한 선거·피선거권을 누리지 못하기 때문에 이들을 진정한 국가의 주인이라 칭하기 어렵다. 국가의 정책은 대중의 이익을 대변하지 못하며, 신문이나 방송 매체의 경우 언론의 자유가 보장되지 못하므로 제대로 된 감독 기능을 행사할 수 없다.

사회보장 기능 또한 미약하다. 국가의 사회보장 시스템은 관료와 소수 엘리트 계층을 위한 것이라 해도 과언이 아니다. 병원의 비리가 심하고, 국가위생부에서는 책임 전가나 회피가 다반사로 일어난다.

이익집단의 세력은 확장되는 추세에 있으며, 전기·석유·전신 등의 업종과 관련하여 행정 독점이 발생하여 원가 비용이 비정상적으로 높다. 관료 자본 세력의 힘이 커지고, 공무원과 비양심적 학자 그리고 엘리트 집단이 견고한 이익 트라이앵글을 구성하고 있다.

금융과 증권 부문에서는 금융기관의 절대다수가 적자를 보고 있으며, 불량 채권 또한 누적되어 가고 있다. 증권시장의 경우 체계가 잡혀 있지 않고 거품이 많다. 결국 손해를 보는 것은 국민들일 수밖에 없다. 또 세금의 종류가 과도하게 많아 기업의 경영에 어려움을 주고 있으며, 법을 지키는 데 드는 비용도 높다.

이러한 문제들 중 어떤 것들은 해결되지 못한 채 장기간 존재하면서 중국의 안정과 사회의 발전에 악영향을 미칠지도 모른다.

끝없는 생태 파괴의 역사

이 가운데 환경문제는 다른 문제들과 마찬가지로 현재 매우 심각하며 또한 시급히 해결해야 할 과제이다. 중국 역사를 훑어 보면, 생태·환경문제가 원만히 해결되지 못한 채 줄곧 방치되어 왔음을 알 수 있다.

낙농업에서 생산한 육류와 유제품을 주식으로 하는 유럽 등지의 유목 민족과 달리 중국인들의 식생활은 대부분 농작물에 의존해 왔다. 그래서인지 중국 선조들은 주로 대규모의 황무지 개간을 통해 식량 문제를 해결하고자 했다. 또한 중국 고대에 존재하던 방대한 전제 관료 기구와 여기에 부속된 보병 중심의 군대 체계 역시 서양과는 그 양상이 매우 달랐다. 서양의 유목 민족은 기마병을 주축으로 하기 때문에 식량 보급이 용이하며, 배고픔과 갈증을 말고기와 말젖으로도 해결할 수 있었으나, 중국의 경우 '군사와 말이 움직이기 전에 양식부터 움직인다〔兵馬未動 糧草先行〕.' 하여 양식을 항상 모든 문제의 최우선에 두어야 했다. 양식의 경우 보존할 수 있는 시간이 육류나 유제품에 비해 길기 때문에 중국의 위정자나 군사들은 항상 엄청난 양의 양식을 비축해 두고서 앞날에 대비하고자 했다.

정부와 군대에 들어가는 막대한 식량 공급 문제를 해결하기 위해 중국인들이 할 수 있는 것이라고는 황무지 개간밖에 없었다. 서한(西漢) 시대에만 8억 묘, 동한(東漢) 시대에 다시 7억 묘가 개간되어, 황허 유역의 삼림이 거의 농토로 탈바꿈하기에 이르렀다. 삼국 시대에는 중국 인구가 동한 때의 5648만 명에서 767만 명으로 급감하는 등 민족이 궤멸할 위기에 직면하게 되었다. 남북조(南北朝) 시기 역시 빈번한 전화(戰禍)와 전란으로 백성들이 대거 남쪽으로 이동하기 시작하면서 창지앙〔長江〕 유역의 생태계도 위협을 받았다.

수(隨)나라 양제(煬帝)의 대규모 토목공사에 이어 당(唐)나라가 동남 지역을 개발하기 시작하면서 황무지 개간 규모는 14억 묘를 넘어섰는데, 여기에 거듭된 정복 전쟁과 패권 다툼 등 수많은 전란으로 중국의 생태 자원은 그 끝을 알 수 없을 정도로 파괴되어 버렸다.

토지 황폐화·모래 폭풍·수량 감소

신중국 성립 후에도 중국은 오랜 기간 여전히 생태 환경 보호를

등한시했다. 대약진 시기에는 전 국민이 철 생산에 매진하여 삼림을 대규모로 벌채했다. 문화혁명 시기에는 산꼭대기까지 계단식 밭을 일구어 내면서 토양이 심각하게 유실되었다. 개혁 개방 후, 정부가 환경문제를 중시하기 시작했으나 악화일로를 걷고 있던 환경 상태를 일시에 되돌리는 것은 역시 무리였다. 물자 소비량이 높고 심각한 오염을 야기할 수 있는 소규모 공장들이 각지에 우후죽순 생겨났다. 목초지는 과도한 방목으로 식생이 파괴되었으며, 일부 지방에서는 맹목적인 개간, 삼림 도벌 및 훼손이 심각하게 자행되고 있다. 또한 개발 지구에서 한동안 벌어지던 무차별 토지 구획으로 반 이상의 토지가 황폐해져 중화 민족의 생존 자원은 또 한차례 파괴되었다.

중국은 21세기를 엄청난 모래 폭풍과 함께 맞아야 했다. 2002년의 모래 폭풍은 역사상 가장 규모가 큰 것이었다. 예측하건대 머지않은 장래에 모래 폭풍은 더욱 빈번하고 맹렬하게 불어 닥칠 것이다. 현재 중국의 많은 지역에서는 황사가 하늘을 덮고 누런 모래가 사방에 깔려 있으며 강물은 혼탁하고 공기는 오염되어 있는데다가 강과 호수가 마르고 수풀과 초원이 사라지는 현상을 겪고 있다. 최근 중국에서는 매년 중간 규모의 현이 하나씩 사막화되고 있으며, 이로 인해 중국은 매년 540억 위안 이상의 직접적인 경제 손실을 입는다. 지금까지 사막화된 토지는 이미 국토 면적의 27.2%를 차지하고, 토양의 유실로 인해 씻겨 내려가는 옥토는 매년 50억 톤에 이른다.

뿐만 아니라 오늘날 중국 하천의 70%와 지하수의 50%가 이미 오염된 상태이다. 1998년, 중화 민족의 모체라 할 수 있는 황허에서는 1년 중 200여 일간이나 단류 현상이 발생했고, 홍수 때는 모래 함유량이 50%에 달했다. 현재 창지앙의 모래 함유량도 황허의 3분의 1 수준에 이르러 조만간 제2의 황허가 될 위기에 처해 있다. 화이허〔淮河〕, 랴오허〔遼河〕, 하이허〔海河〕, 타이후〔太湖〕, 차오후〔巢湖〕, 동팅후〔洞庭湖〕, 뽀양후〔波陽湖〕, 디엔츠〔池滇〕 등 수역의 오염 상태가 특히 심하고, 수량 또한 크게 감소했다. 동팅후와 뽀양후의 경우 호수 면적의 반 정도가 이미 크게 손실되었고, 이에 따라 그 저수 기능도 크게 하락했다.

신장 스허즈〔石河子〕에도 군단이 주둔하여 대규모 개간 작업을 벌임으로써 마나스허〔瑪納斯河〕의 단류 현상을 야기했다. 청 말, 신장 지역 수복을 위해 출정에 나선 쮜쫑탕〔左宗棠〕은 3000리나 되는 길에 26만 그루의 나무를 심었으니, 후에 사람들은 '삼천 리 길에 나무를 새로 심으니 옥문관에 봄바람이 돈다〔親栽楊柳三千里 引得春風渡玉門〕.'라고 하며 그를 찬양했다. 이 사건은 서북 지역의 생태 환경을 바꾸려는 시도들 가운데 중국 근대 최대 규모를 자랑하는 것이었으나, 이후 50년도 채 되지 않아 무성하던 수목들은 무참히 벌목되어 흔적을 감추었다.

그러나 중국은 여전히 방만한 생산방식을 고수하고 있어, 1위안의 생산총액이 증가할 때마다 소모되는 자원의 양이 세계 평균의 4배, 일본의 6배나 된다. 중국이 1톤의 철강을 생산할 때마다 소모되는 물의 양은 국제 기준의 3~10배에 달한다. 기업들 역시 저효율과 낙후된 생산방식에서 벗어나지 못하여 조만간 심각한 환경오염을 초래할 것이 불을 보듯 뻔하다.

중국에는 흙을 구워 벽돌을 만들어 내는 전통이 있는데, 일부 농민들은 농사를 지어도 돈을 벌기가 힘들자 경작지를 팽개치고 벽돌을 굽기 시작했다. 또 농민들에게는 제대로 된 에너지 자원을 얻을 방법이 마련되어 있지 않아 급한 대로 손쉽게 구할 수 있는 땔감으로 연료 문제를 해결하다 보니 식생은 더욱 파괴될 수밖에 없다.

정부는 매년 식수와 관련하여 다양한 캠페인을 벌이고 있지만 거의 형식에 지나지 않고, 관련 연구 자료 역시 그럴듯하게 꾸민 상투적인 글 일색이다. 대부분의 사람들은 부풀려진 정부 발표만 믿고 실제 얼마나 많은 나무들이 살아남는가에는 관심을 기울이지 않는다. 관련 보도에 의하면 매년 3000만 헥타르 규모의 나무를 심는다고 하는데, 실제 식수 면적은 600만 헥타르 정도라고 한다. 그래서 어떤 이들은 정부의 식수 조림 사업에 대해 "나무를 심어 봤자 결국은 남는 것이 없다."라며 비꼬기도 한다.

문명의 전환

전 세계적으로도 현재 수많은 국가들이 환경 위기에 처해 있다. 이제 인류에게는 녹색 혁명이라는 근본적인 변혁이 필요하다. 인류의 가치관부터 '인간은 자연의 주인이자 소유자', '자연은 정복의 대상'이 아니라 '인간은 거대한 자연계의 일부', '인간은 자연의 자식'이라는 생각으로 전환되어야 한다. 인간은 자연을 존중하고 인류 존재의 기반으로 삼아야 하며 더 이상 수탈의 대상으로 보아서는 안 된다.

서양인들은 전통적으로 자연을 싸워서 이겨야 하는 것, 인간과는 서로 구분되는 것으로 보아 왔다. 서양 문화는 그리스 문화와 헤브라이 문화라는 두 고대 문화에서 그 기원을 찾을 수 있는데, 그리스인들은 영혼과 육체의 분리, 인간과 세계의 분열이라는 이원주의 사상을 신봉했고, 헤브라이 인들은 신과 인간의 분리, 법과 죄인의 대립, 인간과 대자연의 대립을 주장했다. 이러한 자연과 인간의 분리 사상은 후에 인간을 중심으로 하는 계몽운동의 시발점이 되었고, 근대에 이르러서는 극단적인 인류주의로 변모했다.

그러나 인류는 자연과의 싸움을 통해 다양한 적을 만들어 가다가 결국 가장 위험한 적은 자기 자신이라는 것을 깨닫게 되었다. 인류는 함부로 자연에 대해 무제한적인 착취를 일삼더니 결국에 가서는 대자연의 보복을 당하게 되었다. 이제 인류는 기존의 자아 중심주의에서 벗어나 인간과 자연이 조화를 이루는 '천인합일(天人合一)'의 중국적 문화 전통을 회복해야 한다. 중국은 전통적으로 자연과 사람의 조화를 중시해 왔다. 그 중 가장 대표적인 것이 장자(莊子)와 선종(禪宗)이 보여 주는 지혜다. 장자의 철학과 선종의 가르침은 중국 고대 문인들에게 있어 정신적 고향과 같은 것이었다. 장자는 '하늘과 인간이 의기투합하다〔天人契合〕.', '만물은 모두 하나다〔萬物齊一〕.'라고 주장했다.

또 중국의 선종은 이성과 감성의 합일, 주체와 객체의 합일, 인간과 자연의 합일, 유한과 무한의 합일, 영혼과 육체의 합일을 주장했다. 이렇게 중국의 문인 문화는 차이와 투쟁을 부인하고, 인간은 본래 모든 것을 갖춘 자유롭고 조화로운 존재이니 일체의 분별과 대립을 제거하고, 이성이 생명을 눌러 죽이지 못하도록 해야 한다고 주장했다. 우리는 이러한 중국의 전통적 가치관 가운데에서 새로운 문화를 창출할 자원을 발견할 수 있을 것이다.

환경문제 심화의 원인

중국은 세계에서 인구가 가장 많은 국가이지만 자연 자원이 풍부한 국가는 아니다. 통상적으로 중국은 거대한 땅에 풍부한 물자를 보유하고 있다고 알려져 있지만 중요 자원의 인구당 점유율은 세계 평균 수준보다 낮은 형편이다. 이러한 자연조건하에 경제 건설을 실시하고 있는 중국은 태생적으로 유리한 입장이 아니다. 공업화 과정이 진전되면서 중국이 직면하고 있는 자연과 환경문제는 전혀 개선되지 않고 있으며, 현재의 상태는 그 어느 때보다 심각한 수준으로 머지않은 장래에 그 문제는 더욱 커질 것이다.

이러한 문제를 야기하는 원인으로 공업화의 발전과 경제 총생산량의 증가를 꼽을 수 있다. 2003년 하반기를 기점으로 중국 경제는 중화학공업 주도의 새로운 성장기에 진입했다. 이렇게 생산 규모가 대폭 증가함에 따라 자원 이용에 있어서의 병목 현상은 날이 갈수록 분명해졌다. 전문가들의 예측에 따르면, 앞으로 1년 내에 중국의 강철 수요는 더욱 상승할 것이나 철광석의 공급이 이를 따르지 못하고 있기 때문에 국내 수요의 많은 부분을 수입에 의존해야 할 것이라고 예측하고 있다. 2003년 철광석 수입은 1억 5000만 톤으로 이미 수치상으로는 국내 수요의 반 정도를 차지한다. 자동차는 앞으로 국민경제를 이끌 가장 중요한 성장 동력으로 인식되고 있으나, 이와 동시에 석유에 대한 수요를 가장 빠르게 증가시킬 산업이기도 하다. 따라서 석유의 안정적 공급에 문제라도 발생하는 경우 자동차 산업은 물론이거니와 전체 국민경제가 직접적인 영향을 받게 될 것이다.

또 다른 원인으로는 중국의 자원과 환경 정책의 문제를 지적할 수 있다. 20세기 후반의 약 20년 동안 중국의 GDP는 4배, 에너지 생산은 2배 증가했다. 21세기를 맞아 전면적인 샤오캉 사회를 건설하겠다는 목표를 실천해 나가는 동안 과연 이러한 '기적'을 다시 일으킬 수 있을 것인가? 물론 어려움은 매우 클 것이다. 그러나 희망이 없는 것은 아니다. 관건은 기존의 정책을 대폭 조정하여 에너지 절약과 환경보호에 얼마나 많은 역량을 집중할 수 있는가에 달려 있다. 자원 개발도 물론 중요하지만 에너지 절약의 경우가 그 잠재력과 현실성 면에서 더욱 의미가 크다.

에너지 자원의 이용 효율에 있어 중국의 제품당 에너지 소비 수준은 매우 높다. 국가별로 단위 GDP당 에너지 소모량을 비교해 보면 화폐 환산을 어떻게 하느냐에 따라 매우 다른 결론이 나온다. 명목 환율로 계산할 경우 2000년 중국의 단위 GDP당 에너지 소모량은 일본의 9.7배, 세계 평균 수준의 3.4배이지만, PPP(구매력 평가지수)로 계산할 경우 중국의 단위 GDP당 에너지 소모량은 일본보다는 20% 높게, OECD 회원국의 평균 수준보다는 8% 낮은 것으로 나타나 선명한 저평가 양상을 보인다.

따라서 단위 제품당 에너지 소모량을 비교의 기준으로 하면, 8개 고에너지 소비 업종의 단위 제품당 에너지 평균 소모량은 세계

선진국 수준과 비교해 47% 높은 것으로, 이 8개 업종의 에너지 소비액은 공업 부문 에너지 소비 총액의 73%를 차지하는 것으로 나타난다. 그러므로 현재의 에너지 정책이 계속된다면 2020년 1차 에너지 수요량은 표준 석탄 32억 톤에 이를 것으로 추정되며, 현재의 정책을 대폭 조정한다면 8억 톤의 표준 석탄을 절약할 수 있을 것으로 전망된다. 이는 에너지 절약 잠재력의 4분의 1에 해당하는 수치이다.

현재 중국의 환경 의식은 일단 오염되더라도 나중에 처리하면 된다는 식의 안일한 태도를 벗어나지 못하고 있다. 대기오염의 예만 하더라도 중국의 이산화황과 이산화탄소 배출량은 각각 세계 1위와 2위를 차지하고 있다. 90년대 중반 산성비 피해 면적은 80년대와 비교하여 100만 ㎢ 이상 확대되었고, 연평균 pH 농도가 5.6 이하인 지역은 전국 면적의 30% 정도를 차지한다. 일부 유해 물질의 배출량은 이미 환경 기준치를 넘어서, 환경이 '과소비'되고 있음을 알 수 있다. 국제적 사례와 중국의 잠재력을 감안할 때, 경제성장 속도를 유지하는 동시에 환경오염을 대폭 줄여 샤오캉 사회가 요구하는 환경 품질을 만족시키는 것이 불가능한 일은 아니다. 그러나 현재 이미 매우 심각한 상태에 직면해 있다는 것은 부인할 수 없다.

인류 역사에서 인간과 자연은 언제나 모순 관계에 있었다. 한때 중국은 인간의 능력을 과대평가하여 '인류는 반드시 자연을 이긴다〔人定勝天〕.'고 주장하며 경제 규율은 물론이거니와 자연 규율조차 존중하지 않았고, 그 결과 적지 않은 고통을 겪어야 했다. 지금 우리가 강조하고 또 추구하고 있는 인간과 자연의 조화로운 발전은 결국 인간의 발전을 위한 것이다. 자연을 잘 대접해야 하는 것도 결국은 인류 자신이 잘 대접받기 위해서인 것이다.

환경문제의 해법

생태 환경을 보호하려면 우선적으로 제도에 눈을 돌려 현대적 환경 관리 제도 정립에 힘을 쏟아야 하고, 이를 통해 환경을 개선해야 한다. 또한 입찰제를 통해 환경 관리와 정부 서비스의 기업화·시장화·민영화를 실현하고, 정부가 관료주의에서 벗어나 필요한 부분에서는 권한을 기업에 이양하여 고객이 시장을 주도하게 할 수 있도록 분위기를 형성해야 한다. 한 예로 미국 대도시에는 환경 녹화 사업을 주관하는 공무원이 매우 적다. 그들의 업무는 주로 입찰 모집이나 사업 기획·감사에 한정되어 있다. 이는 중국 정부의 환경위생관리국, 원림국(園林局), 환보국(環保局) 등의 과도한 관리 체제와 비교해 볼 때 선명한 대비를 이룬다.

또한 생태 환경을 보호하기 위해서는 현실 사정에 부합하는 재산권 제도를 정립하고 그 권리와 이익 주체를 명확히 하는 합리적인 소유제 구조를 수립해야 한다. 황무지와 사막 등의 국토는 경매로 처분하고, 목초지나 산지 등은 구획을 나누어 개인 소유로 돌림으로써 개인의 이익과 연계될 수 있도록 해야 한다.

만약 재산권이 명확히 규정되어 있지 않으면, '공유지의 비극(tragedy of the commons)'이 발생할 가능성이 높다. 한 마을에 공유 목초지가 있었는데, 마을 사람들은 모두 양에게 풀을 먹이기 위해 이곳을 이용했다. 사람들이 무분별하게 양을 방목한 결과 목초지는 결국 완전히 메말라 버렸다. 경제학에서는 이를 두고 '공유지의 비극'이라 일컫는다. 공유 자원은 언제나 과도하게 사용되기 마련이고 그 책임은 아무도 지지 않는다.

경제학에서는 환경을 '공공재(public goods)'로 분류하고 있는데, 이는 비배타성(non-exclusiveness)과 비경쟁성(non-rivalry)이라는 성격으로 규정된다. 따라서 환경오염은 공공재의 파괴로 볼 수 있다. 이처럼 환경은 공공재에 속하기 때문에 이에 대한 경제인의 이성적인 행위는 찾아보기 힘들다. 인간은 환경을 소중하게 여기지 않고, 생산자는 오염 비용을 사회와 환경과 같은 공공재 자체에 떠넘긴다. 그럼으로써 생산자의 개인 비용은 사회 비용보다 낮아진다.

결국 환경오염이나 파괴가 발생하는 것은 환경이 공공재에 속하여 집단 소비의 특징을 보이기 때문이고, 환경에 명확한 재산권이 규정되어 있지 않기 때문이다. 이와 같은 점에 주목하여 경제학 차원에서 다음과 같은 방법들을 제시할 수 있다.

1. 재산권을 명확히 한다. 토지를 쪼개 각 가정에 나눠 주어 토지를 공공재가 아닌 사유재로 만들면 '공유지의 비극'을 피할 수 있다.
2. 직접적인 통제를 가한다. 오염을 유발할 수 있는 행위를 금지하고 오염을 야기한 업체의 영업 자격을 박탈하거나 다른 곳으로 퇴출한다.
3. 오염을 야기한 기업에게 세금을 징수하는 등 간접적인 통제를 가한다.

4. 기업들에게 제제를 가하여 오염 방지 시설에 투자하도록 한다. 환경 기준을 달성했을 때에는 오염 물질 배출 부담금을 감면해 준다.

5. '오염권(pollution right) 시장'을 형성한다. 정부가 일정 정도의 오염을 용인하는 허가증을 발행하고 기업이 이를 사고 팔 수 있도록 허가할 때, 이렇게 형성된 시장을 '오염권 시장'이라 한다. 기업이 오염권을 거래할 수 있도록 허가하면, 기업은 오염세를 납부할 것인가 아니면 자체적으로 오염을 관리할 것인가를 두고 하나를 선택할 수 있게 된다. 자체적으로 오염을 관리하기로 결정했을 경우, 다른 사람에게 오염권을 팔 수 있다. 이렇게 시장을 활용하면 환경 문제를 해결할 수 있다.

또한 생태 환경을 보호하려면 국민 참여 문화를 정립해야 한다. 어떤 글에서는 참여 문화에 관해 다음과 같이 역설하고 있다.

"환경문제는 열악한 조건과 자원 부족이라는 외부적 위기가 사회 규범과 문화의 상실이라는 내부적 위기로 전환된 것이다. 이는 실질적으로는 우리가 주동적 참여 의식을 이끌어 내고 또 만족시킬 만한 사회 공동체 생활을 영위하지 못하고 있다는 것을 의미하며, 환경 위기에 대응할 만한 국민 문화가 정착되지 못했음을 표현하고 있다. 우리의 마음 한가운데에 모래 폭풍이 불고 있다. 정부가 무책임한 환경 정책을 남발하는 가운데 사회 대다수 구성원들의 적극적이고 주동적인 참여를 보장할 제도적 뒷받침은 거의 마련되어 있지 않다."

따라서 우리는 정부에만 의존해서는 안 된다. 민중의 자각적이고 광범위한 참여가 없으면 환경은 미처 치료하기 전에 파괴되어 버리고 말 것이다. 따라서 중국은 장기적인 안목을 가지고 넓은 범위의 민간 참여 제도 및 문화를 정립해야 하며, 중국인들은 지혜와 힘을 충분히 모아 생태 환경 위기를 극복해 나가야 할 것이다.

기출문제 둘러보기 _____

1985년 : 청시[澄溪] 중학교 부근의 한 공장은 매일 외부로 독가스와 폐수를 방출했다. 학교 교사들과 학생들 그리고 인근 주민들은 장기간 오염된 환경에 노출되어 건강이나 학업에 큰 영향을 받게 되었다. 몇 년간 학교는 공장에 오염 문제를 해결할 것을 여러 차례 촉구했지만 공장 측은 중요한 생산 업무에 차질을 빚는다, 기술력이 부족하다, 비용이 너무 많이 든다는 등의 이유를 대며 계속해서 확답을 미뤄 왔고, 지금까지 문제는 해결되지 못하고 있다.

이와 같은 문제점에 대해 청시 중학교 학생회의 이름으로 '광명일보(光明日報)' 편집부에 한 통의 편지를 써서 정황 설명과 투고 이유를 밝히고 문제가 하루빨리 해결될 수 있도록 호소해 보자.

주제분석

1985년의 대학 입시 문제는 자료 제시형 작문이었다. 즉 관련 자료를 먼저 제시하고 학생들로 하여금 자료에 대해 분석하고 자신의 관점을 표현하도록 하는 것이었다.

제시된 자료는 환경오염에 관한 것으로, 이러한 주제는 당시의 시사적 이슈를 고려한 것이다. 공업화의 발전과 도시화의 진전 그리고 과학기술의 진보는 인류의 생활수준을 개선했다. 예를 들면 평균 기대 수명이 연장되고 사망률이 하락하여 더 많은 사람들이 도시화가 일구어 낸 편리함을 누릴 수 있게 되었고 더 많은 아이들이 진학하여 교육의 혜택을 누리게 되었다.

그러나 공업화는 인류에게 예상치 못한 결과도 함께 안겨 주었고, 심지어는 인류의 생존과 발전을 위협하는 잠재적 요소를 심어 놓기까지 했다. 인류가 산업혁명의 위대한 승리에 도취되어 있는 동안 생태의 파괴와 오염 문제는 점점 그 정도를 더하였고, 그 가운데서도 오염 문제는 공업화의 가속화에 따라 빠른 속도로 그 영향력을 확장, 마침내는 세계적인 공해 문제를 야기하는 지경에 이르렀다. 서양 국가들은 공업화를 가장 먼저 시작했기 때문에 그 쓴맛 또한 먼저 맛보았다. 공업이 발달한 국가들은 20세기 50~60년대부터 무수한 공해 사건을 겪어야 했고, 이로 인해 수많은 사람들이 병을 얻거나 심지어 사망했다.

선진국들이 이미 과거에 겪었던 상황들이 80년대 중반 즈음부터는 많은 개발도상국가들 사이에서 반복되고 있다. 인간은 공업화로 인해 물질적 혜택을 얻었으나 소중한 자연 자원과 인류 생존의 기반이 되는 환경은 크게 파괴되어, 개발도상국들은 발전과 환경이라는 두 가지 난제를 앞에 두고 고민에 빠지게 되었다. 출제 당시 중국에도 인류의 과도한 착취가 불러온 자연의 보복 행위, 예를 들어 라니냐나 엘니뇨와 같은 현상이 갈수록 빈번하게 나타났다.

1985년의 대학 입시 작문은, 청소년 자신부터 솔선수범하여 작은 것에서부터 환경오염에 반대하고 '지구촌' 의식을 강화하여, 인류의 생존 기반인 환경을 보호하고 생태계의 평형을 유지해야 한다는 거시적 차원의 경고 메시지를 담고 있다. 그러므로 시험에 응시한 학생들은 환경보호에 적극적으로 동참하여 생태계의 평형을 유지하려 노력함으로써 '녹색 환경 보호'에 앞장서야 함을 피력해야 할 것이다.

'광명일보' 편집부에게 보내는 편지

안녕하십니까?

오늘 저희가 특별히 귀 신문사에 편지를 쓰게 된 이유는 저희 학교의 환경오염이 매우 심각함을 알리기 위해서입니다.

저희 학교 부근에 위치한 공장이 매일 외부로 유독가스와 폐수를 방출하고 있습니다. 학생들과 교직원 그리고 인근 주민들은 오랫동안 오염된 환경 속에 방치되어 있었기 때문에 건강이 크게 악화되었고, 일과 공부도 심각한 영향을 받고 있습니다. 몇 년간 학교 측과 주민들이 빠른 시일 내에 오염에 대해 적절한 조치를 취할 것을 여러 차례 공장 측에 요구했습니다만, 공장 측에서는 오히려 생산 업무에 차질을 빚는다, 기술력이 부족하다, 비용이 너무 많이 든다는 등의 이유를 대며 계속해서 확답을 미뤄 왔고, 지금까지도 아무런 조치가 이루어지지 않고 있습니다. 우리는 귀사를 통해 이 문제의 해결을 사회에 호소하여 학생과 교직원들 그리고 인근 주민들이 양호한 학습·생활 환경을 하루빨리 되찾을 수 있게 되기를 희망합니다.

제11차 삼중전회 이래 우리나라의 공업이 신속하게 발전하고, 공산품의 질 또한 부단히 향상되고 있다는 것을 모두가 알고 있는 상황에서, 우리는 아직 학생 신분이기는 하지만 마음속으로는 언제나 조국의 발전에 커다란 긍지를 느끼고 있습니다. 그러나 모든 일은 언제나 양면이 있는 법입니다. 오랜 기간 수많은 공장 경영자들은 생산 임무의 완성만을 강조할 뿐 '삼폐(三廢 : 폐수·폐기 가스·폐기물 쓰레기)'의 처리는 소홀히 하여 환경에 이미 막대한 피해를 입혔습니다. 우리 지역을 예로 들면, 공장의 폐수가 우리 학교를 지나는 청시[澄溪]로 흘러 들어와 수원을 심각하게 오염시켰으며, 이로 인해 어류들은 이미 모습을 감춘 지 오래 되었고, 강가의 풀과 나무들은 계속 시들어 가고 있어 조만간 불모지가 될 지경입니다. 폐수의 독성은 매우 심각해서 조사에 따르면 본교의 학생과 교직원 그리고 인근 주민들의 발병률이 해마다 상승하고 있으며, 작년의 경우 이미 공장 설립 이전에 비해 3~4배 이상 높아졌으니 가슴 아픈 일이 아닐 수 없습니다.

당과 정부에서도 최근 몇 년간 반드시 오염 문제를 해결해야 한다고 강조해 오고 있습니다. 그럼에도 공장 측은 이를 들은 척도 하지 않고 계속 환경을 오염시키고 있으니 참으로 유감입니다. 법령을 제대로 집행하지 않고 금지된 것을 지키지 않는 불량한 기풍은 절대로 그대로 두어서는 안 될 것입니다. 오염 문제를 해결해 달라는 우리의 요구에 대해 공장 측에서는 기술력 부족을 이유로 발뺌을 하고 있는데, 이는 눈앞의 이익에만 급급해 물질의 생산에만 중점을 두고 인재 양성은 나 몰라라 하는 공장 측의 근시안적인 식견을 대변하는 것이라 생각합니다. 기업은 풍부한 기술력이 필요하고 그러기 위해서는 많은 인력이 필요합니다. 그러한 인력은 어디서 나옵니까? 대개는 학교에서 양성됩니다. 그런데 지금 해당 공장은 날마다 대량의 유독가스와 폐수를 배출하여 깊이 있는 학교 교육을 방해하고 있고, 학생들의 건강까지 해치고 있습니다. 이렇게 되면 학생들은 제대로 된 과학기술을 습득하지 못하고 실제적인 능력을 기를 수 없으니, 그 영향은 단순히 공장 한 곳의 기술력에 차질이 생기는 것에 그치지는 않을 것입니다. 해당 공장 측은 다른 공장들과 마찬가지로 오수 처리에 경비를 사용하는 것이 밑지는 장사이고 경제적 이익에도 해를 끼친다고 생각하고 있습니다.

그러나 실제로 환경보호 처리는 국가와 국민에 유리할 뿐만 아니라 공장 자체에도 커다란 이익을 가져다 줍니다. 청결하고 양호한 환경으로 공장 직원들의 심신이 유쾌해지면 생산 능력은 곧 배가될 것이기 때문입니다. 하루 종일 폐기 가스와 폐수, 폐기 쓰레기 속에 둘러싸인 환경에서 생활하는 것이 기분 좋겠습니까? 공장 직원들이 그러한 환경 속에서 버거운 생산 임무를 완성할 수 있겠습니까? 조금만 관심을 가지면, 폐수를 정화하고 폐기 가스와 폐기물 쓰레기는 새롭게 재생해 사용할 수 있을 것입니다. 그러므로 폐기물에 대한 처리는 '밑지는 장사'가 아니라 일거다득(一擧多得)의 일입니다. 공장 측이 경비가 너무 많이 든다는 것을 이유로 대는 것은 어불성설입니다.

편집장님. 이상이 저희들의 의견과 견해입니다. 모쪼록 귀사에서 이를 대중에 공개해 공장 측이 생산 목적을 명확히 바로잡고, 환경오염의 위험성을 깨달아 국가와 국민에게 모두 책임을 지는 태도로 하루라도 빨리 폐기 가스와 폐수 문제를 해결할 수 있도록, 조국의 미래인 우리들이 건강하게 성장하게 할 수 있도록 독촉해 주십시오!

삼가 편집부의 안녕을 기원합니다.

청시 중학교 학생회

1985년 7월 7일

— 쓰촨성 응시생

찾아보기

중국의 교양을 읽는다

지은이 | 류지에
옮긴이 | 박혜원 김주리

1판 1쇄 발행일 2007년 12월 31일
1판 1쇄 발행부수 2,000부 총 2,000부 발행

발행인 | 김학원
편집인 | 한필훈 선완규
기획 | 최세정 홍승호 황서현 유소영 유은경 박태근 유소연
마케팅 | 이상용 하석진 김창규
저자 · 독자 서비스 | 조다영(humanist@humanistbooks.com)
스캔 · 표지 출력 | 이희수 com.
조판 | Text
용지 | 화인페이퍼
인쇄 | 청아문화사
제본 | 정민제책

발행처 | (주)휴머니스트 출판그룹
출판등록 제313-2007-000007호(2007년 1월 5일)
주소 | 서울시 마포구 연남동 564-40 121-869
전화 | 02-335-4422 팩스 | 02-334-3427
홈페이지 | www.humanistbooks.com

ⓒ 류지에, 2007
ISBN 978-89-5862-216-1 03100

만든 사람들

편집 주간 | 선완규(swk2001@humanistbooks.com)
책임 기획 | 황서현, 유은경
책임 편집 | 송성희, 양은경
표지 · 본문디자인 | AGI 황일선